Kyss by rowohlt POLARIS

HARLEY LAROUX

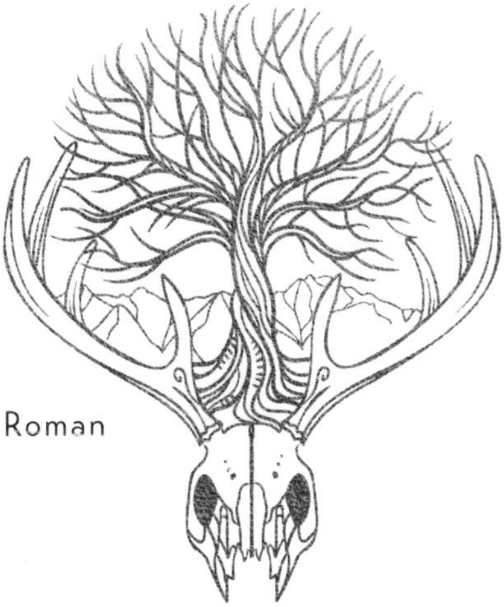

Roman

HOUSE OF RAYNE

Etwas in ihr erwacht.

Aus dem Englischen
von Katharina Radtke

Kyss

Die englische Originalausgabe erschien 2025
unter dem Titel «House of Rayne»
bei Kensington, New York.

1. Auflage

Deutsche Erstausgabe
Veröffentlicht im Rowohlt Taschenbuch Verlag,
Kirchenallee 19, 20099 Hamburg, Oktober 2025

Covergestaltung ZERO Werbeagentur, München
Coverabbildung Shutterstock
Satz aus der Questa
Gesamtherstellung CPI books GmbH, Leck
ISBN 978-3-499-01853-4

Kontaktadresse nach EU-Produktsicherheitsverordnung:
produktsicherheit@rowohlt.de

MIX
Papier | Fördert
gute Waldnutzung
FSC® C083411

Dieses Buch enthält potenziell triggernde Inhalte.
Wenn du dich darüber informieren möchtest,
findest du auf unserer Homepage unter
www.endlichkyss.de/houseofrayne
eine Content-Note.

Für alle, die noch immer gegen die Dämonen kämpfen, die ihnen in die Wiege gelegt wurden

PROLOG

RAYNE

Winter's Coming

Das Reh war noch nicht lange tot, die Leichenstarre hatte bisher nicht eingesetzt. Frisches hellrotes Blut glänzte auf seinen bloßgelegten Organen und gerann bereits auf den zertrümmerten Knochen.

Das Tier war nicht gefressen worden. Es war in Stücke gerissen worden.

Ich hakte meine Kombizange wieder an meinem Gürtel ein, umfasste den Griff meines Messers und ließ den Blick über das weite Feld schweifen. Der Wind strich heulend durch das gefrorene Gras, und eine schneidende Kälte lag in der Luft. In der Ferne wogten die Bäume hin und her.

Der Winter war in diesem Jahr früh hereingebrochen. Die Feldfrüchte, die noch nicht geerntet worden waren, waren in der Nacht erfroren, und laut der Vorhersagen würden die Temperaturen noch weiter fallen. Dunkle Wolken türmten sich am fernen Horizont. Das Meer wirkte grau, wie der Himmel, und war genauso eiskalt wie der Nebel.

Eine Fliege surrte pausenlos um mein Ohr herum, und als ich näher an den Kadaver herantrat, schreckte ich einen ganzen Schwarm davon auf. Gläserne, eingefallene Augen starrten zu mir hoch. Was sie in ihren letzten Momenten wohl gesehen hatten? Vielleicht war dem Geschöpf nicht einmal bewusst gewesen, dass sein Tod bevorstand.

Aber mir war es bewusst. Es war mir *immer* bewusst. Der Tod verfolgte mich seit meiner Kindheit auf Schritt und Tritt.

Ich schlug die Fliegen fort und stapfte über das Feld auf mein Quad zu. Der Zaun war repariert und würde die Schafe der Familie Frontage davon abhalten, umherzuspazieren und von Kojoten gerissen zu werden ... oder von etwas Schlimmerem.

Als ein Zweig knackte, riss ich den Kopf hoch, so abrupt, wie eine Marionette am Faden es tun würde. Die blassen Farben des späten Abends flossen ineinander; das Gras, die Bäume, der Nebel und die Schatten erschufen eine gespenstische flache Landschaft.

War das, was ich unter den Bäumen erspähte, ein blasses Gesicht ohne Augen? Oder waren es nur Nebelschwaden, die sanft die Luft durchdrangen?

Weil der seltsame Anblick auch nicht verschwand, als ich schnell blinzelte und mir die Augen rieb, wich ich unsicher einen Schritt zurück.

Es war nur eine optische Täuschung. Meine müden Augen spielten mir einen Streich.

Ich lief schneller, dann rannte ich. Der Wind hatte sich gelegt, aber ich hätte schwören können, dass sich etwas durch das Gras hinter mir bewegte – sich schnell und zielstrebig bewegte. Adrenalin schoss durch meine Adern, und noch immer hörte ich die Fliegen unaufhörlich surren und surren und surren ...

Ich sprang auf das Quad. Der Motor heulte auf, als ich ihn anließ. Das Blut dröhnte in meinen Ohren, aber auf dem Feld war nichts. Und auch nicht zwischen den Bäumen. Ich schloss meine Finger so fest um den Lenker, dass meine Knöchel weiß und meine Handflächen feucht wurden.

Reiß dich zusammen, Rayne. Es ist noch zu früh im Jahr

dafür. Es ist praktisch unmöglich, dass es schon erwacht ist. Unmöglich.

Ich wusste, dass es nicht wirklich etwas brachte, mir selbst gut zuzureden. Nichts war sicher, und die Regeln, die mein Überleben gewährleisteten, konnten sich von einem Tag auf den nächsten ändern. Der Tod passte sich an jegliche Umstände an.

«Hey! Hallo?»

Ich erstarrte und würgte den Motor ab. Wartete für ein paar lange Augenblicke. Und lauschte.

«Hallo? Wer bist du?»

Ein Schauer kroch meinen Rücken hinauf. Die Stimme kam von irgendwo *hinter* mir. Sie klang hoch, wie bei einer jungen Frau, aber gleichzeitig sonderbar hohl. Emotionslos und geradezu monoton.

Ich drehte den Kopf nur um wenige Millimeter und suchte nach der Quelle. Der Nebel trickste meine Augen aus und ließ es so aussehen, als würden Gestalten zwischen den Bäumen hin und her huschen.

«Wer bist du? Hallo? Hallo?»

Es waren dieselben Worte. Derselbe Tonfall. Aber lauter. Schneller.

Hungriger.

Ich trat das Gaspedal durch. Erde spritzte unter den Rädern hervor, als das Quad beschleunigte und die Hügel hinunterraste. Hier gab es keinen Weg; ich musste mich zwischen Bäumen hindurchmanövrieren und über Felsbrocken fahren.

Und die ganze Zeit über rief mich die Stimme hinter mir. «Hallo? Hey!»

Ich fuhr schneller, noch schneller. Der Nebel wurde dichter, bis ich kaum sehen konnte, wohin ich fuhr. Wasser durchtränkte meine Hosenbeine, als ich durch einen flachen Bach fuhr und dabei ständig über meine Schulter blickte.

Doch das war ein Fehler. Ich hielt den Blick einen Sekundenbruchteil zu lang nach hinten gerichtet, und eins der Räder verkeilte sich zwischen zwei großen Felsbrocken. Die Erschütterung riss mir den Lenker aus den Händen und schleuderte mich aus dem Sitz, als das Fahrzeug sich überschlug.

Ich schaffte es gerade noch, mich zur Seite zu rollen, bevor es auf mir landen konnte. Schließlich blieb das Quad neben einem gewaltigen umgestürzten Baum auf der Seite liegen. Stöhnend lag ich auf dem Rücken und schnappte nach Luft, während mein Blick nach oben zu den wogenden Kiefern glitt.

Steh auf.

Ich musste aufstehen, *und zwar jetzt.*

Mein Brustkorb schmerzte. Meine Lunge ächzte nach Luft. Ich rollte mich auf die Seite und stemmte mich hoch. Meine Arme zitterten unter meinem Gewicht, während ich die Umgebung mit Blicken absuchte. Der Nebel waberte und erzeugte den Eindruck, als würde sich um mich herum alles ständig bewegen, sodass ich mich noch benommener fühlte.

«Wer bist du?»

Diese Stimme ging mir durch Mark und Bein. Der Tonfall war kalt. Leer. Eine Imitation menschlicher Worte.

Ich wagte nicht, mich umzudrehen. Steif stand ich auf und begann zu gehen. Ruhig und gleichmäßig ...

«Wer bist du?»

Etwas raschelte, kratzte. Mit Klauen versehene Hände schleiften über die Erde und scharrten über die raue Rinde des Baumes.

«Hey.»

Das war eine andere Stimme. Ihr Ton nicht weniger kalt.

Geh weiter. Sieh nicht hin, sieh nicht hin.

«Hey!»

Das war nicht einmal mehr ein Wort. Sondern ein Knurren.

Ich taumelte zwischen den Bäumen hervor und auf eine mit Kopfsteinpflaster versehene Straße. Dann zog ich mein Messer aus der Scheide und wirbelte mit erhobener Waffe herum.

Doch ... nichts.

Die kahlen Bäume wogten im sachten Wind hin und her, und der Nebel zu meinen Füßen löste sich auf. Aber noch immer spürte ich die Blicke auf mir ...

Mrs Frontage stand in ihrem Vorgarten und starrte mich an, während Hühner gackernd um ihre Beine herumwuselten. «Geht's Ihnen gut? Sind Sie das, Ms Balfour?»

«Hi, ja, ich bin's. Es ... geht mir gut.» Ich verzog kaum eine Miene, steckte mein Messer wieder in die Scheide und umfasste dann mit einer Hand meine verletzte Schulter. Ich renkte das Gelenk wieder ein, und ihre Augen weiteten sich. «Wenn Sie allerdings eine Ibu hätten, wäre das toll.»

1

SALEM

No Names

Heute war der Tag meiner Hochzeit. Aber jetzt war es Abend, und ich war nicht verheiratet.

Seit dem Mittag hatte ich auf dem Fahrrad über hundertfünfzig Kilometer durch den pazifischen Küstenregenwald zurückgelegt. Mein Rücken und meine Beine schmerzten, als ich vor meinem einsamen Abendessen aus Fish and Chips allein in der Bar saß, die gegenüber meinem Motel lag.

Wenn ich später zu Bett ging, würde ich nicht meinen mich liebenden Verlobten dort vorfinden, der mich erwartete.

Es gab keinen Verlobten. Und auch keine Hochzeit im Country Club oder Flitterwochen in Las Vegas.

Es gab nur mich, mein Fahrrad und meinen restlichen Urlaubsanspruch für dieses Jahr, den ich bis auf den letzten Tag ausgeschöpft hatte. Nur mich und meinen verzweifelten Versuch, die Kontrolle wiederzuerlangen, während es sich anfühlte, als würde mein Leben mir vollends entgleiten. Gesellschaft leisteten mir dabei der Barkeeper, ein paar grauhaarige Fremde und meine allgegenwärtige Angst – die es sich wie ein kalter, schwerer Eisblock auf meinem Brustkorb bequem gemacht hatte.

In der Bar war nicht viel los, obwohl es die einzige Location in der Gegend war, die als Restaurant durchgehen könnte. Ein paar Hafenarbeiter saßen gebeugt über ihren Biergläsersern und unterhielten sich leise. Der Barkeeper wischte seit einer halben Stunde schweigend Gläser trocken, während er ausdruckslos auf den Tresen starrte.

Diese Bar war ein Ort im Dazwischen. Zwischen Lebensentwürfen, zwischen Träumen.

Aber als sie hereinkam, fühlte sich plötzlich alles wieder real an.

Ihre Basecap verbarg ihr Gesicht, als sie mit entschlossenem Schritt eintrat, und ihr langes braunes Haar war vom Regen tropfnass. Sie brachte einen Schwung kalte Nachtluft mit herein, und allein ihre Anwesenheit schien den Raum schrumpfen zu lassen. Als sie ihre Cap umdrehte, fiel das Neonlicht auf ihr Gesicht und ließ ihre hellbraune Haut golden schimmern. Dabei bemerkte ich einen langen, dünnen Schnitt auf ihrer Wange.

Eine frische Wunde, blutrot.

Der Barkeeper nickte ihr zu, und sie erwiderte den Gruß, dann drehte er sich um und nahm eine Flasche Whisky vom staubigen obersten Regalbrett.

Mit ihren dunkelgrünen Augen überflog sie den Raum, suchend wie ein Falke auf der Jagd, und ihr Blick streifte alles außer mich. Ich konnte nicht anders, als die markante Kontur ihres Kinns anzustarren, dann wanderte meine Aufmerksamkeit weiter, ihre Kehle hinunter über ihre breiten Schultern bis zur sanften Wölbung ihrer Brust.

Während ich an meinem Drink nippte, richtete sich ihr Blick auf mich. Ich atmete scharf ein, erwischte aber statt Luft Bier und verschluckte mich prompt. Um meinen Beinahe-Erstickungstod vor den besorgt blickenden anderen Gästen zu verbergen, hustete ich krampfhaft in meine Hand, dann eilte ich zu den Toiletten.

Nachdem ich in einer Toilettenkabine das Bier aus meiner Lunge befördert hatte, kam ich zurück in den Gastraum, was peinlich genug war, und stellte fest, dass der Platz neben meinem nicht mehr leer war. O Gott, sie saß dort. Sie hatte mir den Rücken zugedreht, aber die breiten Schultern und die Art und Weise, wie sie sich nach vorn über die Bar beugte, als gehörte ihr der Laden, ließen keinen Zweifel daran.

Ich glitt wieder auf den Hocker neben ihr, umklammerte mein Bier mit beiden Händen und trank zitternd einen Schluck. Ihr Kopf bewegte sich leicht vor und zurück, wippte im Takt der Musik, die aus ihren Kopfhörern drang.

Ich hörte genauer hin und erkannte das Lied «Talk to Me» von Stevie Nicks. Vielleicht lag es nur am Bier, das allmählich Wirkung zeigte, aber einen meiner Lieblingsmusiker zu hören, ließ eine Welle der Begeisterung durch meinen Körper strömen, und meine Lippen bewegten sich wie von selbst stumm zu den Lyrics.

Zumindest dachte ich, ich wäre dabei stumm. Aber während ich den Text vor mich hin murmelte, bewegte sich jemand neben mir, und plötzlich fragte eine tiefe Stimme: «Möchtest du mithören?»

Die Frau hatte einen ihrer Kopfhörer herausgenommen und hielt ihn mir in ihrer Handfläche auffordernd hin. Aber ich konnte mich nicht auf den Kopfhörer konzentrieren, nicht wenn sie mich mit diesen warmen, waldgrünen Augen direkt ansah, und zwar auf eine Weise, als würde sie sich ein bisschen über mich amüsieren.

«Ich, äh ... ja ...»

Ich bekam kaum ein Wort heraus, aber sie verstand. Sie stieß scharf die Luft aus – war das ein Lachen? –, und ein Stromschlag durchzuckte mich, als sie den Stöpsel in mein Ohr drückte und mein Kopf sich mit Stevies Stimme füllte, die nicht von dieser Welt war.

Die Berührung war flüchtig, doch die Empfindung hallte in meinen Nervenbahnen nach, und es fühlte sich so an, als wäre sie in meine Wange geprägt worden.

«Ich sage den Typen schon lange, dass sie die Anlage reparieren lassen sollen», begann sie und deutete mit dem Daumen auf den Barkeeper. «Ich kann die Stille nicht ausstehen, also komme ich immer vorbereitet hierher.»

Sie beugte sich zu mir und legte ihren Arm langsam auf dem Tresen ab. Sie roch nach Klee, verbranntem Hasch und der salzigen Seeluft.

«Sorry, ich habe mich nicht mal vorgestellt», erwiderte ich eilig. «Ich bin ...»

«Warte.» Sie streckte die Hand aus und legte einen Finger auf meine Lippen.

Bei der Berührung sprühten förmlich Funken, und es brauchte nicht mehr als diesen Moment – sie hatte mich in der Hand.

«Keine Namen. Sorgen wir dafür, dass es spannend bleibt.»

Sie lächelte, und Schmetterlinge flatterten durch meinen Bauch. Aber es war kein freundliches Lächeln, kein Freundschaftsangebot.

Sondern eine Aufforderung.

«Du bist nicht von hier, oder?», fragte ich.

Alle anderen im Raum schienen weit weg zu sein. Das Neonlicht spiegelte sich tanzend in ihren Augen, und ich fühlte mich plötzlich, als wäre ich auf einem Jahrmarkt irgendwo auf dem Land. Und als wäre es Sommer. Die gespannte Vorfreude, die Hitze, das Verlangen.

«Nein», antwortete sie. «Und du auch nicht.»

«Stimmt. Ich komme aus San Francisco. Ich habe die letzten Tage auf dem Fahrrad verbracht, deshalb sehe ich so aus.» Ich stieß ein nervöses Kichern aus, weil ich sicher war, dass mein kurzes Haar vom Helm platt gedrückt war und ich einen Sonnenbrand im Gesicht hatte.

Aber sie beachtete meine ruinierte Frisur oder gerötete Haut gar nicht. Bisher war ihr Blick nicht ein einziges Mal von meinen Augen abgerückt.

«Verdammt, das nenne ich Durchhaltevermögen.» Sie kratzte den Schnitt auf ihrer Wange, dann schien sie zu bemerken, was sie tat, und ließ abrupt die Hand sinken. «Du machst bestimmt viel Kohle, wenn du es dir leisten kannst, dort zu leben.»

«Na ja, statt in der Tech-Branche zu arbeiten wie alle anderen, habe ich beschlossen, meinen Traum zu verfolgen, und schließlich einen Job als Grafikdesignerin in einem kleinen Entwicklerstudio für Videospiele angenommen, also ...»

Sie nickte wissend. «Verstehe, du bist also eine arme Künstlerin aus San Francisco, du magst Stevie Nicks, und du bist total hübsch. Du wurdest wirklich mit dem Manic-Pixie-Dream-Girl-Komplettpaket gesegnet, was?»

Es war ewig her, dass mich jemand so leicht zum Lachen gebracht hatte. «Neben dem Komplettpaket schleppe ich auch jede Menge Altlasten mit mir herum», witzelte ich.

Ein neues Lied begann, und wir schunkelten zusammen im Takt, während wir mit den Lippen gleichzeitig stumm den Text mitsprachen.

Sie fragte mich, was ich trinken wollte, und bestellte dann einen Gin Tonic für mich und ein Bier für sich selbst. Sie ließ ihr Glas gegen meines klirren, um mir zuzuprosten, und sagte: «Auf neue Freundschaften.»

«Auf neue Freundschaften.» Ich trank einen großen Schluck in der Hoffnung, dass die Schmetterlinge in meinem Magen sich dadurch beruhigen würden. «Ich bleibe nur eine Nacht hier.»

«Ich auch.» Sie nahm meine Hand und strich mit dem Daumen über meine Handfläche. «Also lass uns dafür sorgen, dass es eine denkwürdige Nacht wird.»

«Du gehörst jetzt mir, Hübsche. Vergiss das nie, okay?»

Sie kniete zwischen meinen Beinen, wodurch sie aussah, als würde sie beten: ihre Knie auf dem schmutzigen Fliesenboden, die Augen geschlossen und die Haut in das rote Neonlicht des Werbeschilds der Rainier Brewing Company getaucht, das an der mit Graffiti übersäten Wand hing.

Wie eine Sünderin im flehentlichen Gebet oder eine Priesterin bei der Anbetung brannte sie mit ihrer Zunge Fürbitten in meine Haut.

Zwar war sie es, die kniete, aber ich fühlte mich klein. Unter ihren Händen schrumpfte ich, und meine Beine zitterten, während sie mit ihrem Mund meiner Atmung den Takt vorgab.

Es kam mir vor, als wäre es eine Ewigkeit her, dass ich an der Bar gesessen hatte, jetzt, wo wir in der Toilette mit nur einer einzigen Kabine zusammengedrängt waren. Wir hatten miteinander getanzt, jede einen Kopfhörer im Ohr, und leise die Liedtexte in unsichtbare Mikrofone gesungen. Die Leute hatten uns angestarrt, und es war mir egal gewesen.

Ausnahmsweise war es mir endlich einmal egal gewesen ...

Sie öffnete die Augen, und ihr Blick zog mich in seine Tiefen hinab. Meine Hand rutschte ab, als ich versuchte, mich am Waschbecken abzustützen, aber sie hielt mich fest. Sie brachte mich zum Ertrinken, und es war mir egal.

Das war es, was ich wollte, oder nicht?

Deshalb war ich mit dem Fahrrad die Küste hinaufgefahren, wobei mich jeder Kilometer der Einsamkeit näher gebracht hatte, nach der ich mich sehnte. Einsamkeit oder die völlige Auslöschung meines Selbst. Nichts zu fühlen oder viel zu viel, das war mein ewiges Dilemma. Ich versuchte zu verkrampft, locker zu sein.

Ich kannte nicht einmal ihren Namen. War das locker genug? Sorgte das für genügend Abstand, um mich vor einer erneuten Enttäuschung zu bewahren?

Sie streichelte mich mit ihrer flachen Zunge, und mein innerer Monolog verklang zu einem Rauschen. Ich war so nah am Herzstillstand, dass ich die Augen verdrehte.

Sie vergrub ihre Finger in meine Schenkel. «Sieh mich an», forderte sie mit ihrer tiefen, heiseren Stimme. «Ich will diese hübschen Augen sehen.»

Sie war so hinreißend, dass es mir Angst machte. Schlank und muskulös mit rauen Händen, unter denen ich erzitterte, als sie meine Schenkel spreizten. Sie hob mein Bein hoch und legte es sich über die Schulter, sodass ich meine Finger in ihrem langen Haar vergraben musste, um das Gleichgewicht nicht zu verlieren.

«Bitte – o Gott, nicht aufhören!»

Ich zerrte an ihrem Haar, und sie stöhnte auf, packte meine Hüften und murmelte: «Zieh fester. Zeig mir, wie gut sich das anfühlt.»

Ein paar Augenblicke lang dachte ich weder an die Kilometer, die hinter mir lagen, noch an die, die vor mir lagen. Ich dachte nicht an meinen Ex-Verlobten oder an die blasse Stelle, die sein Ring auf meinem Finger hinterlassen hatte. Ich hörte seine Worte nicht mehr, die sich sonst wie ein Echo endlos in meinem Kopf wiederholten: *Es ist mir alles zu viel. Es tut mir leid.*

Nein, in diesem Moment gehörte ich ganz ihr. Jeder angespannte Muskel, jeder elektrisierte Nerv, jeder Zentimeter zitternde Haut gehörte ihr. Sie nahm mich mit ihrer Zunge, ihren Lippen und ihren Fingern in Besitz.

Ich hätte ihren Namen geschrien, wenn ich ihn gekannt hätte.

Wir standen auf dem Parkplatz vor der Bar und teilten uns einen Joint. Die Nacht war einsam und kühl und die Luft klebrig vom Meersalz. Die Wellen hinter den hoch emporragenden Kiefern konnten wir zwar nicht sehen, aber hören.

«Kommst du oft hierher?» Ich wollte lässig und desinteressiert klingen, aber ich hörte mich viel zu erwartungsvoll an. Zu involviert.

Sie nahm einen tiefen Zug. Sie musste etwa in meinem Alter sein, ungefähr Ende zwanzig, aber ihr Gesicht hatte etwas Ernsthaftes an sich, das sie älter wirken ließ. Ihre ausgeprägten Wangenknochen ließen sie müde und hart wirken.

Sie war ein Buch mit sieben Siegeln, aber ich konnte nicht anders, als den Einband anzustarren, schon jetzt setzten mir die für mich unlesbaren Wörter darin heftig zu.

«Du wirst mich nicht wiedersehen», sagte sie und zwinkerte mir beim Ausatmen zu. So als sagte sie das zu meiner Beruhigung und nicht, als fände sie es schade.

Erst als wir uns verabschiedet hatten und sie davonging, fiel mir auf, dass sie keine einzige der Fragen, die ich ihr gestellt hatte, wirklich beantwortet hatte. Sie war eine namenlose Fremde, die aus dem Nichts gekommen und wieder ins Nirgendwo verschwunden war. Morgen früh würde sie mir schon wie ein Traum erscheinen.

Sie war der erste Mensch, mit dem ich nach Colin zusammen gewesen war, und das bedeutete ...

Nichts. Es bedeutete gar nichts.

Es war zwei Uhr früh, ich stand vor meinem Motelzimmer, und mir ging zu viel im Kopf herum, um schlafen zu können. Ich betastete meinen Ringfinger und war kurz alarmiert, als ich statt des Schmucks die nackte Haut fühlte. Es war einen Monat her, dass Colin unsere Hochzeit abgeblasen hatte. Achtundzwanzig Tage, seit er seine Sachen gepackt hatte und gegangen war. Fünfundzwanzig Tage, dass er mir gesagt hatte, er sei «einfach nicht bereit». Zweiundzwanzig Tage, dass ich herausgefunden hatte, dass es jemand anderen gab.

Meine Nase lief wegen der Kälte. Ich rieb mit der behandschuhten Hand darüber und nahm dann noch einen tiefen Zug von meinem Cannabis-Vape. Die Vorstellung, reinzugehen, mich in ein leeres Bett zu legen und die Decke anzustarren, bevor ich einschlafen und zumindest für eine Weile alles vergessen konnte, ließ meinen Brustkorb eng werden. Aber der Gedanke, hier draußen sitzen zu bleiben, bis das Morgengrauen die Wolken in Flammen setzte und die Sonne einen neuen Tag ankündigte, während ich noch an der Vergangenheit festhielt, war genauso unerträglich.

Der Wind fuhr raschelnd durch die trockenen Blätter in den Bäumen. Die Straße war verlassen, nur der Nebel zog als einsamer Wanderer darüber hinweg. Das hell leuchtende ZIMMER FREI-Schild, das im Fenster der Rezeption hing, tauchte die feuchte Luft in einen bläulichen Schimmer.

Ein spitzer Schrei durchschnitt die Nacht, aber es war nur der Ruf eines Rotluchses. Er klang zwar markerschütternd, aber weil ich in meinem Leben schon oft campen gegangen war, hatte ich ihn oft genug gehört. Allerdings wurde meine

Paranoia durch das Gras verstärkt. Ich fühlte mich schutzlos und beobachtet. Irgendwo dort draußen zwischen den Bäumen lauerte ein Raubtier, und ich konnte es nicht einmal sehen.

Aber wahrscheinlich konnte es *mich* sehen.

«Reg dich ab, Salem», flüsterte ich und hoffte, meine eigene Stimme zu hören, würde dafür sorgen, dass ich mich hier draußen weniger einsam fühlte.

Ob es mir unheimlich war oder nicht, ich sollte wirklich ins Bett gehen. Denn morgen früh musste ich eine Fähre erwischen.

2

SALEM

Blackridge Island

Am nächsten Tag saß ich um die Mittagszeit auf einer feuchten Holzbank am Heck eines Bootes, und mein Fahrrad lehnte an meinen Knien, während wir über Wellen dahinschaukelten, die genauso grau waren wie der Himmel. Salzige Meerluft peitschte mir ins Gesicht, und der eisige Wind drang gnadenlos durch den Stoff meiner Jacke.

Das Balfour Bed and Breakfast erreichte man nur mit der Fähre, trotzdem stand auf der Website nicht viel zu der Überfahrt. Und jetzt wurde mir auch klar, warum. Reisen per Boot? Nein danke, da hatte ich lieber festen Boden unter den Füßen und zog Flugzeug, Zug oder Bus vor. Oder die Pedale meines Fahrrads.

Bei jeder anrollenden Welle drehte sich mir der Magen um.

Außer mir befand sich nur ein einziger weiterer Passagier an Bord. Eine junge Frau, die einen dünnen grauen Regenmantel über ihrem langen Rock trug und zusammengekauert und zitternd auf der gegenüberliegenden Seite des Decks saß. Sie war für die Wetterverhältnisse nicht warm genug angezogen und sah erbärmlich aus, deshalb zog ich meine Ersatz-Sweatjacke aus meinem Rucksack und näherte mich ihr.

«Hier, nimm das.» Ich bot ihr das Kleidungsstück an, aber sie zuckte zusammen und starrte mit großen, geröteten Augen zu mir hoch. «Ist schon gut. Die brauche ich nicht.»

Sie betrachtete die Kapuzenjacke, nahm sie aber nicht. Dann kauerte sie sich wieder zusammen, schlang die Arme um sich selbst und ignorierte mich. «Vater unser im Himmel», murmelte sie fieberhaft, «geheiligt werde dein Name ... dein Wille geschehe ... erlöse uns ... erlöse uns ...»

Mit einem dumpfen Gefühl im Magen ging ich zurück zu meinem Sitzplatz. Die Wellen übertönten die Stimme der jungen Frau, aber gelegentlich trug der Wind ihre Worte zu mir herüber. Sie betete noch immer.

Zum Glück erschienen nach einer Stunde die zerklüfteten schwarzen Klippen von Blackridge Island am Horizont. Ich ging zum Bug, um einen besseren Blick zu haben. Das Gelände war bergig und bedeckt mit dichten, dunklen Waldgebieten. Die Website des B&B versprach Felder voller Wildblumen, atemberaubende, in das Meer abfallende Klippen, Bäche und Wasserfälle.

Aber heute war Blackridge von dünnem Nebel umgeben. Wellen klatschten gegen die aufragenden Gebirgszüge und schufen eine gefährliche Rippströmung an der steinigen Küste. Auf einer schmalen Felszunge im Westen stand ein Leuchtturm, in dem allerdings kein Leuchtfeuer brannte. Er wirkte wie ein schlafender Wächter über den stürmischen Ozean.

Die Fähre wandte sich gen Osten, und die Wellen ließen nach, als wir in eine schmale Bucht einfuhren. Holzhäuser, gestrichen in verschiedenen Blau-, Weiß- und Grautönen, drängten sich entlang der Küste. Um die Stege scharten sich Fischerboote, auf denen unzählige Möwen kauerten. Mit ihren glänzenden Augen beobachteten sie mich, als wir anlegten, und ihre Schreie hallten gespenstisch durch die Bucht.

Als ich mich daranmachte, mein Fahrrad über den Anleger zu schieben, eilte die betende Frau an mir vorbei. Ihr langes Haar war durchnässt und vom Wind zerzaust. Keuchend sprintete sie über den Steg und brach an Land zusammen, wobei sie laut weinte.

Ich sah mich nach der Besatzung um, die sich aber kaum um die Frau oder mich kümmerte und sich auf ihre Arbeit konzentrierte. Ein paar Passanten auf der Straße warfen ihr flüchtige Blicke zu, aber niemand blieb stehen.

Was war nur mit diesen Leuten los? Die Frau hatte offensichtlich einen Zusammenbruch. Obwohl meine Hände zitterten, schob ich mein Fahrrad eilig den Steg hinunter zu ihr.

Aber jemand anderes erreichte sie vor mir.

Eine hübsche blonde Frau stand über sie gebeugt. Ihre Lippen bewegten sich, aber ich hörte nichts von dem Gespräch zwischen den beiden. Die weinende Frau hob den Kopf, die Wangen tränenüberströmt, und die Frau, die über ihr stand, lächelte.

Etwas an ihrem Lächeln sorgte dafür, dass es mich fröstelte.

Die aufgelöste Frau rappelte sich hoch und schleppte sich auf der Straße weiter in Richtung Norden, wobei ihr die andere Frau keine Hilfe anbot. Genau wie ich sah sie zu, wie die Frau einem gewundenen Weg zwischen den Bäumen hindurch folgte und schließlich hinter einer Biegung verschwand.

Als ich den Blick wieder zur Küste richtete, starrte die blonde Frau *mich* an, und nun war ihr Lächeln verschwunden.

Weil ich mich extrem unwohl fühlte, senkte ich den Kopf und zog mein Handy hervor, um mir die Wegbeschreibung zu meiner Unterkunft anzeigen zu lassen. Ich war pünktlich und hatte noch eine Stunde Zeit, bevor ich einchecken konnte. Außerdem gab es hier keinen Handyempfang, und das war ... gut so. Genau das hatte ich mir von diesem Trip erhofft: eine Zwangspause von dem Leben, wie ich es kannte. Um mich wieder mit der Natur zu verbinden.

Und mit mir selbst.

Ich hatte keine Lust darauf, Colins Social-Media-Posts mit Bildern seiner neuen «großen Liebe» zu sehen. Aufnahmen von einer Beziehung, die nicht mit einer Angststörung belastet wurde, und Bilder von einer Frau, die sich für die Idee, wilde Flitterwochen in teuren Klubs in Vegas zu verbringen, begeistern konnte. Von einer spontanen, sorglosen Frau.

Von jemandem, der alles war, nur eben nicht *ich*.

Ich schob mein Fahrrad über den Fußweg und bewunderte die alten Holzfassaden der Geschäfte, die sich entlang der felsigen Küste aneinanderreihten. Ein Laden, der Werbung für Softdrinks und Eis machte, weckte meine Aufmerksamkeit. Ich konnte mein Rad nirgendwo anschließen, also ließ ich es zögerlich neben der Tür stehen und ging hinein.

Der Laden führte das übliche Sortiment, auffälligerweise mit Ausnahme von Bier, Wein oder Spirituosen. In einem Holzofen in der Ecke brannte ein knisterndes Feuer, und ein paar Katzen lagen zufrieden schlafend drum herum. Ein Schwarzes Brett für die Gemeinde hing an der Wand, bestückt mit Flyern, die Hühner zum Verkauf anboten, dem Fahrplan der Fähre und einem Plakat, das für das anstehende Erntedankfest warb.

Oben auf der Pinnwand war außerdem ein handgeschriebener Bibelvers mit einer Reißzwecke befestigt: *Denn der Tod ist der Sünde Sold; aber die Gabe Gottes ist das ewige Leben in Jesus Christus, unserm Herrn.*

Ich bog in den nächsten Gang ab und schrak zusammen, als ich beinahe in die blonde Frau vom Hafen hineinlief.

«Hallo», sagte sie in reizendem Tonfall und ein bisschen übereifrig. «Sind Sie gerade erst mit der Fähre angekommen?»

Ich nickte. «Ja, bin gerade angekommen. Um genau zu sein, bin ich auf dem Weg zu dem Bed and Breakfast ...»

«Balfour Manor», unterbrach sie mich. «Das ist ein ziemlicher Fußweg. Nicht viele Leute kommen so spät im Jahr her, abgesehen von Jägern. Ich bin Ruth Miller. Kann ich Ihnen dabei behilflich sein zu finden, was Sie suchen, Miss ...?»

«Salem. Salem Lockard.» Ich streckte ihr meine Hand hin.

Sie schüttelte sie freundlich, verzog aber das Gesicht ein wenig, als sie mich berührte. «Salem ... wie dort, wo sie die Hexen verbrannt haben?», hakte sie mit einem breiten Lächeln nach.

Ich wusste nicht, was ich darauf erwidern sollte, also lachte ich verlegen. «Genau genommen wurde in Salem keine der als Hexen Angeklagten verbrannt.» Ihre Augenbrauen zuckten in die Höhe, sodass sie unter ihrem Pony verschwanden, und ich bereute, dass ich mir die Mühe gemacht hatte, sie zu verbessern. Eilig wechselte ich das Thema. «Die Frau, die vorhin geweint hat, war mit mir auf der Fähre. Geht's ihr gut?»

Ruth lachte leise. «Natürlich. Sie hat sich bloß gefreut, wieder nach Hause zu kommen.»

«Freuen» wäre sicher nicht das Wort, das ich benutzt hätte.

«Sie ist eine Freundin von mir», erklärte Ruth, obwohl ich nicht danach gefragt hatte.

Mein Bedürfnis, diesem Gespräch zu entkommen, wuchs sekündlich.

«Wir sind zusammen aufgewachsen. Sie hat sich dazu hinreißen lassen zu denken, dass das Gras da draußen grüner wäre als hier.» Sie starrte an mir vorbei, zur Tür und dem wogenden Meer dahinter. «Aber Gott hat sie wieder nach Hause gerufen, wo sie hingehört. Es wird ihr wieder gut gehen. Das war nur eine Lektion, die sie lernen musste. Es ist, wie der Herr uns befohlen hat: Wir sollen uns nicht auf unseren eigenen Verstand verlassen oder uns von unwissenden Gemütern beeinflussen lassen.»

Falls sie gehofft hatte, mich auf diese Weise zu beruhigen, hatte das nicht funktioniert. Ich kämpfte gegen den Drang an, zur Tür zu eilen.

«Tja, es ... freut mich ... das zu hören», presste ich hervor. «Ähm, Entschuldigung, aber führen Sie die Marke American Spirits?»

Jeder Anflug eines Lächelns wich aus ihrem Gesicht. «Nein. Wir führen keine Zigaretten.» Ihre Stimme war eiskalt, und sie klang so angewidert, als hätte ich gefragt, ob ich auf den Boden pissen könnte.

«Gibt es hier sonst irgendwo ...»

«Nein. Noch etwas?»

Sie hatte die Arme verschränkt und ihre schmalen Lippen geschürzt. Dieses Gespräch mit ihr führte nirgendwohin, und ganz offensichtlich hatte sie nicht das, was ich brauchte.

«Nein. Ich ... nein. Vielen Dank.»

«Alles Gute!», sagte sie und lächelte wieder fröhlich, als ich zur Tür hinausging. Ich rauchte viel öfter Gras als Zigaretten, aber ich hatte trotzdem immer gern ein Päckchen für den Fall der Fälle dabei. Vor allem in letzter Zeit hatte ich immer öfter zu den Kippen gegriffen.

Wie es schien, war das der perfekte Zeitpunkt, um damit aufzuhören.

Auf die Bucht folgte bald der Wald, als ich auf dem Rad gen Westen fuhr. Die Straße war zerfurcht, voller Pfützen, aus denen Schlamm meine Hosenbeine hochspritzte, aber das war mir egal. Die Luft war kühl und frisch, und meine Lunge füllte sich mit dem Duft nach Kiefern und mit Meeresgischt. Vögel zwitscherten in den knorrigen Ästen über mir, und Elche grasten zwischen den Brombeersträuchern entlang der Straße. Ab und zu fuhr ich an einem Spaziergänger vorbei oder hielt an, um ein altes Fahrzeug vorbeizulassen. Ziegen und Schafe blökten auf den Feldern, und von den Veranden der Bauernhäuser bellten mich Hunde an.

Als die Straße sich gabelte, nahm ich den schmalen Pfad in Richtung Westen, folgte der Richtung, die ein pfeilförmiges Holzschild, auf dem lediglich *Balfour B&B* stand, wies.

Mein Mountainbike war perfekt für unwegsames Gelände ausgestattet, und mein Herz raste vor Aufregung, als ich den steilen Pfad hinauffuhr. Je höher ich gelangte, desto kälter wurde der Wind und desto lauter wurde das Tosen der Wellen, die an die Klippen brandeten.

Rayne Balfour. So hieß die Frau, bei der ich einchecken sollte, die Eigentümerin des Hauses. Sie war beim Kontakt per E-Mail kurz angebunden gewesen, aber die Beschreibungen des Hauses auf ihrer Website hatten mehr als genügt, um mich zu überzeugen.

Ein vollständig renoviertes Herrenhaus aus den 1920ern mit einer schönen Parkanlage und Mahlzeiten, die vom Chefkoch kreiert wurden. Die nächsten paar Wochen würde ich damit verbringen, tagsüber im Wald Rad zu fahren und es mir abends mit einem Grog und einem guten Buch am Feuer gemütlich zu machen. Zwei Wochen Entspannung, um mein Hirn zu resetten und zurück ins Leben zu finden.

Ich zog an den Bremsen und kam schlitternd vor zwei

blassen Steinsäulen zum Stehen, die ein schwarzes Tor mit einem eisernen Torbogen einrahmten, auf dem *Deus Videt Omnia* zu lesen war. Die Auffahrt dahinter war kurz, und eine gewundene Treppe führte den terrassenartig angelegten Hang hinauf. Das Herrenhaus selbst war hinter Kiefern versteckt, nur die spitzen Türmchen ragten hinter den wogenden Baumkronen hervor.

Beklemmung umfing mich plötzlich, als ich durch das Tor fuhr. Meine Reifen knirschten auf dem Kies, dann stand ich schließlich am Fuße der langen, schmalen Treppe, die zum Haus hinaufführte. Mit einem Seufzen lehnte ich mein Rad gegen die Mauer, zurrte meinen Rucksack fester und machte mich wie ein leidgeprüfter Packesel daran, den Hügel zu erklimmen.

Die Stufen waren moosbewachsen und rutschig, mit Einkerbungen in der Mitte – Spuren der Schritte, die sie über die Jahrzehnte geformt hatten. In dem terrassenförmig angelegten Garten wimmelte es von duftenden Blumen und wuchernden Farnen. Massive, alte Kiefern wuchsen am Hang, und ihre knorrigen Wurzeln zeichneten sich in gewundenen Bahnen unter der Erde ab.

Als ich den Hügel erklommen hatte und hinter den Bäumen herauskam, zeigte sich Balfour House in seiner ganzen einschüchternden Pracht.

Es war groß und düster mit einer Fassade aus grauem Stein, der mit Efeu bedeckt war. Ich legte den Kopf in den Nacken und starrte an dem Haus hoch. Das Dach fiel steil ab, gekrönt von Schornsteinen, aus denen weiße Rauchschwaden stiegen, und verschnörkelten Turmspitzen voller Vogelnester. In den Stein rund um den Eingang waren Cherubim und Wasserspeier gemeißelt, genau wie am Springbrunnen in der Mitte des Hofs. Schmale Fenster, die zwischen den

Efeuranken hindurchblitzten, säumten die Fassade und wirkten wie Augen, die mich beobachteten.

Langsam schlenderte ich über den Hof und blieb auf halbem Weg stehen, um in das tiefe, trübe Becken des Brunnens zu sehen. Das Wasser stand, weshalb Pflanzen und Algen es erobert hatten.

Ich war so abgelenkt, dass ich beinahe vor Schreck aufgeschrien hätte, als ich den Springbrunnen umrundet hatte und plötzlich einem Wolf gegenüberstand, der mich mit blassen blauen Augen anstarrte.

«Mein Gott, ähm, hallo ... hi ...»

Ich erstarrte, als das große schwarze Vieh mit seiner nassen Schnauze an mir schnüffelte. Okay, vielleicht war es *kein* Wolf. Sondern ein riesiges, flauschiges Exemplar irgendeiner Hütehunderasse. Er hatte ein breites Lederhalsband um. Ich ließ mich ein Weilchen beschnüffeln, damit er herausfinden konnte, ob ihm mein Geruch gefiel, dann griff ich nach seiner Hundemarke.

«Loki», las ich den darauf eingravierten Namen. «Bist du mein Empfangskomitee?» Er wirkte freundlich, aber nicht übermäßig begeistert, also setzte ich meinen *Wer ist ein guter Junge?*-Tonfall auf und fragte: «Du bist aber ein großer hübscher Junge, oder? Stimmt's?»

Daraufhin wedelte er mit dem Schwanz. Er ließ zu, dass ich durch das flauschige Fell an seinen Schultern wuschelte, dann trottete er zur Eingangstür, und ich folgte ihm.

Am Eingang hing eine Kupferplakette an der Hauswand, auf der etwas eingraviert war.

Der Bau von Balfour Manor wurde 1919 begonnen, nachdem Henry M. Balfour aus dem Ersten Weltkrieg zurückgekehrt war. Ursprünglich als Familiensitz der Balfours gedacht, ist es heute ein Bed and Breakfast, das Gäste aus der ganzen Welt beherbergt.

Die Tür war aus massivem alten Holz gefertigt, wahrscheinlich stammte sie aus dem Baujahr des Anwesens. Sie knarrte lautstark, als ich sie aufdrückte. Der Hund schüttelte sich, dann trottete er vorweg.

Ich streifte meine schlammigen Stiefel auf der Fußmatte ab und trat ein. Im Foyer war es warm, und es roch leicht nach Holzrauch und Muskatnuss. Der Schein des Kronleuchters spiegelte sich auf dem gewachsten Holzboden, und Gemälde und alte Porträts hingen an den tapezierten Wänden. Zu meiner Rechten befand sich ein Treppenaufgang, dessen Wände mit noch mehr Kunst und Fotografien behangen waren, und geradeaus öffnete sich ein Korridor.

Die Rezeption befand sich zu meiner Linken. Hinter einem großen Holztisch hingen ein Dutzend alte Hauptschlüssel unter einer Reihe vergilbter Fotografien an der Wand. Einige technische Geräte erweckten meine Aufmerksamkeit: eine Art Funkgerät mit einem Handmikrofon und ein alter Computer, der aussah, als stammte er noch aus den Neunzigern.

Niemand war hier. Zumindest nicht, bis eine Tür hinter dem Tresen aufgeworfen wurde – von einem schwankenden Turm aus Pappschachteln. Ich wich zurück, als die Schachteln mir entgegentaumelten, dann wurden sie von der großen, muskulösen Brünetten, die sie trug, abgestellt. Ihre Haare waren zu einem Pferdeschwanz gebunden, und sie hatte mir den Rücken zugewandt, während sie einen der Kartons aufriss und darin herumwühlte, wobei sie laut irgendwelche Gewichte und Zahlen murmelte.

Verlegen räusperte ich mich.

Ich hatte noch nie erlebt, dass jemand so schnell herumgewirbelt war. In einem Augenblick wühlte sie noch im Karton, im nächsten sah sie mich an, stieß dabei eine Reihe Flüche aus und hielt eine Kartoffel in die Höhe, als wollte sie sie nach mir werfen.

Einen Moment lang starrte ich sie überwältigt und fassungslos an. Nicht weil sie eine Kartoffel in der Hand hielt, sondern weil ich sie kannte.

Sie war die Fremde aus der Bar.

Die namenlose Frau, die mir mit ihrer Zunge die Seele aus dem Leib gerissen und sie im Ganzen verspeist hatte.

3

RAYNE

Unwanted Guest

Oh, hi!»

O nein.

Es bestand kein Zweifel daran, dass *sie* es war. Sie hatte große, goldbraune Augen in der satten Farbe von Blütenhonig. Kurzes kastanienbraunes Haar, das vom Wind zerzaust war. Außerdem blasse Haut, Sonnenbrand auf den Wangen und Sommersprossen auf der Nase. Ihre Lippen hatten die Farbe eines Pfirsichs, der gerade den ersten rötlichen Schimmer angenommen hatte. Sie lächelte mich an, als wäre sie kurz davor, im Boden zu versinken, und als täte ihr diese Situation, in der wir uns befanden, leid. So als wäre die leuchtende Schamesröte, die in ihre Wangen stieg, ihr persönlicher Fehler.

Sie konnte ja nicht wissen, dass diese Reaktion es nur noch schlimmer machte. Ihre geweiteten Augen ließen mich sofort gedanklich zurück in die gestrige Nacht reisen.

Als ich im Schein des Neonlichts zu ihr hochgestarrt und dabei zugesehen hatte, wie sie sich unter den Liebkosungen meiner Zunge aufgelöst hatte. Als ich zugehört hatte, wie sie gewimmert und gestöhnt hatte – ein Lied, das nur für meine Ohren bestimmt gewesen war.

Es war mir vorgekommen wie ein Fiebertraum. Oder ein Albtraum.

Träume gehörten in die Nacht, in den dunklen Raum jenseits der Realität. Sie sollten nicht am helllichten Tag hier hereinschneien, dabei erröten und einen anlächeln.

«Ich möchte einchecken», sagte sie, und ihr Lächeln wich einem besorgten Ausdruck. Eilig warf ich die Kartoffel beiseite und zog meine Kopfhörer heraus. «Ich habe auf den Namen Lockard reserviert. Salem Lockard.»

«Salem», wiederholte ich. Ihr Name prickelte auf meiner Zunge wie eine Süßigkeit, und ihr Gesicht hellte sich auf.

Wow.

Da war es wieder: dasselbe seltsame Gefühl, das mich überkommen hatte, als ich sie gestern Abend an der Bar gesehen habe. Das Gefühl, sie zu kennen. Und obendrein noch diese unerklärliche Anziehung.

Statisches Rauschen drang lautstark aus dem Funkgerät und ließ uns beide zusammenzucken. Eine junge Stimme ertönte knisternd aus dem Lautsprecher: «Fischadler an Drachen! Bitte kommen, Drache!»

Ich murmelte an Salem gewandt ein entschuldigendes «Moment bitte», ließ mich auf meinen Stuhl hinter dem Tresen fallen und nahm das Mikrofon zur Hand. «Rebecca, ich bin gerade ein bisschen beschäftigt. Alles in Ordnung?»

Sosehr ich mich auch bemühte, meinen ungebetenen Gast nicht anzusehen, mein Blick wurde unwillkürlich von ihr angezogen. Sie trug hautenge Radlerhosen über dicken Leggings, beides in Erdtönen gehalten und mit Mustern, die nicht zusammenpassten. Es war faszinierend, ablenkend, verwirrend ...

Mist, sie anzusehen löste einen ganzen Wirbelsturm an Gefühlen in mir aus, auf die ich nicht vorbereitet war.

«Neeein, nicht Rebecca!», antwortete die junge Stimme. «Mein Codename ist Fischadler, schon vergessen?»

Seufzend schenkte ich Salem mein schönstes Kunden-Lächeln. «Ich bin in, äh, einem Moment für dich da.» Dann sprach ich wieder in das Mikrofon. «Fischadler, dieses Funkgerät ist nur für Notfälle gedacht. *Gibt* es einen Notfall?»

Es folgte eine lange, schuldbewusste Pause, dann antwortete sie: «Nein. Aber mir ist *langweilig*!»

«Das Funkgerät ist kein Spielzeug, Fischadler. Geh und spiel mit deiner Schwester, okay? Ich sehe später nach euch. Ende.»

Ich stellte die Lautstärke leiser ein, hielt inne und atmete tief durch, bevor ich mich umdrehte. Salem strahlte mich an und wippte auf den Zehen vor und zurück. Ihre zierlichen Ohrringe in Pilzform schwangen dabei mit. Loki hatte bereits einen Narren an ihr gefressen, der große Clown stand neben ihr und drückte seine nasse Schnauze in ihre Handfläche.

Die Atmosphäre im Raum war mehr als nur angespannt, und wenn ich die Angelegenheit nicht bald angehen würde, würde sie mich zerquetschen.

Mein Herzschlag beschleunigte sich, als ich ihren Namen auf der Buchungsliste entdeckte. Salem Lockard. Meine Lippen formten stumm den Namen, bevor ich wagte, ihn laut auszusprechen.

«Miss Lockard?», fragte ich zur Bestätigung.

Sie nickte eifrig. Fluchend wartete ich darauf, dass mein uraltes Buchungsprogramm lud, und widerstand mühevoll dem Drang, seitlich auf den Computer zu hauen. Er war schon immer langsam gewesen, aber als ich dort stand und ihn anstarrte, hätte ich schwören können, dass es eine Million Jahre dauerte.

«Das ist so ein bizarrer Zufall. Ich meine, wie hoch ist die Wahrscheinlichkeit?»

O Gott, sie redete weiter. Ihre Stimme zitterte, und sie sprach die Worte eilig aus, während sie an den Ärmeln ihrer Jacke herumzupfte. Der Saum war bereits etwas ausgefranst, so als würde sie das öfter machen.

Auf so etwas war ich nicht vorbereitet. Deshalb begab ich mich, wenn ich jemanden abschleppen wollte, aufs *Festland* – damit ich meine Eroberungen nie wiedersah. Damit sie nicht auf meiner Türschwelle auftauchten und über Nacht bleiben wollten.

Ich lächelte sie an. Zumindest glaubte ich das. Mein Gesichtsausdruck fühlte sich zumindest ansatzweise freundlich an. «Willkommen auf Blackridge, Salem.»

Ihre Züge veränderten sich. Wurden weicher. Als hätte ihre Nervosität ein wenig nachgelassen. Plötzlich fühlte ich mich, als wäre ich wieder in der Grundschule und hätte gerade einen goldenen Sternchenaufkleber bekommen.

Ich runzelte die Stirn, um das sonderbare Gefühl zu unterdrücken, und breitete mehrere Prospekte vor ihr auf dem Tresen aus. «Das ist eine Karte der Insel, und auf dieser Karte hier sind die Wanderwege verzeichnet. Nur der Rundweg um den Leuchtturm ist gerade geschlossen. Die Saison ist im Grunde schon rum, sodass es zu spät ist, um auf die Halbinsel rauszufahren.»

Sie nahm die Karten und stopfte sie in ihre Jacke, wobei sie zerknitterten. «Stimmt es, dass die Insel im Winter nicht für Besucher geöffnet ist?»

«Nicht direkt. Die Fähre stellt den Betrieb ein. Und das ist schon ab Herbst der Fall, nicht erst im Winter. Du bleibst zwei Wochen hier, also ...»

Ich runzelte die Stirn. Warum zur Hölle hatte ich ihre Buchung für diesen Zeitraum angenommen? Das war ja mal mehr als knapp.

«Deine Fähre wird die letzte sein, die die Insel verlässt», fuhr ich fort, «pass auf, dass du sie nicht verpasst.»

«Ich schätze, ich habe hier eine ziemlich coole Unterkunft für den Fall, dass ich sie verpasse, oder?» Sie lachte.

Es war ansteckend; diese Art von Lachen, die auf mich eine fast berauschende Wirkung hatte. Aber es war zu laut. Es hallte von den Wänden wider, und ich zuckte zusammen, weil ich halb damit rechnete, dass ein Schrei als Erwiderung zurückkommen würde.

Reiß dich zusammen, Rayne.

«Niemand bleibt länger als bis zum ersten November», erwiderte ich. «Und das will auch niemand, dem sein Leben lieb ist. Das Wetter ist rau. Inklusive Regen, Graupel und Schnee. Die Wellen werden so hoch, dass sie jedes Boot, das ihnen zu nahe kommt, gegen den Felsen schleudern. Und der Wind ist stark genug, um einen Hubschrauber zum Abstürzen zu bringen. Es gibt auch keine Möglichkeit für Flugzeuge, hier zu landen. Also verpass deine Fähre nicht.»

Ihr Kehlkopf trat hervor, als sie sichtlich schluckte. «Verstanden.»

Ich nahm ihren Schlüssel von einem der Haken hinter mir und umrundete den Tresen. «Zimmer Nummer sechs ist deines.»

Erwartungsvoll streckte ich ihr meine freie Hand entgegen. Ohne zu zögern, griff sie zu und schüttelte sie.

«Dein Rucksack», sagte ich, und sie erstarrte sichtlich vor Verlegenheit. «Möchtest du, dass ich ihn raufbringe?»

«Oh, äh – stimmt, klar, danke.» Sie zog den Kopf ein und reichte ihn mir eilig herüber.

Die Wärme ihrer Hand griff auf meine über. Während ich ihren Rucksack die Treppe hochtrug, ließ ich meine Finger am Schulterriemen spielen, um sie zu lockern.

«Der Speisesaal liegt hinter der Rezeption, den Flur runter, auf der linken Seite. Ein großer Raum, du kannst ihn nicht verfehlen», sagte ich und spulte meine übliche «neuer Gast»-Einweisung ab. «Frühstück gibt es von sechs bis neun, Abendessen von achtzehn bis einundzwanzig Uhr. Eine Küchenzeile mit Mikrowelle steht rund um die Uhr zur Verfügung. Falls dir danach ist, nach Marihope zu laufen oder zu fahren: Dort gibt's ein Restaurant, ein paar Cafés und einen Markt.»

Am oberen Ende der Treppe angekommen, drehte ich mich um. Sie stand immer noch unten auf dem Treppenabsatz und starrte ein wuchtiges Porträt eines dunkelhaarigen Pastors an.

«Henry Balfour», erklärte ich. «Mein Großvater. Er hat dieses Haus erbaut.»

«Er war Pastor?», fragte sie und beeilte sich, zu mir aufzuschließen.

«Erst Soldat. Dann Pastor. Geistliche liegen bei uns in der Familie. Mein Vater war auch Pastor.»

Wenn Heiligkeit doch nur so schnell weitervererbt werden würde wie Raffgier.

«Kann ich mein Fahrrad irgendwo unterstellen?», fragte sie. «Ich habe es in der Auffahrt unten am Hügel stehen gelassen.»

«Ich bringe es für dich in den Schuppen. Planst du, Rad zu fahren, während du hier bist?»

«Ja! Mountainbiken ist genau meins.»

Sie hatte in der Bar erwähnt, dass sie die letzten Tage damit verbracht hatte, von San Francisco die Küste entlang hier raufzufahren. Während ich mich noch nie weiter von zu Hause entfernt hatte als bis zur Washington Coast. Wie bei so vielen, die hier aufgewachsen waren, war Blackridge ein Teil von mir, dem ich nicht entkommen konnte. Als hätten sich die Wurzeln dieser Bäume mit mir verflochten, und sosehr ich auch versuchte, mich zu befreien, diese Fesseln würden sich zwar lockern, aber niemals reißen.

Sie würden mich immer wieder hierher zurückziehen.

«Die Wege hier sind für Fortgeschrittene. Sie sind ziemlich gefährlich, also ...»

Meine Warnung sorgte nur dafür, dass ihr Lächeln breiter wurde. Sie war eindeutig in der Lage, auf sich selbst aufzupassen, obwohl sie auf den ersten Blick quirlig und nervös wirkte. Ihr Rucksack war so schwer, dass meine Schulter schmerzte, als ich sie durch den Flur im Obergeschoss führte.

«Bestimmt ist dir schon aufgefallen, dass es keinen Handyempfang gibt. Ich würde dir also raten, immer ein Satelliten-Navi dabeizuhaben. Man kann sich im Wald leicht verlaufen. Falls du keins hast, habe ich ein Ersatzgerät, das du ausleihen kannst.»

Ich blieb vor ihrer Tür stehen, an der eine Kupferplakette mit der Zimmernummer sechs hing. Der alte Schlüssel klickte laut im Schloss, als ich ihn herumdrehte und die Tür öffnete. Nummer sechs war ein Eckzimmer, und ich bemerkte zufrieden, dass sie staunend die Luft einsog und die Aussicht auf sich wirken ließ.

Jenseits des aufgewühlten Meeres ragte der Leuchtturm von Blackridge stolz auf der bewaldeten Halbinsel auf. Nebel umwaberte seine weißen Mauern, während die Wellen gegen die schwarzen Klippen krachten, auf denen er stand.

«Seit den Achtzigern ist er außer Betrieb», sagte ich, als sie zum Fenster eilte, um hinauszusehen. «Also keine Sorge, es gibt kein Licht, das dich nachts wach halten wird.» Ich hockte mich vor den Kamin, stapelte ein paar Holzscheite darin auf und entzündete ein Feuer. «Für deine ersten Tage hier sollte genügend Feuerholz vorhanden sein, aber falls du mehr brauchst, sag einfach Bescheid. Das Haus hat einen Heizkessel, aber besonders nachts wird es kalt.»

Als das Feuer knisternd brannte und die Wärme sich allmählich im Zimmer ausbreitete, stellte ich fest, dass sie sich auf das Bett gesetzt hatte und mich beobachtete. Ihre Beine waren so kurz, dass sie den Boden nicht berührten.

Sie lehnte sich zurück und stützte sich auf ihre Hände, dann sagte sie: «Danke dafür. Es ist schon eine Weile her, dass ich selbst Feuer gemacht habe.»

«Kein Problem.» Meine Stimme überschlug sich.

Ganz wunderbar. Warum zur Hölle stand ich hier herum, als hätte ich nichts Besseres zu tun? Worauf wartete ich? Dass sie sich die Kleider vom Leib riss und mich in ihr Bett einlud? Gott, nein, diese Gedanken halfen nicht, diese Vorstellung war eine *ganz schlechte Idee.*

«Denk daran, dass das Haus alt ist», sagte ich zögerlich. Sie betrachtete mich aufmerksam, hing geradezu an meinen Lippen, und ich wusste nicht, ob ich geschmeichelt oder verängstigt sein sollte. «Es macht manchmal komische Geräusche. Poltern, Ächzen, Knarren. Weil wir von Wald umgeben sind, wirst du ein paar seltsame Dinge hören. Aber es gibt keinen Grund, Angst zu haben.» Ich machte mich auf den Weg zur Tür, drehte mich aber beinahe augenblicklich wieder um. «Wenn du sonst noch was brauchst, ruf einfach mit dem Festnetztelefon neben dem Bett bei der Rezeption an.»

Okay, Zeit zu gehen.

«Und falls ich nicht an der Rezeption bin, kannst du es bei meinem Zimmer versuchen», fügte ich dann noch hinzu und blieb noch einmal stehen. «Im zweiten Stock. Die vorletzte Tür links.»

Ich verriet Gästen nie, welches mein Zimmer war. Das ging sie nichts an.

Selbst, als ich die Tür hinter mir geschlossen hatte, ging ich nicht. Ich stand dort und lauschte, während ich mir selbst einredete, dass ich nichts dergleichen tun würde. Und zwar viel zu lange.

Es rumpelte in den Leitungen, als das Wasser zu fließen begann. Sie ließ sich ein Bad ein. Ein Teil von mir wollte dabei zuhören, wie ihre Kleidung mit leisem Rascheln zu Boden fiel. Wie ihre Füße mit sachtem Plätschern das Wasser berührten. Aber auf die Gefahr hin, mich wie eine gestörte Einsiedlerin zu verhalten, eilte ich auf leisen Sohlen davon, aus Angst, sie könnte hören, wie ich davonlief.

Sie würde nur für zwei Wochen hierbleiben. Ich sollte es hinbekommen, mich zwei Wochen lang normal zu verhalten, oder nicht?

Ihr Duft verfolgte mich. Nach Jasmin und Zitrone. Selbst nachdem ich meine Kleidung abgestreift und sie wütend in den Wäschekorb gestopft hatte, nahm ich noch wahr, wie ihr Parfüm mich umgab.

Nur mit Unterwäsche bekleidet, saß ich auf der Fensterbank vor meinem geöffneten Fenster und drehte mir einen Joint. Gänsehaut breitete sich prickelnd auf meinen Armen aus. Die Nachtluft war beißend kalt auf meiner bloßen Haut, aber dafür würde es sich umso besser anfühlen, ins warme Bett zu krabbeln. Vergnügen war ohne Schmerz nur halb so schön.

Das Lied der Grillen mischte sich in das ferne Donnern der Wellen. Als ich ein Kind gewesen war, hatte ich manchmal so getan, als stammte das Rauschen der Wellen in Wirklichkeit von einem Tiger, der in der Ferne brüllte. Diese Illusion hatte mir geholfen, mich abzulenken; ein Feind, der weit weg war, war weniger beängstigend als diejenigen, die sich unter meinem Dach befanden.

Ich hielt den Joint an meine Lippen und entzündete ihn. Die dünne Rauchfahne wehte zum Fenster hinaus und verlor sich im Nachthimmel.

Ob Salem gerade auch aus ihrem Fenster sah? Ob sie das Mondlicht und den kalten Blick der Sterne zu schätzen wusste? Starrte sie zu ihnen hoch und fühlte sich klein, inspiriert, eingeschüchtert? Fragte sie sich, ob das alles den Versuch überhaupt wert war, wo diese Welt so riesig war und der Mensch so wenig wusste?

Ich steckte mir die Kopfhörer in die Ohren, öffnete meine Lieblingsplaylist auf meinem Handy und ließ zu, dass Fleetwood Mac meinen Kopf füllte. Ein paar Augenblicke lang war meine Welt in Ordnung.

Dann sah ich eine Bewegung in dem Glas gespiegelt, die Tür zu meinem Schlafzimmer schwang auf.

Meine Nackenhaare stellten sich auf. Ich drehte mich nicht um. Der Flur draußen lag im Dunkeln, das konnte ich in der Spiegelung sehen, da war nur ein schwarzes Nichts.

Langsam zog ich meine Kopfhörer wieder heraus. Gespenstische Stille, die viel lauter war als die Musik, schlug mir entgegen.

Eine Diele knarrte. Dann noch eine. Mein Mund war so trocken, dass ich kaum schlucken konnte. Ich stand auf und drehte mich zur offenen Tür um.

Das Knarren kam beständig näher. Ich starrte in die Leere, bis ich das Gefühl hatte, etwas im Dunkeln zu sehen. Ich hätte schwören können, dass dort jemand war. Schroffe

Atemzüge drangen aus der Leere, es klang, als würde jedes Keuchen pfeifend durch verweste Lungenflügel gepresst.

Gebete kamen mir in den Sinn und lagen schon auf meiner Zunge, doch ich sprach sie nicht aus.

«Na los», fauchte ich. Ich zog noch einmal an meinem Joint und zwang mich, stark zu bleiben. «Komm her. *Komm.*»

Jeder Schritt in Richtung der Tür schmerzte, und mein Herz drohte meine Rippenbögen zu zerbersten. Ein vertrauter Geruch schlug mir entgegen – stechender Moder und fauliges Blut. Ich griff nach dem Türknauf, der sich eiskalt anfühlte, zog die Tür zu und schloss ab.

Ein paar Sekunden lang, in denen ich fast zu ersticken glaubte, lauschte ich auf die keuchenden Atemzüge auf der anderen Seite. Das Geräusch setzte sich beharrlich fort, wollte nicht enden, erinnerte an den Klang von Nägeln, die über eine Kreidetafel kratzten. Meine Anspannung ließ erst nach, als ich wieder meine Kopfhörer einsetzte.

Erst dann stieß ich die Luft aus. Aber ich starrte noch immer zur Tür, während ich in mein Bett krabbelte und die Decke um meine zitternden Glieder schlang. Als von meinem Joint nur noch ein Stummel übrig war, fühlte ich mich allmählich ein bisschen besser.

Ich durfte mich nicht von Salem ablenken lassen, vor allem nicht jetzt. Die Nächte wurden länger und kälter. Der Sheriff hielt mich für verrückt, aber ich wusste, dass es schon jetzt nicht mehr sicher war, nach Einbruch der Dunkelheit draußen zu sein, egal, wie früh in der Saison es war.

Falls der Engel jetzt noch nicht erwacht war, würde das bald geschehen.

Dann würde die Jagdsaison beginnen, und ob ich Jäger oder Gejagte war, würde ich erst herausfinden, wenn es schon zu spät wäre.

4

SALEM

Bear Season

Die nächsten zwei Wochen würde ich unter einem Dach mit einer Frau leben, die mich auf der Toilette einer Bar oral zum Orgasmus gebracht hatte. Eine Frau, die meine Seele so gründlich verdorben hatte, dass der Gedanke an das, was wir miteinander geteilt hatten, noch zwei Tage später dafür sorgte, dass meine Knie weich wurden.

«Rayne», flüsterte ich ihren Namen, als ich an diesem Morgen im Bett lag. Ich wollte austesten, wie sich die Silben anfühlten, wenn ich sie zärtlich murmelte wie eine Liebende – oder sie stöhnte.

Gott, das war schlimm. In peinlichen Situationen war ich *völlig unfähig*. Sobald ich ihr Gesicht sah, war ich so durcheinander, dass meine kommunikativen Filter versagten und ich anfing, Unsinn zu plappern. Angesichts ihrer stoischen Art war es durchaus wahrscheinlich, dass sie mich zu laut und zu nervig fand. Was vollkommen verständlich war. Es wäre nicht das erste Mal, dass ich jemanden mit meiner fehlenden Sozialkompetenz in die Flucht schlug.

Es hatte nichts zu *bedeuten*. Sex war nur Sex, und ich war so erzogen worden, dass ich mich für meine Schlampen-mit-Moral-Aktivitäten nicht schämte.

Dennoch verspürte ich ein aufgeregtes Kribbeln in meinem Magen, als ich mich auf den Weg zum Speisesaal machte. Würde Rayne zusammen mit den Gästen essen? Ich wollte sie wiedersehen, aber ich hatte keine Ahnung, was ich zu ihr sagen sollte. Ich verspürte dieses schwindelerregende, prickelnde Gefühl der Verliebtheit – eine Empfindung, zu der ich mich nicht mehr imstande geglaubt hatte.

Aber dennoch bedeutete es nichts.

Der Speisesaal war weiträumig. An der Decke verliefen kreuzförmige Holzbalken, und ein riesiger Kronleuchter hing über den Tischen, von denen ein Dutzend im Raum verteilt standen. Die bodentiefen Fenster boten einen Blick auf einen Ziergarten hinter dem Haus, der so überwuchert war, dass man das Gefühl hatte, im Dschungel zu sein.

Einige der anderen Gäste saßen bereits auf ihren Plätzen. Der herzhafte Duft nach Rührei und Speck hing in der Luft, und mein Magen knurrte vor Hunger. Als die Verbindungstür zur Küche aufschwang, schaffte ich es, einen Blick hineinzuwerfen. Die Angestellten drängten sich um einen dampfenden Ofen und zogen frisches Brot heraus. Ein großer, glatzköpfiger Mann, der sich mit ausgeprägtem französischen Akzent als Albert vorstellte, kam zu mir, um meine Bestellung für das Frühstück aufzunehmen. Er war gnädigerweise sehr geduldig, als ich vor Staunen über die Auswahl an Speisen erst einmal keinen Ton herausbekam.

Während ich darauf wartete, dass mein Frühstück zubereitet wurde, nahm ich mir Kaffee und Orangensaft und suchte mir einen kleinen Tisch für eine Person in der Nähe der Fenster.

Der Himmel war wolkenlos und blassblau. Vögel badeten in Pfützen auf dem Rasen und plusterten singend ihr Gefieder auf. Jenseits einer hohen Hecke konnte ich gerade so das spitze Dach eines Gewächshauses erahnen. Eine moosbewachsene Steintreppe führte hinter die Hecken in einen für mich nicht einsehbaren Bereich des Gartens.

«...habe gehört, sie wird seit letzter Woche vermisst, da meint man doch, die Leute würden drüber reden ...»

Die geflüsterten Worte lenkten meine Aufmerksamkeit vom Garten ab, und ich sah mich stattdessen im Raum um, während ich meinen Kaffee schlürfte. Irgendjemand aus der Wandergruppe hatte gesprochen, aber jetzt senkten sie ihre Stimmen, und ich konnte nichts mehr verstehen. Um mich herum saßen ein paar Pärchen und Dreier- und Vierergrüppchen; ich war offenbar die einzige Alleinreisende hier.

Am Tisch direkt neben meinem saßen zwei Männer mittleren Alters in weiten Tarnjacken und -hosen. Ihre Teller waren bis auf den letzten Krümel leer gegessen, und sie tranken beide eine Tasse Kaffee. Derjenige, der mir am nächsten saß, polierte etwas, das auf seinem Schoß lag, und ich beugte mich hinüber, um einen besseren Blick darauf zu erhaschen.

Ich wäre beinahe samt meinem Stuhl nach hinten umgekippt, als ich erkannte, dass es ein Gewehr war.

Bei dem Geräusch hoben die Männer den Blick. Der mit dem Gewehr lächelte mir freundlich zu.

«Sieh an, sieh an, ein neuer Gast, was? Guten Morgen!» Er folgte meinem Blick und fügte eilig hinzu: «Oh, keine Sorge, Miss. Is' bei Tisch nie geladen. Aber ich darf die alte Dame nicht vernachlässigen.» Liebevoll klopfte er auf den Griff des Gewehrs. «Da draußen ist das das Einzige, was mich davor bewahrt, meinem Schöpfer gegenüberzutreten, bevor meine Zeit gekommen ist.»

Der andere Mann schüttelte den Kopf. «Lassen Sie sich von ihm keine Angst einjagen. Ich bin George. Das ist Martin. Gerade erst eingecheckt?»

«Gestern», antwortete ich. Die beiden erinnerten mich an meine Onkel aus Montana, und ich mochte sie auf Anhieb. «Ich nehme an, Sie sind Jäger?»

Martin nickte entschieden. «Ganz genau. Schwarzbären.»

Ich hätte beinahe meinen Kaffee durch die Nase wieder ausgeprustet. «Bären?», quiekte ich. «Es gibt *Bären* auf dieser Insel?»

Da unterbrach eine andere Stimme das Gespräch. «Martin, George, hört auf, meinen Gästen Angst zu machen.»

Alle Köpfe drehten sich nach Rayne um, als sie mit großen Schritten ins Speisezimmer trat. Sie trug abgewetzte kniehohe Schnürstiefel aus Leder, und ihr Tarnmantel, den sie nicht zugeknöpft hatte, flatterte beim Laufen wie ein Umhang hinter ihr her. Loki folgte ihr gehorsam, als würde er all das leckere Essen um ihn herum gar nicht bemerken.

Ob sie wusste, dass ihre bloße Anwesenheit mir den Atem raubte? Konnte sie hören, wie sich mein Herzschlag beschleunigte?

«Ja, Mama», murrte Martin und legte das Gewehr unter dem Tisch ab.

Rayne blieb nicht stehen. Sie würdigte mich kaum eines Blickes, bevor sie den Kopf zur Küche hineinsteckte, etwas auf Französisch rief und sogleich eine Antwort in derselben Sprache erhielt. Wenige Augenblicke später kehrte Albert mit meiner Bestellung zurück und brachte auch noch etwas, mit dem ich nicht gerechnet hatte.

Einen Gin Tonic.

«Bitte entschuldigen Sie die Wartezeit», sagte er.

Ich hatte überhaupt nicht lange warten müssen und wollte das gerade sagen, aber er verschwand so schnell, wie er gekommen war.

Mein mit Gemüse gefülltes Käse-Omelett sah perfekt aus, und ich wollte mich gerade darüber hermachen, als mich das Gefühl überkam, dass mich jemand beobachtete.

Ich warf einen Blick über meine Schulter und entdeckte Rayne, die dort stand. Das Herz schlug mir bis zum Hals.

«Hattest du eine angenehme Nacht?», fragte sie. Eine Hand hatte sie an der Stuhllehne abgelegt, die andere auf dem Tisch, nur ein paar Zentimeter von meinen Fingern entfernt. Diese Nähe fühlte sich elektrisierend an und ließ meine Haut kribbeln.

«Ja, sehr. Es war total gemütlich. Und ich hatte es auch warm, danke noch mal für das Feuer.»

«Das freut mich zu hören», erwiderte sie so leise, dass nur ich und niemand sonst sie verstehen konnte. Sie griff in ihren Mantel, zog kurz die Brauen zusammen und beförderte dann einen glänzenden silbernen Schlüssel zutage, den sie mir entgegenstreckte. «Der ist für den Schuppen am Fuß des Hügels. Du kannst dort bei Bedarf dein Fahrrad unterstellen. Ich bin die Einzige, die sonst noch einen Schlüssel hat, also kommt dort niemand rein.»

«Danke ... schön.» Bevor ich die Worte überhaupt zu Ende gesprochen hatte, hatte sie sich schon umgedreht und war davongelaufen, zusammen mit Loki, der ihr brav folgte.

«Na, das gibt's doch nicht.» Martin lachte in sich hinein. «Hab nicht gehört, dass die Frau mehr als einen Satz gesagt hat, seit wir angekommen sind. Frage mich, was an Ihnen so besonders ist, junge Dame?»

Ich zuckte die Schultern und versuchte, die Schmetterlinge in meinem Bauch mit noch mehr Kaffee zu ertränken.

Der zweite Stock des Herrenhauses war für Gäste nicht zugänglich, aber mir blieb trotzdem noch genug im Haus zu erkunden. Der Gemeinschaftsraum befand sich weiter hinten auf dem Flur ebenfalls im ersten Stock. Die Wände waren mit Bücherregalen bedeckt, bequeme Stühle und Sofas standen auf dicken Teppichen mit kunstvollen Mustern. Ich wäre gern geblieben, aber einige andere Gäste saßen bereits dort, und ich wollte sie nicht stören.

Die einzelnen Zimmer des Herrenhauses waren behaglich warm, aber auf den Fluren war es eiskalt. So kalt, dass ich sogar meinen eigenen Atem sehen konnte, als ich die Treppe hinaufstieg. Nicht einmal bei wolkenlosem Himmel kam etwas von der Wärme der Sonne hier an.

Ich erreichte den ersten Stock und dämpfte meine Schritte, als ich an den Gästezimmern vorbeikam. Das ganze Haus war tadellos sauber. Nicht auf einem einzigen Bilderrahmen entdeckte ich Staub, es gab keinen einzigen Schmutzfleck auf den Dielen oder Schlieren auf auch nur einem der Fenster. Und auch der charakteristische Geruch nach «altem Haus» fehlte. Vermutlich gab es geruchsneutralisierende Filter in den Lüftungsschächten.

Aber als ich an dem Treppenaufgang vorbeikam, der in den zweiten Stock führte, nahm ich einen entsetzlichen Gestank wahr.

Eilig bedeckte ich meinen Mund mit einer Hand und starrte die schwach beleuchtete Treppe hinauf. Eine riesige Marmorstatue in Form einer verschleierten Frau mit gefalteten Händen stand auf dem Absatz über mir. Es war schwer zu erkennen, aber die hübsche Tapete hinter der Frau schien einen Wasserschaden erlitten zu haben, sie wölbte sich seltsam vor und war an manchen Stellen mit schwarzem Schimmel bedeckt.

Beunruhigt verengte ich den Blick und trat näher heran, wobei ich einige Treppenstufen erklomm. Meine Augen mussten mir einen Streich gespielt haben, denn der Schimmel verschmolz mit dem Schatten und war vollends verschwunden, als ich meine Hand an die Wand legte.

Verwirrt strich ich mit den Fingern über die makellose Farbe, auf der Suche nach irgendeiner Spur von Fäulnis. Aber es war nichts mehr da.

Seltsam.

Plötzlich erklangen laute Schritte, als jemand die Treppe hinunterstürmte. Ich erschrak und wäre beinahe gestolpert, als ich die Stufen wieder runterrannte, um der Person auszuweichen, die auf mich zukam. Ein paar Sekunden später erreichte ich keuchend meine Zimmertür und legte eine Hand auf mein rasendes Herz. Als der Schlüssel im Schloss steckte, warf ich einen Blick zurück zum Treppenaufgang in den zweiten Stock.

Niemand war zu sehen.

Ich wartete eine geschlagene Minute lang.

Dann zwei.

Es waren keine Schritte mehr zu hören, und niemand kam herunter. Wartete die Person auf der Treppe? Warum? Und wer? Ich hatte niemanden gesehen.

Vorsichtig näherte ich mich wieder der Treppe. Ich rechnete fest damit, auf einen der anderen Gäste zu treffen, der mir einen Streich spielte, aber als ich nachsah, stand dort nur die Statue.

5

SALEM

Fantasies and Faucets

Meine Schuhe verursachten ein schmatzendes Geräusch auf dem nassen Gras, als ich durch den Garten lief, eine dampfende Tasse Tee in der Hand. Ein Chor an Vögeln sang im Gebüsch, und Regentropfen perlten von den Blättern. Die Sonne versank gerade am Horizont, ihr letzter glühender Schimmer verborgen hinter den Klippen im Ozean.

Eine Benachrichtigung ploppte mit einem Piepton auf meinem Handy auf, aber es war nur eine Erinnerung an ein Ereignis morgen. Ich wischte zur Seite, um sie zu öffnen, und mir wurde das Herz schwer, als ich die Benachrichtigung las:

Flug nach Vegas – Zeit für die Flitterwochen!!!

Das ungute Gefühl in meiner Magengegend verstärkte sich.

Nicht dass ich Colin vermisste. Zunächst hatte ich tatsächlich um unsere Beziehung getrauert, aber jetzt vielmehr um die Zukunft, die ich mir ausgemalt hatte. Der Plan, den ich für mein Leben im Sinn gehabt hatte, war katastrophal gescheitert, und ein Teil von mir glaubte immer noch, dass es meine Schuld war.

Mit einem tiefen Seufzen ließ ich mich auf einer Steinbank in der Mitte des Gartens nieder und starrte zum Haus hoch.

Die Fenster waren erleuchtet, und in ihrem Schlafzimmer im zweiten Stock entdeckte ich Rayne. Sie sah mich nicht – oder zumindest sah sie mich nicht an. Sie trug ihr langes Haar offen, genau wie an dem Abend in der Bar. Ihre Lippen bewegten sich, weil sie ein Lied mitsang, das ich allerdings nicht hören konnte.

Sie wippte leicht vor und zurück und rieb sich mit einer Hand den Nacken. So als wollte sie tanzen, schämte sich aber zu sehr vor sich selbst. Mit einer geschmeidigen Bewegung zog sie ihr Oberteil über den Kopf und warf es zu Boden. Nun trug sie nichts als einen schwarzen Sport-BH, aber dann griff sie nach dem Verschluss, und ich ...

Ich hätte wegsehen sollen.

Doch das tat ich nicht.

Ihre Rückenmuskulatur spannte sich an, als sie die Arme sinken ließ. Ihre beigefarbene Haut wirkte in dem spärlichen Licht weich und warm, und ich stellte mir vor, wie es wäre, sie wieder zu berühren. Ihre Arme zu liebkosen und ihren Nacken zu küssen. Sie zum Stöhnen zu bringen, wie sie es bei mir getan hatte. Das Haar fiel ihr bis auf den unteren Rücken, und sie fuhr mit ihren Fingern hindurch, dann drehte sie sich zur Seite ...

An unserem Abend in der Bar hatte sie ihre Kleidung nicht ausgezogen. Sie so zu sehen, sorgte dafür, dass ein verzweifeltes Verlangen in mir erwachte – ein unstillbarer Hunger. Ich hatte für mein Leben genug Beziehungen und Herzschmerz erlebt. Nach Colin hatte ich mir eingeredet, dass dieser naive Teil in mir, der stets sein Herz verschenkte, gestorben wäre.

Aber offenbar war dieser Teil quicklebendig.

Lust war nicht dasselbe wie Liebe, aber es war immer noch verdammt nah dran. Zu nah.

Rayne trat aus meinem Sichtfeld, und der Bann war gebrochen. Ich stand abrupt auf und war so durcheinander, dass ich aus dem Garten eilte und meine Teetasse dort zurückließ.

Vielleicht war ich zum ersten Mal seit drei Jahren plötzlich und unerwartet Single, aber das hieß nicht, dass ich nicht in der Lage war, mich selbst um meine Bedürfnisse zu kümmern. Um ehrlich zu sein, schuldete mir das Universum noch ein paar Orgasmen.

Mein wasserfester Vibrator und die Badewanne mit den Löwenfüßen waren drauf und dran, meine besten Freunde zu werden. Die Luft war von Dampf erfüllt, und das angenehm heiße Wasser umgab mich. Ich stellte mir vor, dass es Raynes Finger waren, die meinen Brustkorb hinunterwanderten, nicht meine eigenen. Ihre Hände, die meine Brüste umfassten, meine Nippel liebkosten und zwischen den Fingern rollten, während sie mir Dirty Talk ins Ohr flüsterte: «Genau so, meine Hübsche. Fühlt sich das gut an? Willst du mehr davon?»

Ich stöhnte auf und stellte mir vor, ihre rauchige Stimme an meinem Ohr zu hören. Dann schaltete ich den Vibrator ein und drückte ihn an meine Klit. Mein ganzer Körper prickelte, meine Nervenbahnen aufs Äußerste gereizt, und ich keuchte auf. Einen Moment lang war ich so überwältigt von dem Gefühl, dass meine Beine zitterten.

«So ist's brav. Nimm ihn für mich.»

Verlangen breitete sich wellenförmig zwischen meinen Beinen aus. Auf Knien beugte ich mich über den Wannenrand. Mit einer Hand hielt ich den Vibrator an meiner Vulva fest, während ich mit der anderen meinen Brustkorb stützte.

Mit geschlossenen Augen stellte ich mir vor, sie wäre hinter mir und ihre Finger würden mich quälen.

«Genau so. Du siehst so verdammt heiß aus, Salem. Gott, ich könnte dich mit Haut und Haaren verschlingen.»

Ein Wimmern entwich mir, ohne dass ich es zurückhalten konnte. Colin hatte mir gegenüber einmal damit angegeben, was für ein «Freak» er im Bett sei, aber der Kerl war so vanilla, wie man nur sein konnte. Meine unsicheren Bitten nach kinky Spielchen hatte er für gewöhnlich als Beschwerden aufgefasst – Angriffe auf sein Ego – und hatte sie dann als verstörend oder gefährlich abgetan.

Rayne hatte keine Ahnung, was mir gefiel; sie kannte mich ja kaum. Aber ein paar Minuten lang stellte ich mir vor, sie wüsste es. Ich stellte mir vor, dass ich ihr jeden geheimen Wunsch anvertraute und sie daraufhin dunkel lächelte und sagte: «Alles, was du willst, meine hungrige kleine Schlampe.»

Meine Beine zitterten, und es war, als befände ich mich nicht mehr in der Badewanne. In irgendeinem völlig angetörnten Winkel meines Kopfes malte ich mir aus, dass ich mich auf allen vieren befand, während Rayne sich über meinen Rücken beugte, ihre Finger in mir, eine Hand um meinen Hals geschlossen. Ich keuchte, während die Lust sich ins Unermessliche steigerte, schrie ihren Namen und öffnete meine Augen nur einen Spaltbreit ...

Jemand stand im Badezimmer. Eine große, rote Silhouette mit langem dunklem Haar, die sich kaum merklich zu verändern und mit dem wabernden Wasserdampf zu bewegen schien.

Ein Schwall kalte Luft umgab mich. Das Licht flackerte. Die Gestalt bewegte sich, und ich hätte schwören können, einen Blick auf ein ausgemergeltes, blutiges, leichenartiges

Gesicht zu erhaschen – verweste Lippen und schwarze Zähne dahinter.

Ich schrie und taumelte nach hinten. Beim Versuch, mich an der Armatur festzuhalten, brach der Hahn aus der Wand. Wasser spritzte aus dem beschädigten Rohr und ergoss sich über mich, ich rutschte aus und fiel auf den Rücken ...

«Verdammt!»

Raue Hände zogen mich aus der Wanne. Ich wurde festgehalten – getragen – und vom Bad ins Schlafzimmer gebracht, dann klitschnass und splitternackt auf dem Bett abgelegt. In den wenigen Sekunden, die ich brauchte, um mich aufzusetzen, wobei ich einen Arm schützend um meinen Brustkorb schlang, war Rayne schon wieder im Badezimmer, stellte das Wasser ab und starrte auf den kaputten Hahn.

«Da war jemand», rief ich atemlos. «Ein Mensch, da war – im Badezimmer ...»

Langsam griff Rayne in die Wanne und zog meinen Vibrator aus dem Wasser. O Gott, das wäre der ideale Moment, um im Erdboden zu versinken. Sie schaltete ihn aus und legte ihn auf dem Waschbecken ab, dann nahm sie ein Handtuch vom Handtuchhalter, brachte es rüber und legte es um meine zitternden Schultern.

«Jemand ist in dein Zimmer eingebrochen?», fragte sie in zweifelndem Tonfall.

Ratlos zuckte ich mit den Schultern. «Ich weiß nicht! Da stand jemand, aber ich habe die Person nicht genau gesehen!»

Mit einer Hand fuhr sie langsam über meinen Rücken. «Hast du dich verletzt?»

«Nein.» Eine Lüge. Mein Ego war definitiv angekratzt. «Ich *schwöre*, dass ich jemanden gesehen habe. Ich habe die Augen aufgemacht, und da ... da war jemand ... genau dort.» Ich zeigte mit einem Finger exakt auf die Stelle auf dem Boden, wo die Gestalt gestanden hatte.

Rayne ging wieder ins Badezimmer. Sie ließ das Wasser aus der Wanne, sah hinter der Tür und in den Schränken nach. Sie überprüfte sogar den Wandschrank. Mit jeder Sekunde, die verstrich, fühlte ich mich mehr wie ein Kind, das weinte, weil es dachte, da wäre ein Monster unter seinem Bett.

Ich konnte Colins Stimme förmlich hören: «Das ist alles nur in deinem Kopf. Es ist deine Angststörung, die dich das glauben lässt. Nimm einfach eine Tablette und beruhig dich.»

Einfältige, ängstliche Salem. Macht sich wegen nichts und wieder nichts in die Hose.

Mein Brustkorb war eng, und Adrenalin schoss durch meinen Körper. Sie glaubte mir nicht. Sie dachte, ich sei eine Lügnerin, würde mir das nur ausdenken, dass ich *verrückt* sei. Meine Kehle schnürte sich zusammen, und meine Augen brannten. Verdammt noch mal, ich wollte nicht vor ihr weinen.

«Ich weiß, was ich gesehen habe», sagte ich voller Verzweiflung. «Etwas war hier.»

«Ich glaube dir», erwiderte sie sanft. «Erinnerst du dich, wie die Person ausgesehen hat?»

Ich versuchte mühsam, in Gedanken die Zeit zurückzudrehen, schüttelte aber dann den Kopf. «Ich weiß nicht. Überall war Wasserdampf. Sie hatte lange Haare. Und sie trug etwas Rotes, glaube ich.»

Ich hätte nicht gedacht, dass ausgerechnet *diese* Information ihr eine Reaktion entlocken würde. Aber sie versteifte sich und sah mich endlich an. Sah mich *wirklich* an, als gäbe es in meinem Gesicht Geheimnisse zu ergründen.

«Hat die Person was gesagt?»

Ich schüttelte den Kopf. Meine Angst schwand und wurde allmählich von Erschöpfung abgelöst.

«Tja, wer auch immer es war, er ist jetzt fort», sagte Rayne und seufzte tief. «Und bestimmt möchtest du nicht in einem Zimmer mit einer kaputten Badewanne bleiben.» Sie starrte wütend auf den Hahn und rieb sich über den Nacken. «Es gibt noch ein anderes Zimmer mit ähnlicher Aussicht. Es befindet sich im zweiten Stock. Dort werden normalerweise keine Gäste beherbergt, aber es wird seinen Zweck erfüllen. Ich gebe dir einen Moment, damit du dich anziehen kannst.»

Es wäre mir lieber gewesen, das nächste Boot aufs Festland zu nehmen. Dann hätte ich all meine Beschämung auf dieser Insel zurücklassen und so tun können, als wäre das hier nie passiert.

Stattdessen kratzte ich mein angeschlagenes Ego zusammen und zog mich an. Es fühlte sich an, als hätten Raynes Hände Abdrücke auf meinem Körper hinterlassen: So warm fühlten sich die Stellen an, an denen sie mich berührt hatte, als sie mich hochgehoben hatte. Ich wollte irgendetwas Schlaues sagen, irgendeinen Witz machen, um die Spannung aufzulösen, die in der Luft lag, weil ich ihr Mobiliar kaputt gemacht hatte – aber abgesehen von Verlegenheit, war in meinem Kopf nichts als Leere.

Hatte ich mich einfach nur vor einem Schatten erschrocken? Sosehr ich mich auch bemühte, mich an das genaue Aussehen des Eindringlings zu erinnern, es wollte mir einfach nicht gelingen. War ich bloß müde? Hatte ich halluziniert?

Nachdem ich mich angezogen und meine Sachen zusammengepackt hatte, stieß ich zu Rayne, die mich vor meiner Tür erwartete. Sie warf mir einen seltsamen Blick zu, als ich heraustrat, als würde sie nicht mich, sondern etwas anderes sehen.

«Hier entlang», sagte sie.

Ich folgte ihr den Flur entlang in den zweiten Stock. Sie trug nur Socken, eine Jogginghose und ein langärmeliges schwarzes Shirt, trotzdem marschierte sie so stramm, dass sie wie ein Soldat auf einer Mission wirkte. Ihr Haar, das sie offen trug, war noch ein bisschen feucht und gewellt, und der frische Duft nach Shampoo wehte hinter ihr her. Die Gewissheit, ihren entspannten Abend ruiniert zu haben, sorgte dafür, dass ich mich noch schlechter fühlte.

Dennoch war es ein bisschen aufregend, ihr bis hinter das *Zutritt nur für Angestellte*-Schild im zweiten Stock zu folgen. Wie auch im Stockwerk darunter war hier alles makellos sauber, erhellt von Leuchtern, die die Wände säumten. Allerdings hingen hier keine Porträts, im Gegensatz zum Rest des Hauses waren die Wände vollkommen leer.

«Tut mir wirklich leid wegen dem Hahn», sagte ich, weil ich mich nicht imstande fühlte, die Entschuldigung länger zurückzuhalten. «Ich werde die Reparatur bezahlen ...»

Sie hielt vor einer verschlossenen Tür inne und kramte in ihrer Tasche. «Mach dir deshalb keine Gedanken. Hier geht ständig was kaputt. Eine der spaßigen Seiten daran, in einem alten Haus zu wohnen.»

Sie zog einen Schlüssel hervor und schaltete das Licht im Zimmer ein. Es war größer als das vorherige, und durch die Fenster hatte man im Nordwesten einen Blick auf den Leuchtturm und im Süden auf den Garten und das Gewächshaus. Die Möbel waren allerdings nicht so modern wie im anderen Zimmer. In der Luft hing der unverkennbare Geruch nach Staub und der Duft alter Bücher, der ein bisschen an Vanille erinnerte.

«Normalerweise quartiere ich hier keine Gäste ein, also entschuldige bitte den Staub», sagte sie. «Die Einrichtung ist ein bisschen altmodisch, aber es ist alles sauber und funktionstüchtig. Ich mache dir ein Feuer an.»

Um Holz zu beschaffen, musste sie nicht weit weg. Sie öffnete die Tür neben meiner, und ich erhaschte einen Blick auf das Zimmer nebenan. Dort stand ein großes Bett mit grünen Decken darauf, auf denen Loki schlief. Außerdem ein Bücherregal voller alter Schallplatten neben einem Plattenspieler und Lautsprechern.

Raynes Schlafzimmer.

Direkt neben meinem.

Sie kam mit einem Stapel Feuerholz zurück, als ich gerade dabei war, den Inhalt meines Rucksacks auf dem Bett auszuschütten. Während ich meine Kleidung sortierte, entzündete sie das Feuer. Immer wieder warf ich einen Blick über die Schulter. Sie ließ sich Zeit und hegte die Flammen, bis sie knisterten und das kühle Zimmer sich allmählich aufwärmte.

«Ich bin gleich nebenan», sagte sie. «Falls du irgendwas brauchst.»

«Okay, danke schön ...»

Zögerlich blieb sie in der offenen Tür stehen, so als wollte sie noch etwas sagen. Ihre Mundwinkel zuckten, und das kam einem Lächeln gefährlich nahe. «Gute Nacht, Salem. Vielleicht kannst du versuchen, zur Erfüllung deiner feuchten Träume nicht allzu viel Wasser zu verbrauchen.»

Dann griff sie nach dem Türknauf und zog meine Tür zu.

6

RAYNE

Specter

Im Flur des zweiten Stocks war alles vollkommen still. Das wäre um drei Uhr morgens nicht weiter ungewöhnlich gewesen, aber ich kannte den Unterschied zwischen Stille und Ruhe genau. Ruhe wäre normal gewesen.

Aber vollkommene Stille? Das Fehlen von Atemzügen, die Tatsache, dass die Dielen nicht einmal unter meinem Tritt knarzten und man nicht hörte, wie der Wind heulend ums Haus zog?

Es war, als wäre dieser Ort umhüllt von einem Kokon, abgeschieden. Als würde er sich jenseits der Realität befinden. Und in einem Kokon lebte für gewöhnlich etwas.

In Salems altem Zimmer war es eiskalt. Das Feuer war erloschen, und der Dampf von ihrem Bad hatte sich verzogen. Nicht einmal der Duft ihres Parfums war noch wahrzunehmen. Stattdessen hing der Gestank nach Schimmel und faulendem organischem Material in der Luft.

Aus Gewohnheit griff ich nach dem Kreuzanhänger um meinen Hals und zog an der Kette, während ich das Badezimmer betrat. Überall auf den Fliesen war Wasser verteilt, und der Hahn lag in einer Pfütze unter dem tropfenden Rohr. Ehrlich, die Situation war urkomisch.

Wäre da nicht etwas, was Salem gesagt hatte.

Sie trug etwas Rotes, glaube ich.

Ich ging in die Hocke und fuhr mit den Fingern über die Dielen an der Stelle, wo Salem die Gestalt anscheinend gesehen hatte. Sie waren so glatt wie Wachs, aber ein sonderbarer Unterschied weckte meine Aufmerksamkeit. Man sah nur aus dem richtigen Winkel etwas: den schwachen Abdruck nasser Füße.

Die Schlafzimmertür wurde zugeschlagen.

Ich sprang auf, drückte den Lichtschalter, aber nichts geschah.

Wie oft hatte ich die Elektrik in diesem verdammten Haus überprüft? Wie viele Stunden hatte ich damit zugebracht, die Fassungen und Glühbirnen zu überprüfen und zu ersetzen?

Aber ständig gaben sie den Geist auf. Es war, als könnte an diesem Ort kein Licht existieren.

Eine Sache wusste ich sicher: Salems Tür war verschlossen gewesen, als ich versucht hatte hereinzukommen. Zum Glück hatte ich meinen Generalschlüssel dabeigehabt, ansonsten hätte ich vielleicht die Tür eingetreten, als ich sie schreien hörte.

Was auch immer sie gesehen hatte, ließ sich nicht von Türen oder Schlössern aufhalten.

Mit einem unguten Gefühl im Magen näherte ich mich der Tür. Der Knauf war eiskalt, mein Atem bildete Nebelwölkchen in der Luft.

Die Tür war abgeschlossen. Der Knauf ließ sich nicht herumdrehen.

Ich schluckte, um den Kloß in meinem Hals loszuwerden, und drückte mein Ohr gegen die Tür.

Klopf, klopf, klopf.

Als würde jemand leise unablässig auf der anderen Seite mit den Fingern dagegenklopfen.

Das zierliche Kreuz grub sich in meine Handfläche, so fest

umklammerte ich es. Die unausgesprochenen Gebete, die sich ihren Weg über meine Lippen bahnen wollten, drohten mich zu ersticken. Aber meine Zunge konnte diese Bitten nicht mehr formen. Da war kein Glaube, der sie getragen hätte.

Draußen vor dem Fenster, jenseits des Wassers, schimmerte der Leuchtturm. So als wäre sein Leuchtfeuer noch entzündet, als würde ihm noch genügend Kraft innewohnen, um den Menschen im Dunkeln den Weg zu weisen. Ihnen den Weg zu weisen ... oder sie in die Irre zu führen. Unzählige Leben hatten in dem Meer rund um Blackridge ein Ende gefunden. Manche sagten, im Ozean, der uns umgab, befänden sich mehr menschliche Knochen als auf unseren Friedhöfen.

Da begann das Flüstern, als würde jemand seine Lippen gegen den Spalt am Türrahmen pressen. Ein raues, gurgelndes, ersticktes Geräusch. Ich stellte mir vor, wie Blut an aufgeplatzten, verwesten Lippen schäumte.

«An die Knochen, die Knochen, die Knochen, die ...»

Das ging immer so weiter, und ich wagte nicht, mich zu bewegen, traute mich kaum zu atmen.

Aber allmählich wurde das Flüstern leiser, schwächer, wie bei einem Ballon, der Luft verliert.

Dann hörte es auf.

Im Leuchtturm war alles dunkel. Auf dem Flur war es ruhig. Als ich den Türknauf umdrehte, schwang die Tür mühelos auf, und ich trat auf den leeren Flur hinaus.

Aber die Kälte war immer noch spürbar.

«Lass sie in Ruhe», flüsterte ich. «Es ist nicht *ihre* Schuld. Sie hat nichts damit zu tun.»

Gänsehaut kroch prickelnd meinen Rücken hinauf.

Ich hörte nichts.

Sah nichts.

Und war mir trotzdem vollkommen sicher, dass jemand direkt hinter mir stand. Ich konnte den kalten Atem in meinem Nacken spüren.

Entschlossen ging ich weiter. Mit geballten Fäusten und ohne den Kopf umzudrehen. Als ich am Fenster vorbeikam, warf das Mondlicht meinen Schatten auf den Boden.

Und auch einen weiteren Schatten.

Hinter mir.

Er krümmte sich lauernd über mich. Eine Hand ausgestreckt, als wollte er mich berühren.

Ich erzitterte. Aber ich drehte mich nicht um.

«Ich habe keine Angst vor dir. Lass sie in Ruhe.»

Der Schatten beugte sich näher heran. Fauliger Atem strich über meine Wange. Schroffe, kalte Worte drangen kratzig an mein Ohr, geformt von einer verwesten Zunge: «Das Blut ... das Blut ... durch Blut ... rufe ich dich an ...»

Sieh nicht hin.

Lauf nicht weg.

Ich setzte einen Fuß vor den anderen und hielt die Luft an, bis ich die Treppe erreichte. Erst dann warf ich einen Blick hinter mich.

Und ich war allein.

Mutterseelenallein.

7

SALEM

Watcher

Der unbefestigte Weg wand sich vor mir. Schmale Haarnadelkurven erforderten meine ganze Aufmerksamkeit. Meine Arme schmerzten, und das Adrenalin brachte meine Glieder zum Kribbeln, als ich durch den Wald raste. Tief hängende Äste peitschten über meinen Kopf hinweg, und kalte Luft schlug mir ins Gesicht. Der Weg war uneben; Felsen, Pfützen und Geröll machten es noch schwieriger, ihn zu befahren.

Im Wald war die Luft frisch und kühl, durchdrungen von dem ätherischen Geruch nach lehmiger Erde und den Kiefernnadeln, die den Boden bedeckten. Während ich zwischen den Bäumen hindurchraste, immer kurz davor, vom Weg abzukommen, wobei meine Räder über jedes Schlagloch und jede Senke flogen, vergaß ich beinahe für einen Moment alles andere.

Dass ich mich vor Rayne völlig blamiert hatte. Schlimm genug, dass ich ihre Armatur kaputt gemacht hatte. Noch schlimmer war, dass sie mich nackt und schreiend mit meinem Vibrator in der Wanne vorgefunden hatte. Aber das i-Tüpfelchen war, dass ich ihr mein Verhalten nicht anders erklären konnte als mit einer Geschichte, die vollkommen absurd klang. Natürlich glaubte sie mir nicht. Ich glaubte mir ja nicht einmal mehr selbst.

Als ich ein Ufer entlangraste und dann durch eine Senke fuhr, verloren meine Räder die Bodenhaftung. Mein Magen kribbelte, und das unglaubliche Gefühl zu fliegen überwältigte mich, bevor die Schwerkraft mich wieder nach unten zog. Atemlos zog ich die Bremsen ein wenig an, weil der Weg eine scharfe Biegung machte und sich in einen steilen Pfad verwandelte, der sich durch die moosbewachsenen Kiefern schlängelte.

Der Weg gabelte sich, und ich entschied mich für die schmalere Abzweigung. Auch hier standen Schilder, die die Wege markierten, doch das alte Holz war verwittert und morsch, die Worte, die einmal daraufgestanden hatten, längst vom Regen unleserlich gemacht. Aber es war mitten am Tag, und es war mir egal, wohin ich fuhr. In meinem Rucksack hatte ich eine Karte und einen Kompass für den Fall, dass ich mich tatsächlich verfahren würde, und genügend Snacks, um noch eine Weile durchzuhalten.

Alles, was ich wollte, war dieses Gefühl der Freiheit – selbst wenn es mit etlichen Risiken daherkam.

Ich wich einem Baum aus und bemerkte zu spät, dass ich falsch abgebogen war und den ausgewiesenen Pfad verlassen hatte.

Mein Reifen blieb an etwas hängen und rutschte zur Seite weg. Ich fand das Gleichgewicht nicht schnell genug wieder.

«Scheiße!», konnte ich gerade noch sagen, bevor ich zu Boden stürzte und mir die Luft vom Aufprall wegblieb.

Ein kurzes Stück rollte ich über die blätterbedeckte Erde. Dann blieb ich einige Augenblicke lang reglos auf dem Rücken liegen und starrte zu den Bäumen hoch. Möwen stürzten sich kreischend vom Himmel in die Wellen, das Meer warf ihre unheimlichen Rufe zurück, und der Wind rauschte wie ein Flüstern durch die trockenen Kiefernnadeln.

Ächzend rappelte ich mich hoch und klopfte die Zweige und Blätter von mir ab. Zum Glück war ich nicht verletzt, abgesehen von ein paar Kratzern und Prellungen. Mein Rad hatte sich in den dornenbewachsenen Ranken eines Brombeerstrauchs verfangen, weshalb ich eine Weile brauchte, um es zu befreien.

Mein Reifen war platt, sodass meine Fahrradtour für heute beendet war.

«Irgendjemand sollte sich dringend darum kümmern, diese Wege befahrbar zu machen», murmelte ich vor mich hin, während ich den Pfad wieder hinauflief und die Augen danach offen hielt, was meinen Reifen zerstört haben könnte.

Etwas Scharfkantiges, Blassgraues ragte aus der Erde. Ich hockte mich hin, um es genauer zu betrachten, und als mir das poröse Innere auffiel, wusste ich sofort, was es war.

Ich hatte mir den Reifen an einem Knochen aufgerissen.

Er war tief eingegraben, aber die Erde war locker. Ich zog an dem Knochen und schaffte es, ihn aus dem Boden zu befördern. Er war ungefähr halb so lang wie mein Unterarm. Ich war alles andere als eine Expertin – und wusste ganz bestimmt nicht, von welchem Tier der Knochen stammte –, aber es musste ziemlich groß gewesen sein.

Der Knochen sah auch nicht so aus, als würde er hier schon lange liegen.

«Willkommen in der Wildnis, Salem», sagte ich, dann warf ich den Knochen in Richtung der Bäume.

Ich schob mein Rad neben mir her und beschloss an einer weiteren Weggabelung, runter zum Strand zu gehen. Ich wusste nicht viel über Bären, aber ich hatte noch nie einen Bären am Strand gesehen, also fühlte sich das sicherer an. Wellen krachten gegen die großen Felsen, die aus dem Meer ragten, und schleuderten die Gischt mehrere Meter hoch in die Luft. Gewaltige ausgeblichene Treibholzstücke lagen über den Sand verteilt, angespült aus irgendeinem weit entfernten Wald. Die Sonne, die beinahe im Zenit stand, blitzte durch die Wolken.

Einen Moment lang stand ich da und genoss es, den Wind und die Sonnenstrahlen auf meinem Gesicht zu spüren. Die Wellen schwappten gegen meine Schuhe, Schaumberge trieben auf dem klaren Wasser. Mein Gesicht spiegelte sich darin, ein verschwommenes Abbild mit blasser Haut und kurzem braunem Haar. Hinter mir ragten die Bäume auf, wie schwankende Wächter in meinem Rücken.

Die Wellen ebbten ab ... und rollten wieder heran. Als ich diesmal meine Reflexion betrachtete, hatte sich etwas verändert.

Jemand stand hinter mir auf dem Bergkamm, genau vor den Bäumen.

Ich wandte den Kopf und blickte mich suchend um. Der Pfad führte nah am Abhang vorbei, wenn also jemand darauf entlangwandern würde, wäre er leicht zu entdecken.

Aber niemand war dort.

Mein Mund war plötzlich trocken, meine Hände feucht. Ein eisiger Wind peitschte über den Strand und lenkte meine Aufmerksamkeit wieder auf die dicken, grauen Wolken, die sich am Horizont zusammenbrauten. Je schneller ich zum Haus zurückgelangen würde, desto besser. Aber ich war nicht nur wegen des nahenden Sturms nervös.

Jemand beobachtete mich.

Meine Nackenhaare stellten sich auf, und aus dem Augenwinkel sah ich wieder die Gestalt auf dem Bergkamm.

Reglos. Beobachtend.

Ich wagte nicht, den Kopf zu drehen. Irgendeine ursprüngliche, animalische Angst schrie geradezu, dass ich mich *be-*

wegen sollte, also tat ich genau das. Wegen des sandigen Untergrunds und weil ich mein Rad mitschleppen musste, waren meine Schritte quälend langsam. Der Drang, alles stehen und liegen zu lassen und davonzurennen, wurde immer größer.

Ich hatte mich auf der Tour noch weiter vom Haus entfernt, als mir bewusst gewesen war. Der einst blaue Himmel hatte sich grau gefärbt, als ich durch das Eingangstor trat und mein Rad im Schuppen am Ende der Auffahrt verstaute. Zum Glück hatte ich ein Reparaturset mitgenommen, ich würde den Reifen also morgen flicken können.

Als ich die Stufen erklomm, setzte der Regen ein. Bis ich die Eingangstür erreicht hatte und ins Innere des Hauses eilte, war ich völlig durchnässt und verängstigt und zitterte am ganzen Körper.

Nachdem ich warme, trockene Kleider angezogen hatte, ging ich nach draußen in den überdachten Bogengang, der hinter dem Haus am Garten entlangführte. Regen tropfte von den steinernen Bögen. Ich zündete mir einen Joint an, zog langsam daran und atmete den Rauch ein, in der Hoffnung, dass er die Paranoia, die immer noch in mir schwelte, ersticken würde.

Aber das Gefühl, beobachtet zu werden, ließ sich einfach nicht abschütteln. Es war so intensiv, dass ich mich nach links und rechts umsah, weil ich damit rechnete, dort jemanden stehen zu sehen. Ich rauchte und schritt auf und ab, erst in die eine, dann in die andere Richtung – bis ich mich umdrehte und beinahe geradewegs mit Rayne zusammengestoßen wäre.

«Fuck!»

«Verdammt noch mal!»

Wir stießen zeitgleich unsere Flüche aus.

Sie packte meine Schultern und starrte mich an. «Alles okay? Ich wollte dich nicht erschrecken.»

«Ich, äh, nein ... sorry ... ich ... ich meine, es geht mir gut ...» Ich war außer Atem, und meine Hände zitterten vor Nervosität, während ich versuchte, mich zu sammeln. «Ich war mit dem Rad unterwegs, und da habe ich etwas gesehen ... ich weiß nicht ...»

Sie verengte den Blick, hielt dabei noch immer meine Oberarme umfasst. «*Was* hast du gesehen?»

Ein kalter Wind fuhr durch den Bogengang und sorgte dafür, dass mir ein Schauer über den Rücken lief. Instinktiv rückte ich näher an sie heran, aber auch sie machte einen Schritt auf mich zu. Jetzt, wo ich mit dem Rücken zur Wand stand und ihr Körper mir so nahe war, fiel es mir deutlich schwerer, mir in Erinnerung zu rufen, was mir vorhin Angst eingejagt hatte.

«Es war ...»

Mist, warum musste sie so gut riechen? Ich nahm den Geruch ihrer nassen Lederstiefel wahr und die schwere, nach Vanille duftende Lotion auf ihrer Haut.

Sie zog eine Augenbraue hoch und grub ihre Finger erwartungsvoll in meine Haut.

«Es war nichts», sagte ich eilig. «Ich habe nur was Komisches gehört und mich erschrocken.»

Sie ließ nicht los, jedenfalls nicht sofort, sondern starrte mich an, als wüsste sie, dass ich log, und suchte mein Gesicht ab.

Plötzlich war mir überhaupt nicht mehr kalt. Ganz im Gegenteil – ich schwitzte vor Nervosität.

«Nichts?», fragte sie. «Sicher?» Sie runzelte die Stirn und strich mit dem Daumen über meinen Kiefer. «Hast du dich verletzt?»

Mein Herz raste noch immer, aber ich konnte nicht mehr sagen, ob es an der Angst lag oder an etwas anderem. Ich hatte nach meiner Rückkehr noch nicht in den Spiegel gesehen, aber ich spürte das Brennen von einer Abschürfung unter ihrem Finger.

«Bin gestürzt, ein kleiner Unfall», sagte ich.

Sie nickte. Aber noch immer rührte sich keine von uns.

Ich bot ihr den Joint an, und sie starrte mit einem Ausdruck darauf, den ich nicht deuten konnte, weshalb ich eilig hinzufügte: «Sorry, ich hätte fragen sollen, ob ich hier draußen rauchen darf ...»

«Entspann dich, Hübsche.» Sie lachte leise, nahm den Joint und zog daran. «Normalerweise rauche ich nicht zweimal mit derselben Frau. Du hast mich ein bisschen umgehauen, Salem.»

Es war schwer, sich vorzustellen, dass sie irgendetwas «umhauen» könnte. Ehrlich gesagt, wirkte Rayne unerschütterlich auf mich. Sie gab mir den Joint zurück, und augenblicklich fühlte es sich an, als stünden wir wieder auf dem Parkplatz der Bar. Nur zwei Fremde, die ein wenig Intimität teilten.

«Also sind One-Night-Stands wohl dein Ding?», fragte ich.

Sie schenkte mir ein verschmitztes Grinsen. «Ja. Wenn man hier draußen lebt, gibt es nicht wirklich andere Optionen. Es ist nicht so, als könnte ich jemanden vom Festland für was Langfristiges hierherschleifen.»

«Auf der Insel gibt's niemanden, den du magst? Nicht mal eine kleine Schwärmerei?»

Ich bot ihr wieder den Joint an, und unsere Finger berührten sich, als sie ihn nahm. Auch unsere Blicke kreuzten sich, und für den Bruchteil einer Sekunde hätte ich schwören können, dass sie mir gerade antwortete, ohne etwas zu sagen.

«Ich bin hier so was wie das schwarze Schaf», sagte sie schließlich.

Als der Blickkontakt abbrach, schnappte ich nach Luft, obwohl mir nicht bewusst gewesen war, dass ich den Atem angehalten hatte.

«Die meisten anderen Leute hier ... sind wie meine Familie. Ich mag sie vielleicht nicht besonders, aber sie sind alles, was ich habe. Wir passen aufeinander auf.»

Sie lehnte sich neben mir gegen die Mauer, wobei ihre Schulter meine streifte. Vögel badeten jetzt in den Pfützen im Garten, und eine Weile sahen wir schweigend zu, wie sie zwitschernd planschten.

Aber obwohl ich es hätte besser wissen müssen, wurde mein Blick wieder von ihr angezogen.

«Dann ... warst du nie zweimal mit derselben Frau zusammen?» Die Worte entschlüpften mir, und ich wünschte sofort, ich könnte sie zurücknehmen. Sonst war ich nie so direkt. Sie hatte irgendetwas an sich, das mich davon abhielt, einen klaren Gedanken zu fassen.

«Nein, noch nie», sagte sie so beiläufig, als würden wir uns über das Wetter unterhalten. «Versuchst du gerade, die erste zu sein?»

«Ich ... äh ... also ...»

«Hast du Angst vor mir?» Ihre Stimme war jetzt nur noch ein Flüstern, und mit ihrem Blick nagelte sie mich förmlich an der Wand fest.

Was war nur mit mir los? So hatte ich mich nicht mehr gefühlt, seit ich ein überreizter Teenager im Hormonchaos gewesen war.

«Ja.» Meine Stimme brach, aber ihr Gesichtsausdruck blieb unverändert ernst.

Ihre Lippen schlossen sich um den Joint, und sie ließ den Blickkontakt nicht abbrechen, während sie langsam daran zog. Sie blies Rauch aus ihren Nasenlöchern, dann fragte sie: «Möchtest du, dass ich damit aufhöre?»

«Bitte nicht.»

8

RAYNE

What You Like

Ein glühendes Stück Asche fiel auf die Steinplatten, und ich trat es mit meinem Stiefel aus. Als ich wieder aufsah, war Salems Blick auf den Kohlefleck gerichtet, und ihre Miene war undurchdringlich. Ich hätte am liebsten in ihren Kopf geguckt, um zu sehen, wie sie tickte und wie sich die Rädchen darin drehten.

«Wenn ich dir Angst mache», begann ich, «warum fantasierst du dann von mir?»

Beim Gedanken an letzte Nacht zog sich zwischen meinen Schenkeln alles erwartungsvoll zusammen. Ich sah sie noch nackt vor mir, mit feuchter Haut und geröteten Wangen.

«Ich ... ich mag, ähm ...» Sie erstickte beinahe an den Worten. Noch immer hatte sie den Blick nicht gehoben. «Ich mag es, dominiert zu werden. Ich stehe auf, ähm ...»

Ihre Wangen färbten sich knallrot, und endlich sah sie auf. Die Spannung, die mich beinahe zum Implodieren brachte, verwandelte sich in eine Supernova und verschlang alles logische Denken.

Eilig warf ich einen Blick über den Gang, dann nahm ich ihre Hand und führte sie ein paar Stufen hinunter. Wir schlüpften in eine schmale Mauernische, wo wir vor Blicken geschützt waren. Gelbe und rote Blätter wirbelten um unsere

Füße und knirschten unter unserem Tritt. Als wir uns aneinanderdrängten, krampfte sich Verlangen um mein heftig pochendes Herz und schnürte meinen Brustkorb so fest zusammen, dass meine Lunge unter dem Druck beinahe zerquetscht wurde, so hin- und hergerissen war ich zwischen Angst und Lust.

Ich sollte das hier nicht tun.

«Hol tief Luft», sagte ich und meinte dabei mich selbst genauso sehr wie sie. «Atme so lange ein, wie ich zähle. Eins ... zwei ...»

Sie nickte und atmete zusammen mit mir. Ihr Brustkorb drückte sich gegen meinen, und durch ihr Shirt hindurch spürte ich ihre Nippel, die vor Kälte hart waren. Ihr Atem war warm, und in ihren Augen lag eine Hitze, die mich aufforderte, näher zu kommen, und wortlos um mehr bettelte.

Ich sollte weggehen. Sie allein lassen. Sie nicht mit reinziehen.

Aber, fuck, ich war schwach.

Wieder berührte ich den Kratzer in ihrem Gesicht, obwohl meine Finger zu kalt und zu rau waren. Als würde man mit Sandpapier über Seide fahren. Dennoch öffneten sich ihre Lippen, sie stieß einen leisen Seufzer aus und schmiegte sich an meine Finger, als wollte sie diese Berührung, als hungerte sie danach.

«Sag mir, worauf du stehst.» Meine Worte waren kaum lauter als ein Flüstern

«Ich stehe darauf, dominiert zu werden», sagte sie.

Es kostete mich all meine Selbstbeherrschung, sie nicht nach hinten gegen die Mauer zu drücken und zu küssen. Sie konnte nicht wissen, was diese Worte mit mir anstellten, dass ihr Verlangen mich anlockte wie Sirenengesang.

«Ich mag es, mich ein bisschen zu fürchten. Mich wie im

freien Fall zu fühlen. So als würde ich in den Ozean hinabtauchen.»

«Der Ozean wird dich mit Haut und Haaren verschlingen», warnte ich sie. «Du wirst ertrinken, und je tiefer du sinkst, desto dunkler wird es werden.»

Tu das nicht, Rayne. Sie hat was viel Besseres verdient als dich.

«Das ist mir egal», sagte sie. «Ich weiß, was mir gefällt.»

Ihr Mund war mir so nah und erst ihr Körper ...

Ich wagte nicht, sie zu berühren. Noch nicht. Ein Teil von mir wollte sie schütteln und sagen: *Bitte führe mich nicht in Versuchung.* Der andere Teil wollte ihren Cardigan mit den kleinen Knöpfen zerreißen, genau wie das Shirt darunter, und sie hier und jetzt nehmen.

Allein die Vorstellung war so qualvoll erregend, dass ich trotz der kühlen Nachtluft schwitzte.

Als sie zu mir hochsah, hätte ich schwören können, in meine eigene Seele zu blicken. Ich war immer ein Buch mit sieben Siegeln gewesen, aber sie las mich dennoch. Sie knöpfte ihren Cardigan auf und schüttelte ihn ab, sodass er ihr von den Schultern fiel.

Ich stöhnte auf und gab mich geschlagen.

«Ich kann dir nichts versprechen», sagte ich. «Es gibt einen Grund, warum ich niemanden herbringe, Salem. Es gibt kein Licht am Ende des Tunnels. Es gibt kein Happy End.»

«Ich brauche keine leeren Versprechungen», sagte sie und berührte ihren Finger – denjenigen, an dem eine hellere Stelle von einem Ring zeugte, der nicht mehr da war. «Und ich brauche auch kein weiteres Ende.»

Sie lockerte den Gürtel um ihre Taille und öffnete ihren Hosenknopf. Ich sog scharf die Luft ein, doch es drang kaum Sauerstoff in meine Lunge. Dennoch war ich nicht imstande, noch einmal Luft zu holen, während ich ihr zusah. Ich machte noch einen Schritt auf sie zu, drückte mich gegen sie und schloss meine Finger um ihre Kehle. Ihr Herzschlag beschleunigte sich, und ihr Puls pochte unter meiner Handfläche.

Fuck.

Ich stieß sie nach hinten, drückte sie gegen die Wand und lehnte meine Stirn gegen ihre. Mit ihren hübschen honigfarbenen Augen starrte sie zu mir hoch, während sie mich anlächelte, begierig und erwartungsvoll.

«Und was brauchst du dann?» Die Verzweiflung in meiner Stimme erwischte mich selbst eiskalt. Meine Worte klangen gepresst und angespannt.

Sie hatte mich darum gebeten, dominiert zu werden, aber sie war es, die mich um den kleinen Finger wickelte, sodass ich ihr jeden Wunsch von den Augen abgelesen hätte.

«Dich», sagte sie und entfachte damit eine Begierde, die wie flüssiges Feuer durch meine Adern floss. «Alles von dir.»

Ich lachte leise und trocken. Meine Selbstbeherrschung war dahin – jetzt spielte ich einfach mit ihr und genoss jeden einzelnen Moment, in dem sie sich unter mir wand. «Dafür bist du nicht bereit.»

«Stell mich auf die Probe. Zeig mir, warum ich Angst haben sollte.»

«Was hast du mit mir vor?» Ich drückte ihre Kehle einen kurzen Moment lang zusammen und übte gerade so viel Druck aus, dass ihr Lächeln breiter wurde und ihre Lider erzitterten. Sie reagierte auf meine Berührung, als wäre sie genau dafür geschaffen worden. «Du bist eine gefährliche Frau, Salem. Verdammt, du hast ja keine Ahnung ...»

«Ich glaube, du bist die gefährlichere Frau von uns. Weißt du, ich ... ich mache ab und zu gern eine Spritztour.» Sie griff an den ersten Knopf ihres Shirts und öffnete ihn, sodass langsam ihre nackte weiche Haut zum Vorschein kam. «Manchmal stoße ich auf einen Pfad, bei dem mir ganz flau im Magen wird. Einen mit Warnschildern am Eingang, bei dem die Leute ein bisschen nervös werden, wenn man danach fragt.» Sie fuhr mit ihren lackierten Nägeln ihren Brustkorb entlang und zog dabei ihr Shirt auf, sodass die perfekte Wölbung ihrer entblößten Brüste sichtbar wurde. «Aber das sind die besten Touren. Die, bei denen man sich lebendig fühlt.»

«Also ignorierst du die Hinweisschilder und die Warnungen aller Leute und machst es einfach trotzdem ...»

«Ja genau.»

Ich betrachtete ihren Mund und sah zu, wie sie die Unterlippe zwischen ihre Zähne zog.

«Ich mache es, weil es sich so verdammt gut anfühlt.»

Für den Bruchteil einer Sekunde herrschte bleiernes Schweigen zwischen uns. Ich warf einen letzten achtsamen Blick über meine Schulter in den verlassenen Garten, um sicherzugehen, dass uns niemand sehen würde. Ich war selbstsüchtig. Ich wollte sie für mich allein.

«Du möchtest dich also gut fühlen?», fragte ich. «Dann fass dich für mich an. So wie du es in der Badewanne getan hast.»

Langsam ließ sie eine Hand in ihre Hose gleiten. Sie erzitterte, und ich grinste bei der Vorstellung, wie ihre kalten Finger ihre Nervenenden zum Prickeln brachten, wie ihre Lust zusammen mit dem Schmerz anwuchs.

«Du hast auf jeden Fall einen außergewöhnlichen Weg gefunden, für deinen Aufenthalt zu bezahlen», neckte ich sie.

Ihr Atem stockte.

«So eine hübsche kleine Schlampe nur für mich.» Ich festigte meinen Griff, hielt ihre Kehle genau unterhalb ihres

Kiefers umfasst und richtete ihr Gesicht nach oben, sodass sie mich ansehen musste.

Sie stöhnte und rieb sich an ihrer Hand. «Bitte ... bitte fass mich an, Rayne, ich ...»

«Habe ich dir erlaubt, meinen Namen zu benutzen?»

Kurz blitzte Angst in ihrem Gesicht auf wie bei einem Gewitter.

«Wenn du eine Chance auf einen Orgasmus haben willst, nachdem du dich mit deinen kalten Fingern bis an die Grenze getrieben hast, dann nennst du mich Herrin, verstanden?»

«Ja, Herrin», sagte sie eilig.

Die unterwürfige Anrede ließ meinen gesamten Körper erschaudern. Sie gab leise Geräusche von sich, wimmerte und keuchte, und ihre Lippen öffneten sich ein Stück weit, um ihrer Lust auf die schönste nur denkbare, sinnliche Art und Weise Ausdruck zu verleihen.

«Mal sehen, was du mit diesem Mund alles anstellen kannst», sagte ich und fummelte mit den Fingern am Gürtel meiner Jeans herum. Vor Nervosität und Verlangen zitterte meine Stimme, und ich hoffte, sie würde das nicht bemerken.

Ich hatte schon oft sexuelle Abenteuer erlebt, ohne überhaupt meine Kleider auszuziehen; ich hatte mit Leuten geschlafen und kaum zugelassen, dass sie mich berührten. Es war mir lieber, meinen Körper zum Vergnügen anderer zu verwenden, als wenn er von ihnen verehrt wurde – ich fühlte mich wohler dabei, ihn als Werkzeug zu benutzen, als dabei, mich gut um ihn zu kümmern.

Aber sie sank auf die Knie und packte mit einer Hand meine Hüfte, während sie sich mit der anderen weiter befriedigte. Ihre Augen weiteten sich, als ich meine Jeans bis zur Mitte meiner Oberschenkel herunterließ, zusammen mit meiner Unterwäsche, und sie stieß die Luft auf eine Art und Weise aus, bei der sich mein Innerstes vor Verlangen zusammenzog. Sie ließ zu, dass ich meinen Gürtel um ihren Hals schlang und fest daran zog. Dann vergrub sie ihr Gesicht in dem dunklen Haar zwischen meinen Beinen.

Ich stützte mich mit einer Hand an der Mauer ab und sah ihr zu. «Mach weiter», sagte ich. «Zeig mir, was für ein braves Mädchen du bist.»

Die gespannte Erwartung fühlte sich besser an als in meinen Fantasien. Sie sah mir in die Augen, als ihre Zunge zwischen meine Vulvalippen glitt, und ich keuchte unter ihrer Berührung auf. Sie stöhnte und öffnete hungrig den Mund, als sie bemerkte, wie feucht ich war. Dann schloss sie die Augen, bewegte langsam ihre Hüften vor und zurück und bewegte ihren Körper im Gleichtakt dazu.

«Gott, du fühlst dich perfekt an», murmelte ich.

Ich hielt den Gürtel wie eine Leine um meine Hand gewickelt, aber ich schwöre, ich war es, die den Hals in der Schlinge hatte, und nicht sie. Ihre Zunge glitt über mich und schrieb ekstatische Gedichte auf meine empfindlichste Stelle.

Ich würde zerbersten. Mein Sichtfeld verengte sich, bis ich nur noch sie wahrnahm, das Licht am Ende des Tunnels. Ihre Wangen waren gerötet, und mit ihren weichen Lippen und ihrer sich windenden Zunge brachte sie meine Beine zum Zittern. Ich packte sie am Hinterkopf und presste mich gegen ihren Mund.

Meine Knie gaben beinahe unter mir nach. Um mich herum blieb die Welt stehen, alles erstarrte, während mein ganzer Körper erschauderte und mein Innerstes sich auf beinahe unerträgliche Weise zusammenzog. Sie betrachtete mein Gesicht, stöhnte an mir und kostete mit ihrer Zunge jede letzte Sekunde meiner Ekstase aus, als ich kam.

Als ich endlich wieder atmen konnte, fiel mir der Gürtel aus der Hand, und ich lehnte mich erschöpft gegen die Mauer. Sie zog den Kopf zurück. Auf ihren Lippen und an ihrem Kinn glänzte feucht meine Erregung, und auf ihrem Gesicht lag ein anrüchiges Lächeln.

Sie sank weiter hinunter, bis sie rittlings auf meinem Stiefel saß. Langsam rieb sie sich an dem abgewetzten Leder und klammerte sich dabei an meinem Schenkel fest.

«Herrin, darf ich kommen?» Ihre Stimme klang so reizend, flehend und weich.

«Gott, ja.» Ich fuhr mit den Fingern durch ihr Haar und umfasste ihren Kopf am Scheitel. «Polier diesen Stiefel für mich. Fuck, ist das gut. Genau so. Wie fühlt sich das an, meine Hübsche?»

Sie ging von dem glatten Leder zu der rauen Schnürung über und rieb sich schneller daran.

Härter.

«S-so gut ... du fühlst dich ... unfassbar ... gut an ...» Ihre Worte verklangen zu einem Wimmern und Stöhnen, und ihre Bewegungen wurden abgehackt. Sie grub ihre Nägel in meinen nackten Schenkel, wo sie sichelförmige Abdrücke hinterließen, drückte sich keuchend an mich.

Ich streichelte ihren Hinterkopf, fuhr mit meinen Fingern über ihren Nacken. «Atme tief und langsam», raunte ich. «Ich will, dass du jede Sekunde von diesem Orgasmus auskostest. Mach weiter und wag es ja nicht, aufzuhören. Du sollst deine Klit an den Schnürsenkeln reiben – bis es wehtut. Ich weiß, dass du ein bisschen Schmerz willst, oder nicht?»

Sie nickte willenlos und starrte dabei zu mir hoch, als hinge ihr Leben von meinen Worten ab. Dann erzitterte sie und hielt sich an mir fest, als sie kam. Ich spürte, wie der Orgasmus sie in Wellen überrollte, sie erschauderte und drückte ihre Hüften gegen mich, bis sie schwer atmend reglos in sich zusammensackte.

«Genau so, braves Mädchen», sagte ich.

Langsam und gleichmäßig strich ich mit den Fingern durch ihr Haar, die Bewegung beruhigte mich. Dann löste ich den Gürtel von ihrem Hals, zog meine Jeans hoch und fädelte den Gürtel mit zitternden Händen wieder durch die Schlaufen.

Jetzt wäre für gewöhnlich der Zeitpunkt für mich gekommen, wegzulaufen, zu verschwinden. Aber ich rührte mich nicht. Ich zog sie nicht auf ihre Füße oder sagte ihr, dass sie gehen solle. Stattdessen starrte ich einfach zu ihr hinunter, halb staunend und halb verängstigt. Ich wollte sie hochheben und festhalten. Wollte sie mit in mein Zimmer nehmen, mit in mein Bett. Plötzlich wollte ich all die zärtlichen, albernen, nutzlosen Dinge tun, die Menschen vorbehalten waren, die ein viel unkomplizierteres Leben führten als ich.

Salem hob lächelnd den Kopf, und Schmetterlinge flatterten durch meinen Bauch.

«Ich mag diese Anrede», sagte sie leise. «Herrin ... das klingt schön.»

Normalerweise fand ich diese Anrede beinahe abstoßend, wenn sie nicht gerade im hitzigen Eifer des Gefechts ausgesprochen wurde – sie sorgte dafür, dass ich mich schämte, weil sie mich an die Vorlieben erinnerte, die ich so angestrengt zu verdrängen versuchte.

Aber nicht, wenn Salem dieses Wort benutzte.

«Es ist schon eine Weile her, dass ich jemandem erlaubt habe, mich so zu nennen», sagte ich. Dann streckte ich ihr meine Hand hin und half ihr hoch. Sie taumelte ein wenig, und ich hielt sie fest, wobei ich mit einer Hand ihren Arm griff und die andere um ihre Taille schlang.

Ich wollte, dass sie mich noch einmal so nannte. Das Wort vielleicht in mein Ohr flüsterte, dass sie es zärtlich sagte und dabei sanft meinen Hals küsste.

Ich wollte ihre warmen Hände in meinen spüren.

Ich wollte ...

Zu viel. Viel zu viel.

Ich musste an den Ring denken, den sie nicht mehr am Finger trug, und glühende Eifersucht erfüllte mich. Neid auf die Person, der sie Liebe und Treue versprochen und die die Dreistigkeit besessen hatte, beides zu verspielen.

Sie konnte keine leeren Versprechungen gebrauchen, also würde ich ihr auch keine machen.

Ich zog die Mauern um mich herum wieder hoch. Schlug die Türen zu, schloss sie ab und schluckte den Schlüssel hinunter. Ich half ihr, ihre Sweatjacke anzuziehen, wobei die blassroten Striemen, die mein Gürtel an ihrem schönen Hals hinterlassen hatte, meinen Blick auf sich zogen.

«Ich hoffe, die Spritztour hat sich gelohnt», sagte ich und zwinkerte ihr zu, bevor ich mich umdrehte und mit großen Schritten davonging.

Ich wollte, dass sie mich wieder zu sich rief und mich Bitch nannte. Ich wollte, dass sie sich gegen meine Unbekümmertheit wehrte.

Aber das tat sie nicht.

9

SALEM

Warning Bells

KLA-DONK!
Rayne hielt inne, die Axt in einem dicken Holzklotz vergraben, nachdem das Scheit, das sie gespalten hatte, zu Boden gefallen war. Mit dem Handrücken wischte sie sich über die Stirn und hob die Axt wieder an, wobei sich ihre Schultermuskeln anspannten und hervortraten.

KLA-DONK!

Noch ein Holzscheit teilte sich unter ihrem Schlag entzwei, und mein Magen überschlug sich genau wie die Hölzer, die zu Boden fielen.

Es war meinem Seelenfrieden gegenüber unfair, dass sie mich so sehr ablenkte. Ihr langes Haar hatte sie unter ihrer Basecap mit einem Gummi zu einem Pferdeschwanz gebändigt, dazu trug sie braune Cargohosen und ein schwarzes Shirt, das so eng war, dass ich ihre Bauchmuskeln durch den Stoff hindurch zählen konnte.

Sie hatte kein Recht dazu, so heiß auszusehen, die Axt zu schwingen und Holzscheite durch die Gegend zu werfen, als würde beides nichts wiegen.

Meine Finger waren vor Kälte taub, und ich versuchte ungeschickt, den alten Reifen von meinem Rad zu lösen. Ich wollte mit dem Rad nach Marihope fahren und die Stadt erkunden, aber es war schwer, irgendetwas zu erledigen, wenn

Rayne in meiner Nähe war. Sie war schon hier draußen, seit ich aufgewacht war, und kämpfte gegen die wuchernden Pflanzen am Fuße des Hügels. Es gab keine Gärtner, die ihr halfen, und bisher hatte ich, abgesehen vom Küchenpersonal, noch keine anderen Angestellten im Herrenhaus entdeckt.

Ich konnte daher nur annehmen, dass das bedeutete, dass sie die Gartenarbeit, die Landschaftsgestaltung und die Reinigung der Zimmer ganz allein erledigte.

Kein Wunder also, dass ich sie nie bei den Mahlzeiten sah.

Das hieß allerdings nicht, dass ich nicht Ausschau nach ihr gehalten hätte. Ich aß allein oder unterhielt mich mit den anderen Gästen, aber eigentlich wollte ich nur Rayne sehen.

Sie nahm die Wasserflasche, die zu ihren Füßen stand, und trank einen großen Schluck. Ein Tropfen rann ihr übers Kinn, und ich folgte seinem Pfad ihre Kehle entlang, zu ihrer Brust ...

Sie bemerkte, dass ich sie beobachtete.

Eilig konzentrierte ich mich wieder auf mein Rad, aber so leicht würde sie mich nicht davonkommen lassen. Hinter mir ertönten Schritte, dann fiel ihr Schatten auf mich.

«Wo willst du hin?»

Sie wirkte besonders groß, weil ich kniete. Die Axt lehnte an ihrer Schulter, und trotz des kühlen Wetters trug sie etwas Ärmelloses.

«Ich wollte nach Marihope fahren», sagte ich. «Die Gegend erkunden und mir ein bisschen den Ort ansehen.»

«Ich kann dich mitnehmen», sagte sie. «Ich fahre sowieso in die Stadt, um ein paar Sachen zu besorgen, damit ich die Armatur reparieren kann.»

«Entschuldigung noch mal deswegen.» Ich stand auf, wischte meine Hände an meinen Leggings ab und beschmierte mich so mit Kettenfett, bevor ich überhaupt realisierte, was ich da tat.

«Mach dir deswegen keine Gedanken.» Sie drehte sich um, aber im Gehen redete sie weiter, also nahm ich an, dass ich ihr folgen sollte. «Es wäre eine ziemlich langweilige Saison, wenn kein Gast irgendwas kaputt machen würde.»

Sie führte mich zurück zu dem Schuppen, in dem ich mein Rad untergestellt hatte, und öffnete die Doppeltür weit. Dann zog sie eine Plane zurück, und ein schlammiges Quad kam zum Vorschein.

«Auf Blackridge wirst du kaum andere Fahrzeuge sehen als so was hier», sagte sie. Sie nahm einen Helm aus dem Regal und winkte mich näher zu sich heran. «Das Gelände ist an den meisten Stellen zu unwegsam, und die Straßen werden beinahe jeden Winter unterspült.»

Sie setzte mir den Helm auf, und ich ließ es geschehen.

«Klingt, als ob die Insel eigentlich gar nicht bewohnt werden will», sagte ich.

Zu meiner Überraschung entlockte ihr das tatsächlich ein leises Lachen. «Ja, so sieht es aus, nicht wahr? Hmmm. Dein Kopf ist so klein ...»

Sie legte ihre Finger unter mein Kinn und hob meinen Kopf an, damit sie den Kinnriemen einstellen konnte. Dann überprüfte sie noch einmal, dass er fest verschlossen war, und murmelte dabei: «Braves Mädchen. So ist es genau richtig.»

Gott sei Dank verbarg das Visier des Helms, dass ich rot angelaufen war.

Wir fuhren die steile, schmale Straße hinunter, über Steine und durch eiskalte Bäche. Es war zu laut, um sich zu unterhalten. Ich hielt meinen Kopf eingezogen und an ihren Rücken gelehnt, während ich sie mit den Armen fest umklammerte. Loki rannte entweder dicht hinter uns oder neben uns her und sprang mit heraushängender Zunge zwischen den Bäumen hindurch.

Die Fahrt erinnerte mich daran, mit meinem Rad über die Pfade zu rasen. Das Gefühl, wie im Rausch zu sein und vollkommen frei, wenn nichts anderes zählte als die Reifen unter mir.

Nur dass ich diesmal nicht allein dabei war.

Rayne fühlte sich warm an. Ihr Mantel roch nach Kiefernsaft und blumig duftender Seife. Ihr Herz schlug kräftig und gleichmäßig; das Pochen beschleunigte sich, wenn wir durch eine tiefe Senke oder um eine scharfe Kurve fuhren.

Wir kamen an ruhig daliegenden Bauernhäusern und alten Scheunen vorbei. Pferde, Schafe und Ziegen hoben ihre Köpfe aus dem Gras und sahen zu, wie wir vorbeifuhren. Schließlich verzweigte sich die Straße, und Rayne hielt an. Sie parkte das Quad zwischen einem alten Truck und einem überwucherten Zaun und hakte den Schlüssel an ihren Karabiner.

Angestrengt fummelte ich am Verschluss des Helms herum.

«Ich helfe dir», sagte sie und schlug meine Hände weg. Sie löste die Schnalle und nahm ihn mir vom Kopf, bevor sie ihren eigenen Helm auszog.

Keine Ahnung, wie ich die Empfindung nennen sollte, die ich dabei verspürte, aber ich fühlte mich berauscht und überschäumend gut.

Hinter dem Zaun wuchs ein so üppiger und dichter Wald, dass man ihn nur mithilfe einer Machete hätte durchqueren können. Die linke Abzweigung wiederum führte zu einer

Straße, die sich in einen Schotterpfad verwandelte. Unter den Bäumen standen Cottages mit Steildächern und Backsteinverkleidung.

Ich beeilte mich, um Rayne einzuholen, die bereits weiter die Straße hinuntergelaufen war. «Es ist so still hier.»

«Es ist Sonntag», antwortete sie. «Es ist gerade Gottesdienst.»

Trotzdem musste doch irgendwer unterwegs sein. Oder nicht?

An allen Fenstern waren die Läden geschlossen, die Straßen lagen ruhig und verlassen da. Selbst die Hunde, die vor den Häusern auf der Veranda hinter niedrigen Holzzäunen schliefen, machten sich nicht die Mühe, Loki anzubellen, als er vorbeitrottete, gegen die Büsche pinkelte und willkürlichen Duftmarkierungen folgte.

So alt die Stadt auch offensichtlich war, gab es doch unerwartete Spuren von Modernität. Beinahe jedes Haus war mit Flutlicht ausgestattet. An manchen waren auffällige Überwachungskameras installiert. Laternen säumten die Straßen, und an einer von ihnen fiel mir ein Metallschild auf.

> Die Winter-Ausgangssperre beginnt am 1. November. Bitte beachten Sie, dass sich alle Personen unter achtzehn Jahren spätestens um 16 Uhr drinnen aufhalten müssen. Zwischen 18 Uhr und 7 Uhr morgens müssen sich alle Personen ungeachtet ihres Alters drinnen aufhalten.

«Der Winter hier muss wirklich hart sein», sagte ich. «Ausgangssperren? Echt jetzt?»

«An manchen Orten ist der Winter rauer», erwiderte Rayne. «Aber es ist nicht die Kälte, die dich hier umbringt.

Wenn du hier draußen allein unterwegs bist, sehen alle Bäume gleich aus, und der Schnee verwischt deine Fußspuren innerhalb von Sekunden.» Ihr Mund war zu einer grimmigen, schmalen Linie verzogen. «Du bist verletzlich. Du kannst die Hand vor Augen nicht sehen. Aber alles, was hier draußen ist, sieht *dich.*»

Wir bogen auf eine breite Straße mit Kopfsteinpflaster ab und kamen an einem kleinen Coffeeshop vorbei. Im Schaufenster stand ein Schild mit der Aufschrift: *Sonntags geschlossen! Bis morgen!* Bäume säumten die Straße, und Katzen beobachteten uns von ihren Plätzen auf den Dächern aus. Hühner spazierten auf dem Weg umher und liefen eilig davon, als wir näher kamen.

Wir gelangten an einen kleinen Laden namens *Andy's Eisenwaren* und mussten ein paar Hühnerküken verscheuchen, bevor Rayne die Tür öffnen konnte.

«Morgen, Andy! Hast du schon geöffnet?», rief sie und bugsierte Loki und mich hinein.

Im nächsten Moment ertönte aus dem Obergeschoss auch schon eine gedämpfte Antwort. «Bin gleich unten!»

Der Laden war klein, aber gut sortiert. Drinnen lag der charakteristische Geruch nach frischem Schnittholz und Sägespänen in der Luft. Ein paar Jagdtrophäen zierten die Wände: ausgestopfte Köpfe von Wild, Hase, Fasan. Es gab Unmengen an Heimwerkerartikeln zu kaufen, von Nägeln und Schrauben bis hin zu Rohrleitungen und elektrischen Schaltungen.

Plötzlich waren eiliges Getrippel kleiner Füße und ein aufgeregtes Quietschen zu hören. Ein kleines Mädchen mit langem, wildem braunen Haar flog geradezu die Treppe hinter der Bedientheke herunter und rannte direkt in Raynes Arme.

«Wie geht's, Zwerg?», fragte Rayne und hob das Mädchen

spielerisch in die Luft, bevor sie es wieder auf dem Boden abstellte.

«Nein, du Blödi, ich bin doch *Fischadler*, schon vergessen? Nicht Zwerg!» Das Mädchen kicherte, als Loki ihr übers Gesicht leckte, dann entdeckte sie mich und winkte aufgeregt. «Oh, hi! Ich bin Rebecca! Aber du kannst mich Becca nennen. Ich bin acht Jahre alt, aber meine Schwester Rachel ist erst vier. Deshalb bin ich von uns beiden die verantwurt... ähm, Moment ...» Sie kräuselte die Nase. «Verbewusst... wusster...»

«Verantwortungsbewusstere», sagte Rayne und sprach das Wort dabei besonders langsam aus. «Das ist Salem. Sie gehört zu meinen Gästen. Wo ist deine Schwester?»

«Oben bei Daddy.» Rebecca strahlte und sah mit unverhohlener Bewunderung zu Rayne hoch. Dabei tänzelte sie um mich herum, Loki dicht auf ihren Fersen.

In diesem Moment erschien aus dem Obergeschoss ein Mann mit einem eindrucksvollen, buschigen Bart. Er trug ein jüngeres Mädchen auf dem Arm, das eine schiefe rosafarbene Schleife im Haar hatte. Sie nuckelte am Daumen und sah sehr verschlafen aus.

«Hey, Andy.» Rayne griff nach seiner Hand, so als würden sie sich gut kennen. Obwohl sie groß war, wirkte sie neben Andy geradezu winzig. Er hatte breite Schultern und einen dicken Bauch, dazu ein freundliches Lächeln. Sie streichelte das kleine Mädchen – das musste Rachel sein – sanft. «Hey, Kleine. Noch müde?»

Rachel nickte benommen und rieb sich mit ihrer winzigen Hand die Augen.

«Schön, dich zu sehen, Rayne. Rachel hat gerade ihr Nickerchen gemacht und ist noch nicht ganz wach», sagte er und tätschelte der Kleinen den Rücken. Er nickte mir zur Begrüßung zu. «Morgen, Miss. Andy Moss.»

«Salem Lockard», sagte ich und schüttelte seine Hand.

«Immer schön, hier neue Gesichter zu sehen», sagte er, klang dabei aber eher erschöpft als erfreut. «Wie kann ich euch weiterhelfen?»

«Ich muss spontan was reparieren. Einen kaputten Wasserhahn.» Raynes Blick huschte kaum merklich in meine Richtung.

Ich drehte mich weg, bevor meine Wangen vor Scham zu glühen beginnen konnten.

Während Andy und Rayne über die Reparatur sprachen, schlenderte ich in den hinteren Bereich des Ladens. Die Regale an der Wand waren mit einem Metallgitter gesichert und enthielten etliche Schachteln Munition. Auf einem handgeschriebenen Schild, das am Schloss festgeklebt war, war zu lesen: *Wenden Sie sich an den Ladeninhaber, um Munition zu kaufen. Gehen Sie sparsam mit Ihren Kugeln um!*

Ein paar vergilbte Zeitungsausschnitte hingen gerahmt an der Wand. Die Schlagzeilen zogen sich durch die Jahrzehnte.

1985, *Schwarzbär in Rekordgröße von Jäger aus Blackridge zur Strecke gebracht*
1993, *Der Leuchtturm von Blackridge wird außer Betrieb genommen*
1997, *Grausamer Mord erschüttert Inselgemeinschaft*

Die letzte Schlagzeile ließ mich innehalten, und ich stellte mich auf die Zehenspitzen, um einen besseren Blick auf den Artikel zu erhaschen. Aber der Zeitungsausschnitt war alt, und die Tinte war zerlaufen, weil das Papier wohl nass geworden war. Abgesehen von dem Datum und der Überschrift war nichts weiter zu erkennen als ein Schwarz-Weiß-Foto von Balfour Manor.

Die Hintertür stand offen. Rebecca war draußen und summte vor sich hin, während sie durch das Gras hüpfte und Löwenzahn pflückte. Ich streckte den Kopf nach draußen und entdeckte Loki, der auf der Veranda saß und wie ein Bodyguard auf das Kind aufpasste. Links befand sich ein Hühnerstall, der allerdings gerade etliche Töpfe mit Tomatenpflanzen anstelle von Hühnern beherbergte. Farbenfrohe Windräder, die jemand in die Töpfe gesteckt hatte, drehten sich. Mehrere Klappstühle standen um eine aus Ziegeln gemauerte Feuerstelle herum. Im Moment waren sie allesamt von einer Schar an Puppen und Kuscheltieren besetzt. Ein kleiner Jägerzaun war das Einzige, was den Garten vom Wald abgrenzte.

«Wohnst du in Raynes Haus?», piepste Rebecca.

Ich lächelte sie an, drehte eins der bunt glänzenden Windräder und bejahte ihre Frage.

«Bei Rayne wohnen ganz viele Leute, weil sie ein Bed and Breakfast hat», sagte Rebecca, blieb neben mir stehen und schwang ihre Arme durch die Luft. «Ich möchte auch bei Rayne wohnen! Daddy sagt, wenn ich mich gut benimm und mein Geh-müse esse und meine Schwester nicht kneife, darf ich nächsten Sommer bei ihr übernachten.»

Ich verkniff mir ein Lachen und ließ sie plappern, während ich durch den Garten schlenderte. Sie holte kaum Luft zwischen den Sätzen.

«Eines Tages werd ich in den Turm gehen, genau wie Rayne! Sie ist total mutig. Sie hat nicht mal Angst im Dunkeln!»

«Ist es dunkel im Turm?», fragte ich, unsicher, was genau sie meinte.

«Es ist *total* dunkel!», sagte sie. «Aber man muss hingehen, wenn es dunkel ist, sonst kann man's nich sehen.»

«Kann man *was* nicht sehen?» Ich senkte meine Stimme verschwörerisch, in der Hoffnung, dass sie mich dann einweihen würde.

Rebecca dachte einen Moment lang nach, dann beugte sie sich näher zu mir heran und flüsterte: «Den Engel.» Sie kicherte leise und hielt sich den Mund zu. «Ich darf das nicht sagen.»

«Kommt der Engel nur, wenn es dunkel ist?»

Sie nickte. «Jaaah. Aber ich darf nicht drüber reden.» Diesmal sagte sie das mit etwas mehr Nachdruck. Doch als sie dann weitersprach, war sie so aufgeweckt wie zuvor. «Wir haben viele Ziegen, wusstest du das? Ich helf meinem Vater dabei, sie zu versorgen. Sie heißen Sadie, Daisy, Winnifred und ...»

Ich starrte in die Bäume hinaus und entdeckte etwas. Eine lange Schnur, die am Zaun befestigt war und sich einmal um den kompletten Garten zog. Daran hingen Glocken, die durch die Witterung verrostet waren. Neugierig zog ich an der Schnur und brachte alle Glocken zum Klingeln.

Sofort hörte ich das Stapfen von Schritten, dann herrschte Stille. Als ich mich umdrehte, bemerkte ich, dass Rebecca verschwunden war. Rayne und Andy standen dicht zusammengedrängt auf der hinteren Veranda und sahen mich alarmiert an.

Statt seiner kleinen Tochter hatte Andy ein Gewehr im Arm.

«Wow, ist alles in Ordnung?», fragte ich und sah mich beunruhigt um.

«Haben *Sie* die Glocken angefasst?», fragte Andy. Seine Stimme klang finster.

Plötzlich hatte ich ein dumpfes Gefühl im Magen. «Ja, ich ... Es tut mir wirklich leid, ich wusste nicht ...»

Andys verkrampfte Haltung entspannte sich. Er hob eine Hand und schenkte mir ein geduldiges Lächeln. «Machen Sie sich keine Sorgen deshalb, Miss. Hab mich nur erschrocken, das ist alles. Die sind dazu da, die Schädlinge abzuschrecken, verstehen Sie. Rehe, Waschbären. Die Glocken lassen uns wissen, ob sie versuchen reinzukommen. Ich, äh ... ich werde das mal wegbringen ...»

Er ging wieder hinein, aber Rayne blieb stehen, und ihr Blick verengte sich, während sie mich anstarrte.

Nein, nicht mich. Sondern etwas *hinter* mir. Sie starrte in die Bäume.

Schließlich stieß sie einen Seufzer aus. «Versuch, nichts anzufassen. Die Leute hier werden sonst ...»

Ein Bussard kreischte, als er über unsere Köpfe hinwegflog, und sie zuckte zusammen.

Erneut ließ sie den Blick über die Bäume schweifen, dann beendete sie ihren Satz. «...nervös.»

10

RAYNE

Marihope's Missing

Mein Herz pochte noch immer hektisch, und das Läuten der Glocken hallte in meinem Kopf nach, als Andy mich zur Seite nahm. Er warf einen flüchtigen Blick zu der kleinen Rachel, die sich schläfrig an sein Bein klammerte, und hielt dem kleinen Mädchen die Ohren zu.

«Jemand wird vermisst», sagte er. «Vorletzte Nacht ist eine Fünfzehnjährige von einer Freundin nach Hause gelaufen, aber nie dort angekommen. Andrea heißt sie.»

Sofort breitete sich Gänsehaut auf meinen Armen aus. Salem und Rebecca standen im vorderen Bereich des Ladens und unterhielten sich über die verschiedenen Geschmacksrichtungen der Zuckerstangen, die auf der Theke zum Verkauf angeboten wurden. Keine der beiden bekam etwas von unserem Gespräch mit.

«Hat irgendjemand was gesehen?», fragte ich. «Oder gehört?»

Andy schüttelte den Kopf. «Nein, nichts. Ein Suchtrupp unter Leitung von Sheriff Keatin hat sich auf den Weg gemacht. Aber es sieht nicht gut aus.»

«Es ist zu früh», sagte ich verzweifelt. «Er hat sich noch nie vor November gezeigt. *Nie.*»

Andy seufzte schwer. Rachel begann zu wimmern und streckte ihre Hände nach ihm aus, also nahm er sie wieder in die Arme. «Ich weiß. Der Sheriff findet, wir sollten bald jemanden auf dem Turm postieren, um Ausschau zu halten. Wir müssen auch die Wildkameras einschalten.»

«Ich werde James darum bitten», sagte ich und machte mir eine gedankliche Notiz, am Haus meines Cousins vorbeizuschauen, solange wir in der Stadt waren. «Ich würde es selbst machen, wenn ich nicht noch Gäste hätte, um die ich mich kümmern muss.»

«Vielleicht ist es nichts weiter», sagte Andy und beobachtete, wie Rebecca versuchte, heimlich Zuckerstangen in Salems Taschen zu stopfen. «Andrea könnte einfach weggelaufen sein. Vielleicht ist sie in ein Boot gestiegen und hat sich auf und davon gemacht.»

«Irgendwie bezweifle ich, dass eine Fünfzehnjährige alleine in ein Boot steigt und es von der Insel wegsteuert. Vor allem so spät im Jahr.»

«Tja, wir wissen noch nicht genug, um Angst zu haben», sagte er und senkte dabei seine Stimme noch weiter, während er seine Tochter fest an sich drückte.

Viele der jüngeren Bewohner hatten versucht, die Insel zu verlassen, hatten genug Geld zusammengekratzt, um sich auf dem Festland niederzulassen, oder waren einfach mit leeren Händen weggegangen. Aber immer kamen sie zurück. Keiner von uns konnte die Spuren der Insel aus seinem Gedächtnis löschen. Albträume verfolgten uns, wenn wir es versuchten, Schreie und ein körperloses Flüstern begleiteten uns Tag und Nacht.

Je länger wir wegblieben, desto schlimmer wurde es. Selbst die Kinder wie Rebecca und Rachel waren nicht immun dagegen.

Wenn man hier geboren wurde, blieb einem nichts anderes übrig, als auch hier zu sterben.

Nicht Märchen hatten meine Kindheit geprägt, sondern Furcht einflößende Geschichten, die sich direkt vor meiner eigenen Haustür zugetragen hatten. Geschichten von Überschwemmungen und Schneestürmen, von Erdrutschen und Waldbränden im Sommer. Ich kannte die Geschichten, die man sich zu all den alten Häusern, dem Wirtshaus und der kleinen Bibliothek erzählte. Ich wusste, wem sie gehörten, wer sie erbaut hatte und wer darin gestorben war.

Ich versuchte, Salem von alldem zu berichten, ohne dass es zu düster klang, und erzählte ihr die Geschichten zu den Orten, an denen wir vorbeikamen, wobei ich beiläufig die schlimmsten Erzählungen ausließ.

Schweigend hörte sie mir zu – war viel stiller als sonst.

Das machte mich stutzig. So wie alles, was sie tat. Ihre bloße Anwesenheit machte mich so nervös, wie es zuvor noch niemand getan hatte.

Ich fühlte mich wie ein Creep, weil ich sie beobachtete. Weil ich mich vor ihrem Zimmer herumtrieb und darauf lauschte, wie sie sich auf der anderen Seite der Tür bewegte. Weil ich mich danach sehnte, sie mit in mein Bett zu nehmen und dazu zu bringen, all die sexy Dinge, nach denen sie sich verzehrte, zuzugeben.

Ich wollte nichts mehr, als wieder diesen verblüfften, zufriedenen Ausdruck zu sehen, der ihr ins Gesicht geschrieben gestanden hatte, als ich das Kommando übernommen hatte. Sie hatte mir an diesem Abend unweit des Gartens etwas Kostbares geschenkt: ihr Vertrauen.

Ich wünschte, ich könnte ihr *mein* Vertrauen schenken.

«Rebecca scheint dich wirklich zu mögen», sagte Salem und riss mich aus meinen Gedanken.

Ich räusperte mich. «Ich habe früher oft für Andy auf die Mädchen aufgepasst, wenn er im Laden gearbeitet hat. Es war sehr schwer für ihn, nachdem seine Frau gestorben ist. Er hat dringend Hilfe gebraucht.»

Wir hatten eine ähnliche Verlusterfahrung durchgemacht, die Mädchen und ich. Das verband uns, denn wir alle hatten Mühe, uns in einer Welt zurechtzufinden, aus der unsere Mütter zu früh geschieden waren. Aber wenigstens hatten Rebecca und Rachel einen Vater, der Berge für sie versetzen würde. Er hatte alles, was in seiner Macht stand, getan, um sie zu beschützen, was ich von meinem eigenen Vater nicht behaupten konnte.

«Rebecca hat gesagt, sie will in den Turm gehen, genau wie du.» Sie lachte leise und begann, ihre Finger zu kneten. «Sie hat gesagt, wenn man im Dunkeln dorthin geht, kann man einen Engel sehen», fuhr sie mit geheimnisvoller Stimme fort.

Ich wäre beinahe über meine eigenen Füße gestolpert. Fuck, warum sagte Becca so etwas – sie wusste doch, dass sie das nicht durfte –, es spielte auch keine Rolle, verdammt, aber ...

«Sie hat viel Fantasie. Sie meint den Feuerwachturm. Wenn ich nicht im Herrenhaus arbeite, übernehme ich manchmal Schichten im Wachturm, um nach Rauch Ausschau zu halten.» Glücklicherweise waren wir jetzt beim Quad, und ich konnte mich damit ablenken, meinen Einkauf zu sichern, bevor ich unsere Helme zur Hand nahm. «Wir fahren zur anderen Seite der Stadt», sagte ich und schnallte den Helm unter ihrem Kinn fest. «Ich muss bei meinem Cousin vorbeischauen, aber ich zeige dir den Marktplatz. Dort gibt's ein paar Cafés, und du kannst dir was zum Mittagessen holen, wenn du möchtest.»

Salem stieg hinter mir auf, klammerte sich an meine Tail-

le, und wir fuhren zum östlichen Teil von Marihope. Ich war dankbar dafür, dass alle noch in der Kirche waren. Wenn jemand außer Andy mich dabei sehen würde, in Gesellschaft hier herumzufahren, wäre das heute Abend das Stadtgespräch. Das war das Problem bei kleinen Gemeinschaften: Die eigenen Privatangelegenheiten blieben niemals wirklich *privat*.

Aber trotz meiner Angst gehörte es zu den schönsten Momenten auf der Welt zu spüren, wie Salem sich an mich klammerte. Allein das Gewicht ihres Kopfes an meinem Rücken zu spüren, verschaffte mir einen solchen Dopaminrausch, dass ich mich high fühlte.

Wir parkten draußen vor dem Innsmouth-Wirtshaus. Die alten Katzen des Wirtes beobachteten uns durch die beschlagenen Fenster hindurch, während sie darauf warteten, dass ihr Herrchen von der morgendlichen Predigt zurückkehrte. Am Abend würde er genügend Alkohol ausschenken, um die Sünden der Stadt zu ertränken, und nächsten Sonntag würde das Spiel wieder von vorne losgehen.

Zum Marktplatz war es nicht weit. In seiner Mitte stand ein alter Küstenmammutbaum, groß, gewunden und knorrig. Seine Äste waren so gekrümmt, als hätte sie ein ewiger Wind geformt, und hölzerne Bänke umgaben den massiven Stamm. Leer stehende hölzerne Marktstände, die mit schützenden Planen abgedeckt waren, warteten dort auf die Bauern, die an ihnen im Frühling, Sommer und im frühen Herbst ihre Waren verkaufen würden.

«Wird hier das Halloweenfest stattfinden?» Salem reckte den Hals und blickte den riesigen Baum hinauf, dann streckte sie die Arme aus und drehte sich im Kreis, wobei ihr Schal durch die Luft flatterte. «Ich freue mich schon so darauf! Die Fotos im Internet haben so hübsch ausgesehen!»

Das Fest am Abend vor Allerheiligen war die letzte Feierlichkeit auf Blackridge vor dem Winter – vor dem Einbruch von Eisregen und Schnee und vor der frühen Ausgangssperre. Wir versuchten immer, das Fest unter Einheimischen auszurichten. In Anbetracht der Tatsache, dass die letzte Fähre die Insel am darauffolgenden Abend verlies, wollte keiner von uns das Risiko eingehen, einen Haufen verkaterter Leute vom Festland nach den Halloweenfeierlichkeiten zum Hafen karren zu müssen.

Aber bei Salem konnte ich einfach nicht Nein sagen.

«Ja, es findet hier statt», antwortete ich. «Ich hab gehört, dass die Kinder schon angefangen haben, Kürbisse dafür zu schnitzen. Es ist die letzte Nacht vor der Ausgangssperre, deshalb bleibt die ganze Stadt lange auf. Es gibt ein paar große Feuer, Jugendliche rennen über den Friedhof und erschrecken sich gegenseitig. Und den Apfelwein mit Gewürzen solltest du unbedingt probieren.»

«Ich gebe die erste Runde aus», sagte sie, und plötzlich wurde mir klar, dass sie nicht vorhatte, allein auf das Fest zu gehen.

Ehrlich gesagt – selbst wenn das ihr Plan gewesen wäre, hätte ich einen Weg gefunden, sie zu begleiten.

Die Kirchenglocke schlug die Stunde, und Salems Unterkiefer klappte herunter, als ihr Blick auf die Kathedrale auf der anderen Seite des Platzes fiel. Obwohl ich mit dieser Kirche viele schlechte Erinnerungen verband, musste ich dennoch zugeben, dass der Anblick atemberaubend war. Sie war aus hellgrauem Stein erbaut worden mit einem hohen, spitzen Glockenturm und in den Stein gehauenen Bögen. Die Kathedrale wirkte zu alt und zu schön, um mitten in einem abgeschiedenen Wald auf einer Insel zu stehen.

Und zu schön für das Böse darin.

«Mein Großvater hat sie erbaut, als er hergezogen ist», sagte ich. «Genau wie das Herrenhaus. Er hat sich von der Architektur inspirieren lassen, die er in Europa gesehen hat, und als er zurückgekommen ist, hat er versucht, den Stil zu imitieren. Die Tür ist nie verschlossen, falls du einen Blick hineinwerfen möchtest.»

Salem sah aus, als wollte sie genau das am liebsten tun, was mein Stichwort war zu gehen.

«Wie wär's, wenn wir uns in ungefähr einer Stunde wieder hier treffen?», fragte ich. «Es gibt um die Ecke ein Café und ein Schnellrestaurant, in der Nähe des Brunnens auf der anderen Straßenseite. Sie haben tolle Suppen und Sandwiches, falls du Hunger hast.»

«Wo gehst du hin?» Sie klang enttäuscht darüber, dass ich wegging, und es kostete mich körperliche Überwindung, ihr nicht auf der Stelle anzubieten, dass sie mitkommen könnte.

«Muss nur kurz mit meinem Cousin James sprechen. Er wohnt gleich die Straße runter. Sieh dich ruhig um, wenn du magst, aber lauf nicht zu weit weg. Zu Fuß ist es sehr weit zurück zum Herrenhaus.»

«Werde ich nicht», sagte sie. «Ich werde versuchen, mich heute nicht von Bären fressen zu lassen. Oder von Engeln.»

Sie kicherte, aber ich konnte nicht darüber lachen.

Das Haus, in dem James mit seinen Eltern und seinen Brüdern lebte, war in meiner Kindheit wie ein zweites Zuhause für mich gewesen.

Drinnen war alles still, als ich eintrat, und in der Luft lag der köstliche Duft nach frisch gebackenem Brot. Nachdem

mein Vater gestorben war, hatte mein Onkel Gerard die Stelle als Pastor in der Kirche von Marihope übernommen. Selbstverständlich war meine gesamte Familie gerade beim Gottesdienst – meine Tante Veronica und meine Cousins Mark und Jacob. Nur James war zu Hause geblieben, das schwarze Schaf einer ansonsten getreuen Herde. Ich erkannte den Geruch nach Vanilletabak, den er in seiner Pfeife rauchte, als ich die Leiter zum Dachboden hinaufstieg.

James' Zimmer war bis unter die Decke mit Büchern, Magazinen und Präparaten vollgestopft – unzählige aufgespießte Insekten unter Glas.

Aber nicht die Schmetterlinge und Käfer sorgten dafür, dass sich mir der Magen umdrehte, sondern die Zeitungen. Die Ausschnitte, die die gesamten Wände bedeckten, die an die Pinnwand geheftet und zu vergilbten Haufen aufgestapelt waren.

VERMISST. VERMISST. VERMISST. Belohnung ausgeschrieben, bitte bringen Sie unser Kind wieder nach Hause.

Dutzende solcher Fälle. Namen und Gesichter, die in meiner Erinnerung miteinander verschmolzen. Manche von ihnen hatte ich gekannt, von anderen Fällen hatte ich nur gehört. Sie alle waren auf Blackridge verschwunden.

Aber sie galten nicht wirklich als vermisst. Wir alle wussten, dass sie tot waren und niemals eine andere Gedenkstätte bekommen würden als James' schaurige Sammlung.

«Lass mich raten», sagte er, während er über ein Mikroskop gebeugt an seinem Schreibtisch saß und durch das Okular blickte. Er untersuchte irgendeine Art von Insektenflügel, der zwischen zwei Glasscheiben eingeklemmt war.

«Du bist wegen dem Mädchen hier, das verschwunden ist ... wie heißt sie noch mal? Andrea?»

Wahrscheinlich würde auch sie sich bald auf seiner Erinnerungswand wiederfinden.

«Es wundert mich, dass du davon gehört hast. Andy hat gesagt, dass Keatin versucht, es unter Verschluss zu halten, damit die Leute nicht in Panik geraten.» Ich verschränkte die Arme und sah mich im schummrigen Zimmer um. Der Rest des Hauses war mit gelb geblümter Tapete tapeziert, aber hier oben waren die Wände kahl und nur mit dunkelbraunem Holz verkleidet.

«Hm, tja, ich glaube, wir wissen beide, wie schnell sich so was hier herumspricht.» Er seufzte, hob den Kopf und starrte mich durch seine dicken Brillengläser an. «Außerdem mache ich mir zwar keine Hoffnungen mehr auf eine Dienstmarke, aber Keatin spricht immer noch mit mir. Vor allem, wenn er sich Sorgen macht.»

Es war früher James' Traum gewesen, eine Dienstmarke zu bekommen und Teil des kleinen Teams an Polizisten zu werden, das wir auf der Insel hatten – im Moment waren es insgesamt drei Personen. Aber es hatte sich als unmöglich für ihn erwiesen, aufs Festland zu gehen und die Polizeischule zu besuchen, also hatte er sich mit einem Freiwilligenjob als Ranger zufriedengegeben. Es war seine Idee gewesen, die Wildkameras aufzustellen, damit die Inselbewohnerinnen und -bewohner nach drohender Gefahr auf den Straßen und Waldwegen Ausschau halten konnten.

«Ich glaube, wir sollten die Kameras diesmal schon früher einschalten», sagte ich und griff nach Lokis Halsband, bevor er einer flauschigen weißen Katze nachjagen konnte, die unter dem Bett hervorgeflitzt kam. «Nur um sicherzugehen.»

Er presste die Zähne zusammen und tippte ununterbrochen mit den Fingern auf den Schreibtisch. «Er ist noch nie so früh erwacht.»

«Ich sage nicht, *dass* er erwacht ist», fauchte ich. «Es ist nur eine Vorsichtsmaßnahme.»

Er starrte mich an, und ich starrte zurück. In der Stille zwischen uns lag eine unausgesprochene, verzweifelte Hoffnung.

Schließlich nickte er. «Ich kann Mittwochmorgen losgehen. Ich nehme ein Funkgerät mit.»

«Danke. Ruf mich an, wenn du losgehst, ich überprüfe, dass alle Feeds live sind. Und nimm jemanden mit, okay? Sei nicht leichtsinnig, geh nicht alleine.»

Das Läuten der Kirchenglocke zeigte das Ende des Gottesdienstes an. Ich zog den Vorhang beiseite und starrte den Hügel hinunter, zu den Menschen, die aus der Kirche strömten. Ich konnte Salem nicht unter ihnen entdecken, was mich nervös machte.

Nicht dass sie nicht auf sich selbst aufpassen könnte. Das konnte sie – das war klar. Aber es gab so viel, was sie nicht über diese Insel wusste, und hier konnte einen das, was man nicht wusste, umbringen.

11

SALEM

The Tragedy of the Balfours

Auf dem grasbewachsenen Kirchhof war es still, nur der leise Klang der Loblieder drang von drinnen durch die Steinwände der Kathedrale. Hohe, schmale Fenster verliefen rings um das Gebäude, und in die Bögen oberhalb des Glases waren Abbilder von Engeln gemeißelt worden.

Meine Familie war nie besonders religiös gewesen. Meine Großmutter hatte mich einmal zum Ostergottesdienst mitgenommen, aber das war's dann auch schon. Meine Mutter war zu sehr ein Freigeist, um sich einem speziellen Glauben zu verschreiben, und auch mein Vater hatte sich nie für Religion interessiert.

Sosehr ich auch das Innere der Kirche erkunden wollte, ich wollte den Gottesdienst nicht stören. Also schlenderte ich durch den Hof, vorbei an mehreren Picknicktischen, auf denen krächzende Möwen kauerten. Am anderen Ende des Hofes entdeckte ich einen geschwungenen Metallbogen inmitten eines hohen Eisenzauns. Ein schlichtes Holzschild hing an dem Bogen, und darauf waren die Worte *Friedhof von Marihope* geschnitzt.

Sonnenlicht sprenkelte den unbefestigten Weg, der hineinführte. Er war überwuchert, und ein Dutzend schiefe Grabsteine ragten aus dem Gras, umschlungen von den dornigen Ranken von Brombeersträuchern. Insbesondere einer der Steine weckte meine Aufmerksamkeit. Als die Kirchenglocke wieder läutete, ging ich in die Hocke, um ihn mir genauer anzusehen.

Der Grabstein stand abseits der anderen, die schief aneinandergereiht waren, allein für sich. Außerdem war dieser Stein lediglich ein schlichter, quadratischer Klotz, in den der Name *Picard Balfour* gemeißelt worden war.

«Wie schön, Sie wiederzusehen, Miss Lockard.»

Überrascht hob ich den Kopf und blickte in das lächelnde Gesicht der Frau vom Markt, Ruth. Sie war in Gesellschaft mehrerer anderer Frauen, die alle ungefähr in meinem Alter waren und ihre besten Sonntagskleider trugen. Adrenalin schoss durch meine Adern, als ich eine von ihnen erkannte: Es war die Frau von der Fähre, die so aufgelöst gewesen war und geweint hatte.

Als unsere Blicke sich kreuzten, weiteten sich ihre Augen, dann sah sie eilig weg. Ihr Haar war ordentlich gekämmt, und ihr Gesicht wirkte nicht mehr so ausgemergelt.

Ich richtete mich am Grab auf. «Sie sind ... sind Sie ...», stotterte ich.

«Gefällt es Ihnen bisher auf der Insel?», unterbrach mich Ruth. «Was für ein Glück, dass Sie den Weg zu unserer Kirche gefunden haben. Es ist der schönste Ort auf Blackridge.»

Die anderen Frauen nickten eifrig. Es war unangenehm, wie neugierig sie mich betrachteten, als sei ich ein Exemplar einer neuen Spezies und als könnten sie ihr Interesse kaum zurückhalten. Die Frau von der Fähre trat zurück und verschwand hinter den anderen, so als wollte sie meinem Blick absichtlich ausweichen.

«Es gefällt mir», sagte ich und versuchte zu lächeln, obwohl ich mich nicht wohlfühlte. Es behagte mir nicht, dass sie mir den Weg versperrten. «Es ist wirklich schön hier. Ich wäre in die Kirche hineingegangen, aber ich wollte den Gottesdienst nicht stören.»

Ruth lachte leise. Eine Schar spielender Kinder rannte über den Kirchhof und kreischte dabei. «Nun, darüber hätten Sie sich bestimmt keine Sorgen machen brauchen. Pastor Balfour heißt unsere Gäste stets willkommen.»

«Pastor ... Balfour?»

«Oh, wussten Sie das nicht?» Wieder lachte sie, genau wie ihre Freundinnen, und ich hatte das Gefühl, etwas verpasst zu haben. «Es überrascht mich, dass Rayne Ihnen das nicht erzählt hat. Ihr Onkel Gerard ist unser Pastor, genau wie ihr Vater es vor ihm war.» Ihr Blick huschte nach unten, und sie deutete mit dem Kopf auf das Grab von Picard.

«*Er* war Raynes Vater?», fragte ich.

«O ja. Er hat uns alle getäuscht und uns glauben lassen, er wäre ein würdiger Hirte unserer Herde, aber leider war das nicht der Fall.»

Der Platz vor der Kathedrale war voller Gottesdienstbesucher, die sich miteinander unterhielten, aber wir vier standen so weit von den anderen weg, dass wir uns vertraulich unterhalten konnten. Die Atmosphäre war mir sogar *zu* vertraulich. Ruths Blick bohrte sich in meinen, als würde sie in meinen Augen nach Geheimnissen suchen, die sie ergründen konnte.

«Was ist passiert?», fragte ich und versuchte, ein Stück von Ruth abzurücken.

Doch sie kam wieder näher.

«Gott hat ihn niedergestreckt», sagte sie.

Hätte ich es nicht besser gewusst, hätte ich gesagt, dass sie geradezu erfreut darüber war.

«Genau hier, in der Kirche, in der er gepredigt hat.»

«Gott ... hat ihn ... niedergestreckt?», hakte ich unsicher nach.

«Sein Leichnam wurde vor der Kanzel gefunden», bemerkte eine der anderen Frauen im Flüsterton. «Ausgeweidet. Nur wenige Stunden zuvor hat er noch eine Predigt gehalten.»

«Diana», blaffte Ruth, «wir sollen keine Sensation aus dem Urteil des Herrn machen. Das ist nicht zum Lachen. Wie alle Menschen ist Picard seinen Sünden zum Opfer gefallen. Möge Gott seiner Seele gnädig sein.»

«Jemand hat ihn *umgebracht*?», flüsterte ich, noch immer damit beschäftigt zu verdauen, welches Schicksal Raynes Vater erlitten hatte. «Gott, die arme Rayne ... das ist ja furchtbar!»

«Ja, die arme, arme Rayne», sagte Ruth geringschätzig. «Egal, was ist denn überhaupt in uns gefahren? So ein deprimierendes Thema. Wie gefällt dir deine Unterkunft, Salem?»

Ich rang immer noch damit, die Fassung wiederzuerlangen, daher brauchte ich einen Augenblick, bis ich antworten konnte. «Es ist auf jeden Fall ... interessant dort», sagte ich. «Genau genommen war es eine ziemliche Überraschung, als ich Rayne im Herrenhaus getroffen habe. Ich hab sie davor schon in der Stadt kennengelernt, kurz bevor ich die Fähre hierher genommen habe. Auf dem Festland.»

Die Frauen tauschten flüchtige Blicke aus.

«Verstehe», sagte Ruth und schlug die Hand vor den Mund. «Du bist also *so* eine Frau.»

Jetzt wäre der ideale Zeitpunkt gewesen zu gehen.

«Wie meinen Sie das?», fragte ich.

«Du hattest Sex mit ihr», antwortete sie so abgebrüht und direkt, dass ich mich beinahe verschluckt hätte.

«Ich ... Wie bitte? Ich glaube nicht, dass Sie das etwas angeht ...»

«Ach, Liebes, nimm das nicht persönlich.» Sie klopfte mir auf die Schulter, als wären wir befreundet und als müsste sie mir eine unangenehme Wahrheit offenbaren. «Rayne ist ein Perversling. Sie macht kein Geheimnis draus.»

«Sie gibt damit an», rief eine der anderen Frauen und verdrehte die Augen.

«Wir wissen alle, was sie macht, wenn sie aufs Festland fährt», sagte Ruth und tätschelte meine Schulter, bevor sie einen Schritt von mir zurücktrat. «Allerdings hat sie bisher noch nie eine ihrer Huren mit nach Marihope gebracht. Wie außergewöhnlich.»

Aufgebrachte unausgesprochene Worte sammelten sich auf meiner Zunge. Hatte sie das *wirklich* gerade zu mir gesagt? Mein Herz hämmerte heftig, und meine Handflächen wurden feucht. Ich hasste unfreundliche Menschen. Ich hasste es, wie ich mich fühlte, wenn ich mit voller Absicht derart missverstanden wurde.

Ich wünschte, ich hätte mich verteidigt. Es spielte nicht einmal eine Rolle, was diese scheußliche Frau von mir dachte, dennoch fühlte es sich an, als würde ein Ballon in meiner Brust anschwellen und mir die Luft zum Atmen nehmen. Meine Zunge war staubtrocken und nutzlos, meine Kehle eng vor Wut.

Ich murmelte ein zorniges «Entschuldigen Sie mich» und eilte vom Kirchhof. Die Blicke aller waren auf mich gerichtet, und diesmal lag es nicht daran, dass ich bloß paranoid war. Jedes Mal, wenn ich mich umsah, wandten sie ihre Blicke eilig ab.

Zur Hölle, ich musste hier weg.

Ich stolperte beinahe über das unebene Kopfsteinpflaster, als ich über den Marktplatz hastete, und hielt unter dem riesigen, knorrigen Mammutbaum inne, um zu Atem zu kommen. Die Geräusche von der Kirche hallten um mich herum wider: das Gelächter, die kreischenden Kinder, die unverständlichen Gespräche.

Ich spürte Blicke im Nacken und sah über meine Schulter. Die Kirchgänger entfernten sich allmählich von der riesigen Kathedrale, aber was meine Aufmerksamkeit auf sich zog, waren die kreischenden Möwen. Sie hatten etwas Kleines, Pelziges, Totes entdeckt und stritten sich darum, während sie es in Stücke rissen und die blutigen Bissen hinunterwürgten.

Mit heftig pochendem Herzen und inzwischen ohne jeden Appetit bog ich eilig in eine breite Straße ab. Rechts und links reihten sich Geschäfte aneinander. Ein paar Trucks parkten an der Bordsteinkante, aber in keinem der Läden brannte Licht, und die Schaufenster waren leer.

In welcher Richtung hatten wir das Quad geparkt? Süd... westen?

Wie zur Hölle sollte ich bei diesem bewölkten Wetter herausfinden, wo das war?

Ich hätte den Ort, an dem ich mich mit Rayne treffen wollte, nicht verlassen sollen. Ich hätte das Herrenhaus nicht verlassen sollen. Ich hätte nicht herkommen sollen.

Okay, okay, reg dich ab, Salem.

Ich holte tief Luft, ballte meine Hände zu Fäusten und lief eilig weiter, sicher, dass ich bald etwas entdecken würde, das mir bekannt vorkam. Ich bog noch einmal um die Ecke und sah mich überall nach einem Wegweiser um. Dabei rannte ich direkt in jemanden hinein, der aus der anderen Richtung kam. Bevor ich eine Entschuldigung herausbekommen konnte, wurde ich am Kragen meiner Jacke gepackt und gegen eine Steinmauer gepresst. Etwas Kühles, Scharfes drückte sich gegen meine Kehle, und sofort flutete kalte Angst meine Lunge.

«Ich ... Rayne?», wimmerte ich, als ich begriff, wer mich gepackt hatte.

Im selben Augenblick verstand sie, dass ich es war. Ihr entgleisten die Gesichtszüge, Sorge zeichnete sich deutlich ab, die Mundwinkel sanken nach unten, und ihre Augen weiteten sich. Eilig steckte sie ihre Waffe weg.

Ich hatte noch nie gesehen, wie jemand so schnell ein Messer zog, und war dem sicheren Tod noch nie so nahe gewesen.

Gott, was für ein Adrenalinrausch! Was war nur los mit mir?

«Salem, Scheiße, das tut mir so leid.» Rayne zog ihren Ärmel herunter und drückte ihn an meinen Hals.

Erst da wurde mir klar, dass sie mich geschnitten haben musste. Ich hatte es nicht einmal bemerkt. Ihre Hand war warm, als sie mich von der Straße wegführte zu einem umgestürzten Baumstamm, der im hohen Gras lag.

«Setz dich hierhin», sagte sie und drückte mich sanft an den Schultern hinunter. Dann hob sie meinen Kopf an, um meinen Hals zu untersuchen, und zuckte zusammen. «Dafür habe ich eine richtig miese Bewertung verdient. Fuck, das tut mir so leid.»

«Ich würde sagen, sieben von zehn Punkten», antwortete ich etwas außer Atem. «Wenigstens war das Messer scharf.»

Sie starrte mich einen Moment lang an, dann schüttelte sie mit einem schiefen Lächeln den Kopf. «Tja, ich versuche, vorbereitet zu sein.»

«Wofür?», fragte ich.

Aber Rayne war abgelenkt. Sie stakste durch das hohe Gras und suchte offenbar nach etwas. «Hier haben wir es», sagte sie und kniete sich vor einen üppigen Busch, an dem dunkelviolette Beeren wuchsen. Sie pflückte mehrere der grünen

Blätter, knüllte sie zusammen und kaute energisch darauf herum, bevor sie zu mir zurückkehrte. «Das ist die Shallon-Scheinbeere», sagte sie und tupfte mit dem Blätterbündel auf meinen Schnitt. «Ein natürliches Desinfektionsmittel. Wir haben im Haus ein richtiges Erste-Hilfe-Set, aber jetzt ...»

«Das wird schon gehen. Es ist keine große Sache, nur ein kleiner Schnitt.»

Sie runzelte die Stirn. «Für mich ist es keine Kleinigkeit. Warum hattest du es so eilig?»

«Menschenmengen machen mich nervös», sagte ich und machte eine wegwerfende Handbewegung. «Der Gottesdienst war vorbei, und ich bin einfach nicht gut im Small Talk.»

Sie warf mir einen unfassbar skeptischen – oder vielleicht auch besorgten – Blick zu.

Eilig wechselte ich das Thema. «Warum hast du dich denn so erschreckt? Oder ziehst du immer ein Messer, wenn dich jemand anrempelt?»

Sie schüttelte den Kopf, die Lippen zu einer schmalen Linie zusammengepresst. «Es tut mir leid. Ich hätte besser aufpassen sollen.»

Sie zog die Kräuter von meiner Wunde und holte eine Wasserflasche aus ihrer Tasche. Ich musste mich vornüberbeugen, damit sie das Blut abspülen konnte.

«Wir besorgen uns im Haus richtiges Desinfektionsmittel», sagte sie. «Gehen wir. Kannst du laufen?»

«Ich ... ja, ich kann laufen.» Ich kicherte, und sie sah verwirrt aus. «Es ist nur ein *kleiner Schnitt*, Rayne! Kein Knochenbruch. Von denen ich übrigens schon einige hatte. Mountainbiken ist nicht gerade ungefährlich.»

Schritte näherten sich, und eine Familie kam die Straße entlanggelaufen, auf dem Weg von der Kirche nach Hause.

Die Läden eines Geschäfts in der Nähe wurden klappernd geöffnet, und es schien, als würde Marihope endlich zum Leben erwachen.

«Na schön, Miss Lockard», sagte Rayne leise und trat näher.

Die Art und Weise, wie sie meinen Namen aussprach, ließ mich erschaudern. Ihr Tonfall war voller Wärme, aber das Versprechen, das in ihrem Blick lag, war so kalt wie die Klinge, mit der sie mich geschnitten hatte.

«Du bist nicht zart und zerbrechlich. Das hast du mir ja schon gezeigt. Aber während du unter meinem Dach wohnst, sollst du nur den Schmerz empfinden, um den du gebeten hast, nichts anderes. Du hast nicht um den Schnitt an deinem Hals gebeten, also hätte das auch nicht passieren sollen.»

Alles, was ich darauf hätte erwidern können, wurde von der Ernsthaftigkeit in ihrer Stimme erstickt.

Sie nickte der Familie höflich zu, als sie vorbeiging, hielt ihren Blick aber die meiste Zeit von den anderen abgewendet.

«Komm», sagte sie. «Fahren wir zurück zum Haus. Hast du schon gegessen?»

12

RAYNE

Closer

Ich konnte mich nicht daran erinnern, wann ich zuletzt eine Mahlzeit für jemand anderen als mich selbst zubereitet hatte. Ich war bestimmt keine Sterneköchin – deshalb kümmerte sich das Küchenteam um die Mahlzeiten trotz der Unkosten, die es verursachte, das Personal anzustellen. Sosehr ich auch alles allein machen wollte, ich würde meine Kochkünste keinem Gast zumuten.

Aber wenn man bedachte, dass ich beinahe Salems Kehle aufgeschlitzt hatte, war ich zu dem Schluss gekommen, dass ihr etwas zu essen zu machen, das Mindeste war, was ich tun konnte.

In der großen Gastroküche war es still, nur das Geräusch, das mein Messer auf dem Schneidebrett verursachte, war zu hören. Salem hatte darauf bestanden, dass sie ihre Verletzung selbst versorgen könne, und hatte meine Sorgen diesbezüglich mit einem Lachen abgetan, deshalb war sie gerade oben. Sie war so gespannt darauf gewesen, den Platz in der Stadt zu erkunden, und war dann so schnell zurückgekehrt, weshalb ich sicher war, dass etwas geschehen sein musste.

Wer zur Hölle hatte mit ihr gesprochen?

Als Salem schließlich den Kopf durch die Küchentür streckte, winkte ich sie zu mir heran.

«Das sieht kuschlig aus», sagte ich, als sie in einem Outfit hereinkam, das ich nur als einen roten Fuchs-Jumpsuit beschreiben konnte samt flauschigem Schwanz und Öhrchen an der Kapuze.

«Ich glaube, ich habe für heute genug Aufregendes erlebt», sagte sie und setzte sich auf die glänzenden Metallschränke neben mir. «Das ist mein Chill-Outfit.»

Mein Blick fiel sofort auf ihren Hals, an dem ein auffälliges Pflaster klebte.

Eilig bedeckte sie es mit der Hand. «Hör auf, dir Sorgen um mich zu machen! Es geht mir *gut.*»

Ein Teil von mir wollte ihr noch einmal sagen, dass es mir leidtat. Aber der andere Teil fand Entschuldigungen, weil sie so sinnlos waren, ziemlich peinlich. Leere Worte änderten nichts, also zog ich den Kopf ein, schnippelte weiter und vermischte die Zutaten, bis ich passable Bruschetta fabriziert hatte.

«Wie hat dir Marihope gefallen?», fragte ich.

Sie hatte sich gerade ein Stück getoastetes, belegtes Brot in den Mund gestopft und machte ein kleines Freudentänzchen. Ich war überhaupt nicht gut darin, Small Talk zu betreiben. Das langweilte mich und dauerte mir zu lange. Viel lieber wäre ich gleich zum Punkt gekommen: Wer hatte dafür gesorgt, dass sie so eilig vom Platz geflüchtet war?

«Es ist hübsch», sagte sie, lehnte sich nach hinten, wobei sie sich auf die Handflächen stützte, und ließ die Beine vor und zurück baumeln. «Wirklich ruhig. Ich glaube, sogar noch ruhiger, als ich erwartet hätte.»

«Es ist eine kleine Gemeinde.» Ich vermied das typische «eingeschworen», das so viele andere nutzten, um die Gemeinschaft der Menschen in Marihope zu beschreiben. Unsere Gemeinde war klein, aber sie war definitiv nicht *ein-*

geschworen. Eher *ver*schworen. «Hast du den Pastor kennengelernt?»

Sie zog die Brauen zusammen.

Vielleicht war meine Frage ein wenig zu direkt gewesen.

«Nein. Er ist ... dein Onkel, stimmt's?»

«Genau. Gerard. Er hat das Kirchenamt übernommen, nachdem mein Vater gestorben ist.»

Jedes Mal, wenn meine Zunge dieses Wort formen musste – *Vater* –, hinterließ das einen bitteren Beigeschmack.

Ich räusperte mich. «Angesichts der Tatsache, wie makaber manche Menschen hier sind, nehme ich an, dass dir schon jemand von meinem Vater erzählt hat, stimmt's?»

Die Falten auf ihrer Stirn wurden tiefer, und mir wurde bewusst, dass das strenger geklungen hatte als beabsichtigt. Das endlose Getratsche ging mir langsam an die Substanz, aber Salem konnte nichts dafür.

«Ich habe sein Grab gesehen», erwiderte sie leise. «Es tut mir sehr leid, Rayne.»

«Das muss es nicht. Wirklich.» Ich stopfte mir den Mund mit Bruschetta voll – mit so viel davon, dass ich kein einziges Wort herausbekam, während ich kaute.

«Ist er ... Ich meine, Gott, das ist so furchtbar. Ist er *wirklich* in dieser Kirche gestorben?» Sie senkte bei der Frage ihre Stimme, so als könnte das Haus ihr ihre Neugier übelnehmen. «Hat ihn wirklich jemand ...»

«Er ist in der Kirche gestorben, an einem Sonntag mitten im Januar. Es gab so verdammt viel Schnee, dass ihn bis zum nächsten Gottesdienst niemand gefunden hat. Dann hat ihn eine Frau namens Ruth entdeckt.»

«*Sie* war das? Wow, das hat sie gar nicht erwähnt ...»

Ich versuchte, das Stöhnen zu unterdrücken, das tat ich wirklich, aber es entwischte mir trotzdem. «Ach, zur Hölle, kein Wunder, dass du geflüchtet bist. Ruth hat mit dir gesprochen?»

Sie rieb sich verlegen über den Nacken. «Ja. Sie ist ein bisschen ... na ja, sie ist ...»

«Ein Miststück», beendete ich ihren Satz. «Du kannst es ruhig aussprechen. Vertrau mir, ich weiß, wovon ich rede. Ich musste meine Schulzeit mit ihr verbringen.»

Sie lachte. «Sie scheint dich nicht besonders zu mögen.»

«Nö, kann man nicht gerade sagen.»

Nicht mehr zumindest.

Ich wusste nicht, wie ich über dieses Thema sprechen sollte. Denn das hatte ich noch nie getan, nicht einmal kurz. Überhaupt war alles an dieser Situation neu für mich, denn ich verbrachte nie Zeit mit Gästen. Ich mied sie. Die Menschen kamen wegen des Hauses und der Landschaft her, nicht meinetwegen.

Aber irgendetwas an Salem sorgte dafür, dass ich gesprächig wurde. Je mehr Zeit ich mit ihr verbrachte, desto mehr plapperte ich, und ich wusste nicht, was ich dagegen tun konnte.

«Mein Dad ist gestorben, als ich ein Teenager war», sagte ich. «Hat mir das Haus und ein bisschen Geld vererbt. Hab ihn seither nicht vermisst. Und das werde ich auch nicht. Wir standen uns nicht nahe. Es war nicht traurig. Wir wissen nicht, wie er gestorben ist.»

Bei diesen Worten runzelte sie die Stirn, deshalb nahm ich an, dass ihr schon jemand etwas anderes erzählt hatte.

«Wie gesagt, es ist während einem schlimmen Schneesturm passiert. Tiere sind in die Kirche eingedrungen und haben den Leichnam zerrissen. Unappetitlich, aber so ist nun mal der Lauf der Dinge.» Es fiel mir leichter, mich zu unterhalten, wenn ich mich dabei bewegte, also begann ich,

Zutaten zusammenzusuchen, um mich an einem Nachtisch zu versuchen. Dadurch konnte ich es auch vermeiden, ihr in die Augen zu sehen, während ich sie anlog. «Ich für meinen Teil glaube, dass er sich umgebracht hat. Er war nicht gesund. Schon eine ganze Weile nicht.»

Zumindest Letzteres stimmte.

«Tut mir leid, dass ich das angesprochen habe», sagte sie.

Eilig schüttelte ich den Kopf. «Das muss es nicht, wirklich nicht.Immernochbesser,alssichübersWetterzuunterhalten.»

Ich nahm ein Glas von oben aus dem Schrank und schichtete darin frische Beeren, ein paar Stückchen Rührkuchen und Schlagsahne auf.

«Machst du immer einen Nachtisch zum Mittagessen?», fragte sie. Ihr Grinsen verriet mir, dass sie die Antwort bereits kannte und genau wusste, dass ich sie beeindrucken wollte.

«Wenn ich die Zeit dazu finde.» Ich wischte ein bisschen Sahne vom Rand des Glases und schob es zu ihr rüber. Ich war ziemlich stolz darauf, dass mir das so spontan eingefallen war. Es war zwar ein einfaches Parfait, aber als ihre Augen leuchteten und sie ihr Handy hervorzog, um ein Foto zu schießen, fühlte ich mich, als hätte ich eine Auszeichnung gewonnen.

Sie schob sich einen Löffel in den Mund und verzog genießerisch das Gesicht. «O mein Gott. Das ist *so* gut. Die Beeren sind richtig süß.»

«Sie wachsen am Rand des Grundstücks», sagte ich. «Ich mache auch Marmelade daraus. Ich werde dir welche mit nach Hause geben.»

Begeistert schluckte sie noch einen Bissen herunter, dann schien ihr aufzufallen, dass ich nichts aß. «Willst du keinen Nachtisch?»

Wir hatten keine Schlagsahne mehr, und ich müsste erst wieder welche auftauen, aber ich zuckte nur die Schultern. «Bin zu voll, ich krieg nichts mehr runter.»

«Sicher?» Sie hielt den Löffel hoch.

Sahnekleckse umgaben den luftig-weichen Kuchen, der von den prallen Beeren lila verfärbt war. Natürlich war das lecker, aber aus ihrer Hand war es Ambrosia.

Ich setzte mich auf den Hocker ihr gegenüber und ließ mich von ihr füttern. Die Beeren platzten auf meiner Zunge, und Sahne klebte in meinen Mundwinkeln.

Sie starrte darauf. Mit der Zunge leckte ich die Sahne weg, und ihre Pupillen weiteten sich.

Als sie den Blick wieder senkte und noch einen Löffel nahm, sah ich ein bisschen zu aufmerksam hin. Ihre Lippen schlossen sich zärtlich um den Löffel und ließen ihn sauber zurück, aber an ihrem Mund war noch Sahne.

Ich war ihr zu nah. Starrte zu intensiv hin. Wollte zu viel.

Als sie mir noch einen Bissen anbot, aß ich ihn gehorsam. Diesmal wischte sie meine Lippe mit ihrem Daumen ab und ließ ihn dann an meinem Mundwinkel verweilen. Ich drehte den Kopf und umschloss ihren Finger mit den Lippen. Mit meiner Zunge streichelte ich ihre Fingerkuppe und beobachtete dabei ihr Gesicht. Der süße Geschmack von Sahne und Vanille zerschmolz in meinem Mund.

Ihr Atem stockte, und ich nahm ihren Finger noch ein wenig tiefer in den Mund. Ich wollte sehen, wie ihre Augenlider sich zitternd vor Ekstase schlossen und ihr Brustkorb sich im Rhythmus von lustvollem Keuchen hob und senkte. Ich neckte sie mit meiner Zunge, hielt dabei Blickkontakt und ließ ihren Finger dann langsam aus meinem Mund gleiten.

Sie sah aus wie ein wahr gewordener Traum, wie sie mich mit diesen großen, begierigen Augen anblickte. Niemand hatte mich je so angesehen. Wie eine kleine Forscherin spähte sie in die dunkle Höhle meiner Seele, sodass ihr Licht hineinleuchtete und alles in Angst und Schrecken versetzte, das sich im Dunkeln versteckte.

Ich wollte sie hineingeleiten. Ihr die sicheren Zufluchtsorte in meinen Schatten zeigen. Sie hinter meinen Mauern beschützt wissen.

Aber ...

Sie gehörte mir nicht. Das würde sie niemals. Das zu *wollen* und mir zu wünschen, dass sie blieb, war so selbstsüchtig, dass ich mich dafür hätte schämen sollen.

Doch das tat ich nicht. Ich war wie besessen und verzehrte mich gierig, voller Hunger nach ihr.

«Rayne ...» Ihre Stimme verklang.

Mein Herzschlag beschleunigte sich. Ich wusste, was sie wollte. Verdammt, ich wollte es auch. Sie würde süß und mild schmecken, wie die letzten Sommertage. Sie würde sich warm anfühlen und unter meinen Berührungen erzittern.

Aber ich war schon zu weit gegangen, oder nicht?

Ich stand auf, obwohl es mich in Stücke riss, die Enttäuschung in ihrem Gesicht zu sehen.

«Ich muss mich wieder an die Arbeit machen», sagte ich. «Lass dir so viel Zeit, wie du möchtest, ich räume hier später auf.»

«Oh ... okay.»

Ich ließ ihr nicht einmal die Gelegenheit, mehr als ein paar Worte hervorzubringen.

Und ich hasste mich dafür.

Ich hasste es, dass ich wegging und sie dort sitzen ließ, obwohl mir noch so viele ungesagte Worte im Hals steckten.

13

SALEM

Evisceration and Shadows

Es dämmerte, als ich mit dem Rad unterwegs war. Der Pfad war lang und kurvenreich. Verschlungen wand er sich durch die bewaldeten Hügel und steile Schluchten hinunter. Meine Lunge füllte sich mit der kalten Luft, die wegen der Meeresbrise einen leicht salzigen Geschmack auf meiner Zunge hinterließ.

Es waren zwei Tage vergangen, seit ich Rayne zuletzt gesehen hatte. Sie hielt sich irgendwo im Herrenhaus auf. Ich konnte ihre Anwesenheit förmlich spüren, wie einen kühlen Nebel, der das Haus erfüllte. Aber sie erschien nicht zu den Mahlzeiten im Speiseraum, und ich sah sie auch nicht im Garten oder auf den Fluren.

Letzte Nacht hatte ich in völliger Stille auf meinem Bett gesessen und angestrengt gelauscht, hatte darauf gewartet, irgendwelche Geräusche in ihrem Zimmer auszumachen. Ich hasste mich selbst für meine Neugier und dafür, dass ich nicht aufhören konnte, an sie zu denken.

Aber mein Herz setzte jedes Mal einen Schlag aus, wenn ich hörte, wie ihre Dusche angestellt wurde oder die Federn ihrer Bettmatratze quietschten. Ich lauschte auf ihre gemächlichen Schritte, wenn sie zum sacht rauschenden Takt ihrer leise gespielten Musik im Zimmer auf und ab ging.

Mein Herz war immer noch eine offene Wunde. Ich war

nicht so töricht, es jemandem auf einem Silbertablett zu servieren, damit es wieder in Stücke gerissen wurde.

Ich bremste und kam schlitternd zum Stehen, dann stieg ich vom Rad, um kurz meinen Rücken zu strecken. Der blassblaue Himmel verdunkelte sich zusehends, und zu den zwitschernden Vögeln gesellten sich zirpende Grillen. In der Luft lag der Geruch nach Regen.

Mir blieb nur noch eine Woche an diesem wunderschönen Ort. Was sich nach nicht einmal annähernd genug Zeit anfühlte. Nach Hause zu kommen, würde bedeuten, im Kollegen- und Freundeskreis sowie meiner Familie unter mitleidigen Blicken wieder und wieder dieselbe traurige Geschichte zu erzählen. Ich würde mir irgendeinen Running Gag dazu überlegen müssen, dass ich vor dem Altar sitzen gelassen worden war, denn ich hasste Mitleid wirklich und würde lieber darüber lachen, als zuzugeben, wie sehr das alles wehtat. Irgendwann würde ich wieder «auf die Piste» gehen und mich in das widerwärtige Dating-Treiben stürzen müssen, von dem ich geglaubt hatte, es hinter mir zu haben.

Vielleicht sollte ich mir einfach einen Hund anschaffen.

Mich fröstelte, weil der Wind zunahm, und ich ärgerte mich, dass ich keine Jacke mitgenommen hatte. Schnell rieb ich mit den Handflächen über meine nackten Arme. Solange ich auf dem Rad saß, waren die Temperaturen in Ordnung, aber wenn ich mich zu lange nicht bewegte, würde ich, weil ich geschwitzt hatte, zu einem Eis am Stiel gefrieren.

Aber gerade als ich wieder auf mein Mountainbike steigen wollte, sah ich etwas Merkwürdiges.

Ungefähr zehn Meter von mir entfernt stand jemand zwischen den Bäumen und starrte mich an.

Mein Herz setzte vor Schreck einen Schlag aus, dann verengte ich den Blick und erkannte, wer es war.

«Mein Gott – Martin?» Ich fasste mir ans Herz und machte einen Schritt auf ihn zu.

Ich hatte den alten Jäger früher an diesem Morgen zusammen mit George beim Frühstück gesehen, wo er laut über seine eigenen Witze gelacht und sein Rührei mit Scones gegessen hatte. Doch jetzt hatte er einen seltsamen Ausdruck im Gesicht. Er sah mich an, als würde er mich nicht erkennen, wie benommen.

«Miss Lockard», sagte er schließlich, blinzelte dann schnell mehrmals hintereinander und rieb sich über den Kopf. Er hatte sein Gewehr in der einen Hand, die andere war mit einem eiligen Verband versehen. «Haben Sie, äh ... Sie haben nicht zufällig den alten George in der Nähe gesehen, oder?»

Ich schüttelte den Kopf. Sein Gesichtsausdruck sorgte dafür, dass sich ein beklommenes Gefühl in meiner Brust ausbreitete. Seine Augen waren geweitet, und er war ganz bleich.

«Geht's Ihnen gut?», fragte ich und machte noch einen langsamen Schritt auf ihn zu. In der Luft lag ein scheußlicher Geruch, als würde in der Nähe etwas faulen und verwesen. «Sind Sie verletzt?»

Er umklammerte seine offensichtlich verletzte Hand, schüttelte aber den Kopf. «Nein, nein, mir geht's gut.»

Er sah sich weiterhin um, hinter sich, nach oben, von rechts nach links. Er nahm seine Brille ab und versuchte, sie mit einer Hand an seinem Hemd abzuwischen, aber er zitterte dabei so sehr, dass sie zu Boden fiel. Als er sich fluchend bückte, um sie aufzuheben, bemerkte ich plötzlich den Ursprung des Gestanks.

Er befand sich hinter ihm.

Dort lag der Kadaver eines Rehs im hohen Gras. Sein Bauch war aufgerissen worden und die Eingeweide überall verteilt. Blutlachen hatten sich in der Erde rund um das Tier gesammelt, und Fliegen umschwärmten surrend den Kadaver. Die geöffneten glasigen Augen starrten mich an.

Das Blut war noch nicht geronnen.

Plötzlich überkam mich ein Gefühl der Beklemmung, und kalter Schweiß lief meinen Rücken hinunter. «Martin, haben Sie ... wie haben ...»

«Ich war das nicht», sagte er und zeigte mit dem Finger auf das verstümmelte Reh. «So jage ich nicht. Kein Jäger, der auch nur ein bisschen was taugt, würde ...»

Er biss sich auf die Lippe.

Meine Hände waren zu Fäusten geballt, und ich rückte instinktiv von ihm weg in Richtung meines Mountainbikes. Irgendein ursprünglicher Instinkt trieb mich an zu gehen, eine innere Stimme schrie mich förmlich an.

«Sie haben den alten George nicht gesehen, oder?», fragte er wieder. Seine Augen waren glasig.

«Nein.» Langsam stieg ich wieder auf mein Rad, ohne dabei den Blick von ihm abzuwenden. «Ich habe ihn nicht gesehen. Sie sollten zurück zum Haus gehen, Martin. Möchten Sie, dass ich Hilfe hole?»

«Nein, nein, er wird schon auftauchen.» Seine Stimme wurde matt und klang beinahe verträumt, als er zu den Bäumen hochstarrte. «Er wird schon auftauchen.»

Ich hätte nicht so lang draußen bleiben sollen, aber ich war die frühen Sonnenuntergänge nicht gewohnt. Im Dunkeln zurück zum Haus zu fahren, war extrem Furcht einflößend, vor allem nach meiner Begegnung mit Martin. Ich hatte Licht an meinem Rad, aber der Lichtschein machte meine

Fahrt nur noch unheimlicher. Es warf Schatten zwischen die Bäume, die sich am Rande meines Sichtfelds in gesichtslose Gestalten verwandelten.

Regen fiel, als ich endlich das erleuchtete Herrenhaus auf der Spitze des Hügels vor mir entdeckte. Unglücklicherweise befand ich mich auf der Rückseite des Grundstücks, sodass ich durch einen schmiedeeisernen Zaun auf das Haus in der Ferne spähte. Ich wollte wirklich nicht einmal einen Kilometer mehr auf dem Pfad verbringen, deshalb fuhr ich am Zaun entlang, bis ich eine Stelle fand, an der ich hinüberklettern und auch mein Rad rüberbefördern konnte.

Ich konnte mich auf einen riesigen umgestürzten Baum hinunterlassen. Ächzend wuchtete ich mein Rad über den Zaun und kletterte dann hinüber. Beinahe rechnete ich damit, dass eine Alarmanlage losgehen würde.

Alles, was mich von dem heimelig-warmen Herrenhaus trennte, war ein dunkles, offenes Feld und ein einzelnes einsames Steingebäude.

Selbst im Dunkeln war offensichtlich, wie verfallen es war. Wahrscheinlich ein alter Schuppen oder eine verlassene Werkstatt. Mittlerweile regnete es in Strömen, und ich stellte mich unter dem Dachvorsprung unter, während ich in meinem Rucksack nach meiner dünnen Regenjacke kramte.

Klopf. Klopf-klopf.

Erst beachtete ich das Geräusch nicht weiter, nahm an, dass es nur der Regen war.

Klopf-klopf. Kreiii-sch!

Das unverkennbare Geräusch von scharfen Nägeln, die über Glas kratzten, erschütterte mich bis ins Mark.

Hastig drehte ich den Kopf herum. In der Nähe gab es ein Fenster, aber das alte Glas war so schmutzig, dass es unmöglich war hindurchzusehen, egal, wie lange ich hinstarrte.

Ich nahm keine Regung wahr. Das Geräusch hatte aufgehört.

Ich schluckte schwer und richtete das Licht meines Rads auf das Fenster. Durch das schmutzige Glas konnte ich lediglich eine große Silhouette sehen, die aus dem Lichtstrahl huschte. Ein Poltern ertönte, dann ein Krachen und das hastige Scharren von Nägeln, die sich über Holz bewegten.

Mit zitterndem Atem warf ich einen Blick zur Vorderseite des Gebäudes und entdeckte die Tür. Oder zumindest das, was einmal eine Tür *gewesen war*. Der Eingang war völlig mit Brettern vernagelt.

«Ooh nein. Nein, nein, nein», murmelte ich zu mir selbst und stieg eilig auf mein Rad.

Meine Schuhe rutschten von den Pedalen weg, und ich konnte bei diesem Wetter fast nichts sehen, aber das war mir egal. Nach Martin, dem toten Reh und was auch immer in dem Schuppen hauste, war ich völlig verängstigt.

14

RAYNE

Terrors in the Dark

Salem war schon viel zu lange fort.

Mein Blick klebte förmlich an der Uhr, und ich wackelte energischer mit meinem Bein, je mehr Minuten verstrichen, ohne dass sie durch diese Tür trat. Bereits seit Stunden saß ich im Foyer, sortierte Ordner, die gar nicht sortiert werden mussten, und spielte Solitär auf dem uralten PC. Loki hatte sich aus Protest auf den Treppenabsatz gelegt und starrte mich an, als wäre es *meine* Schuld, dass wir noch nicht im Bett waren.

Es ging mich nichts an, was Gäste mit ihrer Zeit anstellten. Salem, Martin und George waren die letzten Besucher dieser Saison, und ich traute den Jägern zu, dass sie draußen in den Wäldern problemlos auf sich aufpassen konnten.

Salems Mountainbike stand nicht im Schuppen. Das wusste ich, weil ich nachgesehen hatte, nachdem ich eine halbe Stunde lang vor ihrem Zimmer herumgelungert und nichts von drinnen gehört hatte. Jetzt, wo die winterliche Ausgangssperre kurz bevorstand und die Stadtbewohner ängstlich miteinander tratschten, bereute ich es, Salem überhaupt jemals im Herrenhaus eingebucht zu haben.

Das vermisste Mädchen, Andrea, war noch immer nicht gefunden worden. Und ich befürchtete, dass noch mehr Menschen verschwinden würden.

«Scheiße verdammt, wo bist du?» Ich lief im Foyer auf und ab, starrte auf die Tür und versuchte, mich davon abzuhalten, auf das Quad zu steigen und mich auf die Suche nach ihr zu machen. Ich hasste es, wenn mir jemand emotional zu wichtig wurde. Das resultierende Durcheinander in meinem Hirn erlaubte mir dann keine Ruhe.

Knaaarz.

Ich zuckte zusammen und wirbelte zum Treppenhaus herum. Loki hatte den Kopf gehoben und die Ohren aufgestellt, seine Aufmerksamkeit galt dem Obergeschoss.

Knaaaarz.

Der Hund stieß ein grollendes Knurren aus, das tief aus seinem Brustkorb kam.

Ich stürmte die Stufen hoch, während mir das Herz bis zum Hals pochte und meine Hände vor Wut zitterten. Als ich das obere Ende der Treppe erreichte, starrte ich im zweiten Stock in die Dunkelheit. Aber es hätte dort nicht dunkel sein sollen. Ich ließ die Lampen immer für die Gäste an, und wir hatten ein Notstromaggregat für den Fall, dass der Strom ausfiel.

Trotzdem war es stockfinster. Mein Atem bildete Nebelwölkchen in der Luft, und eine Gänsehaut breitete sich auf meinem ganzen Körper aus. Ich steckte eine Hand in die Tasche und umklammerte die kleinen Kopfhörer, die ich immer dabeihatte, während ich das Bedürfnis unterdrückte, sie mir in die Ohren zu stecken, damit es alles aufhörte.

«Was willst du?», rief ich, als könnte ich die Dunkelheit so einschüchtern und in die Flucht schlagen.

Loki winselte und drückte seine Schnauze gegen mein Bein, dann lief er eilig ins Untergeschoss zurück. Es gab mir ein ungutes Gefühl, ihn nicht bei mir zu haben, aber selbst er wusste, dass es besser wäre, mich in meinem Wahn zu meiden.

Ich hörte nichts, aber es fühlte sich an, als hätte jemand scharf die Luft eingesogen und so allen Sauerstoff aus dem Raum gestohlen.

«WAS WILLST DU?!» Meine Stimme bebte vor Wut, und meine Hände waren zu Fäusten geballt.

Ich bekam keine Antwort.

Hörte keine Schritte.

Nur die kalte, abgestandene Luft und der Gestank nach Schimmel leisteten mir Gesellschaft.

Mein Brustkorb wurde eng, als ich an den langen bevorstehenden Winter dachte, an die dunklen Tage, an denen mir nichts anderes übrig blieb, als allein über diese Flure zu streifen.

Ich ertrug es nicht zu bleiben. Aber ich durfte auch nicht weggehen – fuck, ich hatte es versucht.

Vierundzwanzig Stunden nachdem ich die Insel verlassen hätte, würde das Flüstern beginnen. Unablässig zischender, kalter Atem, der in meinem Nacken prickelte und mich nicht schlafen ließ. Die Wurzeln der Insel waren mit mir verwachsen; Fesseln, die man zwar dehnen, aber nie lösen konnte.

Das Flüstern war der Wächter, dieses Haus mein Gefängnis.

Es gab nur einen Ort, an dem ich Frieden finden konnte. Das Gewächshaus war beinahe so alt wie das Herrenhaus selbst, erbaut von meinem Großvater Henry für seine Frau, meine Großmutter. Die Pflanzen darin waren über Jahrzehnte hinweg gesammelt und gepflegt worden, sodass ein vielfältiger grüner Dschungel entstanden war.

Wenn mein Vater wieder einmal getobt hatte, war das der

Ort, an den meine Mutter mich geschickt hatte. Sie hatte mir gezeigt, wie man Pflanzen mit einfachen Ablegern in Wassergläsern vermehrte, wie man Samen hegte, bis sie eingepflanzt werden konnten, wie man Pflanzen setzte, umtopfte und schnitt. Es entspannte mich, mit meinen Händen zu arbeiten und meine Gedanken auf eine stille Aufgabe zu richten. Deshalb verbrachte ich so viele Stunden damit, dieses Land zu bewirtschaften, obwohl es eigentlich meine Kräfte überstieg, mich darum zu kümmern.

Immerhin hatte ich so zumindest die Pflanzen meiner Mutter am Leben erhalten, die mein Vater welken und eingehen lassen hätte. Darauf war ich stolz.

Trotz des Regens und des kühlen Wetters war es im Gewächshaus angenehm warm. Ich zündete mir einen Joint an und schlenderte zwischen den Pflanzen hindurch, wobei ich die Blätter berührte, als würde ich alte Freunde begrüßen. Mein Handy verband sich automatisch mit dem Bluetooth-Lautsprecher auf meinem Arbeitstisch, und «Love Crime» von Siouxsie begann zu spielen.

Das Flüstern war fort. Genauso wie die knarzenden Schritte und diese bedrückende Traurigkeit.

Ich ließ mich in einen alten Korbstuhl fallen und legte meine Füße auf einen Eimer, während ich rauchte. Neben mir standen zwischen den Tontöpfen einige von mir vermehrte Monstera-Pflanzen und ein gerahmtes Foto von meiner Mutter und mir: ein Selfie, das sie mit einer alten Einmalkamera geschossen hatte. Darauf standen wir am Strand, und sie drückte mich fest an sich.

Ich erinnerte mich nicht mehr an diesen Tag. Auch nicht an ihre Stimme oder ihren Geruch. Ihre Kleider, die ich behalten hatte, rochen jetzt nach Mottenkugeln und Staub und nicht mehr nach ihrem alten Parfüm. Ich wusste nicht mehr, wie sich ihre Umarmungen angefühlt hatten, aber ich konnte mir noch die Melodie in Erinnerung rufen, die sie mir sanft und langsam vorgesungen hatte.

Sie war diejenige gewesen, bei der ich immer Zuflucht gesucht hatte. Der Mensch, der Antworten auf all meine Fragen gekannt und mich getröstet hatte, wenn ich mir wehgetan hatte. Wenn mein Vater in seinen Predigten von Engeln gesprochen hatte, hatte ich sie mir wie meine Mutter vorgestellt.

Das war, bevor ich wusste, wie gefährlich Engel sein konnten.

«Was soll ich nur tun, Mom?», fragte ich leise, drückte den Joint in meinem Aschenbecher aus und stellte ihn beiseite, während ich das Foto anstarrte, so als würde sie mir antworten, wenn ich nur genau genug zuhörte.

Aber das Foto schwieg, und das Lächeln meiner Mutter war für immer in der Vergangenheit eingeschlossen, genau wie meines.

Dann entdeckte ich draußen vor dem Gewächshaus plötzlich ein Licht, das sich auf und ab bewegte, und schreckte hoch.

15

SALEM

Greenhouse

Als ich den Park des Herrenhauses auf der Spitze des Hügels erreicht hatte, war ich bis auf die Knochen durchnässt. Ich zitterte und sah ständig ängstlich über meine Schulter. Als ich plötzlich Schritte wahrnahm, die sich mir eilig von rechts näherten, hätte ich fast geschrien.

«Salem? Wo zur Hölle warst du?»

«Rayne, ich ...»

Meine Worte wurden von ihrem Mantel erstickt, als sie mich umarmte und an ihre Brust drückte. Ich schmolz sofort dahin. Seit Stunden hatte ich nicht so viel Wärme gespürt wie die, die jetzt von ihr ausging, außerdem roch sie so gut. Meine Erschöpfung und das Bedürfnis zu weinen nahmen mir beinahe den Atem.

«Etwas stimmt ganz und gar nicht», presste ich hervor. «Ich weiß nicht, was passiert ist, aber ich habe Martin gesehen und ...»

«Deine Zähne klappern so laut, ich verstehe kein Wort von dem, was du sagst», murmelte Rayne, zog eilig ihre Jacke aus und wickelte sie um mich. Dann führte sie mich in das Gewächshaus, aus dem sie gekommen war.

Die warme Luft, die mir entgegenschlug, war so angenehm, dass ich aufstöhnte.

«Du wirst dir da draußen noch den Tod holen.»

Tropfnass lief ich neben ihr her und ließ mich von ihr durch die Pflanzen zu einer kleinen Sitzecke führen. Säcke voller Erde und Dünger stapelten sich auf den Regalen daneben, und die feuchte, nährstoffreiche Erde verströmte den Geruch von Mineralien. Auf einem großen Arbeitstisch standen eine Vielzahl an jungen Pflänzchen, ein altes Foto und, zu meiner Freude, ein Wasserkocher.

Rayne schaltete ihn schnell ein und kehrte dann zu mir zurück.

«Gott, du bist ja eiskalt!» Sie schnappte sich eine dicke gestrickte Decke von der Lehne meines Korbstuhls und wickelte sie um meine Schultern. Dann nahm sie meine Hände, umfasste sie fest mit ihren und beugte sich sogar hinunter, um sie mit ihrem warmen Atem anzuhauchen. «Sind deine Finger immer so kalt? Muss ich dir ein paar Fäustlinge stricken?»

Als ich mein Zittern und Zähneklappern endlich im Griff hatte, erzählte ich ihr von meiner Begegnung mit Martin, von dem zerstückelten Reh und von Georges rätselhaftem Verschwinden. Das, was ich im Schuppen gesehen hatte, erwähnte ich nicht. Jetzt, wo ich darüber nachdachte, war es wahrscheinlich nur ein Tier gewesen. Oder ich hatte es mir bloß eingebildet, wie an dem Tag, als ich etwas im Badezimmer «gesehen» hatte.

Rayne hörte mir mit gerunzelter Stirn aufmerksam zu.

«Ich werde dem Sheriff Bescheid geben», sagte sie, als ich meinen Bericht beendete. «Dann kümmert er sich darum, dass jemand draußen nach den beiden sucht. Mach dir keine Sorgen.» Sie umfasste meine Hände fester, und ich schämte mich dafür, wie verschwitzt sie waren. «Martin und George sehen vielleicht nicht so aus, aber sie haben mehr Outdoor-Erfahrung, als man meinen würde. Sie waren vorher schon auf Blackridge und kennen sich hier aus.»

Angesichts Raynes Miene bezweifelte ich allerdings, dass sie selbst von ihren Worten überzeugt war.

Sie ging zum Arbeitstisch hinüber und kramte ein großes, kastenförmiges Funkgerät hervor. «Keatin, kommen. Hier ist Rayne.» Die Ruhe dehnte sich aus, und sie versuchte es erneut. «Keatin, aufwachen. Ein Gast wird vermisst.»

Diesmal vergingen zwar wieder ein paar Sekunden der Stille, doch dann antwortete eine verschlafene Stimme: «Ich höre, kommen.»

Rayne gab alles wieder, was ich ihr erzählt hatte, von Martins Verletzung bis zu Georges Verschwinden. Die knisternde Stimme des Sheriffs antwortete zwischendurch, um genauer nachzuhaken, und beendete schließlich das Gespräch mit einem tiefen Seufzen.

«Ich schicke jemanden raus, um nach ihnen zu suchen», sagte er. «Das ist nicht gut. So spät im Jahr ...»

Rayne räusperte sich eilig und unterbrach ihn. «Ich bin nicht allein. Wir sprechen uns morgen. Sagst du mir Bescheid, wenn du was rausfindest?»

«Wird gemacht. Ende.»

Sie steckte das Funkgerät wieder in die Halterung und lehnte sich einen Augenblick lang schweigend an den Arbeitstisch.

«Die beiden kennen sich hier aus», wiederholte sie, aber diesmal klang es nicht, als würde sie mit mir sprechen. «Wahrscheinlich haben sie nur ein bisschen zu viel getrunken und sich verlaufen.»

Mit verschränkten Armen und verengtem Blick drehte sie sich wieder zu mir um. «Ist dir immer noch kalt?»

«Ich zittere nur, weil ... ich ein bisschen nervös bin.»

Eilig nahm sie zwei fleckige Tassen von einem Regalbrett und hängte Teebeutel hinein. Während ich zusah, wie sie den heißen Tee für uns zubereitete, schaffte mein Hirn es endlich, alles zu verarbeiten, was sie gesagt hatte.

«Du strickst also?» Ich hielt eine Ecke der farbenfrohen Decke hoch. «Hast du die hier gemacht?»

«Mhm. Überrascht? Ich hab ein paar Talente außer Lecken und 'ne Bitch sein.»

Ich lachte und war dankbar für die Ablenkung. Als der Tee fertig war, zog sie sich einen Hocker heran und setzte sich mir gegenüber. Mit beiden Händen hielt ich die Tasse fest und atmete tief ein. Der Duft von Pfefferminz und Honig flutete meinen Kopf und beruhigte mein hektisch pochendes Herz und meine ungleichmäßige Atmung.

«Mache ich dich nervös?», fragte Rayne plötzlich, während sie den Blick auf ihren Teebeutel gerichtet hatte, den sie in Kreisen langsam durch die Tasse zog.

«Nein. Das heißt irgendwie schon. Ein bisschen. Ziemlich.» Meine schwitzigen Hände waren dafür Beweis genug, obwohl ich so sehr fror. «Aber auf eine andere Art und Weise als, na ja ... schlechte Nervosität oder Angst, falls das Sinn macht.»

Ich versuchte nicht oft, anderen das zu erklären. Wenn man es nicht selbst erlebt hatte, verstanden die meisten Menschen eine Angststörung ohnehin nicht wirklich. Ihrer Meinung nach sollte ich mich einfach «beruhigen» oder es mit einer «optimistischeren Einstellung» versuchen.

Aber das half nicht, meine Angst zu bekämpfen. Dann überwältigte sie mich jedes Mal.

«Als ich vierzehn war, wurde bei mir eine Angststörung diagnostiziert», sagte ich. So ungern ich das auch erklärte, ich musste es unbedingt tun. «Das, ähm ... hat vieles leichter begreiflich gemacht. Und ich konnte Medikamente ausprobieren, die zuerst nicht geholfen haben, weshalb ich ein paar verschiedene Präparate versucht habe. Es ist einfach was, mit dem ich tagtäglich lebe.»

«Also verstärke ich deine Angststörung», sagte sie. «Aber das ist nichts Schlechtes? Was ist aus dem Plan geworden, auf dein Bauchgefühl zu hören?»

Ich schnaubte. «Tja, meinem Bauchgefühl darf man nicht vertrauen. Das ist viel zu paranoid.»

Stille breitete sich zwischen uns aus.

«Was mich angeht, kannst du ihm vertrauen, Salem», sagte sie schließlich sanft.

«Das tue ich», kam es mir eilig über die Lippen.

Mein Bauchgefühl sagte mir nicht, dass ich mich von ihr fernhalten sollte. Sie zog mich an wie ein Magnet, und ich zitterte, wenn ich versuchte, dem zu widerstehen. Es war mein Herz, das mir riet, mich fernzuhalten, weil es so verletzlich war. Die Nervosität, die mich überrollte, wenn ich sie sah, die Art und Weise, wie sich mein Herz zusammenzog, wenn sie sprach – so hatte ich mich nicht gefühlt, wenn ich Colin angesehen hatte.

Und das machte mir Angst.

Während ich an meinem Tee nippte, sah ich mir das Foto auf dem Arbeitstisch genauer an. Es zeigte eine schöne Frau mit langem braunem Haar, die ihr Kind an sich drückte; sie hatten die Wangen aneinandergepresst und lächelten in die Kamera. Hinter ihnen sah man den Strand. Der steinige Sand und das Treibholz verrieten mir, dass das Bild an der zerklüfteten Küste von Blackwood aufgenommen worden war.

«Wer ist die Frau?», fragte ich.

«Melanie Balfour. Meine Mutter. Sie wurde vor zwanzig Jahren ermordet.»

Ich verschluckte mich an meinem Tee.

«Ist schon gut», sagte Rayne eilig und musterte mich besorgt. «Es ist lange her, und ich ... ich bin drüber hinweg.»

Wieder glaubte ich ihr nicht und war auch nicht überzeugt davon, dass sie selbst ihren Worten Glauben schenkte. Meine Neugierde wuchs, aber ich hakte nicht weiter nach.

«Meine Mom ist abends immer zum alten Leuchtturm spaziert, um den Sonnenuntergang anzusehen», fuhr Rayne nach einer Minute des Schweigens fort. «Sie ist auf die Aussichtsplattform geklettert, um den besten Blick zu haben. Und eines Tages ... am ersten November ... ist sie nicht zurückgekehrt.»

Sie erzählte davon, als wäre das hier eine Geschichtsstunde, als handelte es sich um eine lang zurückliegende Tragödie in der Vergangenheit. Aber ihr Blick glitt in die Ferne und trübte sich mit den Gefühlen, die sie nicht aussprach.

«Sie wurde an diesem Abend in der Nähe des Leuchtturms gefunden. Mit durchgeschnittener Kehle. Sie ist verblutet. Sie ist ... ein Stück weit gekrochen ... bevor sie gestorben ist. Hat versucht zu entkommen, nehme ich an, oder Hilfe zu holen. Ich war damals acht Jahre alt.» Sie räusperte sich. «Danach gab es nur noch Dad und mich. Er wollte nie Vater sein und hatte nicht den blassesten Schimmer, was er mit mir anfangen sollte. Sein Leben war der Kirche gewidmet, und als Mom fort war, hat er seine ganze Aufmerksamkeit allein auf seine Arbeit gerichtet. Er hat seine Predigten geschrieben, als wollte er sich an den Mörder selbst richten.»

«Wer hat sie umgebracht?», fragte ich und erschauderte, als sie wieder den Kopf schüttelte.

«Das wissen wir nicht. Wir werden es wahrscheinlich nie erfahren.»

Langsam und bedächtig legte ich meine Hand auf ihre und hoffte, sie würde ihre Finger nicht wegziehen.

Was sie nicht tat.

«Dad fand, dass Blackridge bestraft werden müsste», sagte sie. «In seinen Augen waren wir alle elende Sünder, und er hat uns gehasst. Uns alle. Er hat die Kanzel wie ein Richterpult genutzt und seine Bibel wie eine Waffe. Bei ihm aufzuwachsen, war einsam. Diese Insel ist sowieso ein abgeschiedener Ort, aber in diesem großen Haus war das noch schlimmer. Die Stille ist so laut.»

Sie holte tief Luft und richtete sich auf. Aber sie ließ zu, dass meine Hand weiterhin auf ihrer ruhte.

«Hass verändert einen Ort. Er wuchert wie ein eitriges Geschwür. All die Wut und der Schmerz verwandeln sich in einen Fluch. Es ist wie eine Narbe, die die Insel nicht heilen kann. Eine Wunde, die wir immer wieder aufreißen. Selbst jetzt, wo er nicht mehr lebt, ist sie noch da.»

Sie hielt inne und strich auffordernd über die hellere Stelle an meinem Finger, die von meinem fehlenden Verlobungsring zeugte. «Also, ich habe dir von meiner Tragödie erzählt. Jetzt bist du dran.»

Weil ich mit den Gedanken immer noch ganz bei dem war, was sie mir erzählt hatte, brauchte ich einen Moment, um zu antworten. «Er ist nicht gestorben. Er hat einfach nur unsere Verlobung einen Monat vor der Hochzeit aufgelöst. Wie sich herausgestellt hat, hatte er eine andere.»

«Scheiße.» Ungläubig schüttelte Rayne ihren Kopf. «Ich glaube, da wäre ein tragischer Unfall die bessere Option gewesen.»

Ich zuckte mit den Schultern, als wäre ich vollends darüber hinweg. «Ich kann mich nicht beklagen. Laut Plan sollte ich jetzt in Las Vegas sein und als frisch verheiratete Frau Party machen. Stattdessen bin ich hier.»

«Mit mir.» Sie sprach die Worte so leise, dass ich sie beinahe überhörte. «Du wirkst gar nicht wie der Typ Frau, die seine Hochzeit in Vegas feiern würde.»

«Siehst du mir nicht an, dass ich die totale Partymaus bin?», neckte ich, und sie warf mir einen zweifelnden Blick zu. «Du hast recht. Vegas war nicht meine Idee. Um genau zu sein, hat mich die Aussicht ziemlich nervös gemacht. Aber er wollte das.» Ich seufzte. «Ich habe zu viel Zeit damit verbracht, meine Aufmerksamkeit darauf auszurichten, was *er* wollte. Aber ich hatte Angst, dass er mich verlassen würde, wenn ich es nicht tue. Dass er jemand anderen finden würde. Wie sich herausgestellt hat, hat er das trotzdem getan.»

«Dann erzähl mir doch mal», begann sie, «wo würdest du gern heiraten?»

Ich hatte schon so oft darüber nachgedacht. Dennoch hätte ich ihr beinahe meine übliche Antwort gegeben: Wenn es die richtige Person ist, würde ich auch in einer gigantischen Pappschachtel heiraten. Der Ort und eine große Party waren nicht das, was meiner Meinung nach wirklich zählte.

Aber dennoch hatte ich einen Traum, einen Hochzeitstag, den ich mir ausmalte, selbst wenn er so wahrscheinlich nicht stattfinden würde. Ich war es so sehr gewohnt, die Dinge, die ich wollte, unter den Tisch fallen zu lassen, dass es mir Angst machte, darüber zu sprechen. Als wäre es schon zu anspruchsvoll von mir, lediglich zuzugeben, was ich mir wünschte.

«Ich wollte eine kleine Feier», flüsterte ich. «Nur mit unseren Familien und ein paar Freunden. In den Bergen, bei Sonnenuntergang. So habe ich mir das immer vorgestellt. Beim Schein von Laternen und Kerzen in der Dämmerung. Und ich möchte ein langes Kleid tragen, obwohl es über den Boden schleifen würde.»

Ich dachte an das Hochzeitskleid, das ich bestellt und dann

eilig wieder storniert hatte. Selbst dieses Kleid war nicht genau das gewesen, was ich gewollt hatte, sondern kurz und eng, um zum Vegas-Thema zu passen.

Rayne hielt noch immer meine Hand und streichelte sie mit den Fingern.

Ich wollte ihr dieselbe Frage stellen. Aber ich traute mich nicht.

«Wir sollten zusehen, dass du aus diesen nassen Sachen herauskommst», sagte sie schließlich, ohne aufzusehen.

Aber sie stand nicht auf und ich auch nicht. Ich wollte nicht, dass dieser Augenblick endete.

Unsere Blicke trafen sich, und ihre Finger schlossen sich fest um meine.

«Führe mich nicht in Versuchung», flüsterte sie, wobei sie die Worte herauspresste, als würden sie ihr körperliche Schmerzen bereiten.

«Das tue ich nicht.» Mein Herz hämmerte gegen meinen Brustkorb, als sie sich näher an mich heranbeugte.

«O doch, das tust du. Das tust du *ständig*, und du weißt es auch. Du ...» Sie ließ ihre Hand an mein Handgelenk gleiten und packte meinen Arm mit verzweifeltem Verlangen im Blick. «Du beobachtest mich ständig.»

«Als ob du das nicht auch tust.»

Sie schüttelte den Kopf und lachte leise – aber sie stritt es nicht ab. Ich wollte, dass sie ihren Griff noch einmal festigte, wollte wieder den Hunger aus ihren Worten heraushören.

Sie hatte mich an jedem verdammten Tag in Versuchung geführt, von dem Moment an, seit ich hier angekommen war. Mit der Art und Weise, wie ihr Blick auf mir verweilte, wenn sie mich ansah, mit der tiefen Tonlage, in der sie mit mir sprach. Ich war wie ein Jo-Jo in ihren Händen – obwohl sie mich wegstieß, kehrte ich immer wieder zu ihr zurück. Aber nur weil sie sich weigerte, mich loszulassen.

Nach der Sache mit Colin wehrte sich etwas in mir, mich auf jemanden einzulassen, der das nicht erwiderte, oder mein Herz an Menschen zu hängen, die mich nicht wollten. Aber ich spürte, dass sie mich wollte, spürte ihr Verlangen. Ich sah es in ihrem Blick und nahm es in ihrer Stimme wahr.

«Du verstehst das nicht», sagte sie. Ihre Worte drückten mich nieder, aber als wäre ich an einem Faden um ihren Finger gewickelt, zog sie mich sogleich zu sich zurück. «In meiner Gesellschaft bist du nicht sicher, Salem.»

«Ich laufe nicht vor Risiken weg.» Ich beugte mich zu ihr hin, so herausfordernd, wie mein Mut es zuließ. «Ich lerne, mit ihnen umzugehen.»

16

SALEM

Regret

Raynes Augen funkelten im gedämpften Licht des Gewächshauses gefährlich. «Ich weiß. Du liebst den Adrenalinrausch. Das Unbekannte. Die Angst.» Sie verengte den Blick, las mich wie ein offenes Buch. «Du bist besessen davon. Süchtig. So wie ...»

Sie zuckte zusammen und verstummte, aber ich musste die unausgesprochenen Worte hören. «So wie *was*?»

Sie atmete scharf ein. Ihre Finger wanderten meinen Arm hinauf bis an den feuchten Ärmel meines Shirts, dann zu meinem kalten, nassen Kragen. Ihre Antwort war nur ein Flüstern, und ihr Blick ruhte dabei auf meiner Kehle. «So wie ich süchtig nach dir bin.»

Diese ganze Insel war durchdrungen von einer unheimlichen Aura, die ich nicht verstand. Hier gab es Schatten, die Licht nicht auslöschen konnte.

Aber das Rätselhafteste an alledem war sie. Ihre versteckten Gefühle, ihre Ängste, ihr Verlangen.

«Ich bin nur noch ein paar Tage lang hier», sagte ich. Mein Körper vibrierte förmlich, als sie mit ihrer Hand über meine Wange streichelte, mir näher war als je zuvor. Nur noch ein paar Tage, und noch immer ergab so vieles keinen Sinn. «Ich möchte nicht von hier fortgehen und irgendwas bereuen.»

Ihre Finger schlossen sich um meinen Kiefer und packten

mein Gesicht so besitzergreifend, dass mir das Blut in die Wangen schoss. «Du wirst das mit mir bereuen. Alle tun das.»

Wie sie mich berührte, grob und dennoch andächtig, war perfekt. Ich schloss die Augen und schmiegte mich in ihre Hand. «Du irrst dich. Ich bereue das mit dir nicht. Ich bereue, dass ich nicht länger Zeit habe.»

Sie berührte den Verband um meinen Hals, und ihr Atem zitterte, als sie ausatmete. «Was ist dein Safeword?»

«Rot», platzte ich, ohne zu zögern, heraus.

Ein unfassbar verlockendes, hungriges Lächeln breitete sich auf ihrem Gesicht aus. «Verdammt, wie lange wartest du schon darauf, mir das zu verraten?»

«Zu lange.»

In ihrer Gegenwart wurde ich zum wilden Tier, reduziert auf meine Bedürfnisse und mein Verlangen. Ich zeichnete mit der Fingerspitze ihre Lippen nach. Voller Begierde, Staunen und Sorge.

Ihre Worte klangen rau, als wäre sie heiser. «Wenn ich zu viel von dir verlange, bring mich dazu aufzuhören. Du sollst deine Begegnung mit mir nicht bereuen, Salem. Bitte.»

Ich legte meinen Mund nah an ihr Ohr. «Ich will dich. Jeden gemeinen, gefährlichen, abgefuckten Teil von dir. Und zwar *jetzt.*»

Sie stand auf und trat ihren Hocker weg, der klappernd auf die Seite fiel. Dann hielt sie mich fest und vergrub ihre Finger in meinem kurzen Haar, während sie mich küsste. Sie packte mich im Nacken, und ich stöhnte in ihren Mund. Ihre Zunge glitt über meine – berührte mich, umschlang mich, kostete mich.

Ich stand auf, um ihr entgegenzukommen, und sie drückte mich zurück gegen den Arbeitstisch, wobei das glatte alte Holz knarrte.

Sie legte eine Hand an meine Kehle und grub ihre Finger seitlich in meinen Hals. Ich kicherte im Glücksrausch, als sie mir wieder mit ihrem Mund den Atem nahm. Gänsehaut breitete sich auf meinem Körper aus, lief als Schauer meinen Rücken entlang und brachte meine Kopfhaut zum Kribbeln. Rayne schmeckte nach Äpfeln und roch nach Wald – wie frischer Kiefernsaft, morsches Holz, Blut und Erde. Als wäre sie ein lebendig gewordener Teil der Insel, etwas Wildes, das sich drinnen aufhalten durfte, ein ungezähmtes Tier.

Sie könnte mich jagen und in Stücke reißen, und ich wäre dennoch willige Beute.

Sie war die perfekte Mischung aus Sex und Gewalt. Als sie mir auf die Lippe biss, führte ich gierig ihre Hand zwischen meine Beine. Ich rieb mich an ihrer Handfläche, und nicht einmal der Stoff meiner Shorts hielt mich davon ab, vor Lust aufzustöhnen.

«Ich liebe es, wie empfindlich du bist», sagte sie und platzierte federleichte Küsse auf meinem Hals.

Ich erzitterte, und mein ganzes Innerstes zog sich unter ihren erregenden Berührungen zusammen.

«Ich will dich hören, meine Hübsche. Zeig mir, was für schöne Töne du von dir geben kannst.»

«O Gott, bitte, Rayne.» Ihr Mund lag an meinem, und ich presste die Worte verzweifelt zwischen unseren Lippen hervor. «Hör nicht auf, bitte nicht ...»

Rayne schluckte mein Flehen hinunter und erkundete mit den Händen meinen Körper, während ihre Zunge meine in ein sündiges Spiel verstrickte. Sie schob mein Shirt hoch und zog es mir anschließend über den Kopf, knetete meine Brüste und drückte meine Nippel zwischen Daumen und Zeigefinger zusammen. Dann senkte sie ihren Kopf und umschloss erst eine Brustwarze spielerisch mit ihrer Zunge, danach die andere. Meine Augenlider schlossen sich flatternd wie von selbst, und mein Atem stockte, als sie ihren Mund um meinen Nippel schloss und daran saugte.

Sie quälte mich mit zärtlichen Bissen, die mich zum Wimmern brachten. Ihre Zunge schnellte vor und zurück und ließ meine Nervenenden Funken sprühen, als wären es Wunderkerzen, so lange, bis meine Beine zitterten. Sie verschlang mich geradezu, als wäre ich ein Festessen, während sie an meinen Shorts zerrte. Sie öffnete den Knopf und zog den Reißverschluss herunter.

Sie stöhnte. «Gott, du schmeckst so verdammt gut.» Sie ließ ihre Hand zwischen meine Beine gleiten und legte ihre Handfläche auf meine Vulva. «Ich weiß, dass diese feuchte Pussy sogar noch viel besser schmecken wird.»

Meine Shorts rutschten mir bis auf die Knöchel hinunter. Ich streifte Raynes Oberteil ab und löste den Verschluss ihres BHs. Für einen Moment verschlug es mir die Sprache, und ich konnte sie nur anstarren. Ihre Brüste waren weich und schwer und füllten meine Hände aus, als ich die Finger darum schloss. Ich fuhr an ihren Dehnungsstreifen entlang, fasziniert von dem vollkommenen Braun ihrer Warzenvorhöfe und dem rötlich dunklen Ton ihrer Nippel.

«Bitte, Rayne, darf ich ...» Flehentlich senkte ich den Kopf, wollte sie so unbedingt befriedigen. Aber ohne ihre Erlaubnis würde ich nicht darauf drängen. Ich wollte wissen, dass sie sich nach meiner Berührung sehnte.

«So ein braves Mädchen», murmelte sie und führte meinen Kopf nach unten, bis ich ihren Nippel mit meinem Mund zu fassen bekam.

Mit großen Augen sah ich zu ihr auf, während ich die geschwollene Knospe mit meiner Zunge umspielte. Ihre Lippen waren leicht geöffnet, und sie keuchte leise vor Lust, während sie ihre warme Handfläche durch den dünnen Stoff meiner Unterwäsche an mir rieb.

Ich ließ meine Hand in ihre Jogginghose gleiten und bemerkte, dass sie nichts darunter trug – mein Gott, sie *tropfte* förmlich. Sie sog scharf die Luft ein, als ich sie berührte, dann zerschmolz sie mit einem Stöhnen, das mich geradezu wild machte, unter meinen Händen.

Ich führte meine Finger an meinen Mund und leckte sie ab. Rayne sah mir dabei zu und wirkte, als würde sie gerade Zeugin davon werden, wie ein Engel vom Himmel herabstieg.

«Verdammt, du bist so sexy.» Sie packte mich, grub ihre Finger in meinen Hintern, hob mich hoch und setzte mich auf der Kante eines Pflanztischs ab.

Das Holz ächzte unter mir, und ich lehnte mich nach hinten gegen die Glaswand. Die gegensätzlichen Empfindungen von Hitze und Kühle, Schmerz und Lust prallten aufeinander.

Rayne spreizte meine Beine und drückte sich zwischen sie. Sie hakte einen Finger unter mein Höschen und zog es zur Seite. Dabei sah sie mich so intensiv an, dass ich spürte, wie ich schlagartig rot im Gesicht wurde.

«Sieh sich einer diese wunderschöne Pussy an», sagte sie. «Fuck, du bist umwerfend, Salem. Ich werde dieses hübsche kleine Loch zum Wimmern bringen.»

Sie kniete sich hin und schloss ihre Lippen um mich, bevor ich antworten konnte. Ihre Zunge belegte meine Vulva in schlängelnden Bewegungen mit einem sündigen Bann. Sie stieß sie in mich, und mir wurde gleichzeitig heiß und kalt.

Dann hob sie den Kopf gerade weit genug an, um zu befehlen: «Halte deine Beine hoch. Ich werde dich lecken, bis du schreist.»

Gierig drang ihre Zunge wieder in mich ein. Ich verdrehte die Augen, und meine Lider schlossen sich zitternd unter ihren streichelnden, leckenden, saugenden Bewegungen. Geradezu besitzergreifend grub sie ihre Finger in meine Oberschenkel und hielt mich fest.

«Mhh, so feucht nur für mich.»

Das Vibrieren ihrer Worte und ihr warmer Atem ließen mich erschaudern. Jedes Mal, wenn ich meine Beine ein Stück fallen ließ, hielt sie inne, quälte mich noch langsamer und entlockte mir so alle möglichen verzweifelten Geräusche.

«Behalte die Position bei, Salem. Sei ein braves Mädchen, tu es für mich. Sonst binde ich deine zwei hübschen Beine über deinem Kopf zusammen.»

Sie musste bemerkt haben, welche Erregung mich bei dieser Drohung durchfuhr, denn aus ihrer Kehle drang ein tiefes, leises Kichern. «Oh, das würde dir gefallen, was? Möchtest du, dass ich dich fessle?»

Ich bekam die Worte kaum heraus und hauchte nur: «J-ja, Herrin, bitte ...»

An der Decke über meinem Kopf waren Metallhaken befestigt. Von einigen hingen Topfpflanzen, von anderen aufgewickelte Seile. Sie griff nach einem dieser Seile und löste es, wandte aber währenddessen nicht einmal den Blick von mir ab.

«Wurdest du schon mal gefesselt?», fragte sie.

Ich schüttelte den Kopf. «Nur wenn man Plüschhandschellen mitzählt.»

Sie grinste und beugte sich über mich, wobei sie ihren Körper zwischen meine Beine drückte. «Danke, dass du mir vertraust und ich das tun darf», sagte sie. Ihre Worte klangen zärtlich, ihre Stimme sanft. «Gib mir deine Handgelenke. Wenn es wehtut, sag dein Safeword. Verstanden?»

«Ja, Herrin.»

Ihre Brüste waren mir jetzt so nah, sie hätte mich beinahe damit ersticken können. Ich öffnete den Mund und wimmerte, bis sie sich näher an mich heranbeugte und ich ihren Nippel wieder mit meinen Lippen zu fassen bekam.

Sie wickelte das Seil um meine Handgelenke, dann band sie das andere Ende an den Haken über meinem Kopf, sodass meine Arme nach oben ausgestreckt waren. Ich genoss das Gefühl der Hilflosigkeit, zerrte am Seil und stöhnte auf, als die derben Fasern in meine Haut schnitten.

«Das ist mein Mädchen», sagte sie. «Du machst mich so geil. Wie kannst du so unschuldig aussehen, aber mit deiner Zunge so verbotene Dinge anstellen?»

Sie richtete sich auf und trat einen Schritt zurück. Mit verschränkten Armen bewunderte sie mich. Es setzte mein Innerstes in Brand, so betrachtet zu werden. Ihr Blick glitt über jeden Zentimeter meines entblößten Körpers.

«Vielleicht sollte ich dich einfach so lassen», überlegte sie laut und fuhr mit ihren Fingern über die Innenseite meiner Oberschenkel, sodass ich erbebte. «Als mein persönliches kleines Spielzeug, gefesselt, damit ich dich benutzen kann, wann immer ich will.»

Sie zog ihre Jogginghose aus und warf sie beiseite. Wie sie über mich gebeugt dastand und mit ihren Händen sacht über meine Haut fuhr, sah sie aus wie eine Göttin. Dann griff sie neben mich und nahm eine kleine Gartenschere. Sie ließ die Klinge langsam auf- und zuschnappen. Das unheimliche Geräusch von Metall, das über Metall kratzt, sorgte dafür, dass sich ein Schauer über meinen Körper ausbreitete. Langsam fuhr sie mit der kalten metallenen Spitze meinen Arm entlang ... bis zwischen meine Brüste ... und hielt schließlich direkt unter meinem Bauchnabel inne.

«War das teuer?», fragte sie in sanftem Tonfall und streichelte mit der Schere über den Saum meines Höschens. Ich schüttelte den Kopf, aber sie fügte nachdrücklich hinzu: «Gib mir dein Wort. Darf ich das hier ruinieren, so wie ich auch dir den Rest geben werde?»

«Ja, Herrin.»

Mit zwei schnellen Schnitten entfernte sie mein Höschen. Dann hielt sie sich den Stoff unter die Nase und atmete tief ein, während sie mir aus halb geschlossenen Augen direkt in die Seele blickte.

«Ich werde nie vergessen, wie du schmeckst», sagte sie und warf das kaputte Kleidungsstück beiseite. «Wie du schmeckst ... wie du klingst ... fuck, ich wünschte, ich könnte dich hierbehalten.»

Sie drängte sich an mich, während sie mich heiß und schwer küsste. Meine gefesselten Arme zitterten, und sie richtete sich auf und führte mein Bein so, dass ich es auf ihrer Schulter ablegen konnte, während das andere schlaff von der Tischkante baumelte. Ich saß mit gespreizten Beinen und vollkommen hilflos vor ihr, was sie nutzte, um mit zwei Fingern über meine Klit zu reiben.

«Genau so, stöhn für mich. Du bist so weich, Salem. Du fühlst dich perfekt an.»

Sie sprach weiter, während sie mich quälte, bis ich zuckte, wimmerte und *flehte*. «Bitte, gib mir mehr, bitte ...»

«Gieriges Mädchen», flüsterte sie. «Gott, wie du zitterst.»

Der Tisch ächzte, als sie ein Bein daraufstellte, genau neben meine Hüfte. Mit meinen kurzen Beinen konnte ich das nicht, aber dank ihrer Größe und des neuen Winkels presste sie ihre triefend nasse Pussy gegen meine. Sie rieb sich rhythmisch an mir, und ihr Atem ging stoßweise. Ich gab einen erstickten Laut von mir. Ihre Hitze überwältigte mich beinahe, und die Empfindungen, die sie in mir auslöste, indem sie sich an mich drückte, ließen mich lustvoll die Augen verdrehen.

Zuerst bewegte sie sich langsam und sinnlich, und ihre Brüste hoben sich bei jedem tiefen Atemzug. Ihr Anblick war hypnotisierend und berauschend. Kondenswasser tropfte von dem Glas, gegen das ich gepresst wurde, und trotz der Kälte draußen hüllte uns Wärme ein.

«Nicht aufhören!», bettelte ich. Der empfindlichste Punkt tief in meinem Innersten pulsierte, und ich schrie ihren Namen.

«Sag meinen Namen noch mal», forderte sie atemlos. «Ich will dich hören.»

«Rayne, bitte!» Ich wusste nicht mehr, um was ich flehte, und es spielte auch keine Rolle. Sie zu spüren, so weich und feucht, während sie mich fickte, ließ sich nur auf eine Art beschreiben: So musste sich der Himmel anfühlen.

Sie legte den Kopf in den Nacken. Schweißperlen glänzten auf ihrem Brustkorb. «Ich werde an dieser perfekten Pussy kommen», sagte sie.

Dann drehte sie den Kopf und fuhr mit den Zähnen an meinem Oberschenkel entlang. Als ihr gesamter Körper sich anspannte und bebte, biss sie zu. Ihr Atem kam in schnellen, kurzen Stößen. Die nassen Geräusche unserer Haut, die sich aneinander bewegte, hatten etwas Animalisches an sich, auf eine tiefe, dunkle, ungezähmte Weise, die dafür sorgte, dass ich mich im tiefsten Grunde meiner Seele lebendig fühlte.

Ihre Augenlider schlossen sich zitternd, als sie kam. Sie stieß ein kehliges Stöhnen aus – ein Geräusch, das so heiß war, dass die Muskeln in meiner Vagina pochten und sich erwartungsvoll zusammenzogen. Ich war unerträglich empfindlich, meine Klit vor Erregung angeschwollen.

Rayne rieb sich immer weiter an mir ...

«Rayne – o mein Gott –, wenn du so weitermachst, komme ich ...»

Mein Innerstes zog sich zusammen, und die Spannung erfasste jeden Muskel. Wellen der Lust rissen mich mit, und ich stöhnte hemmungslos.

Es war unmöglich, ruhig zu bleiben. Ich löste mich auf, gefangen in einem Wirbelsturm aus Empfindungen und Verlangen. Meine Selbstbeherrschung war zerschlagen, meine Sicht verschwamm. Alles, was übrig blieb, war sie.

Sie sah mir dabei zu, wie ich mich auflöste, und sprach in meiner Ekstase mit mir. «Genau so, lass alles raus. Komm für mich. Fuck, das ist so gut, Salem. Sieh dich nur an.»

Das Glas war beschlagen, und wir waren in eine Hitzewolke gehüllt. Ineinander verschlungen und schweißnass. Rayne nahm mein Bein behutsam von ihrer Schulter und lehnte sich erschöpft gegen den Tisch, auf dem ich lag, sodass mir ihr Haar ins Gesicht fiel.

«Also ... bereust du es?», fragte sie mit ihrer tiefen, rauen Stimme, die mich immer so aufwühlte, dass ich vor Erregung am liebsten kreischen und um mich schlagen wollte.

«Ganz bestimmt nicht», sagte ich.

Sie beugte sich hinunter, presste ihre weichen Brüste auf meine und küsste mich. Ich konnte mich selbst auf ihren Lippen schmecken, was den Nachklang meines Orgasmus noch intensiver machte.

Sie hatte recht: Ich war ein gieriges Mädchen.

17

RAYNE

Awakening

Ich wollte Salem nicht in ihren feuchten Kleidern zurück zum Haus laufen lassen. Stattdessen wickelte ich sie fest in die Decke ein und trug sie durch den Garten und ins Haus.

Als ich den zweiten Stock erreicht hatte, fiel ihr Kopf schlaff gegen meinen Brustkorb. Ihre Augenlider zuckten nicht einmal wirklich, als ich sie ins Bett legte. Sie drehte sich auf die Seite und rollte sich zusammen, nachdem ich sie zugedeckt und ihr ein paar kurze Haarsträhnen aus der Stirn gestrichen hatte. Knutschflecke waren über ihren ganzen Hals verteilt, rotblaue Blutergüsse, die ich berührte, weil ich nicht widerstehen konnte. Ihre Lippen waren rot und ein wenig geschwollen, ihre Atmung ging tief und gleichmäßig.

Ihr Geschmack lag noch auf meiner Zunge, er klebte an meinen Fingern und war in meine Seele gebrannt.

So sollte das nicht sein.

Sie war ein Keks, den ich aus dem Glas gestohlen hatte, ein Stück Kuchen, das man sich um Mitternacht gönnte. Sie war Versuchung und Erlösung zugleich. Sie war alles, was ich mir selbst verboten hatte; alles, was ich nach Ansicht anderer nicht haben *durfte*.

Und es stimmte: Ich durfte sie nicht haben. Sie war nicht meinetwegen hier, egal, wie sehr ich mir das auch wünschte.

Die Momente mit ihr waren gestohlene Zeit, waren selbstsüchtiger Genuss. Sie würde gehen, und ich würde hierbleiben. Sie würde das Leben führen, das für sie bestimmt war, würde sich verlieben, im Beruf erfolgreich sein und vielleicht Kinder haben. Der Schmerz darüber, dass ihr Verlobter sie verlassen hatte, würde schwinden, und sie würde nach vorn blicken.

Aber ich?

Ich würde hier zurückbleiben und weiterhin an sie denken. Mich an den Traum klammern, in dem ich für ein paar kurze Tage verweilen durfte. Einen Traum von Normalität und Sicherheit.

Aber nichts hier war normal. Auf Blackridge gab es keine Sicherheit, und genauso wenig war es in meiner Nähe sicher.

Diese Insel war kein Ort für die Lebenden.

Sheriff Keatin hatte in den nächsten Tagen keine guten Neuigkeiten zu verkünden. Martin und George waren schon zuvor auf Blackridge gewesen und damit vertraut, hier zu jagen. Aber als ich in ihren Zimmern nachsah und feststellte, dass ihre Koffer noch dort standen, obwohl der Tag, an dem sie auschecken wollten, bereits verstrichen war, machte sich Angst in mir breit.

Vielleicht hatten sie die Zeit aus den Augen verloren. Vielleicht hatte eine Verletzung dafür gesorgt, dass sie irgendwo feststeckten. Oder sie waren einfach fortgegangen und hatten ihre persönlichen Sachen zurückgelassen. Ich versuchte, mich an Hoffnung zu klammern, doch das fiel mir immer schwerer.

Blackridge war keine besonders große Insel, aber sie war

mit dichtem Wald bewachsen. Die Suche nach den Vermissten gestaltete sich deshalb noch mühseliger, und die bevorstehenden Stürme erschwerten sie ebenfalls. Die Wettervorhersage kündigte Regen, Regen und nichts als Regen an, dazu kräftige Winde und eine hohe Wahrscheinlichkeit für Gewitter und Blitzschlag.

Weil ich mir Sorgen machte, war ich reizbar. Das Einzige, was ich sicher wusste – und diese Tatsache brach mir das Herz –, war, dass Salem bald fortgehen würde. Mir blieben nur noch ein paar wenige Tage, dann würde sie diese Insel für immer verlassen.

Dann wäre sie in Sicherheit, und ich könnte aufhören, in einem Traum zu leben.

«Halloooo, Erde an Rayne? Es ist verdammt unheimlich hier draußen, sing uns was vor oder so!»

Ich erschrak, als James' Stimme knisternd aus dem Funkgerät drang, und sprang auf. Es war Mittag, aber ich hatte in der Nacht nicht schlafen können und döste immer wieder weg. Ich unterdrückte ein Gähnen und schnappte mir eine Papierkarte der Insel aus dem Regal über meinem Schreibtisch. Ich breitete sie vor mir aus und suchte nach den roten Punkten, die anzeigten, wo die Wildkameras im Wald rund um Marihope aufgestellt worden waren.

«Wo seid ihr?», fragte ich und kaute auf meinem Stift herum.

Ich hatte per Funk Kontakt mit James und seinem Bruder Mark, die gerade die Kameras einschalteten. Normalerweise hätte der Sheriff den freiwilligen Rangern geholfen, aber jetzt, wo drei Menschen vermisst wurden, hatte er alle Hände voll zu tun.

«Ich bin auf dem Corrain Trail, direkt hinter der Weggabelung. Und ich friere mir hier die Eier ab.»

«Es sind immer noch vier Grad», sagte ich und fuhr mit einem Finger den Trail entlang. «Stell dich nicht so an.»

«Du hast gut reden. Du sitzt jetzt wahrscheinlich vor deinem Kamin und kuschelst dich an die hübsche Kleine, die bei dir wohnt.»

Ich räusperte mich laut. «Treib's nicht zu weit, James, sonst stelle ich das Funkgerät aus.»

«Okay, okay, mein Gott, sorry. Man kann die Gerüchte kaum überhören, das ist alles.»

«Tja, dann lerne eben, sie zu überhören. Oder sie zu ignorieren wie ein verdammter Erwachsener.»

«Verdammt, na gut. Da ist aber jemand empfindlich.»

James und ein paar andere Ranger hatten geholfen, die Wildkameras zu installieren, kurz nachdem wir auf der Insel endlich in den Genuss eines Handymasts gekommen waren. Der Empfang war zwar nicht überragend, aber die Kameras funktionierten gut genug, um uns Livebilder von unseren meistgenutzten Straßen und Trails mit nur ein wenig Verzögerung zur Verfügung zu stellen.

Jedes Jahr, wenn das Wetter kälter wurde und der Winter sich näherte, schalteten wir die Kameras ein und ließen sie bis zum Frühling laufen. Das brachte zwar nicht viel, aber es war besser als nichts, ein paar Informationen darüber zu haben, was hier draußen vor sich ging.

«Na schön, sie gehen ans Netz in drei ... zwei ... eins ...» Ein lautes Klicken war über den Lautsprecher zu hören, und James knurrte konzentriert. «Sind wir auf Sendung?»

«Wart mal kurz.» Ich schob meinen Stuhl eilig um die Ecke und schielte auf die sechs kleinen Bildschirme, die an der Wand montiert waren.

Die ersten beiden blinkten, dann erschien ein Schwarz-Weiß-Bild von James und Mark. Ihre Gesichter waren eingefroren, weil die Kamera wegen der langsamen Verbindung immer nur ein Bild auf einmal lud.

«Alles klar. Corrain 1 und 2 sind live.» Das Bild aktualisierte sich, und meine Cousins verschwanden aus meiner Sicht, weil sie ihre Wanderung fortsetzten. Mein Stuhl knarrte laut, als ich mich nach hinten lehnte, denn die alte Federpolsterung hatte längst ihren Dienst getan. «Wir müssen das verdammte Ding umbringen, James. Dieses Jahr klappt es. Wir müssen es tun.»

«Das hast du letztes Jahr auch gesagt.» Er wollte mir damit keinen Vorwurf machen. Sein Tonfall war sanft, aber er senkte vor Besorgnis die Stimme, als er fortfuhr. «Jedes Jahr verlangst du dir mehr ab, Rayne. Du bringst dich so nur in Gefahr.»

«*Zu leben* bedeutet, mich in Gefahr zu bringen», fauchte ich. «Und selbst das schaffe ich kaum. Keiner von uns schafft das wirklich.» Ich rieb mir über die Stirn, weil ich bereits spürte, dass Kopfschmerzen im Verzug waren. «Ich verliere noch den Verstand, wenn ich länger in diesem Haus bleiben muss.»

Es rauschte in der Leitung, und seine Stimme war ein paar Sekunden lang unverständlich. «...schlimmer geworden? Ich dachte, im Haus hätte sich die Lage allmählich beruhigt.»

«Ja, es *war* auch ruhig.»

Bis *sie* aufgetaucht war. Salems Ankunft hatte irgendwie Staub aufgewirbelt, und seither wollte er sich nicht wieder legen.

«Ich sehe sie wieder. Höre sie.»

Die rote Frau. Meine flüsternde Verfolgerin, der Fluch, dem ich nicht entkommen konnte. Musik konnte die gespenstischen Worte übertönen, und den Ofen anzufeuern, verjagte die Kälte. Aber was ich auch tat, es verfolgte mich:

die schmerzerfüllte Anwesenheit, das Wehklagen, die Wut. An manchen Tagen war es ein leises Plätschern in der Ferne, an anderen drohte ich in den Fluten zu ertrinken.

«Hey, ähm, Rayne ...» Wieder rauschte es in der Leitung, und James war nicht mehr zu hören.

Ich seufzte verärgert und hantierte an der Antenne herum, bis ich seine Stimme wieder hörte. «Bitte sag das noch mal», rief ich. «Du warst kurz weg.»

Stille.

«James, bitte wiederholen.»

Ich wartete und wackelte ungeduldig mit dem Bein. Corrain Trail machte eine Biegung nach Süden, wo er an der Küste entlanglief, bevor er sich in zwei Richtungen gabelte: Einmal führte er als Straße weiter in Richtung Hafen, die andere Abzweigung führte östlich zurück nach Marihope. Die beiden würden in Kürze auf der nächsten Kamera zu sehen sein, die sich nur anderthalb Kilometer jenseits meiner eigenen Grundstücksgrenze befand.

«James, Mark, habt ihr verstanden?»

Ich wartete. Eine Minute verstrich, aber es fühlte sich unerträglich lang an.

«James, du sagst mir jetzt verdammt noch mal, ob du mich verstanden hast, sonst komme ich raus zu euch», sagte ich. Meine Stimme war nur noch ein schroffes Flüstern.

Vor Erleichterung ließ ich die Schultern sinken, als ich zur Antwort ein Rauschen aus dem Lautsprecher erhielt. Aber meine Erleichterung hielt nicht lange an, denn dann hörte ich, was er sagte: «Hier draußen ist was.»

Ein Schauer lief mir über den Rücken. Mein Herz klopfte mir bis zum Hals, und vor Adrenalin wurde mir schwindlig.

«Was siehst du?» Meine Finger schmerzten, so fest umklammerte ich das Funkgerät. «Siehst du es?»

«Nein, ich – nein, aber hier ist – igitt, o Gott!» Darauf folgte heftiges Husten und dann Würgen. «Hier ist was Totes. Scheiße, Rayne, das ist vielleicht ’ne Sauerei – das ist ...»

Wieder unterbrach ihn Rauschen. Mein Magen verkrampfte sich, und meine Ohren dröhnten. «James, hör mir zu: Schaltet einfach die Kamera ein und geht. Du und Mark, ihr müsst da weg.»

«Okay. Okay, keine Panik, es ist – fuck, wie das stinkt. Es ist ein Bär, ein großer. Gott, das ist einfach – überall. Teile davon sind *überall.*»

«James, ich schwöre bei Gott ...» Verzweifelt raufte ich mir die Haare und starrte auf die Bildschirme, während ich wartete.

Das Bild der dritten Kamera erwachte mit einem Blinken zum Leben, und mein gesamter Körper erschauderte vor Ekel.

Das Schwarz-Weiß-Bild zeigte einen großen Schwarzbären, der an einem Baum zusammengesackt war. Es war unscharf, aber ich konnte sehen, dass der Kopf unförmig war, die Gliedmaßen fehlten, und spitze Enden gebrochener Rippen ragten aus seinem Brustkorb, als wäre er aufgerissen worden.

James und Mark standen darübergebeugt und hatten ihre Hemden hochgezogen, um ihre Gesichter vor dem Gestank zu schützen. Ein Schwarm Fliegen stob in die Luft, als Mark mit seinem Fuß leicht gegen den Kadaver stieß.

Als das Funkgerät wieder knisterte, wäre ich beinahe von meinem Stuhl aufgesprungen.

«Vielleicht hat ein anderer Bär diesen hier umgebracht», sagte James mit grimmiger Stimme. «Zu dieser Jahreszeit sind sie aggressiv.»

Aber wir konnten alle sehen, wie das Tier gestorben war. Es war in Stücke gerissen worden. Zerschlagen und zerrissen; die Gliedmaßen und das Fleisch waren herumgeschleudert worden, als hätte das Wesen, das den Bären getötet hatte, was auch immer es war, das Töten *genossen.*

«Kommt einfach nach Hause», sagte ich. «Bitte kommt verdammt noch mal einfach nach Hause.»

Ich ließ den Kopf in die Hände sinken. Ich wollte an seine Theorie, dass das einfach das Ergebnis eines Konflikts zwischen zwei großen Raubtieren in der Natur war, glauben, aber ich spürte es in meinen Knochen: Der lange, blutige Winter war hier. Der Zorn des Engels von Blackridge würde über uns kommen. Egal, ob ich es vorhersah und wie intensiv ich mich darauf vorbereitete, ich fühlte mich doch nie wirklich bereit.

Plötzlich in Panik versetzt, sprang ich auf und warf dabei beinahe meinen Stuhl um. Ich hatte keine Ahnung, wo Salem war, ob sie heute im Haus geblieben oder mit dem Mountainbike rausgefahren war ...

Ich musste wissen, dass sie in Sicherheit war. Musste sie im Haus wissen, bevor die Dunkelheit hereinbrach. Falls sie draußen mit dem Rad unterwegs war, hätte ich keinen Schimmer, wo ich zuerst nach ihr suchen sollte, aber ich würde es dennoch versuchen. Loki würde sie finden, selbst wenn das hieß, dass ich die ganze Nacht suchen müsste.

Als ich endlich den zweiten Stock erreichte, war ich völlig außer Atem und so panisch, dass mein gesamter Körper prickelte. Ich schlug mit der Faust gegen ihre Tür, und Schmerz explodierte in meiner Hand. Ich war drauf und dran, meinen Generalschlüssel hervorzuziehen und die Tür damit zu öffnen, da ...

Salem öffnete die Tür mit zerzaustem Haar und einem schläfrigen, besorgten Ausdruck im Gesicht. «Oh! Rayne, alles in Ordnung? Du siehst ...»

«Feuerholz», sagte ich eilig, und sie runzelte die Stirn. «Ich bin vorbeigekommen, um nachzusehen, ob du mehr Feuerholz brauchst.»

Es ging ihr gut. Sie war drinnen, in Sicherheit und beschützt. Die überwältigenden Gefühle, die es in mir auslöste, sie einfach nur hier stehen zu sehen, machten es mir einen Augenblick lang unmöglich, etwas zu sagen.

Ich wollte sie umarmen und sie küssen. Ich wollte sie ins Bett bringen und ihr schwören, dass ich sie beschützen würde, dass nichts und niemand ihr etwas antun würde.

Stattdessen drückte ich mich an ihr vorbei, ohne darauf zu warten, dass sie mich hereinbat, und eilte direkt zum Kamin. Es glühten noch ein paar Kohlen darin, die das Zimmer heizten, und sie hatte jede Menge Holz. Aber ich musste meine Hände beschäftigen, musste *irgendetwas* tun.

Sie kam zu mir herüber, ihre nackten Füße tapsten leise über den Boden, dann blieb sie neben mir stehen. Sie zog ihre Kopfhörer von den Ohren und ließ sie in ihren Nacken gleiten, sodass ich Amy Winehouse aus den Lautsprechern singen hören konnte.

«Ich habe noch jede Menge», sagte sie. «Danke, aber du musst wirklich nicht ...»

«Du wirst hier oben noch erfrieren», grummelte ich und schnipste mein Feuerzeug an, um das Holz zu entzünden.

Eine leise, unvernünftige Stimme in meinem Kopf wollte ihr alles erzählen, um sie zu warnen und um ihr klarzumachen, warum es so wichtig war, dass sie ging. Aber sie hatte es nicht verdient, in die Gefahr, der wir uns gegenübersahen, mit reingezogen zu werden.

Je weniger sie wusste, desto besser für sie.

Nur noch ein paar Tage, dann war sie fort. Es tat weh – Gott, es tat viel mehr weh, als ich mir hätte vorstellen können. Wenn ich daran dachte, dass ich sie nie wiedersehen würde, ihre Stimme nie wieder hören würde, sie nie wieder berühren würde ...

Ich stand auf.

«Möchtest du hierbleiben?», fragte sie leise.

Sie sah so unsicher aus, wie sie die Hände ineinander verschränkt hatte und sich auf die Unterlippe biss. Wollte ich bleiben?

Ja, mehr als irgendetwas sonst.

Ich wollte mich auf ihr Bett fallen lassen und ihr stundenlang beim Reden zuhören. Ich wollte erfahren, woher sie ihre Inspiration nahm, und mit ihr über ihre Träume sprechen. Ich wollte sie um alles in der Welt kennenlernen, so wie sie sonst niemand kannte. Ich wollte alles, was sie war, in mich aufsaugen, sie erforschen und verwahren wie einen kostbaren Schatz.

Mit jedem Jahr, das verging, ließ diese Insel ein kleines Stückchen mehr von meiner Seele verrotten. Aber Salem brachte mich dazu, wieder aufblühen zu wollen. Sie weckte in mir den Glauben, dass es vielleicht mehr für mich geben könnte.

Aber ...

«Ich kann nicht», sagte ich.

Die Enttäuschung stand ihr ins Gesicht geschrieben, doch sie versuchte, sie mit einem nachsichtigen Lächeln zu überspielen. «O-oh, ähm, klar, sorry ...»

«Aber wir sehen uns morgen», sagte ich eilig. «Auf dem Halloweenfest. Ich ...» Ich lächelte, und trotz allem meinte ich es aufrichtig. Ich musste das Lächeln nicht einmal erzwingen. «Ich freue mich drauf hinzugehen. Mit dir.»

Ihr Gesicht hellte sich auf, wie eine Kerze, die die Dunkelheit erleuchtet. Ich nahm ihre Hand, die sich warm anfühlte und halb in den langen Ärmeln ihres Sweaters verborgen war, und küsste ihre Finger. Dabei atmete ich den zarten Duft ihrer Haut ein.

Ich stellte mir vor, sie eng an mich zu drücken, bis die Albträume aus meinem Kopf verschwunden waren, und ihr all die Geheimnisse zu erzählen, die mich vor Angst erstarren ließen. Das würde sich so erleichternd anfühlen, wie eine Last abzulegen, die ich schon so verdammt lange mit mir herumtrug.

Aber das konnte ich nicht.

«Träum schön, Salem.»

«Du auch.» Sie stand im Türrahmen und sah mir nach, als ich ging.

Ich würde schöne Träume haben, solange sie darin vorkam.

18

SALEM

Bonfires and Ghost Stories

Ich liebte Halloween. Seit meiner Kindheit war das mein liebster Feiertag, weil meine Mom und ich dann immer kunstvolle Kostüme bastelten, die ich voller Stolz zur Schule trug, wobei ich üblicherweise den ganzen Tag überall Spuren von Lametta, Glitzer und Filz hinterließ. Zum Glück hatte ich die Begabung meiner Mutter für Handarbeit geerbt. Das Kostüm, das ich mit nach Blackridge genommen hatte, war schlicht, aber ich fand es niedlich.

«Als was gehst du?», fragte Rayne mit Blick auf meinen komplett pinken Aufzug, bevor ich das Haus verließ.

«Als Axolotl!», rief ich begeistert aus. «Siehst du?» Ich deutete auf meinen pinken Anglerhut, den ich mit glitzernden Rüschen und zwei großen Wackelaugen verziert hatte. «Du weißt schon, die kleinen pinken Amphibien?»

«Also bist du ... ein Molch?», fragte sie langsam und schüttelte dann den Kopf, als ich enthusiastisch nickte. «Tja, du bist der hübscheste Molch, den ich je gesehen habe. Gut gemacht.»

Ihr unbeholfenes Lob sorgte dafür, dass ich errötete und meine Wangen dieselbe Farbe annahmen wie mein Kostüm. «Als was gehst du?»

«Als ich selbst.» Sie machte sich an ihrem Rucksack zu schaffen, ohne den ich sie noch nie das Haus verlassen sehen hatte. Sie packte immer so, als würde sie auswärts übernachten, nicht bloß für einen Ausflug in die ein paar Kilometer entfernte Stadt.

«Ach, komm schon, zieh einfach das Kostüm von letztem Jahr an!»

«Es gibt kein Kostüm von letztem Jahr. Ich habe mich noch nie verkleidet.»

«Noch nie?», fragte ich verblüfft. «Kein einziges Mal? Nicht mal, als du klein warst?»

Sie schüttelte den Kopf. «Dad hatte was dagegen. Wir haben Glück, dass das Fest überhaupt stattfindet. Manche Leute haben *immer noch* was dagegen.»

Ich war zutiefst erschüttert, aber ich würde auf keinen Fall zulassen, dass Rayne den ganzen Halloween-Spaß auch in diesem Jahr verpasste. «Was, wenn ich dir beim Verkleiden helfe?» Sie hob skeptisch eine Augenbraue. «Das dauert gar nicht lang! Ich brauche nur ein paar Haarnadeln, einen Filzstift und mein Make-up-Täschchen – bleib genau hier und warte!»

Als ich zurückkam, saß sie auf einem Stuhl im Foyer. Sie hatte die Hände im Schoß gefaltet, und ihr Gesichtsausdruck war so feierlich, dass man hätte meinen können, sie warte auf einen Arzt. Als sie das Make-up-Täschchen entdeckte, das ich dabeihatte, weiteten sich ihre Augen ein wenig.

«Ich halte es ganz schlicht», versprach ich, um sie zu beruhigen. «Wir brauchen nur ein bisschen Eyeliner auf deiner Nasenspitze ... und auf deinen Wangen ...»

«Schminkst du mich als schwarze Katze?», fragte sie, als ich mich mit dem Eyeliner-Stift nah an sie heranbeugte.

«Klar! Das ist das Last-minute-Kostüm für Leute, die nicht wissen, als was sie sich verkleiden sollen, seit, na ja, der Erfindung von Halloween. Und es passt zu deinem Charakter.»

«Bitte ... was?»

«E-egal, halt einfach still.» Konzentriert biss ich mir auf die Lippe und versuchte, meine Hand ruhig zu halten, bevor ich den Stift auf ihrer Nase ansetzte. Ich legte meine linke Hand unter ihr Kinn und hielt ihr Gesicht fest, als ich vorsichtig die Spitze anmalte, damit es wie eine Katzennase aussah.

Sie hielt vollkommen still, und als ich mich aufrichtete, um mein Werk zu begutachten, fragte sie: «Ich sehe lächerlich aus, stimmt's?»

«Du siehst wunderschön aus.»

Sie blinzelte eilig, offensichtlich überrascht. Sogar mich selbst hatte ich damit überrascht. Nervös beugte ich mich wieder hinunter, um ihre Schnurrhaare zu malen. Aber in diesem Winkel war das nicht so leicht, denn meine Beine stießen gegen ihren Stuhl. Ich legte ein Knie auf der Sitzfläche ab, um das Gleichgewicht zu halten, direkt neben ihrem Oberschenkel. Ihre Hand legte sich um meine Taille. Ehe ich mich's versah, hatte sie mich zu sich gezogen, und ich saß auf ihrem Schoß. Unsere Brüste berührten sich.

Sie ließ ihre Hand auf meinem unteren Rücken ruhen und schloss die Augen. «Du machst das gut. Mach weiter.»

Wie konnte es sein, dass sie so ruhig war? Ich zitterte so sehr, dass mir noch der Eyeliner aus der Hand fallen würde. Ich spannte meinen gesamten Körper an, um mich zu beruhigen, dann malte ich ihre Schnurrhaare, als wären es die letzten Pinselstriche eines Meisterwerks. Ihr Adamsapfel trat hervor, weil sie schluckte, und als ich meine Hand zärtlich in ihren Nacken legte, konnte ich ihren Puls darunter spüren.

«Fertig», sagte ich leise. Sie öffnete die Augen, ohne ihre Hand von meinem Rücken wegzunehmen, und zog die Nase ein paarmal kraus, wie um sich an das Make-up darauf zu gewöhnen. «Willst du mal sehen?»

«Ist schon okay.» Sie lächelte. «Du hast mir ja bereits gesagt, wie ich aussehe.»

Das Krachen und Knistern des Feuerwerks erfüllte die Luft, orangefarbene und rote Funken glitzerten am bewölkten Himmel. Die Straßen Marihopes rochen nach Zimt, Muskatnuss und Nelken, so als hätte jemand die ganze Stadt mit Pumpkin-Spice-Gewürz bestreut.

Die Straßen waren voller Menschen, ich hatte die Insel seit meiner Ankunft nicht so belebt gesehen. An beinahe jeder Haustür standen geschnitzte Kürbisse, genau wie am Straßenrand, und erleuchteten unseren Weg mit flackerndem Kerzenlicht. Zwischen den Laternenmasten waren rote und orangefarbene Wimpel aufgespannt, die im kühlen Wind flatterten. Gruselige Krähen, gefertigt aus Sackleinen und mit Knopfaugen, bewachten den Weg, und von den Bäumen baumelten aus schwarzem Pappkarton ausgeschnittene Fledermäuse.

Es rannten keine verkleideten Kinder herum. Um genau zu sein, sah ich überhaupt keine Kinder, bis wir uns der Kirche näherten. Im Stadtzentrum waren Zeltstände aufgebaut worden, an denen man Backwaren, Gemüse und eingemachte Früchte kaufen konnte. Es gab ein paar kleine Karussells und ein Miniaturriesenrad, in dem Kinder in bunten Körben saßen, die hin- und herschaukelten, während das Fahrgeschäft sich quietschend in Bewegung setzte wie ein rostiges Zahnrad.

Ein Grüppchen Kinder im Grundschulalter hatte sich um

einen besonders gut besuchten Stand versammelt und verteilte kichernd Marshmallows und Schokostreusel auf mit Karamellglasur überzogenen Äpfeln.

«Rayne! Hi!» Eine kleine Hand streckte sich in der Menge nach oben, und plötzlich kam Rebecca mit einem breiten Grinsen im Gesicht zu uns herübergelaufen.

Rachel rannte ihr hinterher und hatte Mühe mitzuhalten, weil sie einen Korb voller Süßigkeiten in der Hand hielt, der beim Laufen vor- und zurückschwang. «Du musst raten, was ich bin!», rief Rachel und flatterte mit den Armen. «Rate mal!»

«Ein Fischadler natürlich», sagte Rayne. «Dafür braucht man nur die Flügel anschauen!»

«Richtig!» Rebecca stampfte kräftig mit dem Fuß auf. «Amanda hat gesagt, ich sehe aus wie ein Huhn. Ich bin aber *kein* Huhn.»

«Rayne ist eine Katze!» Rachel kicherte und zeigte mit ihrer kleinen Hand auf die Schnurrhaare in Raynes Gesicht, wobei sie breit grinste, sodass ihre Zahnlücken sichtbar wurden. Sie war als Schaf verkleidet mit einem weißen Plüschmantel, passender Hose und Schlappohren aus Filz.

In Rebeccas Augen flackerte Begeisterung auf. «Dein Kostüm ist toll!», rief sie und hüpfte dabei aufgeregt auf und ab, sodass ihre Federn flatterten. Dann sah sie mich an und fügte schüchtern hinzu: «Deins gefällt mir auch.»

«Salem hat mir dabei geholfen», sagte Rayne und rückte die kleinen Pappöhrchen zurecht, die ich ihr gebastelt hatte. Ich hatte sie aus einem alten Karton ausgeschnitten, sie mit schwarzem Filzstift angemalt und sie auf Haarnadeln geklebt, die ich ihr ins Haar geschoben hatte. «Findet ihr, dass ich eine gute schwarze Katze abgebe?»

«Ja!», riefen die Mädchen gleichzeitig aus. Voller Bewunderung sahen sie Rayne an.

Die kleine Rachel streckte eine Hand nach Raynes aus. «Komm mit uns zum Stand mit den glasierten Äpfeln», forderte sie und zog Rayne zu der Kinderschar.

Rayne ging in die Hocke, sodass sie mit ihr auf Augenhöhe war. «Vielleicht später, okay?», sagte sie freundlich. «Ich möchte ein bisschen Zeit mit Salem verbringen.»

Rebecca sah zwischen uns hin und her, dann verzog sich ihr Mund zu einem stummen O, als sie verstand. Sie kicherte, beugte sich zu ihrer Schwester hinunter und flüsterte ihr viel zu laut ins Ohr: «Erinnerst du dich an das, was Daddy gesagt hat? Die beiden *gehen* miteinander und haben ein Date!»

Mit diesen Worten zog Rebecca ihre Schwester zurück zu den anderen Kindern.

Mein Herz raste. Ein Date? Die Leute sprachen davon, dass wir miteinander ... *gingen*?

Raynes Wangen waren errötet, und sie verschränkte mit einem verärgerten Seufzen die Arme.

«Einer der Nachteile daran, in einer kleinen Stadt zu leben, stimmt's?», neckte ich sie und hoffte, mit meinem Witz meine Unsicherheit zu vertreiben. «Alle tratschen.»

Zu meiner Überraschung lächelte sie, obwohl sie rot geworden war. «Wenigstens trage ich zu ihrer Belustigung bei.» Sie sah mich an, und die Flammen des Feuers spiegelten sich in ihren Augen. «Und wenigstens ist es ausnahmsweise mal kein negatives Gerücht.»

Rayne und ich stellten uns in der Nähe an einem Stand an, an dem ein älteres Ehepaar Kakao, warmen Apfelwein mit Gewürzen und Grog ausschenkte. Rayne kannte jeden mit Namen, unterhielt sich erst mit der Frau vor uns und begrüßte dann das Ehepaar, bei dem wir unsere Bestellung aufgaben. Die Menschen, mit denen sie sich unterhielt, warfen mir skeptische Seitenblicke zu und musterten mich intensiv, aber Rayne beantwortete ihre offensichtlichen, unausgesprochenen Fragen nicht.

Während wir mit unseren warmen Getränken davongingen, legte Rayne plötzlich einen Arm um meine Schultern. «Die Leute sind es nicht gewohnt, so spät im Jahr Besucher hier zu sehen», sagte sie. «Kümmere dich nicht um sie. Menschen sind einfach neugierig.»

Ich rechnete damit, dass sie ihren Arm wieder wegziehen würde. Aber das tat sie nicht.

Ich versuchte, nicht daran zu denken, dass ich morgen abreisen musste. Ich hatte noch nicht einmal meine Tasche gepackt, also würde ich morgen früh wahrscheinlich in Panik geraten. Aber ich wollte einfach nur meinen letzten Abend hier genießen, zusammen mit dieser Frau, die ich wahrscheinlich nie wiedersehen würde.

Während ich so mit ihr spazieren ging und wir uns durch die Menge schlängelten, während wir an unseren Getränken nippten, hatte ich beinahe das Gefühl, dass es auch anders sein könnte.

Vielleicht wenn ...

«Alles in Ordnung?», fragte Rayne plötzlich. Mir war nicht einmal bewusst gewesen, dass ich meine wachsende Anspannung nach außen hin gezeigt hatte. «Warum hältst du die Luft an?»

«Tue ich nicht.» Ich atmete mehrmals schnell ein, um zu verbergen, dass ich allmählich von meiner Angst überwältigt wurde und mich wie versteinert fühlte. «Es geht mir gut. Mir ist nur ein bisschen kalt.»

Sie glaubte mir nicht. Das war an ihrer Miene so deutlich abzulesen, dass ich spürte, wie ich augenblicklich rot anlief. Schnell kippte ich meinen Drink hinunter, nur um mich vor ihrem Blick zu verstecken.

Aber bevor sie weiter nachbohren konnte, kam ein Mann vom anderen Ende des Platzes auf uns zu und hob zum Gruß die Hand. Er hatte einen hellbraunen dichten Bart, blasse Haut und gerötete Wangen.

«'n Abend, Sheriff», sagte Rayne und schüttelte seine Hand. «Wie ist der Abend bisher?»

Er verschränkte die Arme vor der Brust und ließ seinen Blick über die Menge wandern. Dann antwortete er, wobei er die Vokale leicht in die Länge zog. «War ruhig. Nur ein paar Kinder, die Flaschen zerschlagen haben. Ich glaube, wir kennen uns noch nicht.» Er streckte mir seine Hand entgegen. «Ich bin John. So spät im Jahr haben wir hier nicht oft Gäste.»

«Sie reist morgen ab», sagte Rayne.

Der Mann wirkte irgendwie erleichtert.

Zweifelsohne war es nur der Grog, der mich so mutig machte, aber fast hätte ich gefragt, warum jeder hier so erpicht darauf war, dass ich wieder abreiste.

Es war das erste Mal, dass ich einen Polizisten auf der Insel sah. Er trug keine Uniform, sondern Straßenkleidung. Auf der Jacke waren seine Marke, die Dienstnummer und sein Name, *John Keatin*, eingestickt. Er war allerdings nicht sehr gesprächig und behielt die Menge im Blick, als erwartete er, etwas Verdächtiges zu entdecken.

«Ich hoffe, Sie haben einen schönen Abend», sagte er und nickte mir zu, bevor er sich an Rayne wandte. Erst jetzt schien er zu bemerken, dass sie verkleidet war. Er starrte sie einen Moment lang schweigend an, dann murmelte er: «Eine schwarze Katze, was?»

Rayne verschränkte die Arme vor der Brust, was perfekt zu ihrem Kostüm passte. «Ja.»

Er gab ein Geräusch von sich, das man vielleicht als Lachen hätte interpretieren können, sah dabei aber nicht sehr amüsiert aus. «Hätten Sie einen Augenblick Zeit für ein Gespräch unter vier Augen, Miss Balfour?»

Rayne umklammerte meinen Arm und beugte sich nah an mich heran. «Geh nicht zu weit weg. Ich bin gleich wieder da.»

Sie und der Sheriff mischten sich in die Menge und entfernten sich dabei so weit von mir, dass sie außer Hörweite waren.

Skeptisch zog ich die Brauen zusammen. Ich konnte das Gefühl, dass hier Gefahr lauerte, welcher Art auch immer, nicht abschütteln. Die gemütliche, friedliche Atmosphäre war, wenn sie überhaupt je zu spüren war, immer nur eine sehr zerbrechliche Fassade. Jemand oder ... etwas ... hatte Raynes Mutter umgebracht. Und ich hatte immer noch keine Neuigkeiten darüber gehört, ob Martin und George gefunden worden waren.

Während ich so dastand und darauf wartete, dass Rayne zurückkehrte, bemerkte ich, dass auf dem Platz vor der Kirche ein großes Feuer brannte. Meine Nasenspitze war schon ganz erfroren, also schlenderte ich darauf zu, um mich zu wärmen. Der angenehme Geruch von Holzrauch umfing mich, und ich lächelte der Gruppe Teenager, die auf einer Bank in der Nähe saßen, unbeholfen zu. Sie lachten laut und tranken dazwischen offensichtlich Alkohol aus Flachmännern, die sie unter sich herumreichten.

Ich gab mir Mühe, Augenkontakt mit ihnen zu vermeiden, aber ich hörte aufmerksam zu.

«Und als man ihn gefunden hat, waren seine Augenhöhlen ... einfach leer!», schrie einer der Jungen triumphierend und hielt sich mit den Fingern die Augen auf, um möglichst unheimlich auszusehen.

Die Mädchen in der Gruppe kreischten und kicherten, die

Jungs grinsten. Der Junge verbeugte sich ein paarmal triumphierend, als er mit seiner Erzählung fertig war, und seine Freunde riefen nach mehr Gruselgeschichten.

«Welche soll ich als Nächstes erzählen? Kommt schon, ich kenne eine Million davon, gebt mir ein gutes Thema. Irgendwas Unheimliches.»

Als er sich umsah, kreuzten sich unsere Blicke.

«Erzähl die Geschichte von dem Engel», sagte ich, warum, wusste ich nicht.

Sofort verstummte die ganze Gruppe. Ihr Lächeln erstarrte, und sie sahen einander verwirrt an. Zwei der Mädchen flüsterten sich etwas zu und beäugten mich misstrauisch.

Ich bereute es, überhaupt meinen Mund aufgemacht zu haben.

Doch der Junge nickte langsam. «In Ordnung. Okay. Du willst was über den Engel von Blackridge erfahren?»

Einer seiner Freunde stieß ihm kräftig den Ellenbogen in die Seite. «Hey, Michael, wir dürfen darüber nicht ...»

«Es ist Halloween, Mann! Und es ist nur eine Gruselgeschichte, sei kein Weichei.»

Michael räusperte sich und stand auf, wobei er die Kapuze seiner Jacke hochzog, sodass sein Gesicht im Schatten lag. Als er zu sprechen begann, senkte er seine Stimme zu einem feierlichen Bariton. «Das ist die Geschichte des Fluchs von Blackridge. Alles hat mit einem Pastor angefangen ...»

19

SALEM

A Call From the Grave

Dieser Pastor liebte den Herrn und seine Frau gleichermaßen. Aber dann wurde seine Frau ermordet, und ihm blieb nur noch der Herr. Die Frau des Pastors war schön, aber als man sie fand, war ihre Kehle der Länge nach aufgeschlitzt.» Er machte eine groteske Geste und führte dabei den Daumen an seinem Hals entlang, als wolle er die Haut aufschneiden. «Sie ist verblutet. Sie hat so stark geblutet, dass ihr gesamter Körper darin getränkt und leuchtend rot gefärbt war. So fand er sie, so zugerichtet lag ihr Leichnam auf den Felsen unterhalb des Leuchtturms. Es heißt, man hat seine Schreie auf der ganzen Insel gehört. Er hat zu Gott gebetet und Gerechtigkeit verlangt. Hat gebetet und geklagt, geklagt und gebetet, bis sein Gesicht genauso aussah wie das seiner Frau – knochig und *tot*.» Michael stürzte sich fauchend auf eins der Mädchen und lachte, als sie kreischte und ihm gegen die Brust schlug. «Aber egal, wie viel er betete und welche Opfer er brachte, egal, wie stark sein Glaube war, ihm wurde keine Gerechtigkeit zuteil. Der Mörder seiner Frau wurde nie gefunden.»

Er hielt inne und umrundete das Feuer, um die gespannte Erwartung seines Publikums zu steigern.

So ungern ich es zugab, aber auch ich wartete gespannt darauf, dass er fortfuhr.

«Er errichtete ihr eine schöne Ruhestätte, genau hier, auf dem Friedhof hinter mir. Dafür gab er einen Engel aus Stein in Auftrag und stellte ihn über ihrem Grab auf, damit er sie immer bewachen würde. Niemand könnte ihr jemals wieder was antun. Und noch immer betete er. *Bitte, Gott, ich flehe dich an. Erhöre deinen treuen Diener. Strecke diese Sünder nieder, mein Herr, damit die Seele meiner Frau in Frieden ruhen kann. Richte sie, und lass ihnen ihre gerechte Strafe zukommen.*»

Ich warf einen wachsamen Blick über die Schulter, auf der Suche nach Rayne. Ich kannte diese Geschichte bereits. Sie hatte mir davon erzählt. Die Ermordung ihrer Mutter und die Trauer ihres Vaters. Mein Magen verkrampfte sich, als ich es auf diese Art und Weise noch einmal hörte, als Gruselgeschichte unter Teenagern und nicht als Familientragödie. Beinahe hätte ich dem Jungen gesagt, dass er aufhören solle, aber meine Neugier war größer. Ich wollte – nein, ich *musste* wissen, was jeder offenbar so unbedingt verheimlichen wollte. Ich konnte diesen Ort nicht verlassen und mich das mein Leben lang fragen.

Die Stimmung unter den Jugendlichen, die eben noch ausgelassen und zum Scherzen aufgelegt gewesen waren, wirkte jetzt, wo sie der Erzählung ihres Freundes lauschten, bedrückt. Der berauschende Effekt meines Grogs war verflogen, und ich wünschte, ich hätte mehr zu trinken, um zu überstehen, was als Nächstes kommen würde.

Mein Innerstes verkrampfte sich vor Unbehagen, als der Junge sich umdrehte und flackernde Schatten auf sein Gesicht fielen.

«Schließlich», sagte er, «erhörte Gott seine Gebete.»

«Ich denke, das reicht.»

Ich erschreckte mich beinahe zu Tode über die tiefe Stimme, die neben mir erklang. Als ich mich umdrehte, entdeckte ich dort einen dunkelhaarigen Mann mit einem akkurat gestutzten Bart. Er war ungefähr so alt wie meine Eltern, warf den Jugendlichen einen Blick zu, der mich an meinen Vater erinnerte. «Los mit euch, genießt das Fest. Macht unserem armen Gast keine Angst mit euren Märchen.»

«Ja, Mr Balfour.»

«Entschuldigen Sie, Sir.»

Die gemurmelten Entschuldigungen der Gruppe, die sich eilig entfernte, ließen mich verstehen, wer neben mir stand, noch bevor er die Hand ausstreckte und sich mir vorstellte.

«Gerard Balfour. Ich freue mich, dich endlich kennenzulernen. Du musst Salem sein.» Sein Lächeln war freundlich, und seine Hand fühlte sich warm an. Seine Augen hatten dieselbe Farbe wie Raynes, ein dunkles Waldgrün. «Ich nehme an, das ist dein letzter Abend auf der Insel? Ich hoffe, es hat dir hier gefallen.»

«O ja, es war sehr schön.» Es war auch seltsam, umwerfend heiß und verstörend unheimlich, aber das würde ich ihm nicht erzählen.

«Entschuldige die Kinder. Sie haben eine blühende Fantasie, vor allem, wenn sie Alkohol aus dem Vorrat ihrer Eltern geklaut haben.»

Er lachte leise, aber ich stimmte nicht mit ein. Die Geschichte hatte von seiner eigenen Schwägerin gehandelt, von der Ehefrau seines verstorbenen Bruders. War das schon so lange her, dass diese Tragödie und die Geschichten, die sie umgaben, ihn schlichtweg kaltließen?

«Bestimmt bist du nicht allein hier?»

«O nein, Rayne ist mit mir unterwegs. Sie unterhält sich nur gerade mit dem Sheriff.»

Er nickte langsam. Das freundliche Lächeln auf seinem Gesicht war jetzt erstarrt und wirkte erzwungen. «Ich wünsche dir morgen eine gute Reise nach Hause, Salem. Und pass heute Nacht gut auf dich auf. Ich bin sicher, Rayne hat es dir schon gesagt, aber entferne dich nicht zu weit von der Stadt.» Er lachte wieder, doch jetzt klang es nicht so unbekümmert wie beim ersten Mal. «Auf den alten Straßen und in den Wäldern wird es schrecklich dunkel. Man kann sich leicht verlaufen.»

Als er davonging, spürte ich Blicke auf mir. Fremde, die in der fernen Menge standen, sahen eilig weg, aber ich hatte das Gefühl, spüren zu können, wie ihre geflüsterten Worte auf meiner Haut prickelten. Plötzlich war ich mir meiner selbst allzu deutlich bewusst, also schlenderte ich auf die andere Seite des großen Feuers. Der Platz vor der Kirche hinter mir war jetzt, wo die Jugendlichen gegangen waren, leer, lediglich das Zirpen der Grillen war zu hören.

Bis auf ...

Ich runzelte die Stirn und blickte über die Schulter zum Friedhof.

Bildete ich mir das nur ein? Oder war es ein seltsames Echo?

Ich hätte schwören können, eine Art Wimmern zu hören, einen andauernden Schmerzenslaut, der dafür sorgte, dass sich mein vor Angst verkrampfter Magen noch weiter zusammenzog.

Ich wünschte mir wirklich, dass Rayne zurückkehrte.

«Bitte tu mir nicht weh.»

Eine Gänsehaut breitete sich über meinen gesamten Körper aus, und ich sah noch einmal zurück zum Friedhof. Die Bäume ächzten im Wind, und ihre trockenen Blätter raschelten.

Ich hatte eine Stimme gehört, daran bestand kein Zweifel.

«O mein Gott ... bitte ...»

Mein Herzschlag beschleunigte sich panisch. Die Stimme klang, als käme sie von weit weg, und irgendetwas daran war unheimlich, aber ich konnte nicht genau sagen, was. Die Intonation war eigenartig.

«Hallo?» Ich ging ein paar Schritte näher heran und versuchte, zwischen den Bäumen etwas zu erkennen. Ich stellte meine Tasse auf dem Boden ab, zog mein Handy aus meiner Tasche und schaltete die Taschenlampenfunktion ein. «Ist da jemand?»

Niemand sonst war mir nahe genug, um mich zu hören. Und die Bäume standen so dicht beieinander, dass ich nicht mehr sehen konnte als den Zaun des Friedhofs.

«Bitte helft mir ... ist da irgendjemand, bitte ...»

Die Stimme klang so leise, so schwach. Es war die Stimme einer verängstigten jungen Frau. Mein Hals schnürte sich vor Schreck zusammen. Unentschlossen blieb ich reglos stehen. Noch immer war Rayne nicht wieder aufgetaucht.

Ich legte die Hände an den Mund und rief in Richtung der Bäume: «Hallo? Brauchen Sie Hilfe?»

Die Grillen verstummten, aber die fröhlichen Melodien der Fahrgeschäfte hinter mir drangen noch zu mir durch. Die Stille dehnte sich aus, bis ich kurz davor war zu glauben, mir alles doch nur eingebildet zu haben.

Doch dann ...

«Hilf mir.»

Erschrocken wich ich ein paar Schritte zurück. Die Stimme war immer noch gedämpft, klang aber jetzt schroffer, schärfer. Schmerzerfüllt. Mit zitternden Händen hob ich das Handy mit der eingeschalteten Taschenlampe hoch und ging auf das Tor des Friedhofs zu, wobei ich den Lichtstrahl nach unten auf den Weg richtete.

Niemand war zu sehen.

«Komm schon, Salem», sagte ich und versuchte, mir selbst Mut zuzusprechen. «Du wirst doch nicht weglaufen, wenn jemand Hilfe braucht, oder?»

Nein, natürlich würde ich das nicht. Aber diese Tatsache änderte nichts daran, dass meine Hände zitterten, als ich den Weg entlangging.

Je weiter ich mich auf den Friedhof vorwagte, desto stiller wurde es um mich herum. Von dem Lärm des Fests war hier fast nichts mehr zu hören, und das, was ich noch vernahm, klang gedämpft und unheimlich: die Schreie von Kindern und das Gelächter der Betrunkenen.

Knorrige Wurzeln wuchsen auf dem Weg, der mit Pfützen übersät war. Brombeerranken durchzogen das dichte, hohe Gras, und ihre dornigen Zweige blieben an meinen Hosenbeinen hängen. Ich hielt mein Handy etwas höher, sodass der Lichtschein mich umgab.

Knacks.

Ich wirbelte nach links in die Richtung, aus der das Geräusch gekommen war. «Ist da jemand?»

Mein Mund war ganz trocken. Der Alkohol hatte mich mutig gemacht, aber die Kälte und die Dunkelheit vertrieben die letzte Wärme aus meinen Knochen. Ich konnte die Hand vor Augen nicht sehen. Warum sollte jemand hier draußen ohne Licht unterwegs sein? Hatte sich vielleicht ein kleines Kind verlaufen?

Noch ein Zweig knackste, und ich blieb schlagartig stehen. Blätter raschelten sacht und leise. Als würde etwas durch sie hindurchkriechen, sich nahezu lautlos, aber zielgerichtet bewegen.

«Ich kann dich hören!», schrie ich. Ich musste so tun, als hätte ich keine Angst. «Ich habe dich eben rufen gehört! Wo bist du?»

Die vollkommene Stille, die darauf folgte, sagte mir, dass derjenige da draußen, wer auch immer es war, nicht gefunden werden wollte.

Aber ich hatte das Gefühl, dass diese Person *mich* finden wollte.

Ein Schauer lief mir über den Rücken, und ich beschloss, dass ich weit genug auf den Friedhof gelaufen war. Ich wollte die letzten Stunden, die mir hier blieben, genießen, also drehte ich mich um, hob meinen Lichtstrahl ...

... und befand mich Angesicht zu Angesicht mit einem leuchtenden, schädelartigen *Etwas*.

Ich schrie.

Schrie so panisch, wie ich in meinem ganzen Leben noch nicht geschrien hatte. Ehrlich gesagt wusste ich nicht einmal, dass ich so schreien konnte.

Weil ich nur mein Handy in der Hand hatte, schleuderte ich es sofort auf meinen Angreifer. Danach wehrte ich mich mit Zweigen und Blättern, die ich von den Bäumen riss, und schrie erneut. Ich warf mit allem, was ich in die Finger bekam, um mich. Aber je mehr ich nach ihm warf, desto klarer wurde mir, dass das Gesicht des Monsters schief war und sein rotes Leuchten flackerte.

Es lachte und prustete.

«Beruhigen Sie sich!», schrie es und hielt eine blasse weiße Hand hoch.

Der Drang, einen Stein aufzuheben und als Nächstes zu werfen, war groß, aber ich hielt mich zurück, als der Jugendliche seine Maske herunterzog und dahinter ein mir fremdes Gesicht zum Vorschein kam.

«Mann, das war doch nur ein Witz – Scheiße!»

Er taumelte zurück, als etwas an seinem Gesicht vorbeisurrte und dann mit einem dumpfen Geräusch in dem Baum neben ihm stecken blieb. Ein großes Messer ragte aus dem Stamm hervor, und wir sahen uns beide augenblicklich nach der Person um, die es geworfen hatte.

Rayne stürmte auf uns zu – nein, auf *ihn*.

Er hob die Hände und brachte eilig und in wimmerndem Tonfall eine Entschuldigung hervor, da schob sie sich zwischen uns. Sie zerrte das Messer aus dem Baumstamm und schob es mit Wucht zurück in die Scheide.

Der Junge ließ sichtlich erleichtert die Schultern sinken, als die Klinge wieder verstaut war.

Aber auch ohne das Messer war Rayne furchterregend. «Hast du sie angefasst, verdammt noch mal?»

Angesichts ihres Tonfalls zuckte ich heftig zusammen.

«Nein! Nein, ich schwöre, ich habe ihr nur Angst eingejagt! Es war ein Scherz, nur ein Scherz, das schwöre ich. Es tut mir so leid, Rayne. Es tut mir leid, okay?»

Er sah sie an, als wäre sie drauf und dran, ihn lebendig zu häuten.

Langsam wanderte ihr Blick zurück zu mir. «Hat er dich angefasst?», fragte sie und deutete mit dem Kopf auf ihn.

«Nein», sagte ich eilig. «Er hat mir nur Angst eingejagt.»

Sie nickte und warf dem Jungen einen letzten angewiderten Blick zu. «Dann verpiss dich. Du weißt, dass du dich hier draußen nicht im Dunkeln rumtreiben darfst.»

«T-tut mir leid. Tut mir leid.» Er nuschelte die Worte hastig in meine Richtung, bevor er davonlief.

Rayne hob mein Handy vom Boden auf. Die Taschenlampe leuchtete noch immer wie ein Signalfeuer. «Hast du ihn damit geschlagen?», fragte sie, als sie es mir zurückgab.

«Ja. Hab's ihm in sein dummes Gesicht geschleudert.»

Sie versuchte so angestrengt, nicht zu lachen, dass sie kurz ihre Lippe zwischen die Zähne ziehen musste.

«Du hättest nicht herkommen sollen», sagte sie, als sie sich wieder gesammelt hatte. «Ich habe dir doch gesagt, dass du nicht so weit weglaufen sollst.»

Ich runzelte die Stirn und verschränkte die Arme. «Schimpfst du etwa gerade mit mir?»

Sie tat es mir gleich und verschränkte ebenfalls die Arme. «Ja. Das tue ich. Ich habe dir gesagt, dass du nicht weglaufen sollst, und du hast es *trotzdem* getan.»

«Tja, ich *dachte*, ich hätte jemanden schreien gehört! Und dann ist dieser Arsch wie aus dem Nichts aufgetaucht.» Ich seufzte. «Ich hoffe, er bekommt ein blaues Auge.» Erst jetzt fiel mir auf, dass Rayne gar keine Taschenlampe dabeihatte. Mein Handy war unsere einzige Lichtquelle und tauchte ihr Gesicht in Schatten. «Bist du im Dunkeln hier rausgelaufen?»

«Ich habe dich schreien gehört», antwortete sie, als wäre damit alles gesagt.

«Woher wusstest du, dass ich das war?»

Sie lachte leise und trocken. Als sie näher kam, spiegelte sich das Licht in ihren Augen. Ich versuchte, nach hinten zurückzuweichen, stieß dabei aber gegen den hohen Grabstein hinter mir. Sie stützte sich mit einer Hand darauf ab und sah mit einem Gesichtsausdruck, den ich nicht recht deuten konnte, auf mich herab.

«Ich würde deine Stimme überall wiedererkennen», sagte sie. «Ich habe dich dazu gebracht, meinen Namen zu schreien, weißt du nicht mehr? Solange du auf dieser Insel bist, unter meinem Dach, bin ich die Einzige, der es zusteht, *das* mit dir anzustellen. Verstanden?»

Sie war mir so nah, dass mir die Luft wegblieb, aber ich nickte eilig. «Verstanden.»

«Braves Mädchen.» Sie küsste mich auf die Stirn und

nahm meine Hand. «Gehen wir zurück zum Fest. Alle Menschen hier draußen sind tot, und wenn du sie schreien hörst, dann glaub mir: Es ist besser, sie in Frieden zu lassen.»

20

RAYNE

Washed Away

Wir blieben auf dem Fest, bis es um Mitternacht vorbei war. Flutlichtscheinwerfer beleuchteten den Weg zurück zum Quad, aber die blendenden Lichter richteten wenig gegen die erdrückende Dunkelheit aus. Ich lauschte auf irgendein Anzeichen für die Schreie, die Salem gehört hatte, konnte jedoch nur das Zirpen der Grillen hören, das die Nacht erfüllte. Ich hoffte inständig, dass es nur die Jugendlichen gewesen waren, die ihr einen Streich gespielt hatten, und nichts Schlimmeres.

Salem legte ihren Kopf auf meinem Rücken ab, während wir fuhren, und ich fragte mich, ob sie hören konnte, wie heftig mein Herz pochte, weil sie ihre Arme fest um meine Taille geschlungen hatte.

Ich war nicht entspannt, als wir so über die dunklen Straßen fuhren, aber ich verspürte eine sonderbare Ruhe. Vielleicht lag es nur am Alkohol in meiner Blutbahn, aber ich erlaubte mir ein Gedankenspiel. Das Gedankenspiel, dass ich heute Abend wirklich auf einem Date mit Salem gewesen war, dem ersten von vielen. Ich dachte darüber nach, ihr meine Lieblingscafés, meine liebsten Bars und Aussichtspunkte zu zeigen und die kleinen Glücksmomente meines Alltags mit ihr zu teilen. Ich stellte mir vor, wie ich zusammen mit ihr Ausflüge aufs Festland unternahm, in dem Wissen, dass ich die Nacht mit ihr und nicht mit einer Fremden verbringen würde.

Diese Gedankenspiele lagen fernab meiner Realität. Denn während ich das Quad steuerte, suchte ich noch immer die Umgebung mit Blicken ab, beobachtete jeden Schatten und lauschte auf seltsame Rufe. Und noch immer verspürte ich bei dem Gedanken daran, dass sie morgen früh abreisen würde, nichts als Erleichterung.

Salem blieb dicht neben mir, als wir zum Haus hinaufliefen. Sie redete viel, über Gott und die Welt, und ihre Worte waren so sprunghaft wie ihr unsteter Gang. Sie rempelte mich seitlich ein wenig an, ihr Arm streifte meinen, und ihre Finger berührten meine mit einer zufälligen Geste, die sich nach so viel mehr anfühlte.

War sie betrunken? Dabei hatte sie doch nur ein paar Drinks.

Aber sie lachte bereitwillig über all meine albernen Bemerkungen. Noch immer trug sie den pinken Hut mit den Wackelaugen. Ich versuchte, mir einzureden, dass ich lediglich den Hut anstarrte, weil es das kitschige Kostüm war, das mich ablenkte – und nicht der zarte Schimmer in ihren Augen oder die Röte auf ihren Wangen oder die Tatsache, wie atemlos sie war, als wir die Treppe in den zweiten Stock erklommen und uns noch immer unterhielten.

An der Tür hielt sie inne, gähnte und streckte sich, bevor sie den Knauf umdrehte. Ich wollte sie nicht anstarren, wirklich nicht. Aber die Art und Weise, wie sie die Nase krauszog, als sie gähnte, und der leise, zufriedene Seufzer, den sie ausstieß, als sie sich streckte, raubten mir den Atem. Als hätte meine Lunge vergessen, was ihr Job war.

«Gute Nacht», sagte sie und lächelte mich an.

Dieses Lächeln war zaghafter als das breite, staunende

Grinsen, das den ganzen Weg nach Hause auf ihren Lippen gelegen hatte. Ihr Mund öffnete sich ein wenig, als sie einatmete, so als wollte sie noch etwas sagen ...

«Gute Nacht, Salem.» Ich verschwand in mein Zimmer, bevor die Worte entschlüpfen konnten. Dann drückte ich meinen Rücken gegen die geschlossene Tür und verfluchte mich im Stillen, bis ich ein paar Sekunden später hörte, wie ihre Tür ins Schloss fiel.

Ich war ein Feigling.

Sie war nur eine Frau. Nur ein atemberaubender, intelligenter, optimistischer Sonnenstrahl in meinem dunklen Dasein.

«Scheiße.» Ich rieb mir das Gesicht, während ich Richtung Badezimmer trottete, und warf meine Katzenohren aus Pappe auf das Bett.

Sie waren ein bisschen feucht und von der Fahrt durch die neblige Nacht leicht verzogen. Ich hätte sie einfach wegwerfen können. Aber ich würde sie behalten. Die Vorstellung, sie im Müll zu entsorgen, machte mich absurderweise wütend.

Ich drehte den Hahn auf, und heißes, dampfendes Wasser füllte die Badewanne. Ich hielt mich am Rand des Waschbeckens fest und starrte mein müdes Spiegelbild an. Dabei erblickte ich die Katzenschnurrhaare und das schwarze Näschen, und ich konnte nicht anders, als zu lächeln. Die ganze Stadt hatte mich angestarrt, als wäre mir ein zweiter Kopf gewachsen, aber das war mir egal.

Mein Kostüm hatte Salem glücklich gemacht.

Ich schöpfte mir warmes Wasser ins Gesicht, doch das Make-up blieb. Auch mit meinen Händen darüberzureiben, sorgte nur dafür, dass es verschmierte. Ich griff nach dem Seifenstück, hielt dann aber inne.

Vielleicht kannte Salem einen Trick, um dieses Zeug abzukriegen ...

Und vielleicht suchte ich auch bloß nach einer Ausrede, um an ihre Tür zu klopfen.

Doch als ich auf den Flur trat, stand sie bereits dort. Wir stießen beinahe zusammen und taumelten mit verlegenem Lachen einen Schritt zurück. Dann bemerkte sie das Chaos in meinem Gesicht und kicherte, wobei sie sich die Hand vor den Mund hielt.

«Ich hätte dich vorwarnen sollen: Das ist wasserfest», sagte sie. Sie streckte mir eine Flasche Make-up-Entferner und ein Wattepad hin. «Das wird helfen.» Als ich beides nicht sofort entgegennahm, sah sie mich fragend an. «Möchtest du ... dass ich das mache?»

Ich brauchte keine Hilfe dabei, mich abzuschminken. Ich war durchaus in der Lage, mir selbst das Gesicht zu waschen, selbst wenn dabei Tinkturen zur Anwendung kamen, mit denen ich nicht vertraut war.

«Ja, äh ... ja ...» Ich nickte und führte sie in mein Schlafzimmer und dann ins Bad.

Die Wanne war beinahe voll, und ich drehte eilig das Wasser ab. Vom Dampf war der Spiegel beschlagen, und meine Haut fühlte sich klebrig an. Salem sah sich um und betrachtete die halb leeren Flaschen Shampoo und die Gläser mit Badesalz.

Plötzlich fühlte sich mein Zimmer erbärmlich kahl und langweilig an.

«Hautpflege kann einen überfordern», sagte sie und beträufelte das Pad mit Make-up-Entferner.

Sie sagte das wahrscheinlich, um mir meine Unsicherheit zu nehmen und mir zu zeigen, dass mein Unwissen in diesem Bereich nichts war, wofür ich mich schämen müsste.

Aber ich wurde von ihren Händen abgelenkt: Eine lag in meinem Nacken und neigte meinen Kopf leicht nach vorn zu ihr hin, in der anderen hielt sie das Wattepad und fuhr damit behutsam über meine Wangen. Ihre Wimpern erzitterten, und für den Bruchteil einer Sekunde begegnete sie meinem Blick.

Bestimmt spürte sie, dass ich schluckte. Bemerkte sie auch, dass ich den Atem anhielt? Und wie mein Puls raste?

Sie musste nah bei mir stehen, um an mein Gesicht heranzukommen. Die wenigen Zentimeter Abstand, die sich noch zwischen unseren Körpern befanden, waren wie ein Abgrund, in den ich mich am liebsten gestürzt hätte. Sie hatte sich umgezogen, weshalb ihr Haar zerzaust war, und sie hatte noch einen Rest rosafarbenen, glitzernden Lipgloss auf den Lippen. Statt ihres Kostüms trug sie ein Oversized-Shirt mit einem Blumenprint in gedeckten Farben. Ich befühlte den butterweichen Stoff zwischen zwei Fingern, bemerkte aber erst, was ich tat, als sie sich näher an mich heranbeugte.

Ihr gesamter Körper drückte sich gegen meinen, als sie das Make-up von meiner Nasenspitze wischte. Plötzlich wurde mir schmerzhaft bewusst, wo sich meine Hände befanden – und wo nicht. Dass sie auf quälende Weise zu weit von den Stellen entfernt waren, an denen sie sein *wollten.*

«Du musst nicht die Luft anhalten», sagte sie mit sanfter Stimme.

Bemerkte sie wirklich nicht, welche Wirkung sie auf mich hatte?

Ich hatte kein Mitspracherecht, was meine körperliche Reaktion anging: Mir wurde flau im Magen, das Atmen fiel mir schwer, und meine Hände wurden feucht. Luftholen schien mir überhaupt nicht wichtig, wenn sie mich so ansah wie jetzt.

Ich war es doch gar nicht wert, dass man mir so viel Beachtung schenkte. So eine simple Geste, wie von jemandem zärtlich das Gesicht gewaschen zu bekommen, war ich doch gar nicht wert.

Sie ließ ihre Hand sinken und warf das Wattepad weg. Aber sie machte keinen Schritt zurück und ließ die Wärme zwischen uns nicht schwinden. Hunderte wirre Sätze wollten sich ihren Weg über meine Zunge bahnen, aber alles, was ich hervorbrachte, war: «Du reist morgen ab.»

«Ja.» Diesmal lächelten ihre Augen nicht mit, und ich war mir nicht sicher, warum. «Was wirst du den ganzen Winter lang machen?»

Ich fuhr mit einem Finger an ihrer Ohrmuschel entlang, über die Stecker, die durch ihre Knorpel gepierct waren, und den rosafarbenen Ohrhänger, der von ihrem Ohrläppchen baumelte. «An dich denken.»

Kaum dass ich das Verlangen in ihren Augen sah, hätte ich die Worte am liebsten wieder zurückgenommen. Ich war ein Feigling *und* noch dazu egoistisch. Ich sollte nicht wollen, dass sie hierblieb.

Nur ...

Ihre Hand lag noch immer in meinem Nacken, und mit den Fingern streichelte sie mich langsam, brannte ihre Gefühle in meine Haut. Sie kam ein Stück höher, indem sie sich auf die Zehenspitzen stellte, und hauchte einen federleichten Kuss auf meine Wange. Ihr Atem kitzelte mich am Ohr, und ihr Gesicht schmiegte sich nah an meines.

Ich ließ meine Hand an ihrer Seite hinaufgleiten, unter ihr Shirt, über ihre sanft geschwungene Taille und dann auf ihren Rücken. Sie drückte ihre Nase in die weiche Einkerbung unter meinem Ohr. Ihr Atem ging langsam, aber ihr Herz pochte heftig. Ich spürte es, weil ihr Brustkorb an meinen gepresst wurde.

Meine Hände fühlten sich auf ihrer warmen Haut viel zu kalt an. Wenn ich Hades war, war sie Persephone – die Wärme des Sommers, die die beißende Kälte des Winters vertreiben konnte. Sie wich nicht vor meiner Berührung zurück, stattdessen nahm sie auch meine andere Hand in ihre und verflocht unsere Finger miteinander, bis sie vereint waren, die Sonne und der Mond.

«Ich möchte, dass du auch an mich denkst», flüsterte ich an ihren geöffneten Lippen.

Sie küsste mich innig, langsam und göttlich. Es fühlte sich an, als wollte sie sich alles einprägen, als erkundete sie meine Lippen und meine Zunge, um den Moment für immer zu verinnerlichen.

Oder vielleicht war das nur meine törichte Hoffnung, mit der ich an einem Für-Immer festhielt, das bereits an seinem Ende angekommen war.

Ich konnte sie nicht haben ...

Aber sie gehörte mir.

Ich konnte sie nicht behalten ...

Aber mein Herz würde sie niemals loslassen.

Ich sehnte mich nach einem Leben, angefüllt von ihren warmen Küssen.

Ihre Hände umfassten mein Gesicht, und sie murmelte etwas an meinem Mund. Die Worte gingen in der Leidenschaft des Augenblicks verloren.

Sie zerrte atemlos an meinen Gürtelschlaufen: «Ich will von dir kosten, Herrin. Ein letztes Mal.»

Dann senkte sie den Kopf und ging dazu über, statt meines Munds meinen Hals und meinen Brustkorb zu küssen, während ihre Hände unter meinem Shirt auf Wanderschaft gingen.

Verdammt noch mal, sie war vollkommen, und das war

nicht fair. Wie sie die Anrede aussprach, sorgte dafür, dass ich eine Gänsehaut bekam – nicht weil darin irgendeine Art von vermeintlicher Autorität mitschwang, sondern weil ihre Stimme dem Wort so viel mehr Intimität verlieh, als es je hätte innehaben sollen.

Sie schlang ihre Arme um mich und schob die Hände auf meinem Rücken unter mein Shirt. Dort löste sie den Verschluss meines BHs und strich mit den Fingerspitzen über die Haut darunter. Sie küsste meinen Kiefer – ihr Atem war viel zu warm – und sah mit ihren Rehaugen zu mir auf.

Darin lag eine stumme Bitte.

Eine Bitte, die ich ihr nicht abschlagen konnte.

Ich küsste sie, drückte sie dabei nach hinten gegen die Wand und schmiegte meinen Körper an ihren. Ihre Zunge glitt an meinen Lippen vorbei und traf auf meine, die sie tänzelnd liebkoste, bis ich hinter meinen geschlossenen Lidern bunte Lichter aufblitzen sah. Mit den Händen knetete sie meine Hüften und zog dann langsam meine Hose herunter. Als sie gerade einmal auf der Hälfte meiner Oberschenkel angekommen war, packte sie meinen Hintern und hielt mich gierig, geradezu *hungrig*, fest.

Wir unterbrachen unseren Kuss nur, um der anderen das Shirt über den Kopf zu ziehen. Ich hob sie in meine Arme und hielt sie fest. Mit allen Sinnen verlor ich mich in ihr. Sie vergrub die Finger in meinem Haar und kratzte ausgehungert mit ihren Nägeln über meine Kopfhaut, biss erst zärtlich und dann voller Verlangen in meine Lippe und stöhnte in meinen Mund.

Wir zogen uns komplett aus und stiegen zusammen in das dampfende Badewasser. Ihre Haut wurde mit einem feuchten Film benetzt, als wir ins Wasser sanken. Sie setzte sich rittlings auf mein Bein und bewegte sich rhythmisch an meinem Oberschenkel. Mit einer Hand umfasste ich ihren Hals, und sie teilte ihre Lippen. Ihr Keuchen wurde lauter, als sie nach Luft rang.

Sie drückte sich gegen meine Hand, obwohl ihr das den Atem abschnürte, nur um mich noch einmal zu küssen. Ihre Nippel waren hart, ihre Brüste fühlten sich an meinem Brustkorb weich und glitschig an.

«Darf ich von dir kosten?» Ihre Stimme klang angespannt, voller Verlangen.

«Fleh mich an», sagte ich und löste dabei die Lippen nur so weit wie nötig von ihrem Mund. «Überzeug mich davon, dass du es verdient hast, meine Hübsche.»

Sie musste mich nicht im Geringsten überzeugen. Aber mein Gott, ich liebte es, wie ihre Stimme klang, von Begierde erfüllt. Ich verehrte die leisen Geräusche, die sie von sich gab, während sie sich an mir rieb und sich Lust verschaffte, während ihr Atem stoßweise ging.

«Bitte ...» Ihre Stimme klang wegen des Drucks meiner Hand heiser. «Ich will spüren, wie du erzitterst. Ich will deinen Geschmack auf meiner Zunge kosten.»

Ich öffnete meine Lippen für sie, und sie küsste mich innig. Ihr Knie glitt zu meiner Vulva, und ich rieb mich an ihr, so fest, dass das Wasser um uns herum nur so hochspritzte.

Ihre Haut zu spüren, wenn sie mich berührte, war der reinste Luxus. Sie umfasste meine Brüste und ließ ihre Daumen langsam kreisen, während sie den Kopf senkte und mit der Zunge über meine Nippel glitt.

«Ich brauche dich», flüsterte sie. Die Worte trafen mein Herz wie ein Blitzschlag. «Ich möchte für dich leiden ... in dir ertrinken ...»

Ich ließ ihren Hals los, und sie beugte den Kopf weiter hinunter und hinterließ eine Spur aus Küssen meinen Bauch entlang, immer weiter hinunter.

Sie starrte zu mir hoch; dabei befand sich ihr Mund gerade so über der Wasseroberfläche. «Ich will, dass du an mich denkst», sagte sie leise. «Ich will in deinen Fantasien vorkommen.»

«Ich könnte dich gar nicht vergessen.» Mit den Fingern fuhr ich durch ihr Haar und war so von Verlangen erfüllt, dass ich es bereute, sie aufgefordert zu haben, mich anzuflehen. «Es wird mich um den Verstand bringen, so sehr werde ich dich vermissen.»

Sie grinste. «Dann musst du mich vielleicht aufspüren und wieder zurückholen.»

Sie glitt unter die Wasseroberfläche und leckte über meine Vulva. Ich ließ den Kopf in den Nacken fallen und krampfte meine Finger so fest um den Rand der Wanne, dass meine Knöchel weiß wurden. Mit ihren saugenden Lippen und den leckenden Bewegungen ihrer Zunge entlockte sie mir ein Stöhnen, das aus tiefster Seele kam.

Schon jetzt spukte sie wie ein Gespenst in meinem Kopf und meinem Herzen herum. Sie hatte die Macht, all meine Selbstbeherrschung zu erschüttern und die Mauern, die ich so sorgfältig errichtet hatte, niederzureißen. Als ich gesagt hatte, dass sie mich um den Verstand brachte, hatte ich das ernst gemeint: Ich wollte mich bereits von meinem Verstand lossagen, mich von aller Vernunft verabschieden und sie bei mir behalten, obwohl ich wusste, dass das unmöglich war.

Sie tauchte wieder auf, um Luft zu holen, aber ihre Finger spielten weiter mit mir. Ich drückte meine Hüften hoch, und mein Unterleib spannte sich an. Mit der anderen Hand fuhr sie mit den Nägeln an der Innenseite meines Oberschenkels auf und ab, sodass sich Gänsehaut auf meinen Armen ausbreitete.

«Ich möchte dich in Erinnerung behalten», sagte sie. «Und zwar genau so.» Sie küsste meinen Bauch neben dem Nabel, ihre weichen Lippen und ihr warmer Atem ließen mich erzittern. «Ich möchte in Erinnerung behalten, wie du klingst, wenn du meinen Namen stöhnst.»

Ich fuhr mit den Fingern durch ihr nasses Haar. «Du bist so ein braves Mädchen, Salem.»

Sie grinste. Dann tauchte sie ihren Kopf wieder unter die Wasseroberfläche – aber ich war diejenige, die in diesen Gefühlen ertrinken wollte, um nie mitansehen zu müssen, wie sie ging. Mit den Oberschenkeln umklammerte ich ihren Kopf und seufzte ihren Namen, während ich mit jedem Atemzug keuchend um Luft rang.

Sie war wie die Sonnenstrahlen des Sommers, ich wie die eisige Winterkälte. Seit wir uns getroffen hatten, erlebte ich auf einmal all die bunten Farben des Herbstes. Doch meine Tage wurden kürzer, und sie entglitt mir, rieselte durch meine Finger – sogar jetzt. Sehr bald würde mir nichts weiter bleiben als die schier endlose Dunkelheit und meine sorgenvollen Gedanken.

Aber vorher, bevor die Dunkelheit hereinbrechen würde, entfachte sie ein Feuer in mir, das durch meine Adern floss. Ich bewegte mich rhythmisch an ihrem Mund, drückte mich gegen ihre Zunge und wölbte mein Becken empor, als sie wieder auftauchte, um Luft zu holen.

«Fuck, ja ...» Ich packte ihr Haar und sah ihr in die Augen, während sie mich leckend und saugend in den Wahnsinn trieb, sodass meine Beine zitterten.

Sie trank von meiner Ekstase, als wäre sie eine Droge, und

ich hielt den Atem an, bis sie auch den letzten Tropfen meiner Lust ausgekostet hatte.

Wenn ich jetzt etwas sagen würde, würden mir all die gefährlichen Dinge entschlüpfen, die ich in meinem Herzen verschlossen hatte. Dinge wie «*Geh nicht*», «*Ich brauche dich*», «*Ich bin egoistisch*», «*Ich bin abscheulich, denn ich werde dich in den Tod ziehen, nur um dich im Arm behalten zu können*».

Sie sah so perfekt aus, wie sie ausgestreckt auf meinem Bett lag. Ihr Körper war mit Seilen gefesselt, die ich sorgfältig verknotet hatte – in der Nähe lag eine Schere für den Notfall, die ich sofort einsetzen würde, sollte ich bemerken, dass sie sich unwohl fühlte.

Sie krümmte die Finger und streckte sie wieder aus, um die Festigkeit der Fesseln zu überprüfen, wand sich und genoss dabei offensichtlich die Fixierung. Ihre Handgelenke waren an meinem Kopfteil befestigt und ihre Beine angewinkelt, die Waden an den Oberschenkeln festgebunden.

Sie betrachtete mich voller Aufregung und Vorfreude, und ihr nackter Körper zitterte, während sie dabei zusah, wie ich Gleitgel auf dem rosafarbenen Strap-on verteilte, den ich umgeschnallt hatte. Ich ließ mir Zeit, führte die Bewegungen langsam aus, einfach weil ich den Anblick, wie sie so dalag, so lange wie möglich genießen wollte.

Ich hatte keine Ahnung, wie spät es war, und es war mir auch egal.

«Bist du bereit, meinen Strap aufzunehmen, meine Hübsche?»

Ich kniete mich auf dem Bett zwischen ihre Beine, und sie

wimmerte leise, als ich die Spitze des Schafts an ihr rieb. Sie war vor Erregung feucht, die weiche Haut glänzte im Feuerschein. Meine Klit war von den Liebkosungen ihres Mundes immer noch angeschwollen und empfindlich, und wegen der Nachwirkungen meines Höhepunkts fühlte ich mich, als würde ich schweben.

Sie zerrte an den Seilen, als ich in sie eindrang, und fluchte dabei leise. Das mit Gleitgel benetzte Silikon verschwand in ihrer weichen, rosigen Haut. Ich bewegte mich vor und zurück, jeder Stoß ein bisschen tiefer als der vorige.

Ich packte ihre gefesselten Beine, beugte mich über sie und drückte sie nach oben, um sie weit für mich zu öffnen. Sie schrie auf, doch das Geräusch verwandelte sich unter meinem Kuss in ein Stöhnen. Meine Hüften stießen gegen ihre Oberschenkel, und ich war tief in ihrer Pussy vergraben, sah, wie ihr Unterleib bebte, als sich ihre Muskeln um den Strap schlossen. Erneut zog ich ihn aus ihr heraus und stieß ihn dann langsam wieder in sie hinein.

Ihre wachsende Lust mitanzusehen, wie sie mit leicht geöffneten Lippen, keuchender Atmung und zitterndem Körper auf mich reagierte, war berauschend. Ich fuhr mit meiner Nase an ihrem Schlüsselbein entlang und vergrub mein Gesicht an ihrem Hals, um ihren lieblichen Duft einzuatmen. Sie drehte den Kopf und flüsterte mir ihre flehentlichen Bitten und bewundernden Worte ins Ohr.

«Fuck, du fühlst dich so gut an, Rayne.»

Zu hören, wie sie meinen Namen wimmerte, ließ mich erschaudern und meine Klit pulsieren. Augenblicklich zogen sich die Muskeln in meiner Pussy zusammen. Ich streckte die Hand aus und massierte die heiße, feuchte Erhebung ihrer Klit. Sie zuckte zusammen, ihre Beine zitterten, und sie warf den Kopf auf das Kissen.

«Komm für mich, Süße», stöhnte ich. «Brav, das ist mein Mädchen, komm an diesem Strap.»

Das Kopfteil des Bettes ächzte, als sie die Arme streckte, und sie stieß einen bebenden Schrei aus. Der Blick aus ihren goldbraunen Augen ging ins Nichts, und ihre Muskeln spannten sich an, als sie den Höhepunkt erreichte.

Ich verlangsamte meine Bewegungen, während sie mit keuchenden Atemzügen und halb geschlossenen Augen in ihrer Ekstase zerfloss. Aber ich war noch nicht fertig mit ihr. Ich zog den Strap heraus und bewunderte die feuchten Spuren ihrer Erregung, die daran klebten. Mit den Fingern fuhr ich über das Sextoy, dann schob ich sie in meinen Mund und kostete Salems unvergleichlichen Geschmack, während sie mir dabei zusah.

«Gott, bist du sexy», keuchte sie, und ich lächelte trotz meiner Finger im Mund. «Setz dich auf mein Gesicht. Bitte. Lass mich an deiner Klit saugen, ich will dich lecken.»

Ich lachte leise, während sich ein Teil von mir fragte, ob ich träumte. «Süße, du musst nicht ...»

«Aber ich *will*», rief sie verzweifelt aus. «Ich will dich lecken. Alles von dir kosten.»

Sie wand sich unter mir, gefesselt und hilflos. Aber ihr Blick war sinnlich und fordernd, und ich konnte ihr den Wunsch nicht abschlagen.

Also kletterte ich auf sie und löste die Fesseln an ihren Händen. Die Seile hatten hübsche rote Abdrücke an ihren Handgelenken hinterlassen, die wie Armbänder über ihre Haut liefen, und ich fuhr sie mit den Fingerspitzen nach. Sie packte meine Hüften und kratzte mit ihren Nägeln über meine Oberschenkel, als ich mich auf ihr Gesicht setzte. Ich hob den Strap an und stöhnte, als sie mich auf ihren Mund hinunterzog.

«Fuck, Süße ...» Ihre Zunge glitt über meine Klit, und sie schloss ihre Lippen saugend um die Eichel.

Ich war noch empfindlich von meinem vorigen Orgasmus, und die Berührungen ihres Mundes durchzuckten mich wie ein Blitz, sodass mein Innerstes pulsierte. Sie streifte mich mit den Zähnen und knabberte und saugte im Wechsel an mir. Ich rang so sehr um Luft, dass mir schwindlig wurde.

Salem starrte mit dem feuchten Strap im Gesicht zu mir hoch, die Nase in mir vergraben.

Ich lehnte mich nach hinten und versenkte zwei Finger in ihrer Pussy. Sie fühlte sich nass und heiß an und zog sich um mich herum zusammen, während ich ihr Gesicht ritt und ihr Stöhnen mich um den Verstand brachte.

Ich spürte, wie sie kam und ihre Muskeln sich anspannten. Gleichzeitig wurden die Bewegungen ihrer Zunge unkoordinierter. Ihr Höhepunkt gab auch mir den Rest. Sie leckte und saugte weiter und schickte eine Welle der Lust nach der anderen durch meinen Körper, bis ich völlig verausgabt und mein Orgasmus abgeebbt war.

Ich wusch ihr Gesicht mit einem warmen, feuchten Tuch – säuberte ihre glänzenden Lippen und wischte meine Erregung von ihrem Kinn. Ihre Arme waren so viel wärmer als mein Bett und so viel weicher als mein Herz. Sie schlief in meinen Armen ein, mit dem Rücken an meinem Brustkorb, und ihr Atem ging sacht und gleichmäßig.

Aber mein Herz pochte noch immer heftig, und das Atmen fiel mir schwer. Ich starrte ihren Kopf an, der auf meinem Kissen lag, und atmete ihren Duft ein, der an meiner Bettwäsche hing. Es tat mir in der Seele weh.

Sie verstand nicht, dass ich mich nicht auf die Suche nach ihr machen und sie zurückholen konnte. Es gab kein Entkommen und keinen Fluchtweg, den ich nehmen konnte. Und da Fliehen keine Option war, blieb mir nur der Kampf.

Langsam und vorsichtig, damit ich sie nicht aufweckte, schlüpfte ich aus dem Bett. Ich zog meinen Mantel an, schnappte mir einen Joint und ein Feuerzeug und schlich aus dem Zimmer. Die Treppenstufen knarrten unter meinem Tritt, als ich hinauf zum Dachboden ging. Die Luft in dem alten, vergessenen Raum hier oben war kalt und abgestanden.

Ein kleines, rundes Fenster, dessen Glas vom Frost beschlagen war, gab den Blick auf den dunklen Leuchtturm in der Ferne frei. Ich entzündete meinen Joint und starrte dabei auf die aufgewühlte See, deren Wellen gegen diese gnadenlosen Klippen brandeten. Als ich den glühenden Joint hochhielt und ein Auge zukniff, sah es aus, als würde der Leuchtturm in Flammen stehen.

21

SALEM

Where's Martin?

Raynes Bett war leer, als ich erwachte. Sie hatte nicht neben mir geschlafen. Wir hatten gefickt, und dann war sie ... gegangen.

In der Nacht war ich zu müde gewesen, um es zu bemerken, aber jetzt stolperte mein Herz in meinem Brustkorb. Ich war so beunruhigt, dass sich mein Magen verkrampfte.

Ich hatte genau das getan, was ich nicht tun sollte. Ich hatte mich in sie verliebt.

Ich dachte an ihr Lächeln, das ich viel zu selten zu sehen bekam, und hatte augenblicklich Schmetterlinge im Bauch. Erinnerte mich an die mal zärtlichen, mal gnadenlosen Berührungen ihrer Hände und erzitterte. Dann schloss ich die Augen, rief mir ihren Geschmack wieder ins Gedächtnis und leckte mir über die Lippen, in der Hoffnung, dass noch etwas von ihr darauf zurückgeblieben war.

Meine Gedanken kreisten wirr, mein Verstand war ein einziger Strudel aus Emotionen. Das fühlte sich nicht richtig an, aber so war es nun mal. Ich zog ihre Decke bis über meine Nase und atmete ein. Es traf mich unvorbereitet, dass sich dabei meine Augen brennend mit Tränen füllten.

Nicht jetzt, Salem. Reiß dich zusammen. Zeit, nach Hause zu gehen.

Im Haus war alles ruhig. Als ich mich endlich nach unten

in den Speiseraum schleppte, war das Küchenpersonal bereits gegangen. Ich toastete mir einen Bagel und aß allein am Fenster, während ich den Regen beobachtete und mich fragte, warum ich so traurig war.

Es fühlte sich an, wie ein Puzzle nur halb zu vollenden oder das letzte Kapitel eines Buchs nicht zu lesen.

Aber da war noch mehr.

Es war dasselbe Gefühl, das ich auch gespürt hatte, nachdem Colin mich verlassen hatte. Das Gefühl, dass es vielleicht irgendwie hätte klappen können, wenn ich etwas anders gemacht hätte. Das Gefühl, dass ich an meiner Einsamkeit selbst schuld war.

Aber ich hatte es von Anfang an gewusst. Es sollte mit Rayne und mir einfach nicht sein; so lief es im wahren Leben nun mal nicht. Wir hatten Jobs, die auf uns warteten, und führten jeweils unser eigenes Leben.

Dennoch hasste ich es, mich verabschieden zu müssen.

Rayne war nirgends zu sehen. Loki lag schlafend im Foyer, und ich kniete lange neben ihm, obwohl ich eigentlich packen sollte. Doch ich konnte die Hoffnung nicht loslassen, dass sein Frauchen doch noch irgendwann auftauchen würde.

Aber im Haus war es ruhig und gefühlt noch kälter als zuvor.

Als ich schließlich auf mein Zimmer zurückkehrte, um eilig meine Sachen in meinen Rucksack zu stopfen, blieb ich vor ihrer Tür stehen und lauschte auf Geräusche, die bewiesen, dass sich drinnen jemand bewegte.

Armselig, schon klar, aber ich konnte nicht anders.

Rayne wollte mich nicht wiedersehen. Ich musste das akzeptieren. Sie hatte mir erlaubt, einen Blick hinter die undurchdringlichen Mauern um ihr Herz zu werfen, hatte aber niemals das Tor geöffnet. Meine Gefühle waren nicht erwidert, meine Neugier nicht befriedigt und all meine Fragen nicht beantwortet worden.

Und wahrscheinlich würde das auch immer so bleiben.

Ich war hergekommen, um neu anzufangen. Um meine Vergangenheit hinter mir zu lassen, damit ich mich auf die Zukunft konzentrieren konnte. Aber ich hatte zugelassen, zu viel zu empfinden. Mich zu sehr zu öffnen. Ich hatte mir erlaubt zu glauben, dass das alles mehr zu bedeuten gehabt hatte, obwohl es nicht der Realität entsprach.

Meine letzte Hoffnung war, Rayne am Empfangstresen beim Auschecken zu begegnen, aber Fehlanzeige. Eine Holzschachtel stand auf dem Rezeptionstresen, und jemand hatte mit schwarzem Filzstift daraufgeschrieben: *Zum Auschecken Zimmerschlüssel einwerfen.*

Ich fühlte mich, als hätte mir jemand einen Schlag in die Magengrube verpasst.

Das war's dann also. Der Traum war vorüber.

Mein Schlüssel fiel klirrend in die Schachtel, und es kam mir vor, als wäre eine Guillotine hinuntergesaust und hätte meine letzte Verbindung zu diesem Ort gekappt.

Ich umarmte Loki, kraulte seinen Brustkorb. «Braver Junge», murmelte ich, öffnete die Tür und zwang mich, nicht zurückzusehen, obwohl ich hörte, wie der große Hund zum Protest winselte.

Es war an der Zeit, nach Hause zu gehen.

Der Regen fiel in Strömen, als ich mit meinem Mountainbike über die gewundene, schlammige Straße in Richtung Hafen fuhr. Mir blieben zwei Stunden Zeit, um die Fähre zu erreichen, die letzte, die von der Insel ablegen würde, bis der Winter zu Ende war. Wasser lief an der Kapuze meines Regenmantels hinunter, und Matsch spritzte an meinen Reifen hoch. Niemand sonst war auf der Straße unterwegs. Ich sah kein einziges anderes Fahrzeug. Selbst auf den Wiesen und Feldern entdeckte ich keine Tiere, wahrscheinlich hatten sie wegen des Regengusses irgendwo Unterschlupf gesucht.

In der Ferne blitzte es, danach ertönte grollender Donner. Bis zum Einbruch der Nacht würde das Gewitter die Insel erreichen, so viel stand fest. Ich stellte mir vor, wie Rayne dann wahrscheinlich an ihrem Fenster saß, mit einem Joint in der Hand, ihrer Musik lauschte und dabei zusah, wie der Sturm aufzog.

Mein Herz wurde schwer. So sollte das nicht sein.

Weil ich die Kapuze hochgezogen und mir einen Schal um das Gesicht gewickelt hatte, hätte ich den plötzlichen Schrei beinahe überhört.

«Hilfe! Ich brauche Hilfe, bitte!»

Meine Reifen gerieten ins Schlittern, als ich abrupt bremste. Der Wind rauschte durch die Bäume, Äste knarzten, und Zweige knackten.

«Hilfe!»

Panik durchströmte mich, als ich mein Rad auf den Boden legte und den Weg verließ. Die Stimme kam aus der Ferne, aber sie klang vertraut: Es war Martins.

Das Gelände um mich herum war flach, aber zugewuchert, voller üppiger Farne und umgestürzter Bäume. Ich konnte den Jäger nirgends entdecken.

«Hilfe! Bitte!»

Seine Stimme klang in meinen Ohren seltsam. Ich erkannte sie zwar, aber irgendetwas stimmte daran nicht, sie hörte sich irgendwie seltsam an, klang gequält und verzerrt, als hätte er Schmerzen.

«Ich brauche Hilfe!»

Ich stolperte weiter in den Wald hinein. «Ich komme!», schrie ich. «Ich kann dich hören! Rede weiter mit mir!»

Plötzlich wurde der Wald ganz still, als hätten die Bäume selbst den Atem angehalten. Ich bahnte mir meinen Weg durch das Gebüsch und Gestrüpp, während ich mich suchend nach allen Seiten umwandte.

Der Regen wurde stärker und fiel raschelnd durch die Blätter auf den Waldboden. Obwohl ich meine Regenjacke trug, war ich bereits komplett durchnässt, aber ich stolperte weiter vorwärts und rief Martins Namen.

Er erwiderte meine Rufe. Mal kam seine Stimme aus der Nähe, mal war sie weit weg.

Es ergab keinen Sinn.

«Hilfe! Ich brauche Hilfe!»

Angst durchströmte mich von Neuem, so intensiv, dass ich abrupt stehen blieb. Das Atmen fiel mir schwer, und Gänsehaut breitete sich über meine Arme aus. Martins Stimme hatte etwas Unheimliches an sich. Sie klang zu ... eintönig. Es war jedes Mal dieselbe Tonlage und Betonung.

Obwohl mir mein Instinkt sagte, dass ich umdrehen und abhauen sollte, kletterte ich eine Böschung hinunter, um mich noch ein letztes Mal umzusehen. Der Mann war verletzt gewesen, als ich ihm zuletzt begegnet war, und der Sheriff suchte seit Tagen nach ihm und George. Ich würde es mir nie verzeihen, jemanden, der in Gefahr war, im Stich zu lassen.

Ich legte die Hände an den Mund und rief: «Hallo? Wo bist du? Martin?»

Meine Rufe wurden von den Bäumen geschluckt. Ich konnte den Weg, auf dem ich mein Mountainbike zurückgelassen hatte, nicht mehr sehen, und mir blieb keine Zeit mehr. Ich musste zum Hafen gelangen.

Aber als ich mich umdrehte, um zum Weg zurückzukehren, war ich nicht mehr allein.

Eine Gestalt stand zwischen den Bäumen, nackt, und hatte mir den Rücken zugewandt. Sie sah aus wie ein Mann – zumindest auf den ersten Blick. Die Haut des Wesens war so blass wie der Bauch eines Fisches, seine Taille und sein Leib waren schmal und eingefallen, der Brustkorb breit und gedrungen. Ich konnte jede einzelne Rippe zählen, die Knochen waren unter der straffen Haut deutlich zu erkennen.

Mein Verstand hatte Mühe zu begreifen, was meine Augen da sahen.

Das Wesen war haarlos, seine Haut an den seltsamsten Stellen faltig und dick. Spitze Schulterblätter – *vier an der Zahl* – ragten aus seinem Rücken hervor. Seine Knie waren gebeugt, die langen, muskulösen Beine endeten in gespaltenen Hufen.

Vier viel zu lange Arme baumelten an seinen Seiten und schwangen langsam hin und her, als es vor und zurück wippte.

Was zur Hölle war das?

«Hey! Ich brauche Hilfe!»

Es sprach – nein, es *schrie*. Aber es drehte sich nicht zu mir um, rührte sich keinen Zentimeter. Es schrie diese schmerzerfüllten Worte einfach nur ... und zwar mit Martins Stimme.

Das war nicht möglich.

Es war nicht natürlich.

Das hier war kein Streich, das war niemand, der sich verkleidet hatte. Die langen, mit Klauen versehenen Finger des Wesens zuckten, und plötzlich drehte es sich um.

Es hatte keine Augen und statt einer Nase Schlitze wie bei einer Schlange. Aber ich konnte spüren, dass es mich ansah. Mein Magen drehte sich um, als eine urtümliche, instinktive Angst mich überwältigte.

Es riss den klaffenden Mund auf. Hautlappen zwischen seinen Kieferknochen dehnten sich aus, als es seinen Schlund weit öffnete wie eine Schlange, die ihre Beute verschlingen will. Stachelige, zungenartige Fortsätze wanden sich schlängelnd zwischen mehreren Reihen spitzer Zähne.

Dann ließ es sich zu Boden sinken und krabbelte furchterregend schnell auf mich zu.

Ich rannte durch die Bäume, obwohl es keinen Weg gab, dem ich folgen konnte. Äste knackten hinter mir, und die kalte Luft brannte in meiner Lunge. Ich hatte keine Ahnung, in welche Richtung ich laufen sollte – mein Rad war irgendwo hinter mir, die Straße war nicht mehr zu sehen. Ich sprang über einen Baumstamm und wäre beinahe hingefallen, wobei mein Adrenalinpegel dafür sorgte, dass sich alles wie in Zeitlupe zu bewegen schien.

Plötzlich erhaschte ich einen Blick auf etwas Rotes. Ein blutroter Schimmer, der sich in der Ferne zwischen den Bäumen bewegte. Ich hätte schwören können, eine kalte Stimme zu hören, die «Hier entlang» flüsterte.

Jedes Mal, wenn ich es wagte, einen Blick über meine Schulter zu werfen, erkannte ich, dass das Wesen mir noch folgte. Ich sah es immer nur kurz zwischen den Bäumen aufblitzen: die krankhaft blasse Haut, die unzähligen Gliedmaßen, das klaffende Maul.

Das kann nicht real sein.

Verdammt noch mal, das kann so was von nicht real sein.

Ich rannte auf das rote Leuchten zu, weil es mein einziger Orientierungspunkt war. Ich hätte auch direkt auf eine

Klippe zusteuern können, mit dem Meer in der Tiefe, denn ich hatte keine andere Wahl. Ich konnte nicht stehen bleiben.

In einem Augenblick flogen meine Füße über den Waldboden, im nächsten blieb ich irgendwo hängen und rutschte in dem Matsch weg. Ich strauchelte und fiel. Mein Körper krachte gegen Bäume und Felsen, und jeder Schlag presste die Luft aus meiner Lunge. Es ging nach unten, unten, unten, bis da plötzlich nichts war als ...

Schmerz. Und Dunkelheit.

Der Himmel war eine dunkle Masse aus wabernden Schatten.

Die Nacht war hereingebrochen.

Der Geschmack von Erde und Blut lag auf meiner Zunge. Ein pochender Schmerz erfüllte meinen Kopf und verschlimmerte sich noch, als ich mich unsicher hochrappelte. Völlig durchnässt und zitternd drehte ich mich langsam um mich selbst, um herauszufinden, wo ich war.

Der Leuchtturm von Blackridge ragte gut versteckt zwischen den Bäumen über mir in die Höhe, blass wie der Mond und im Inneren vollkommen finster. Ich war kilometerweit vom Herrenhaus entfernt, und mein Handy war verschwunden. Mein schlammbesudelter, durchnässter Rucksack lag neben mir.

Es mussten Stunden vergangen sein.

Die letzte Fähre hatte längst abgelegt.

Mir wurde speiübel, als ich versuchte, mich daran zu erinnern, was geschehen war. Etwas hatte mich gejagt. Aber was ich davon in Erinnerung hatte ... den grotesken Körper des Wesens, das Gesicht ohne Augen ... hatte ich etwa halluziniert?

Wie es mir auf sechs Gliedmaßen nachgelaufen war, den Mund weit aufgerissen wie das Maul einer Schlange. Das konnte nicht real sein.

Das war ein Albtraum. Ich musste träumen, oder ich hatte mir so sehr den Kopf gestoßen, dass meine Erinnerung getrübt war.

Mein Hals war trocken, dennoch rief ich: «Hey! Hört mich jemand? Ich brauche Hilfe!»

Die Stille des Waldes war meine einzige Antwort. Ein Schauer lief mir über den Rücken, als mir die Hilferufe wieder in den Sinn kamen, die mich erst in diese Lage gebracht hatten. Rufe, die sich wie Martins Stimme angehört hatten und doch irgendwie aus dem Mund von diesem *Ding* gekommen waren.

Mein Atem ging hektisch und flach. Nichts von alledem ergab Sinn.

Wenigstens hatte ich durch den Leuchtturm einen Anhaltspunkt, wo ich mich ungefähr befand. Das Herrenhaus lag südlich von mir, und Marihope musste im Osten liegen.

Ich musste zurück zur Straße finden.

Als ich mich zwischen den Bäumen zusammenkauerte und meinen Rucksack nach meiner Taschenlampe durchsuchte, bewegte sich etwas auf den schroffen Felsen, die den Leuchtturm umgaben. Sofort duckte ich mich und versteckte mich hinter den Felsbrocken und Pflanzen. Ich bedeckte meinen Mund mit den Händen, während ich zusah, wie das Unmögliche aus einem schmalen, in die Erde gegrabenen Tunnel emporkletterte.

Sechs Gliedmaßen. Keine Augen. Hufe und Klauen. Zwischen dem Wind und dem Regen konnte ich seine Geräusche ausmachen: Grunzen und Gurgeln und geflüsterte Silben.

Und dann ...

«Hört mich jemand? Ich brauche Hilfe!»

Meine Stimme kam aus dem Maul des Wesens. Die Kreatur hielt inne, hockte sich in der Nähe ihres in die Erde gegrabenen Gangs hin und hielt den Kopf in die Höhe, wie um zu schnüffeln.

«Hilfe! Hilfe!» Diesmal war es Georges Stimme. Das Wesen wechselte zwischen unseren Stimmen hin und her und ahmte sie perfekt nach.

Als Köder. Eine Falle, um die Ahnungslosen anzulocken.

Ich hielt den Atem an und beobachtete das Wesen, bis es davonkrabbelte, in den Wald hinein, und seine Rufe verklangen. Erst als es außer Hörweite war, bewegte ich mich wieder und stolperte zwischen den Bäumen hindurch. Ich musste die Stadt erreichen. Musste einen Arzt, einen Feuerwehrmann oder einen Polizisten finden ...

Rayne.

Ich musste Rayne finden.

22

RAYNE

In the Trees

Komm zur Kirche, Rayne. Wir haben Leichen gefunden.» James' Stimme, die durch das Funkgerät auf meinem Nachttisch drang, war das Erste, was ich hörte, als ich aus einem unruhigen Schlaf erwachte. Die ganze Nacht lang hatte es geregnet, der Wind war heulend ums Haus gezogen, und Donner hatte das alte Gemäuer erschüttert. Es war nicht leicht gewesen einzuschlafen, aber wenigstens war Salem nun fort, und Erleichterung breitete sich in meiner Brust aus.

Sie war wieder in Sicherheit, jenseits der Insel, auf dem Festland, und weit weg von mir. Das schmerzte. Fuck, es tat jedes Mal weh, wenn ich an sie dachte, und jedes Mal, wenn ich zu tief einatmete. Aber ich kannte den Schmerz, jemanden verloren zu haben, bereits und wusste, wie man damit umging.

Ich hatte mich nicht dazu bringen können, mich von Salem zu verabschieden, und war am frühen Morgen allein aufgebrochen, bewaffnet mit meinem Gewehr und meinem Messer. Ich hatte mich vor ihr versteckt und vom Dachbodenfenster aus zugesehen, wie sie das Haus verlassen hatte. Und währenddessen hatte ich mich selbst gehasst.

Sie war es, was mir am meisten Angst einjagte – die *Möglichkeiten*, die sie verkörperte, waren beängstigender als alles, was in der Dunkelheit lauerte.

Aber sie war fort.

Meine Zeit mit ihr war zu Ende.

Es war naiv von mir, mich auch nur für einen kurzen Moment der Fantasie hinzugeben, was hätte sein können. Ich wusste es besser. Zwischen mir und dem Rest meines Lebens stand ein riesiges Hindernis, eines, das lebendig und tödlich war.

Den ganzen Frühling und Sommer über konnte ich so tun, als wäre Blackridge ein normaler Ort. Ich führte mein Bed and Breakfast, riss Frauen auf und nutzte die warme Jahreszeit aus, solange es ging. Aber das war nichts weiter als ein Rollenspiel, wie unter Kindern, und es musste irgendwann enden.

Ich *lebte* nicht wirklich während der langen warmen Sommertage.

Nein, ich wartete.

Mein eigentliches Leben lebte ich an den kalten, dunklen Wintertagen. Wenn ich mich nicht um Gästezimmer kümmerte oder Kamine schrubbte, fand mein Leben in endlosen Nächten statt, in denen der Regen in Strömen floss und ich den Wald mit meinem Gewehr absuchte. In der Stille jagte und verfolgte ich etwas, nur mit meinem Hund als Begleiter in der langen Nacht.

Falls ich keinen Weg fand, das Ding zu töten, wären diese Leichen nur die ersten in einem langen, grausamen Winter.

Trotz der frühen Stunde war die Kirche erleuchtet, und die Glocke schlug die Stunde, als ich den Marktplatz überquerte. Die Wimpel von der Halloweenfeier flatterten leicht im Wind. Zerschlagene Kürbisse waren überall verstreut. Die Fensterläden waren geschlossen, und manche Fenster waren mit Brettern vernagelt.

Die Kirchentür stand offen. Mehrere Menschen saßen vereinzelt in den Bankreihen, doch ihre verzweifelten Gebete stießen bei der goldenen Christusstatue, die über der Kanzel hing, auf taube Ohren.

Eine Menschentraube hatte sich draußen auf dem Hof vor dem Friedhofstor versammelt. Jemand weinte, und das herzzerreißende Geräusch hallte in meinen Ohren wider, als ich mir einen Weg durch die Menge bahnte.

In den knorrigen Ästen der Kiefern hingen Leichen. Eine Hälfte hing hier, die andere dort. Sie waren in Stücke gerissen. Leichenteile baumelten von den knarzenden Ästen, und Eingeweide lagen verstreut herum wie Luftschlangen nach einer Party.

Auch ihre Köpfe hingen dort mit glasigen, leeren Augen und grauer, verwesender Haut. Es waren zwei mir bekannte Männer und ein Mädchen.

Martin, George und Andrea.

Die Vermissten waren also doch noch gefunden worden.

Ich drehte mich weg und würgte, so leise ich konnte, wobei ich den Kragen meines Mantels hochzog, um meine Reaktion zu verbergen. Diesen Anblick zu ertragen, wurde nie einfacher, er verlor nie seine grauenvolle Wirkung. Mir wurde übel, und ich war froh, dass ich mich an diesem Morgen dagegen entschieden hatte zu frühstücken.

Das Wehklagen, da war ich mir sicher, kam von Andreas Mutter. Ich warf einen Blick zurück und erblickte die arme Frau, die unter den zerstückelten Überresten ihrer Tochter stand und so heftig an ihrem eigenen Haar zerrte, dass sie es sich in Büscheln ausriss. Ein Mann, wahrscheinlich ihr Ehemann, versuchte, sie festzuhalten und zu trösten, aber ihre Trauer war zu groß, um zurückgehalten werden zu können.

Eilig wandte ich mich ab und übergab mich ins Gras.

«Wir müssen beten!» Obwohl ich sie nicht sehen konnte, konnte ich Ruths Stimme in der Menge ausmachen. «In diesen Zeiten, in denen rechtschaffen über uns gerichtet wird, müssen wir uns unserem Gott zuwenden und auf seine Gnade vertrauen. Wir dürfen nicht zweifeln ...»

«Scheiß auf deine Gebete!», rief jemand.

Die Menschenmenge brach in Geschrei aus. Unbehagen, Verunsicherung und Wut rissen die Menschen gewaltsam mit wie ein Sturm.

«Wie bekommen wir sie da herunter?»

«Die Kinder! Wir dürfen nicht zulassen, dass die Kinder das sehen!»

Während die Leute sich im Durcheinander und in Streitgesprächen verloren, entdeckte ich James, der im hinteren Bereich des Hofes saß und eine Zigarette rauchte. Er starrte zu Boden, seine Haare waren zerzaust, und seine Kleidung sah mitgenommen aus.

Als ich neben ihn trat, hob er den Kopf.

«Alles okay?», fragte er und bot mir seine Zigarette an. «Diese Männer waren deine Gäste, oder?»

«Ja. George Trager und Martin Keen. Martin hatte zwei erwachsene Töchter.» Ich rauchte nicht oft Tabak, aber ich konnte ein bisschen Ablenkung gebrauchen, also nahm ich den Glimmstängel entgegen und zog daran. «Und George wäre bald Opa geworden.»

Meine Jäger kamen mit der Ausrüstung, um Bären, vielleicht gelegentlich ein Reh oder ein wildes Truthuhn zu erlegen. Aber kein Jäger der Welt wusste, wie man ein Wesen erlegte, das Stimmen imitieren konnte und sich beinahe vollkommen lautlos fortbewegte. Eine Bestie, die Kugel um Kugel einstecken und sich selbst heilen konnte. Ein Monster, das Jahr für Jahr mehr über uns lernte und dessen Verhalten umso schwerer vorauszusagen war, weil es immer gewalttätiger wurde.

«Wo ist dein Vater?», fragte ich.

James deutete mit dem Kopf in die entsprechende Richtung.

So ungern ich meinen Blick wieder dorthin wenden wollte, sah ich noch einmal zu den Bäumen hinüber. Onkel Gerard stand dort und neben ihm seine Ehefrau, Veronica, die damit beschäftigt war, Andreas aufgelöste Eltern zu trösten. Die Mutter des toten Mädchens war zu Boden gesunken, und Tante Veronica streichelte ihr über den Rücken, während sie leise ein Kirchenlied sang. Der Kopf meines Onkels war gesenkt, und er betete, eine Hand lag auf der Schulter von Andreas Vater.

Aber der Vater betete nicht, er starrte nur mit leeren Augen apathisch zu Boden.

«Das ist neu», sagte James und deutete zu den Bäumen. Sein Tonfall klang klinisch-analytisch, und ich wusste, dass er seinen imaginären Laborkittel angezogen hatte, um sich gegen das Grauen zu wappnen. «Diese Art der Zurschaustellung von Gewalt ist ... seltsam. Das hat es vorher nicht gemacht.»

«Es lernt, wie man uns Angst einjagt», sagte ich. «Wie man uns in Panik versetzt und uns schwach macht.» Meine Hand zitterte, als ich die Zigarette wieder anhob. Ich starrte sie wütend an, bis ich das Zittern unter Kontrolle hatte.

«Glaubst du, dass es stärker wird?» James' sachlicher Tonfall war jetzt verschwunden.

Ich schüttelte den Kopf und aschte auf den Boden. «Ich denke, es wird schlauer.»

Die Menge setzte sich in Bewegung und teilte sich, als der Sheriff eintraf, gefolgt von einer schwarzen Frau mittleren

Alters, Dr. Tasha Hale. Sie war die einzige Ärztin auf der Insel und daher auch unsere Gerichtsmedizinerin. Offensichtlich war sie aus dem Bett geholt worden – sie hatte einen Trenchcoat über ihren Schlafanzug geworfen –, aber ihre Stimme war ruhig und gefasst, als sie den panischen und verängstigten Menschen um sich herum Trost zusprach.

Ich sah mich in der Menge aus lauter erschöpften Gesichtern um.

Und dann entdeckte ich noch jemanden. Bei dem Anblick blieb mir das Herz stehen.

Es war Salem.

23

RAYNE

Her Protector

Der Anblick von Salems hübschem Gesicht verängstigte mich mehr als die Leichen in den Bäumen. Aber er erfüllte mich auch schlagartig mit einer unerschütterlichen Gewissheit: Ich musste sie beschützen.

War sie ein Segen? Oder wurde ich bestraft? Oder lachte das Universum mich nur mal wieder aus, verspottete mich, indem es mir die einzige Frau zurückbrachte, die ich unbedingt – um jeden Preis – gehen lassen musste?

Sie stand am Rand der Menge mit zerkratztem Gesicht und vor Schreck weit aufgerissenen Augen. Sie hatte mich noch nicht bemerkt, obwohl ich bereits auf sie zulief. Sie starrte zu den Bäumen hoch, zu den Leichnamen, und ihr Mund stand vor Fassungslosigkeit offen. Als ich meine Finger um ihren Arm schloss, sah sie mich an wie einen Geist, als könnte sie nicht verstehen, was gerade geschah.

Natürlich konnte sie das nicht. Sie hätte das hier niemals mitansehen sollen.

«Rayne!» Ihre Stimme zitterte, so als wäre sie kurz davor, in Tränen auszubrechen.

Ihre Kleidung war schmutzig, schlammbesudelt. Sie zitterte am ganzen Körper und versuchte, etwas zu sagen, aber ihre Zähne klapperten so heftig, dass sie keine Worte formen konnte. Ich musste sie ins Warme bringen.

Beinahe wäre ich über die Schwelle gestolpert, als ich sie in die Kirche führte, weil ich mehr auf sie achtete als auf meine eigenen Füße. Im Kirchenschiff war es zum Glück warm, und wir waren von dem Geschrei draußen abgeschirmt. Diejenigen, die zusammengekauert in den Kirchenreihen saßen, hatten mit leerem Blick die Hände zum Gebet gefaltet.

Salem schluchzte und murmelte etwas Unverständliches.

Ich zwang mich, stehen zu bleiben und sie anzusehen.

«Mein Gott, Rayne, bitte sag mir, dass ... sag mir, das war nicht ...» Sie presste die Augen zusammen und drückte ihre Finger auf die Lider, als könnte sie die schrecklichen Bilder so vertreiben.

Ich schlang meine Arme um sie und hielt sie fest – aber ich spürte, dass wir beobachtet wurden. Die Menschen in den Bankreihen hatten die Köpfe gehoben.

Der Engel richtete uns. Aber er vollstreckte nicht nur seine eigenen Urteile, sondern brachte auch die Menschen dazu, übereinander zu urteilen. Gerüchte und Gerede verbreiteten sich schnell, weil den Leuten immer nur eines durch den Kopf ging: Wir alle waren Sünder. Wir würden alle sterben.

Es war nur eine Frage der Zeit.

Einen Arm um ihre zitternden Schultern gelegt, führte ich Salem einen schmalen Flur am Ende der Kirche entlang.

Das Büro des Pastors war wie üblich nicht verschlossen. Der Raum war klein, aber gemütlich, mit einem schlichten Schreibtisch vor dem Fenster und einer Sitzecke vor einem Holzofen. Trotzdem hatte ich diesen Raum nie gemocht, so wie alle Räume, die mein Vater einst bewohnt hatte. Es sah jetzt anders aus, und es roch auch anders, aber noch immer lag Spannung in der Luft, und meine Lunge schien unter der Last der Erinnerungen in sich zusammenzufallen.

Wenn ich meinen Vater gesehen hatte, dann immer nur hinter einer Kanzel oder einem Schreibtisch. Hinter der Kanzel hatte sich sein Zorn gegen die gesamte Gemeinde gerichtet, hinter dem Schreibtisch nur gegen mich.

Ich ignorierte mein Unbehagen und ließ Salem in einem der bequemen Stühle am Ofen Platz nehmen. Dann legte ich meine Hand an ihr Gesicht und neigte ihren Kopf ein wenig nach hinten, um im Licht mehr erkennen zu können. An ihrem Ohr klebte Blut, in ihrem Haar Schlamm. Ich betastete ihre Kopfhaut, stieß dabei auf eine Beule.

Bei der Berührung keuchte sie vor Schmerz auf.

«Was zur Hölle ist dir zugestoßen?», fragte ich. «Warum bist du noch hier, Salem? Du kannst nicht ... du solltest nicht ...»

Sie erschauderte und blinzelte hastig, wie um die richtigen Worte zu finden.

«Ich habe Martins Stimme gehört. Ich habe versucht, ihn zu finden, er ... er hat um Hilfe gerufen.» Sie fing an zu weinen. Dabei bewegte sie weiter die Hände, rang sie und ballte sie zu Fäusten, als hätte sie Schwierigkeiten, all die aufgestauten Gefühle rauszulassen. «Da war ein ...» Sie bewegte die Arme, wie um die Umrisse einer großen, verstörend dürren Gestalt nachzuzeichnen. «Da war ein *Ding*! Es hat mit Martins Stimme gesprochen! Es hatte keine Augen und ... und diese Arme und Hufe ... es ...» Verzweifelt, voller Panik, packte sie mein Shirt. «Du musst mir glauben», flehte sie mich an. «Bitte. Ich weiß nicht, was zur Hölle es ist, aber ich schwöre bei allem, was mir heilig ist, dass ich es gesehen und gehört habe!»

Sie schniefte und schluchzte so sehr, dass sie hickste. Ihre Augen waren gerötet, sahen müde aus, und sie blickten voller verzweifelter Hoffnung direkt in meine.

«Ich glaube dir, Salem.» Mit dem Daumen streichelte ich über ihre Wange, während sie weinte. «Konzentrier dich auf mich, okay? Atme tief ein. So ist es gut, braves Mädchen.»

Sie hielt meinen Blick und atmete tief durch die Nase ein.

Ich legte eine Hand auf ihren Brustkorb, um sie zum Weitermachen zu ermutigen. «Komm schon, atme weiter. Es ist in Ordnung, Angst zu haben. Es ist in Ordnung. Kämpf nicht dagegen an.»

«Sag mir, dass ich mir das nur eingebildet habe», flüsterte sie erstickt. «Sag mir, dass das nicht real ist. Bitte.» Noch immer hatte sie mein Oberteil nicht losgelassen, ihre Finger krampften sich fester und fester in den Stoff. «Das Ding hat mich gejagt, und ich bin gestürzt. Ich habe mir den Kopf angeschlagen. Das muss die Erklärung sein, oder? Ich habe mir einfach nur den Kopf gestoßen?» Zweifel schwangen in ihrer zittrigen Stimme mit.

Ich hätte ihr gern gesagt, dass das alles nur ein Albtraum war. Eine Halluzination, die Folge einer Gehirnerschütterung.

Aber nein. Sie war mitten in mein kaltes, dunkles, gefährliches Leben geworfen worden. Sie musste auf das, was kommen würde, vorbereitet sein.

«Du hast es dir nicht eingebildet, Salem.»

Sie hörte auf zu weinen. Für einen Augenblick konnte ich ihre Miene nicht deuten, nur der Schock stand ihr ins Gesicht geschrieben.

«Hast du es gesehen?», fragte sie.

«Ja. Jeden Winter, seit fast zwanzig Jahren.»

«Scheiße.» Ihre Stimme brach, und ihr Brustkorb hob und senkte sich heftig, als sie mit flachen, hektischen Atemzügen um Luft rang. «Das kann nicht real sein. Das kann nicht sein. So was existiert nicht, das gibt es nicht, gibt es nicht ...»

Ich nahm ihre Hände, löste ihre eisern verkrampften Finger. Ihre Haut war eiskalt. Ich quetschte mich neben sie auf den Stuhl, sodass ich meine Arme um sie legen und sie festhalten konnte.

«Atme zusammen mit mir», sagte ich und rieb mit der anderen Hand über ihren Rücken. «Ich passe auf dich auf. Du bist in Sicherheit, versprochen.»

Sie ließ den Kopf auf meine Schulter sinken und vergrub ihr Gesicht an meinem Hals. Ihre warmen Tränen benetzten meine Haut, und mein Herz zog sich bei jedem zitternden Schluchzen schmerzhaft zusammen.

Schließlich passte sich der Rhythmus ihrer Atmung an meinen an. Mit jedem tiefen, langsamen Atemzug, den sie nahm, wich die Anspannung ein wenig mehr aus ihren Gliedern. Sie schniefte ab und zu, und Schluchzer schüttelten sie. Mit dem Handrücken wischte sie sich über das Gesicht.

«Es tut mir leid», flüsterte sie. «Es tut mir so leid. Ich kann nur ... ich kann nicht glauben, dass das real ist.» Sie hob den Kopf, blieb dabei aber so nah wie möglich bei mir und suchte meinen Blick. «Draußen, in den Bäumen ... diese Menschen ...»

Ich schüttelte den Kopf. «Denk nicht darüber nach, Salem. Sie sind fort. Ihr Leiden ist zu Ende.»

Ich hasste es, diese Leere in ihren Augen zu sehen: ein dunkles Nichts, das nur durch Schmerz und Grauen entstand.

«Die rote Gestalt, die ich in meinem Zimmer gesehen habe», begann sie plötzlich und suchte mein Gesicht nach Antworten ab. «War die auch real?»

«Ja.»

Erleichtert keuchte sie auf und begann beinahe wieder zu schluchzen.

Ich musste dafür sorgen, dass sie sich waschen und umziehen konnte, denn ich ertrug es kaum, sie so zu sehen.

«Vor der Gestalt im Haus musst du keine Angst haben», sagte ich. «Sie ist unheimlich, ja. Aber sie wird dir nicht wehtun.»

«Ich weiß.» Sie nickte. «Ich weiß, dass sie das nicht wird. Ich glaube, sie hat mir geholfen.»

Jetzt war nicht der richtige Zeitpunkt, um sie zu befragen, deshalb hakte ich nicht weiter nach. Noch nicht. Aber da war noch eine Sache, die ich wissen musste, und ich fürchtete mich davor, sie laut auszusprechen.

«Das Wesen, das du im Wald entdeckt hast, hat es dich gesehen? Also, hat es dich *angesehen*?»

Einen Moment lang erstarrte sie und wurde ganz ruhig, als würde sie sich auf die Erinnerung daran konzentrieren.

«Es hatte keine Augen», sagte sie. «Es hat mich gesehen, aber es hatte keine Augen.» Sie atmete scharf ein. «Es hat die ganze Zeit mit Martins Stimme nach mir gerufen. Es hat sogar ... es hat sogar meine eigene Stimme benutzt. Es hat mich nachgeahmt. Es *weiß*, es ... es ...» Sie zuckte heftig zusammen, als jemand vor dem Fenster entlanglief, aber es waren nur zwei Männer, die mit grimmiger Miene eine lange Leiter trugen. «Ich glaube, mir wird schlecht. Scheiße, verdammt, das ist so *abgefuckt*.»

Sie schlug die Hand vor den Mund und presste die Augen fest zusammen. Ich kannte dieses Gefühl des Grauens, die Panik, kannte es nur zu gut und wusste, dass es nichts brachte, dagegen anzukämpfen. Von Angst gequält, wimmerte und zitterte sie. Sie flüsterte Worte, aus denen hervorging, dass sie das alles nicht wahrhaben wollte.

«Sieh mich an», forderte ich sie auf, nahm ihr Gesicht in beide Hände und zog ihre weg. Dann hielt ich beide Handgelenke zärtlich fest. «Nichts und niemand wird dich anfassen. Nichts – hör mir zu –, *nichts* wird dir wehtun. Das werde ich verhindern. Verstanden?»

Sie nickte und ließ sich entkräftet gegen mich sinken. Obwohl unsere Münder nur eine Haaresbreite voneinander entfernt waren, kam es mir vor wie eine unüberwindbare Schlucht.

Mir wurde flau im Magen, als ich den Sprung hinüber wagte. Aber sie kam mir entgegen, bevor ich fallen konnte, und zog mich in einem verzweifelten Kuss an sich. Dieser Kuss war ein Versprechen und eine Entschuldigung. Er stand für alle Ängste, die ich nicht laut aussprechen konnte.

«Ich bin bei dir», flüsterte ich und nickte energisch. «Ich werde dich verdammt noch mal beschützen. Das schwöre ich.»

24

SALEM

The Angel

Als wir zum Herrenhaus zurückkehrten, ließ mir Rayne ein Bad ein. Sie half mir, mich aus meinen schmutzigen Kleidern zu schälen, und ließ mich dann allein, damit ich mich im heißen Wasser entspannen konnte. Ich schrubbte das Blut, die Erde und den Schmutz weg und wechselte dabei dreimal das Badewasser.

Ich war so müde, dass ich in der Wanne einschlief und dann hochschreckte, bevor ich mich aus dem Wasser hievte. Mein Rucksack samt all meinen Sachen war völlig durchnässt. Aber auf dem Bett entdeckte ich ein Paar Oversized-Sweatpants und ein großes, weiches Shirt. Ich streifte es mir über und atmete Raynes Geruch ein.

Zum Glück befanden sich meine Diazepam-Tabletten noch in meinem Rucksack und hatten keinen Schaden genommen. Ich schluckte eine und kauerte mich auf dem Bett zusammen. So gelang es mir, für ein paar Stunden zu schlafen, bevor Albträume dafür sorgten, dass ich wieder aufwachte.

Als ich mich benommen aufsetzte, bemerkte ich einen Zettel auf meinem Nachttisch.

Komm zu mir nach unten. Ich werde dir die Wahrheit sagen.

In die Bettdecke gewickelt, schlurfte ich runter ins Erdgeschoss. Ich folgte dem gedämpften Klang von Raynes Stimme und gelangte zum Eingang des Gemeinschaftsraums. Weil die Tür halb offen stand, konnte ich das Gespräch drinnen mitanhören.

«Barry, komm schon, bitte. Ich flehe dich an. Nur eine Fahrt zurück hierher, ich bezahle auch, was immer du ...»

Ich spähte durch den Türspalt. Rayne war am Handy und biss sich auf die Lippe, während sie der Person am anderen Ende der Leitung zuhörte.

«Es wird dir nichts passieren, das schwöre ich, es ist nur ein Aberglaube ...»

Die Antwort war so laut, dass sogar ich die wütende Männerstimme hören konnte: «Diese gottverlassene Insel ist verflucht, und kein Matrose, der etwas taugt, würde dorthin jetzt ein Boot steuern. Ich habe eine Frau und eine Familie, die zu Hause auf mich warten. Ruf die verdammte Küstenwache an!»

«Barry ...»

Rayne nahm das Handy vom Ohr und fluchte. Mit wem auch immer sie gesprochen hatte, er hatte anscheinend aufgelegt, denn sie warf das Smartphone aufs Sofa und ließ sich dann selbst daraufplumpsen.

Als die Dielen unter meinem Tritt knarzten, sprang sie jedoch wieder auf.

«Wer war das?», fragte ich.

Sie seufzte und fuhr sich mit einer Hand durch das Haar. «Barry, der Inhaber der Fähre, die die Insel anläuft. Ich habe gefragt, ob er ausnahmsweise hierher zurückfahren kann, um dich nach Hause zu bringen, aber ...» Sie schüttelte den Kopf. «Es ist für die nächsten Tage sehr schlechtes Wetter angekündigt, und er möchte es nicht riskieren.» Sie zuckte zusammen und fügte hinzu: «Viele Seeleute sind abergläubig, was Blackridge angeht. Früher wurden wir in den Wintermonaten per Boot mit Waren versorgt. Aber im Laufe eines Jahrzehnts sind ein halbes Dutzend Schiffe gesunken. Drei weitere sind einfach verschwunden. Manche der Männer sagen, es erscheint plötzlich ein Signalfeuer im stillgelegten Leuchtturm. Andere behaupten, sie können jemanden im Wasser flüstern und schreien hören.»

Sie setzte sich wieder hin, rang die Hände und starrte ins Feuer. Dann nahm sie ein halb volles Glas mit Whisky vom Beistelltisch und trank einen großen Schluck.

Ich setzte mich neben sie.

«Ich muss dir die Wahrheit sagen», setzte sie an. Ihre Stimme klang rau und verunsichert. «Nachdem Mom ermordet worden war, hat sich hier viel verändert. Es hat damit angefangen, dass ich plötzlich Stimmen hören konnte – und nicht nur ich, wir alle. Und dann sind die ersten Menschen gestorben.» Rayne hielt inne und verzog den Mund zu einer Grimasse. «Sorry. Ich bin es nicht gewohnt, darüber zu sprechen. Ich habe niemals jemandem davon erzählt.» Sie kippte ihren Whisky hinunter, ohne mit der Wimper zu zucken. «Alle, die hier sind, wissen es bereits.»

Selbst in eine Decke gehüllt und obwohl ich neben ihr auf dem Sofa saß, lief mir ein kalter Schauer über den Rücken. Jeder auf dieser Insel – außer mir – war sich des Grauens längst bewusst. Sie wussten, dass dieses Monster existierte. Sie wussten, dass es in der Lage war zu töten. Ihre seltsamen, langen Blicke, das Misstrauen, das sie einer Fremden entgegenbrachten, ihr religiöser Eifer, all das ergab allmählich Sinn.

Der Kiefernsaft zischte im Feuer, und die Zweige knackten. Ich starrte in die züngelnden Flammen, als könnte die

Hitze das, was ich gesehen hatte, aus meinem Kopf vertreiben.

Die Leichen in den Bäumen waren einst lebendige Menschen gewesen. Menschen mit Familien, Freunden, einem ganzen Leben. Menschen, die Angst und Schmerz empfunden hatten, genau wie ich. So zu sterben, auf so eine grausame und brutale Weise, und dann wie zur Warnung aufgehängt zu werden ...

Um meine Übelkeit zu unterdrücken, schloss ich für einen Moment die Augen. Als ich sie wieder öffnete, beugte sich Rayne besorgt zu mir.

«Wir können später reden», sagte sie. «Du brauchst Ruhe.»

Aber ich schüttelte den Kopf und zwang mich, mich aufrecht hinzusetzen. «Es geht mir gut. Ich möchte die Wahrheit erfahren. Die *ganze* Wahrheit.»

Sie lehnte sich zurück und nickte langsam, während sie den Whisky in ihrem Glas schwenkte. Ich konnte das würzige Aroma in der Luft riechen.

Statt mich anzusehen, starrte sie in ihr Glas. «In dem Winter, nachdem Mom gestorben ist, habe ich auf einmal Stimmen im Haus gehört. Ich war einsam. So verdammt einsam.» Sie verstummte. Ich konnte ihren Schmerz in jedem einzelnen Wort, das sie hervorbrachte, spüren. «Aber die Stimmen haben mir Angst gemacht. Sie haben irgendwas von Schmerz gefaselt. Von Blut und Knochen. Ich hab's nicht verstanden. Ich habe versucht, mit meinem Vater darüber zu sprechen, und er ...» Sie schniefte, und ihr Gesicht nahm einen bitteren Zug an. «Er hat gesagt, ich höre teuflisches Zeug und wenn ich den Stimmen Beachtung schenke, werde ich in der Hölle enden. Er hat gesagt, dass ich beten soll, und mir die Tür vor der Nase zugeknallt.»

«Rayne ...»

Was konnte ich sagen? Welche Worte könnten ihr überhaupt Trost spenden?

Sie räusperte sich, leerte ihren Drink und stand dann abrupt auf, um sich noch einen einzuschenken. Während sie am Barwagen stand und mir den Rücken zugedreht hatte, fuhr sie fort: «Dad hat sich nach Moms Tod verändert. Er war auch schon davor nie liebevoll, aber danach wurde er regelrecht wütend. Und grausam. Er hat nicht mal auf ihrer eigenen Beerdigung über sie gesprochen, stattdessen nur über den Teufel. Über Gottes Urteil und die Verdammnis. Was Moms Tod betraf, wollte er keine Gerechtigkeit, sondern Bestrafung. Er stand jeden Sonntag hinter der Kanzel und hat uns daran erinnert, dass Gott über alle Menschen richtet und dass sein Richtspruch uns treffen wird.»

«Sein Richtspruch? Wie hat er das gemeint?»

«Ich bin nicht sicher, ob er es selbst wusste. Wenn er es gewusst hätte, hätte er vielleicht was anderes gepredigt.» Schließlich sah sie mir wieder in die Augen. In ihren Pupillen spiegelte sich das Grauen, das sie seit Jahren mit sich herumtragen musste. «Ich glaube nicht an Gott, Salem. Aber ich glaube, dass es auf dieser Welt Dinge gibt, die wir nicht begreifen. Manche dieser Dinge sind harmlos, aber manche sind Raubtiere. Und wenn ein Raubtier Schwäche wittert, dann begibt es sich auf die Jagd.» Sie senkte ihre Stimme und fuhr fort: «Mein Vater hat wieder und wieder zu Gott gebetet, gefleht, dass er einen Engel, einen Boten, einen heiligen Krieger schickt. Irgendwann hat er schließlich bekommen, worum er gebetet hat. In diesem Winter ist ein Mann gestorben: Greg Kennison. Er wurde ausgeweidet und geköpft vor seiner Scheune gefunden, zusammen mit dem Großteil seiner Tiere. Er war ein freundlicher, guter Mann. Aber er hatte ein problematisches Verhältnis zum Alkohol.» Sie hob ihr Glas, wie um ihm traurig zuzuprosten. «Wer nicht? Aber mein Vater war der Meinung, dass Greg verdorben war. Für ihn war klar, dass Gott über ihn gerichtet und ihn für schuldig befunden hatte. Greg war der Erste. Aber jeden Winter wurden es mehr. Gerüchte darüber, dass im Wald eine Bestie haust, ein Raubtier, haben sich verbreitet. Ein Wesen, das nachts, bei Regen und Schnee, auf die Jagd geht. Die Menschen haben gesagt, dass sie ihre Angehörigen, die bereits gestorben waren, aus dem Wald nach ihnen rufen hören konnten. Schon bald ist es einer Gruppe Jäger gelungen, das Ding auf Video aufzunehmen. Mein Vater hat es den Engel von Blackridge genannt. Von Gott geschickt, als sein heiliges Gericht.»

Ich lauschte mit wachsendem Entsetzen. «Wie kann jemand glauben, dass dieses *Ding* heilig ist?»

«Die Vorstellung tröstet sie», sagte sie. «Sie glauben an ihre eigene Rechtschaffenheit. Wenn jemand getötet wird, können sie es rechtfertigen. Es ist Gottes Wille.»

Ich umklammerte die Decke fester und dachte an Martin und George. An die Art und Weise, wie sie sich geneckt hatten, und an ihre albernen Witze. Sie hatten es nicht verdient, so zu sterben. Das Urteil Gottes rechtfertigte eine solche Gräueltat nicht.

Rayne stellte ihren Drink weg und rutschte näher an mich heran. Sie legte ihren Arm um mich, und ich lehnte meinen Kopf an ihre Schulter. Wieder beschleunigte sich mein Herzschlag, und meine Beine begannen zu zittern. Ich brauchte noch eine Tablette.

Aber ich wollte die ganze Wahrheit hören.

«Also habt ihr gelernt, damit zu leben», sagte ich.

Rayne nickte. «Mehr oder weniger. Ein Jahr nach dem anderen ist ins Land gezogen, und die Leute haben die Gewohnheiten des Monsters kennengelernt, seine Schwachstellen und Ängste. Es kommt selten tagsüber raus, es sei denn, Wolken bedecken die Sonne. Im Sommer haben wir es noch nie gesehen. Grelle Lichter und Feuer jagen ihm Angst ein, verscheuchen es aber nicht vollständig. Es hat keine Augen, aber es kann sehen. Und es ahmt Menschen nach.» Sie umarmte mich fester. «Das hast du ja gehört.»

Ich nickte und erschauderte bei der Erinnerung an die entsetzliche Stimme.

«Es ahmt die Stimmen seiner Opfer nach und benutzt sie als Köder», erklärte sie. «Der Sheriff hat eine Gruppe an freiwilligen Rangern um sich versammelt, die die Straßen patrouillieren und Kameras aufstellen. Ein paar von uns haben versucht, das Wesen zu bekämpfen. Niemandem ist es gelungen, es zu töten, aber wir haben schließlich herausgefunden, dass wir es verletzen können. In einem Winter hat Andy eins seiner Gliedmaßen mit einer Schrotflinte weggeschossen, und dann haben wir es den restlichen Winter über nicht mehr gesehen. Aber im nächsten Jahr war der verdammte Arm nachgewachsen.»

«Wenn ihr es verletzen könnt, könnt ihr es auch töten», sagte ich so überzeugend, wie ich konnte.

Ehrlich gesagt wusste ich nicht, ob das stimmte. Ich hatte keine Ahnung, ob die Regeln, die in der Realität normalerweise galten, auch in dieser Situation anwendbar waren, aber ich musste daran glauben. Ich musste einen Hoffnungsschimmer finden.

Rayne nickte zustimmend. «Ja. Ich glaube, man kann es töten. Ich habe es versucht. So viele von uns haben es schon versucht.» Sie seufzte. «Aber es muss einen Weg geben.»

«Warum bist du nicht von hier fortgegangen?», fragte ich. «So viele Leute sind noch hier.» Ich setzte mich auf und packte sie eindringlich am Arm. «Wir können einen Weg finden, gemeinsam die Insel zu verlassen. Du und ich. Du musst nicht hierbleiben!»

Sie lächelte leicht, aber ihre Miene war traurig. «Ich hab's versucht», sagte sie. «Viele von uns haben das, um genau zu sein.»

Ich runzelte die Stirn. «Es *versucht*?»

«Die Stimmen verfolgen uns.» Sie erhob sich und begann, auf und ab zu laufen, während sie auf ihrem Daumennagel herumkaute. «Manche sind gegangen. Ganze Familien haben versucht zu entkommen. Innerhalb von ein paar Wochen sind sie zurückgekommen. Diejenigen, die sich zwingen fortzubleiben ... sterben.» Sie ließ von ihrem scharfkantigen Nagel, den sie mit den Zähnen bearbeitet hatte, ab. «Ich bin eine Woche auf dem Festland geblieben. Am fünften Tag konnte ich nichts anderes hören als Schreie, tagsüber und nachts. Es ist, als würde sich etwas an meinen Rücken klammern und mir Zeter und Mordio ins Ohr schreien. Ich konnte nicht schlafen. Konnte nicht essen. Ich hätte mich ins Meer gestürzt, nur damit es aufhört.» Sie sah mich mit finsterer Miene an. «So geht es uns allen, allen, die zu lange hierbleiben. Die rote Frau, die flüstert. Die, die du gesehen hast. Sie lässt uns nicht gehen.»

Ein seltsames Geräusch wie ein leises Atmen ließ uns beide zusammenzucken. Wir drehten uns um und starrten zur Tür, die auf den Flur führte. Sogar Loki hob den Kopf und sah mit aufgerichteten Ohren dorthin.

Ich schluckte schwer. Vor Angst liefen mir kalte Schauer über den Rücken.

«Meinst du ...» Ich brachte die Worte kaum hervor. «Selbst mich nicht ...?»

Sie antwortete nicht sofort. Die Stille war erdrückend und legte sich wie ein Felsbrocken auf meine Brust.

«Ich weiß es nicht», sagte sie schließlich.

Mein Herz pochte heftig, sodass ich jeden Schlag spürte. Meine Beine zitterten, und ich versuchte, es zu unterdrücken, aber es war zwecklos. Ich zog die Decke enger um mich, aber die Kälte ließ sich nicht vertreiben.

«Wer ist sie? Ein Geist?», fragte ich mit zusammengebissenen, klappernden Zähnen.

«Manchmal frage ich mich, ob *sie* es ist», murmelte Rayne. «Oder das, was von ihr übrig ist. Meine Mom.» Sie schluckte schwer und holte tief Luft. «Salem, ich wollte nie, dass du was von alledem erfährst, ich wollte nicht ... Ich weiß, dass es riskant ist, überhaupt Leute hierherzubringen, überhaupt Gäste zu beherbergen, aber ich wusste nicht, was ich sonst tun soll. Das Haus zerfällt, und meinem Vater ist, schon lange bevor er gestorben ist, das Geld ausgegangen. Also tue ich während des Sommers so, als ob alles in Ordnung wäre. Ich beherberge Gäste, ich kümmere mich um das Gelände. Und dann, wenn alle gegangen sind, jage ich. Ich helfe, die Straßen zu bewachen.»

«Was ist mit der Polizei?», fragte ich verzweifelt. «Mit Sheriff Keatin? Kann er es nicht melden und Hilfe holen?»

«Das hat er versucht. Er wäre beinahe wegen psychischer Probleme beurlaubt worden, als er der Polizei auf dem Festland gegenüber angedeutet hat, dass es sich nicht bloß um Angriffe wilder Tiere handelt. Wir müssen allein damit klarkommen. Manche Menschen finden, wir sollten uns überhaupt nicht einmischen. Menschen wie Ruth.»

«Aber warum?», fragte ich verwirrt. «Wie kann sie nur ...»

«Es ist Gottes Urteil. Wer sind wir, Gott zu hinterfragen? Egal, wer stirbt, es sind Sünder. Wenn du tief genug gräbst, wirst du in ihrem Leben immer einen Grund finden, warum sie es verdient haben. Ehebrecher. Lügner. Diebe. Trinker.

Perverse. Niemand kann verschont bleiben, weil niemand ohne Schuld ist.»

«Der Engel richtet über niemanden», sagte ich. «Er wählt seine Opfer nicht planvoll aus. Er *jagt* einfach nur.»

«Ganz genau. Es ist nichts Heiliges daran, es ist einfach nur eine Bestie. Ein Monster.» Sie holte tief Luft. «Ich werde ihn töten. Irgendwie. Eines Tages. Ich werde ihn verdammt noch mal töten.»

25

SALEM

Stay

Ich schlief auf dem Sofa ein, gewärmt vom knisternden Feuer. Ich hatte zu viel Angst, in mein Zimmer zurückzukehren und dort allein zu schlafen. Ich lauschte auf Raynes Bewegungen: ihre leisen Schritte, wenn sie Feuerholz nachlegte, das Klicken ihres Feuerzeugs, gefolgt von dem herben Geruch eines Joints. Sie setzte sich neben mich auf das Sofa, und als ich einmal die Augen öffnete, sah ich, dass sie Stricknadeln in den Händen hielt und aus blassrosafarbener Wolle etwas strickte. Das Geräusch war beruhigend, und ihr Gesicht sah entspannt aus, während sie in die Arbeit vertieft war.

Spätnachts lag sie neben mir. Sie nahm meine Hände und küsste sie, und als ich mich rührte, flüsterte sie: «Du bist in Sicherheit. Ich bin bei dir.»

Als ich noch vor dem Morgengrauen von Albträumen erwachte, hielt sie mich noch immer fest, selbst im Schlaf. Mein Herz pochte schmerzhaft, ich starrte auf den Regen, der die Fensterscheiben entlanglief, und erzitterte beim Gedanken daran, dass die schreckliche Bestie hinter dem Glas auftauchen könnte. Ich erschauderte, Tränen traten mir in die Augen, und ich versuchte, nicht an die verstümmelten Leichen in den Bäumen zu denken.

Neben dem Feuer regte sich Loki, der aus seinem Schlaf erwachte, und kam zu mir. Er setzte sich neben mich und leckte mir übers Gesicht, und ich legte einen Arm um seinen flauschigen Hals. Rayne seufzte leise und vergrub ihr Gesicht in meinem Haar.

«Ich bin da», flüsterte sie mit träger, verschlafener Stimme. «Ich bin bei dir, Süße.»

Mein hektischer Herzschlag beruhigte sich. Loki legte sich hin, und ich ließ einen Arm vom Sofa baumeln, um sein dichtes, schwarzes Fell zu streicheln. Irgendwie schaffte ich es, noch für ein paar Stunden zu schlafen.

Am nächsten Morgen fegte ein heftiger Sturm über die Insel hinweg. Grollender Donner riss mich aus meinem Schlaf, Regen rüttelte am Haus, und Wind peitschte heulend um das Gemäuer.

Eine Weile blieb ich reglos liegen und lauschte dem Sturm. Meine Muskeln schmerzten, und mein Kopf pochte qualvoll. Schließlich brachte mich mein knurrender Magen dazu aufzustehen. Ich hatte kaum den Hintern vom Sofa gehoben, als Rayne heftig zusammenzuckte. Sie riss die Augen auf und packte mein Handgelenk fest.

«Schon gut», sagte ich eilig. «Sorry. Ich wollte dich nicht aufwecken. Möchtest du Kaffee? Oder Tee?»

Sie starrte mich bestimmt zehn Sekunden lang an, ohne etwas zu sagen, dann murmelte sie: «Ich muss träumen. Du solltest nicht hier sein.» Sie ließ mich los und rieb sich mit der Hand über das Gesicht. «Hast du Kaffee gesagt? Ich hole welchen, du bist verletzt, du ...»

Als sie mit schwerfälligen Bewegungen und noch halb schlafend aufstehen wollte, drückte ich sie entschieden wieder zurück aufs Sofa. «Es geht mir gut, versprochen.»

Sie gab nach und schüttelte leise lachend den Kopf. «Ich muss *definitiv* träumen. Schöne Frauen bringen mir morgens keinen Kaffee.»

Mein Herz wurde schwer, und ich wusste nicht genau, warum. Sie hatte die Augen geschlossen. Ich beugte mich hinunter und küsste ihre kalte Wange. Sie öffnete die Augen nicht, sog aber scharf die Luft ein.

«Tja, diese hier tut es», sagte ich. «Bin gleich wieder da.»

Jetzt, wo keine Gäste mehr im Haus waren, war der Speisesaal leer geräumt worden. Die Stühle waren an der Wand aufgestapelt und, genau wie die Tische, mit weißen Tüchern bedeckt worden, um sie vor Staub zu schützen. Es war, als wäre der Raum voller schweigender Geister, aber vielleicht war das nur meine unterschwellige Paranoia.

Surreale Bilder schwirrten durch meinen Kopf – die Bestie, die Leichen, Blut und Gemetzel. Mit geschlossenen Augen stand ich im Türrahmen zur Küche und zwang mich, langsam und tief zu atmen. *Es ist nicht real. Denk nicht darüber nach*, sagte mein Verstand, aber ich konnte mich nicht davon überzeugen, die Realität zu verleugnen, egal, wie unbegreiflich sie war. Ich hatte es mit eigenen Augen gesehen. Ich hatte den Gestank nach Blut und Tod gerochen. Ich hatte das Klagen und die Schreie der entsetzten Zeugen gehört.

Die letzte Fähre war abgefahren. Niemand würde herkommen, um mich zu retten. Es fühlte sich zwar albern an, jetzt darüber nachzudenken, aber plötzlich überkam mich die Angst, dass ich auf der Arbeit gefeuert werden könnte, wenn ich zu lange fehlte.

Vielleicht könnte ich einen Hubschrauber anheuern – meine Ersparnisse aufbrauchen, ein oder zwei Kreditkartenlimits ausreizen. Oder ein Ruderboot finden. Die Küstenwache anrufen. Ich stellte mir vor, wie die Retter ankamen, wie ich mich von Rayne verabschiedete – und sie hier zurückließ, wo sie sich der Bestie allein stellen musste.

Das fühlte sich nicht richtig an. So verängstigt ich auch war, ich wollte sie nicht im Stich lassen.

Sie brauchte jemanden. Sie brauchte *mich*, selbst wenn sie niemanden wollte.

Mich in der riesigen Küche zurechtzufinden, dauerte länger, als ich gedacht hätte, aber schließlich fand ich einen Beutel mit zweieinhalb Kilo Kaffee zwischen anderen großen Vorratsbeuteln. Wenigstens würde uns das Essen nicht ausgehen. Rayne hatte sich offensichtlich gut eingedeckt, um einen langen Winter ohne Zugang zu einem Supermarkt zu überstehen.

Als ich mit zwei Tassen voll dampfendem Kaffee in den Gemeinschaftsraum zurückkehrte, saß Rayne in ihrem grünen Samtsessel, und etwas lag in ihrem Schoß. Sie hatte das Feuer wieder angefacht. Beruhigende Wärme füllte den Raum, während der Regen die Fensterscheiben hinunterlief.

«Danke.» Sie lächelte mich an, als ich die Tasse neben ihr auf dem Tisch abstellte.

Gleichzeitig erhaschte ich einen Blick darauf, was sie sich gerade ansah. In ihrem Schoß lag ein geöffneter Ordner aus Manilapapier voller Zeitungsausschnitte und Fotografien.

«Ist das ... o Gott.» Hastig wandte ich mich ab, mein Herz pochte heftig, und mein Brustkorb schnürte sich zusammen.

Der Stuhl knarzte, und im nächsten Moment spürte ich, wie Rayne von hinten ihre Arme um mich schlang und ihren Kopf auf meinen legte.

«Das sind Fotos von ihm, oder? Von dem Engel?», fragte ich mit bebender Stimme.

«Ja. Die meisten habe ich selbst geschossen. Sie sind alle verschwommen, es ist unmöglich, ein scharfes Bild von ihm zu bekommen. Ich habe es versucht. Du musst sie dir nicht ansehen.»

Aber ich holte mehrmals tief Luft und wartete, bis sich mein Magen nicht mehr anfühlte, als wolle er sich umdrehen. «Nein. Ich möchte mir das ansehen. Ich *muss*.» Ich drehte mich um, und die Kaffeetasse zitterte in meinen Händen. «Ich will ihn sehen.»

Sie nickte, setzte sich wieder und kramte in den Unterlagen herum, bis sie ein Polaroid fand und hochhielt. «Das ist die erste Aufnahme, die ich von ihm gemacht habe.»

Das Foto war verschwommen, und es war fast unmöglich zu sagen, was darauf ein Baum war und was nicht. Aber als ich es länger betrachtete, konnte ich das merkwürdige, mit langen Gliedmaßen versehene Wesen ausmachen, das der Kamera den Rücken zugedreht hatte.

Genauso hatte es auch ausgesehen, als ich ihm begegnet war.

«Scheiße.» Ich atmete zittrig ein und stellte meinen Kaffee ab, um ihn nicht zu verschütten.

«Nachdem es meinen Vater getötet hat, hat James einen kleinen Trupp Jäger zusammengestellt, um es zu verfolgen. Er wollte nicht, dass ich mitkomme, aber ...» Sie zuckte die Schultern. «Ich bin ihnen trotzdem gefolgt. Ich hatte keine eigene Waffe, also hat mir einer von ihnen ein altes Gewehr gegeben. Das Schießen hab ich mir selbst beigebracht.»

Es gab ungefähr ein Dutzend Fotos, manche zeigten das Wesen nur aus der Ferne, manche waren Vergrößerungen. Auf manchen konnte ich die Bestie kaum erkennen. Aber auf anderen war es, obwohl die Aufnahmen verschwommen waren, nur allzu deutlich zu sehen.

«Rebecca hätte dir beinahe zu viel verraten», sagte Rayne und hielt ein letztes Foto hoch. Es war eine Aufnahme von oben und zeigte den Engel, wie er über zerklüftete schwarze Felsen krabbelte. «Das hier wurde vom Feuerwachturm am nördlichen Ende der Insel aus aufgenommen.»

«Ihr steigt dort nicht hinauf, um nach Feuern Ausschau zu halten, oder?»

Sie schüttelte den Kopf. «Ich gehe dorthinauf, um nach dem Monster zu suchen. Um die Straßen im Blick zu behalten und die Menschen zu warnen, wenn ich es sehe. Unser einziger Mobilfunkmast befindet sich auch dort und muss manchmal gewartet werden.» Abrupt klappte sie den Ordner zu, legte ihn beiseite und nahm ihre Kaffeetasse. Sie trank einen großen Schluck und seufzte. «Wow, der schmeckt viel besser, wenn du ihn für mich kochst.»

«In meinem ersten Job habe ich als Barista gearbeitet», sagte ich. «All meine erworbenen Kaffeekochkünste stecken darin.»

Sie lachte, und das brachte mich auch zum Lächeln. Für ein paar Augenblicke breitete sich angenehme Stille zwischen uns aus.

«Bist du sauer, dass ich noch hier bin?», fragte ich dann leise. «Ich weiß, dass du wahrscheinlich nicht geplant hast, den Winter über jemanden hier zu beherbergen, und es ist wahrscheinlich komisch, jemanden im Haus zu haben. Ich schwöre, ich bezahle für das Essen und ...»

Doch sie hob die Hand, um mich zum Schweigen zu bringen. «Ich bin nicht sauer. Nein, ich bin ... fuck, Salem, ich bin ... ich möchte dich *beschützen.* Wag es ja nicht, zu denken, dass du eine Last bist, weil du hierbleibst. Es ist ... na ja ...» Sie senkte die Stimme. «Ein Teil von mir ist froh, dass du hier bist. Ich wollte nicht, dass du gehst. Es ist schwer im Winter ... das Alleinsein und so.» Sie stellte ihre Tasse ab und rieb sich mit einer Hand über das Gesicht. «Ich habe dich in diese Sache mitreingezogen. Und ich werde dich auch wieder da rausholen.»

Instinktiv streckte ich meine Hand nach ihrer aus. Sie nahm sie, verschränkte ihre Finger mit meinen und küsste meinen Handrücken.

«Sind wir hier sicher?», fragte ich. «In diesem Haus?»

Sie nickte. «So sicher, wie wir sein können. Ich habe Kameras und Flutlichtmasten an den Grundstücksgrenzen aufgestellt. Ich werde heute die Zäune abgehen und sie mit Stacheldraht versehen.» Sie drückte meine Hand. «Ich passe auf dich auf, Salem. Koste es, was es wolle.»

Der Tag zog sich hin. Rayne hatte viel zu tun und verschwand mit Loki, kurz nachdem sie ihren Kaffee ausgetrunken hatte. Aber ich konnte nur dasitzen und mir Sorgen machen – und währenddessen die Kaffeekanne leeren. Ich versuchte zu lesen, aber ich konnte mich nicht auf die Worte konzentrieren. Ich versuchte zu malen, doch meine Finger zitterten, und die Mine meines Bleistifts brachte nichts als schemenhaftes Gekritzel zu Papier.

Stattdessen kauerte ich mich in die Fensternische in meinem Zimmer, beobachtete den Hof und hielt Ausschau nach Rayne. Als sie mit wehendem Mantel vorbeilief und eine Schubkarre voller Stacheldraht schob, während Loki ihr hinterhertrottete, machte mein Herz nicht nur einen erleichterten Hüpfer, es raste geradezu.

Schließlich begab ich mich nach unten in die Bibliothek, wo auch ein Computer stand. Der Rechner war alt und die Internetverbindung entsetzlich langsam. Im Verlauf der nächsten Stunden recherchierte ich alle möglichen Optionen – davon, wie man privat einen Hubschrauber mieten konnte, bis hin zum Notruf bei der Küstenwache. Wegen der kommenden Schlechtwetterfront würde allerdings noch mindestens eine Woche lang niemand zu mir gelangen können.

Und wieder dachte ich daran, Rayne zurückzulassen. Wüsste sie, was ich herausgefunden hatte – sie würde mir, ohne zu zögern, sagen, dass ich gehen solle.

Aber ich wusste nicht, ob ich das konnte. Diese Frau im Stich zu lassen, die geschworen hatte, mich zu beschützen, wegen der ich mich gesehen und ... umsorgt fühlte. Jetzt, wo ich wusste, was sie bewältigen musste, wie konnte ich sie in diesem Kampf allein lassen?

Ich hatte schreckliche Angst. Die Angst davor, was ich gesehen hatte, saß mir so tief in den Knochen, dass keine Menge an Tabletten sie vertreiben können würde. Die Angst vor dem, was war, und vor dem, was sein *könnte*. Der Fluch dieser Insel könnte auch von mir Besitz ergreifen. Er könnte sich in meinem Verstand einnisten, so wie bei den anderen.

Vielleicht war es ja sogar schon geschehen.

Ich drehte mich um, als ich ein schlurfendes Geräusch hörte, aber die Bibliothek war verlassen.

Der sanfte Schein der Lampen flackerte, und ich wandte mich eilig wieder zum Computer um und versuchte, den kalten Schauer zu ignorieren, der mir über den Rücken lief.

Ich schrieb mehrere E-Mails an meine Mutter und löschte sie wieder, bevor es mir endlich gelang, etwas zu schreiben, dass sie nicht in Panik versetzen würde. Es brachte nichts, ihr Angst einzujagen. Während ich darauf wartete, dass die Mail abgeschickt wurde, kaute ich meinen Daumennagel ab und fühlte mich, als hätte ich gerade meine eigene Grabrede geschrieben.

«Bleib hier.»

Das scharfe, zischende Flüstern ließ mich aufschreien und aus meinem Stuhl aufspringen. Ich stieß mir das Bein am Tisch und keuchte vor Schmerz auf. Mit dem Rücken drückte ich mich in eine Ecke der mit Bücherregalen gesäumten Wände und sah mich voller Panik im Raum um. Er war leer, genau wie vorhin. Aber in meinem Nacken hatte ich noch Gänsehaut, weil ich einen kalten Atem gespürt hatte.

«Hallo?» Meine Stimme hallte im Zimmer wider.

Der Wandleuchter neben der Tür flackerte schnell und erlosch dann. Mein Mund war staubtrocken. Ich schluckte, aber es half nichts.

«Rayne? Bist du ...», setzte ich an, doch meine Worte verklangen zu einem Wimmern.

Hinter einem Bücherregal, das weit von mir weg stand, entdeckte ich gut versteckt das ausgemergelte, blutüberströmte Gesicht einer Frau.

Meine Kehle schnürte sich zusammen. Schwindel überkam mich, und ich hatte das Gefühl, ohnmächtig zu werden. Sie starrte mich aus eingefallenen Augen an, ohne zu blinzeln. Von ihrem langen Haar triefte eine dickflüssige, dunkelrote Flüssigkeit. Ich konnte deutlich hören, wie sie unheilvoll auf dem Boden aufkam.

Tropf, tropf, tropf.

Blut schäumte zwischen ihren Lippen, als sie sprach. *«Bleib hier.»*

Verzweifelt hielt ich mich am Regal fest, um zu verhindern, dass meine Beine unter mir nachgaben. «Ich ... ich ...»

Ein weiterer Leuchter, diesmal der direkt über meinem Kopf, flackerte. Die Frau bewegte sich nicht, nur ab und zu zuckte sie leicht.

«Bleib hier.»

Alle Lampen gingen aus. Der Computerbildschirm leuchtete weiß auf, wurde dann tiefrot und tauchte mich in seinen Schein. Ich konnte die Frau nicht mehr sehen, aber ich konnte hören, wie sie auf nassen Füßen mit langsamen Schritten auf mich zu schlurfte.

Mittlerweile hyperventilierte ich und kniff die Augen zusammen, um in der Dunkelheit etwas zu erkennen.

«Ich ... ich werde bleiben!», rief ich mit vor Panik schriller Stimme. «Bitte – ich werde ...»

Das Licht ging wieder an. Der Computer schaltete sich aus. Mein Atem bildete Dampfwölkchen in der kalten Luft, aber von der Frau, die ich gesehen hatte, war nichts übrig ...

Abgesehen von dem schwachen Abdruck nackter Füße, die direkt vor mir gestanden haben mussten.

26

SALEM

Make It Burn

In dieser Nacht fiel es mir nicht leicht, Schlaf zu finden. Rayne war immer noch draußen unterwegs, als ich mich hinlegte, und ich wälzte mich in dem kalten Bett hin und her. Das Gesicht der unheimlichen Frau verfolgte mich. Sobald ich die Augen schloss, hatte ich ständig das Gefühl, dass sie in der Nähe war und mich beobachtete, ja, dass sie mir so nah war, dass sie mich hätte berühren können.

Einmal, als ich die Augen öffnete, bemerkte ich einen Lichtschein, der durch meine Vorhänge drang. Ich warf einen Blick nach draußen und sah im strömenden Regen die Flutlichter, die das Grundstück umgaben – ein Ring aus Licht, um die Bestie zu vertreiben. In der Ferne erklang ein dumpfes Krachen, und ich fragte mich, ob es von der schweren Haustür herrührte, die ins Schloss gefallen war.

Meine Angst ließ mich nicht zur Ruhe kommen. Es ging mir immer schlechter, je länger ich hier lag, mich herumwälzte und auf den heulenden Wind und den prasselnden Regen lauschte. Also zog ich Socken und einen Pullover an und schlurfte ins Erdgeschoss.

Loki schlief auf einem Teppich im Foyer, sein dichtes Fell war noch feucht vom Regen. Flackernder Feuerschein drang aus dem Gemeinschaftsraum, also machte ich mich auf den Weg dorthin.

Rayne saß auf dem Sofa, den Blick auf das Feuer gerichtet. Sie hatte ein Whiskyglas in einer Hand und einen Joint in der anderen. Mehrere Kerzen standen im Raum verteilt, und ihre Flammen schienen zu der Musik zu tanzen, die aus ihrem Handy drang. Ich lehnte mich gegen den Türrahmen und musste lächeln, als ich den Songtext von «Spiracle» von Flower Face erkannte.

«Kannst du nicht schlafen?»

Raynes Frage ließ mich zusammenzucken. «Tut mir leid, ich dachte, ich wäre ...»

Sie drehte sich um, und ihre grünen Augen reflektierten den Schein der Flammen. Dieses Feuer drohte mich bei lebendigem Leib zu verbrennen.

«Du kannst dich nicht an mich heranschleichen», sagte sie und grinste leicht. «Ich wurde schon von viel furchteinflößenderen Wesen als dir verfolgt.»

Sie beobachtete mich, als ich näher kam, und ließ den Blick über meinen Körper wandern. Dann trank sie einen Schluck, wobei die Eiswürfel in ihrem Glas klimperten. Sie schluckte langsam, und ich starrte auf ihren Hals, nahm die subtile Bewegung ihres Kehlkopfs wahr und dann den Tropfen Kondenswasser, der ihren Arm hinunterlief und schließlich im weichen Samtstoff des Sofas versickerte.

Sie hatte etwas Hypnotisierendes an sich, das ich nicht verstand, wie zerbrochenes Glas oder geschmolzenes Metall – gefährlich und schön. Als sie sich abwandte, kam mir die Luft plötzlich kälter vor, und ich erschauderte.

«Möchtest du einen Drink?» Sie hielt ihr leeres Glas hoch, als ich auf dem Vorleger stehen blieb und meine Füße in dem weichen Fell vergrub.

Ich nickte, aber sie war schon aufgestanden und schlurfte zu dem Barwagen hinüber. Auf dem Sofa war genug Platz, sodass ich mich neben sie hätte setzen können, auf dem Vorleger war es allerdings wärmer, und er war näher am Feuer. Außerdem hatte es eine einschüchternde Wirkung auf mich, neben Rayne zu sitzen, so wie mir auch die tödlichen Dinge, an die sie mich erinnerte, Angst einjagten.

Es wäre dem Gefühl gleichgekommen, sich neben einen Panther zu setzen.

Als sie sich wieder umdrehte, ein Glas in jeder Hand, und mich auf dem Boden entdeckte, kicherte sie. «Ist das Sofa unbequem?»

«Nein!», stammelte ich und hoffte, dass ich sie nicht gekränkt hatte. «Ich bin wohl einfach nur komisch. Das Fell ist weich, und es ist wärmer ...»

Meine Wangen begannen zu glühen, als sie sich neben mich hockte und mir das Glas reichte. «Wenn dir kalt ist, kann ich dir einen heißen Grog machen. Das würde nur ein paar Minuten dauern.»

«Ist schon gut.» Lächelnd nahm ich den Drink entgegen. Es waren ein paar Eiswürfel darin, und die Flüssigkeit hatte eine satte, an Bernstein erinnernde Farbe. Das Aroma war intensiv, mit Noten von Zimt und Karamell. «Was ist das?»

«Eine vorübergehende Lösung für deine Probleme.» Sie ließ ihr Glas gegen meines klirren, um mir zuzuprosten, und trank es dann mit einem einzigen Schluck halb leer.

Auch ich trank. Der Whisky schmeckte auf meiner Zunge scharf, aber er war warm und weich, als ich ihn schluckte. Sie setzte sich wieder auf das Sofa. Ich starrte ins Feuer, spürte dabei aber ihren Blick auf mir.

«Hattest du Erfolg bei dem Versuch, einen Rettungshubschrauber zu buchen?», fragte sie nach ein paar Augenblicken der Stille. Ihr musste meine panische Suchhistorie auf dem Computer aufgefallen sein.

«Nein.» Seufzend nahm ich noch einen Schluck, diesmal einen größeren. «Aber ich habe meiner Mom eine E-Mail geschrieben. Ihr gesagt, dass sie sich keine Sorgen machen soll ...»

Plötzlich hatte ich einen Kloß im Hals und trank erneut von dem Whisky, um das Gefühl zu vertreiben. Vielleicht hätte ich noch mehr schreiben sollen, hätte deutlicher machen sollen, wie sehr ich sie und Dad lieb hatte und wie dankbar ich ihnen dafür war, dass sie mich immer unterstützt hatten.

«Du wirst sie wiedersehen, Salem.»

Raynes Worte waren so beruhigend, dass ich scharf die Luft einsog und den Atem anhielt. Meine Gefühle drohten mich zu überwältigen, aber ich konnte die Wahrheit nicht verbergen: Ich hatte Angst. Nein, ich hatte *fürchterliche* Angst. Unglücklicherweise enthielt keiner meiner Ratgeber darüber, wie man in der Wildnis überlebte, ein Kapitel über den Umgang mit übernatürlichen Monstern.

«Glaubst du mir?»

Ich drehte mich um. Rayne starrte mich an, und in ihren Augen entdeckte ich eine Regung, die ich nicht deuten konnte. Ein paar Augenblicke lang konnte ich nicht antworten.

«Es hat Martin und George getötet», presste ich schließlich hervor.

«Stimmt, aber die beiden habe ich auch nicht beschützt», erwiderte sie. «Dich werde ich beschützen.»

Ich wandte mich ab, kippte meinen Drink hinunter und stellte das leere Glas beiseite. Um nicht wieder in Panik zu verfallen, fuhr ich mit den Händen auf dem Fell auf und ab und versuchte, mich auf das warme Gefühl zu konzentrieren, das meine Kehle hinunterrann.

«Ich habe sie gesehen», sagte ich leise. «Den roten Geist.

Die Frau. Sie hat mir gesagt, dass ich bleiben soll.» Ich holte tief Luft und warf einen Blick über die Schulter. «Also werde ich das tun. Ich werde dir helfen, der Sache auf den Grund zu gehen.»

Raynes sorgsam komponierte Miene bekam einen Riss, und ich erhaschte einen Blick auf die Angst, die dahinter lauerte. «Nein, Salem. Nein, hör mir zu, sobald ich Kontakt zur Küstenwache aufnehmen kann, werde ich dich von hier ...»

«Ich gehe nicht weg.»

Ein Muskel in ihrem Gesicht zuckte. Dann atmete sie bebend aus und fluchte leise.

«Du solltest nicht allein sein», sagte ich, bevor ich den Mut verlieren oder sie Argumente vorbringen konnte. «Ich kann dir helfen, Rayne. Das möchte ich. Und ich glaube nicht ... ich glaube nicht, dass ich einfach so gehen kann. Ich spüre, dass sie mich beobachtet.»

Sogar jetzt spürte ich es: Die Gewissheit, dass Blicke auf mich gerichtet waren und mich aus dem Schatten beobachteten wie eine stets präsente dunkle Gestalt am Rande meines Sichtfelds, ließ mich frösteln.

Rayne sah mich lange an. Ihr Kiefer war angespannt, als müsste sie all die Worte zurückhalten, die sie eigentlich sagen wollte.

«Du kennst mich nicht gut genug, um zu wissen, wie viel es bedeutet, wenn ich jemandem mein Wort gebe», sagte sie schließlich mit vor Rührung belegter Stimme. «Aber ich werde dich beschützen. Ich werde nicht ...» Abrupt hielt sie inne. Sie sah mich nicht mehr an, ihr Blick ging ins Leere. «Ich werde nicht zulassen, dass diese Insel mir noch jemanden nimmt», fuhr sie fort. Die Worte waren kaum mehr als ein Flüstern. «Nicht schon wieder. Nicht dich.»

Ich rutschte näher an sie heran, bis ich zu ihren Füßen kniete. Sie beugte sich hinunter und fuhr mit einem Finger über meine Wange, dann meinen Kiefer entlang.

«Verdammt, ich habe noch nie bekommen, was ich wollte», sagte sie. «Bis ich dich getroffen habe, bis auf das hier. Es fühlt sich an wie eine grausame Ironie des Schicksals.» Sie nippte an ihrem Drink.

«Es gibt schon genug Grausamkeit auf der Welt», sagte ich leise und legte meine Hände auf ihrem Oberschenkel ab. «Ich möchte bleiben. Ich möchte nicht, dass du dich allein der Dunkelheit stellen musst. Nicht schon wieder.»

Erwartungsvoll öffnete ich den Mund, damit sie mir etwas zu trinken geben konnte.

Sie gab einen Laut von sich, der wie ein ersticktes Keuchen klang. «Gott, Salem. Zum ersten Mal im Leben habe ich Glück. Deinetwegen.»

Sie kippte das Glas, sodass der kalte Whisky auf meine Zunge tröpfelte. Aber es war nicht nur der Alkohol, der Hitze in mir aufsteigen ließ, als ich schluckte.

Ich ließ sie keinen Moment aus den Augen.

«Was soll ich bloß mit dir machen, meine Hübsche?»

Eine Vielzahl an möglichen Antworten schwirrte mir durch den Kopf. Schweigend kroch ich langsam zu ihr auf das Sofa und auf ihren Schoß. Sie wandte ihren Blick nicht von mir ab. Als ich die Schenkel um ihre schloss, atmete sie schwerer und fuhr mit den Fingern durch mein Haar, sodass sich Gänsehaut auf meinem Rücken ausbreitete.

Vor Nervosität hatte ich Schmetterlinge im Bauch. Ich beugte mich nah an ihr Ohr heran. Dann atmete ich ein, meine Nase berührte dabei sacht ihre Haut.

«Alles, was du willst», flüsterte ich.

Zu meiner Überraschung schüttelte sie den Kopf. «Falsch.

Alles, was *du* willst, Salem. Jede noch so sexy Fantasie in deinem Kopf.»

Ein Prickeln durchzuckte mich vom Haaransatz bis zu den Zehenspitzen. «Dann will ich ... ich will, dass du mir wieder in Erinnerung rufst, wie gut sich Angst anfühlen kann.»

Ich wimmerte, als sie langsam, aber fest mein Haar packte. Sie zog mich näher zu sich, bis ich nur noch wenige Zentimeter von ihren Lippen entfernt war, und sagte mit gepresster Stimme: «Bis jetzt waren all meine Winter trostlos. Dich auf jeder nur denkbaren Oberfläche in diesem Haus zu ficken, bis mein Vater sich in seinem Grab umdreht, klingt nach verdammt viel Spaß.»

Sie brachte mich so sehr in Verlegenheit, dass ich nichts weiter herausbekam als: «Oh, verdammt.»

Sie küsste mich langsam, wie um meinen Geschmack ganz auszukosten. Ihre Zunge schlüpfte durch meine Lippen, während ihre Finger noch immer in meinem Haar vergraben waren und sie den Griff festigte, bis es wehtat. Ich rieb mich an ihrem Oberschenkel und wimmerte an ihrem Mund. Die Stimulation sorgte dafür, dass ich zitterte und sich mein Atem beschleunigte.

Unsere Lippen lösten sich kaum voneinander, da flüsterte sie: «Was zuerst, Salem? Was zur Hölle soll ich mit dir anstellen?»

Ein erstickter Laut bahnte sich seinen Weg meine Kehle hinauf. «Tu mir weh, Herrin.»

«So ist es brav, das ist mein Mädchen. Das ist schon mal ein Anfang.» Sie schüttelte mein Gesicht hart, bevor sie mich losließ. Dann zuckte sie zusammen. «Hm, vielleicht sind wir mit deinem Kopf lieber vorsichtig.»

«Ich glaube nicht, dass ich eine Gehirnerschütterung habe.»

«Willst du wirklich mit mir diskutieren?», fragte sie und lachte ungläubig. «Bring mich nicht dazu, dich zu bestrafen, Salem.»

«O nein», antwortete ich ironisch. «Alles, aber keine *Strafe* ...»

«Scheiß drauf, du hast viel zu viel an.»

Sie zog mir den Pullover über den Kopf und warf ihn beiseite. Ich trug keinen BH. Ihre Augen weiteten sich, und sie atmete langsam aus.

«Du bist so schön», sagte sie. «Vielleicht habe ich doch endlich einen Engel gesehen.»

Ihre Anspielung auf die Bestie ließ mich erzittern, aber diese kleine Adrenalindosis fühlte sich an wie flüssiges Feuer, das durch meine Adern schoss.

«Erinnerst du dich noch an dein Safeword?», fragte sie. Ich nickte eilig, achtlos, doch sie zwang mich, mich zu bremsen. «Sag es, Salem. Beweise mir, dass du dich erinnerst.»

«Rot», antwortete ich ungeduldig.

Sie nahm die Kerze von dem kleinen Tisch neben ihrem Stuhl.

«Fuck, das ist ... o Gott ...» Ich wappnete mich und wandte das Gesicht von der Flamme ab.

«Schau nicht weg», flüsterte sie. Dann führte sie die Kerze näher heran, sodass sie sich nur ein paar Zentimeter unterhalb meines Nippels befand. «Du bist in Sicherheit, du kannst das. Willst du es?»

«Ich will es. Bitte.» Ich wimmerte auf, als die Flamme näher kam und ihre Hitze sich von subtiler Wärme in ein prickelndes Brennen wandelte. Ich grub meine Nägel in Raynes Schenkel, und mein Herz pochte heftig gegen meine Rippen.

«Ich will deine Klauen spüren», sagte sie, wickelte einen Arm um meine Taille und hielt mich fest.

Die Flamme war mir so nah, züngelte und flackerte, und jedes Mal zuckte ich zusammen. Ich füllte meine Lunge mit tiefen, schnellen Atemzügen, und vor freudiger Erwartung wurde mir ganz schwindelig.

«Stell dich für mich deinen Ängsten. Zeig mir, wie mutig du bist.»

Ich nickte voller Verlangen. Die Flamme züngelte über meinen Nippel, so schnell, dass ich es zwar spürte, sie mich aber nicht verbrannte. Eine berauschende Mischung aus Erleichterung, Adrenalin und Lust floss durch meine Adern. Ich strengte mich so sehr an, ruhig sitzen zu bleiben, dass mein Brustkorb sich heftig hob und senkte.

«Willst du mehr davon?», fragte sie und sprach vor Aufregung schneller. Sie hatte mich in der Hand, ein masochistisches kleines Lamm, das darum bettelte, gefressen zu werden.

«Ja! Ich will ... o fuck ...»

Sie bewegte die Flamme an meinen Nippeln hin und her. Jedes Mal, wenn die Hitze mich durchströmte, brachen kurze, gereizte Laute aus mir heraus.

Als sie die Kerze beiseitestellte, keuchte ich vor Verlangen, schwitzte und stöhnte.

«Zur Hölle mit diesen Klamotten», murmelte sie plötzlich und hob mich hoch, während sie aufstand.

Sie zog mich komplett aus, dann zerrte sie mich nach unten auf den Vorleger. Dort drückte sie mich auf die Knie und ließ mich die Hände hinter meinen Kopf verschränken, während sie mit meinen Nippeln spielte: Sie saugte daran, kniff mich und biss mich neckend. Meine Hüften bebten und sehnten sich nach Stimulation, ihre Hand zwischen meinen Beinen spielte mit mir, streichelte meine Oberschenkel, bewegte sich aber nie weiter nach oben.

«Das ist mein Mädchen.» Sie murmelte die Worte nebenbei, wie etwas ganz Natürliches. Als wäre ich wirklich *ihr Mädchen*. «Sieh mich an.»

Sie hob die Hand und hielt mein Gesicht fest. Mit den von Schwielen rauen Fingern fuhr sie sacht meinen Kiefer entlang. Der Daumen glitt über meine Lippe – und dann drückte sie den Finger in meinen Mund. Gleichzeitig legte sie die andere Hand zwischen meine Beine und rieb mit der Handwurzel über meine Klit.

Ich schloss die Lippen um ihren Daumen und beobachtete, wie sich ihre Augen weiteten, als ich aufstöhnte und daran saugte. Sie drückte den Finger auf meine Zunge, zwang mich somit, den Mund offen zu lassen, und hielt mich in dieser Position. Speichel sammelte sich in meinen Mundwinkeln, und meine Zunge wand sich unter ihrem Daumen, weil ich instinktiv versuchte zu schlucken.

Sie kicherte, zog den Daumen aus meinem Mund und bot mir stattdessen ihren Zeige- und Mittelfinger an. «Mach die beiden schön nass für mich», sagte sie. «Denn sie werden gleich in deiner Pussy verschwinden.»

Ich fuhr mit der Zunge über die Finger und ließ sie dazwischengleiten, ohne den Blick von ihr abzuwenden. Als sie die Hand wieder wegzog, spannte sich ein dünner, glänzender Speichelfaden von meinen Lippen bis zu ihren Fingern.

«Fuck, du bist so sexy, Salem. Was habe ich bloß getan, um dich zu verdienen?»

Mit einem der feuchten Finger drang sie in mich ein. Ich hielt den Atem an, aber sie umfasste meinen Kiefer und drückte meine Wangen zusammen.

«Jetzt *tief* einatmen ... genau so.»

Sie atmete mit mir zusammen und legte ihre Stirn an meine. Ich verlor mich in der Dunkelheit ihres leidenschaftlichen Blicks, atmete aus, sog dann die Wärme zwischen uns ein und ließ Rayne meine Lunge füllen. Ihr Finger bewegte sich langsam tief in mir, sie krümmte ihn und liebkoste mich damit, bis ich die Augen verdrehte.

«Bist du bereit für mehr?», murmelte sie.

Ich nickte stöhnend, und schon glitt sie mit einem zweiten Finger in meine Vagina. Sie stieß zu, während ich die Hüften bewegte und mich an ihrer Hand rieb.

«Du machst das so gut. Gott, schau dich nur an, Salem. Reite meine Finger, Süße. Zeig mir, wie unbedingt du das willst.»

Sie zog mein Gesicht näher zu sich heran und küsste mich, sodass sich ihre Zunge und ihre Finger auf erregende Weise im Gleichtakt bewegten.

Ihr Atem ging schwerer.

«Ich werde dafür sorgen, dass du so heftig kommst, dass du sogar deinen eigenen Namen vergisst.»

Sofort meldete sich meine Angst wieder, ohne dass ich sagen konnte, warum.

Nein, nein, nicht jetzt! Warum jetzt?

Aber was, wenn ich es nicht tun konnte? Wenn ich nicht zum Orgasmus kommen konnte, was, wenn es zu lang dauern würde, was, wenn sie ungeduldig werden würde? Meine Bewegungen wurden schwerfälliger, ich hielt wieder die Luft an und wich ihrem Blick aus.

«Sind wir noch bei Grün, meine Süße?», fragte sie mit diesem Tonfall, der mich dahinschmelzen ließ. Sie ließ meinen Kiefer los und streichelte mit den Fingern über meine Wangen. «Sprich mit mir.»

Du überdenkst die Dinge. Hör einfach auf nachzudenken. Was ist los mit dir? Warum musst du immer alles so kompliziert machen?

«Es ist nichts», stammelte ich kopfschüttelnd, «es geht mir gut. Alles in Ordnung, wir sind bei Grün ...»

Sie zog ihre Finger sanft aus mir heraus, führte sie an ihren Mund und leckte sie sauber. Zu sehen, wie sie den Geschmack meiner Erregung genoss, sorgte beinahe für einen Kurzschluss in meinem Hirn, das ohnehin beinahe schon überstimuliert war.

«Wir spielen nur, wenn du aufrichtig und mit ganzem Herzen dabei bist, Salem. Alles andere ist für mich ein No-Go», sagte sie und zog den Finger aus dem Mund. «Hast du verstanden? Wenn du mich benutzt, um dich selbst zu zerstören, dann hören wir auf. Und zwar sofort.»

Jeder Muskel meines Körpers war angespannt.

«Nein ... ich bin nicht ...», setzte ich an. «Es ist nur ... ich bin ... nervös ...»

Da, jetzt hast du es mal wieder vermasselt, nicht wahr? Weil du alles zerdenken musstest. Deshalb können die Leute dich nicht leiden, Salem. Deshalb ...

«Was macht dich nervös?» Ihre Stimme klang sanft, nicht genervt.

Trotzdem fühlte es sich für mich so an, als hätte ich sie enttäuscht.

Sie umfasste mein Gesicht, legte je eine Hand auf meine Wange und massierte langsam meinen verkrampften Kiefer. So hatte ich eine Empfindung, an der ich mich inmitten meiner stürmischen Gedanken festhalten konnte.

Sie wiederholte ihre Frage. «Was ist los? Sei ehrlich zu mir. Es ist in Ordnung. Du bist bei mir in Sicherheit.»

«Ich ... ähm ...» Ich schluckte schwer, dann sagte ich: «Ich weiß nicht, ob ich kommen kann. Ich bin einfach ... Vielleicht ist es nicht ... Manchmal dauert es eine Weile, und manchmal geht es gar nicht, wenn ich vorher Angst hatte. Und in den letzten Tagen ... war einfach alles ... so viel. Mein Gehirn versteift sich auf Sachen, und das ist manchmal ... wie eine Schallplatte, die hängt. Ich erinnere mich wieder und wieder an die schrecklichen Dinge.»

Dinge wie Leichen und Monster, Blut und Gespenster.

Ich schluckte noch einmal schwer, konnte sie noch immer nicht ansehen. Ich hätte mich am liebsten wie eine Raupe in einem Kokon verkrochen.

«Verstehe», sagte sie. «Das tue ich wirklich. Es ist in Ordnung, sich so zu fühlen. Was kann ich machen? Was brauchst du von mir?»

Schlagartig fiel mir das Atmen wieder leichter. Ich stieß die Luft aus, und ein heftiges Beben ging durch meinen Körper. «Was du machst, ist ... perfekt. Ich musste nur ein bisschen langsamer machen. Mir gefällt das, mir gefällt das wirklich sehr, und ich möchte weitermachen ... Ich möchte ...» Ich hob den Blick, und einen Moment lang verschlug mir der zärtliche Ausdruck in ihren Augen wieder den Atem. «Ich will *dich*. Wirklich.»

Sie nahm meine Hände und küsste sie. Dann zog sie mich nah an sich heran und schlang die Arme um mich. Die Wärme ihrer Umarmung fühlte sich an wie ein Sonnenstrahl, der den Nebel durchdringt, und ich ließ seufzend meinen Kopf auf ihre Schulter sinken.

«Hör mal: Es ist für mich vollkommen in Ordnung, die ganze Nacht hier bei dir zu sitzen», sagte sie. «Ob ich dich befriedige, bis du dich windest und bettelst ... oder dich einfach nur halte. Wenn du nicht kommen kannst, ist das okay. Das wird mein Ego nicht verletzen, und ich werde deshalb auch nicht ungeduldig. Mir ist wichtig, dass du dich gut fühlst und Spaß hast. Alles andere ist egal. Ich möchte nur, dass es dir gut geht.»

Ich konnte keinen klaren Gedanken fassen, wenn ich ihr so nah war. Ihre Worte besänftigten die Angst, die meinen zitternden Brustkorb zusammenschnürte, und lösten den Druck, sodass ich wieder tief Luft holen konnte.

Sie fuhr mit den Fingern durch mein Haar, packte zu und schüttelte spielerisch meinen Kopf, während sie mich so selbstbewusst angrinste, dass ich vor Erregung erschauderte.

«Es kommt mir nicht darauf an, dass du möglichst schnell zum Orgasmus kommst, das ist nicht das Ziel», sagte sie. «Ich will mitansehen, wie sich deine Erregung steigert – langsam und natürlich wie die nahende Flut. Ich will, dass du deine hübschen Augen verdrehst, weil es sich so gut anfühlt. Ich möchte, dass du dich beschützt und umsorgt fühlst, genauso wie du bist.» Sie drückte ihre Wange gegen meine und sprach die Worte leise und langsam in mein Ohr. «Mein einziges Ziel ist, dass wir zusammen Ekstase erleben. Deinen Körper so gut kennenzulernen, wie ich meinen eigenen kenne. Alles, was ich dafür brauche, ist, dass du mit mir redest. Sag mir, wie du dich fühlst und was dir gefällt. Ich kümmere mich um den Rest.»

Sie küsste mich wieder und drückte mich mit dem Rücken auf das Fell. Dann ermutigte sie mich, langsam und tief einzuatmen, während sie meine Beine streichelte.

«Du bist hier in Sicherheit», sagte sie. «Die Tore sind verschlossen. Die Lichter sind eingeschaltet. Loki bewacht die Tür.» Sie beugte sich hinunter und platzierte Küsse auf meinem Schlüsselbein, meinem Hals, meiner Brust. «Ich passe auf dich auf, Süße.»

Sie ging es langsam an und ließ sich viel Zeit dabei, jeden Zentimeter meiner Haut zu liebkosen. Jedes Mal, wenn mein Atem vor Lust erzitterte, hielt sie inne, um der empfindsamen Stelle, die sie entdeckt hatte, besonders viel Aufmerksamkeit zu widmen. Sie senkte ihren Kopf auf meinen Bauch und fuhr mit der Nasenspitze die Rundungen meiner Hüften und Schenkel nach.

«Wir stehen das durch», sagte sie. «Du und ich. Wir beide zusammen.»

«Zusammen», wiederholte ich, denn das Wort beruhigte mich.

Mit den Beinen umschloss ich sie, als sie sich aufsetzte. Vielleicht lag es nur am Schein des Feuers, dass ich diesen Eindruck hatte, aber sie sah mich an, als würde sie mich verehren. Ihr Blick war zärtlich und warm.

«Geht es dir gut?»

Ich nickte.

Sie hob die Hand an den Mund und saugte langsam an den zwei Fingern, die vor wenigen Minuten noch in mir gewesen waren. Mit wachsender Erregung beobachtete ich sie, während Hitze sich in meinem Innersten ausbreitete. Mit den Nägeln fuhr sie an der Innenseite meines Oberschenkels entlang.

Es fühlte sich so gut an, dass ich erschauderte.

«Sieh dich nur an, wie feucht du für mich bist», sagte sie, nachdem sie die Finger aus dem Mund gezogen hatte. «Ich weiß, dass diese hübsche Pussy mehr will. Denk an dein Safeword. Denk daran, mit mir zu reden. Ist es in Ordnung für dich, wenn wir weitermachen?»

Ich nickte.

Sie küsste meine Oberschenkel, erst den einen, dann den anderen, bevor sie mit dem Kopf dazwischen verschwand. Und dafür sorgte, dass ich nur noch bunte Blitze sah. Ihre Finger und ihre Zunge arbeiteten zusammen, stießen zu und saugten an mir, bis ich so erregt war, dass ich das Gefühl hatte, vom Boden abzuheben und zu schweben.

Aber dann wurden ihre Bewegungen langsamer. Sie verwöhnte mich mit langsamen, tiefen Bewegungen ihrer Finger, küsste meine Hüften und fuhr mit der Nasenspitze über meine empfindliche Haut. Ihr Blick verhakte sich mit meinem, als sie mich neben dem Bauchnabel küsste, sodass ich von ihrem Atem eine Gänsehaut bekam.

Sie zog ihre Finger aus mir heraus, feucht und glänzend, und leckte sie sauber. «Fuck, du schmeckst so gut. Himmlisch.»

Dann legte sie die Arme um meine Hüften und verschlang mich. Ihre Zunge bewegte sich in teuflischem Rhythmus und stimulierte jeden Nerv, bis meine Beine zitterten.

«Fuck, genau so, du machst das gut», sagte sie etwas undeutlich, weil sie mich mit ihrer Zunge noch immer liebkoste.

Ich raste auf den Höhepunkt zu, unfähig, innezuhalten. Alles, was ich tun konnte, war, ihren Namen zu schreien, ihr Haar zu packen und meine Schenkel zusammenzupressen, als der Orgasmus mich wie eine Flutwelle überrollte.

Sie lockte mit ihrer Zunge meine Seele aus meinem Körper. Sie bewegte sich mit mir und freute sich über meine Reaktionen.

«Gefällt dir das?», fragte sie mit so kehliger, erregender Stimme, dass ich beinahe wieder vor Lust zerflossen wäre. «Ich freue mich darauf, dich wieder mit meinem Strap zu verwöhnen», sagte sie, und ihr Grinsen wurde breiter, als sie bemerkte, dass sich meine Augen weiteten. «Und du wirst ihn wie ein braves Mädchen für mich in dich aufnehmen, nicht wahr?»

Tief und langsam stieß sie mit ihren Fingern zu und brachte Welle um Welle der Lust über mich. Ich wimmerte und wand mich, bis ihr Gesichtsausdruck etwas Animalisches annahm.

Sie zog sich aus und hielt nach jedem Kleidungsstück inne, weil ich sie überall anfasste. Ich liebkoste sie, erkundete ihren Körper und entdeckte die Stellen, an denen meine Berührungen dafür sorgten, dass sie den Atem anhielt. Ich betete sie an, fasziniert von ihrer Schönheit. Sie war aufmerksam und so sehr auf mich fokussiert, was mich immer wieder überraschte.

«Lass mich dich kosten», flehte ich.

Sie umfasste meinen Hals und drückte mich zu Boden. Dann kniete sie sich hin und positionierte sich über meinem Gesicht, um mich zu necken und zu reizen.

«Streck dich danach aus, wenn du es so unbedingt willst», murmelte sie.

Ich drückte mich gegen ihre Hand, sodass ich mir selbst die Luft abschnürte. Aber ich brauchte auch keine Luft, ich brauchte sie, nur sie, wie sie mir den Atem abdrückte, mich ausfüllte und alles von mir in Besitz nahm.

Sie war betörend. Wie sich ihre Haut anfühlte. Wie ihre Erregung roch. Das leise Surren, als sie sich umdrehte und ihr perfekter Hintern mein ganzes Sichtfeld ausfüllte. Sie wiegte ihn hin und her, um mich ein letztes Mal verführerisch zu necken, dann setzte sie sich auf mein Gesicht.

Ihr Geschmack ließ mich aufstöhnen. Ich leckte mit der Zunge über ihre Klit und kostete jedes Keuchen und jedes Zittern aus. Ich packte ihre Schenkel und presste sie enger an meinen Kopf.

«Fuck, du bist so gut», stöhnte sie.

Ich konnte nicht sehen, was sie tat, und begriff es erst, als sie ihren Mund wieder auf meine empfindliche Vulva drückte. Ich hob die Hüften und wand mich unter ihrer Liebkosung.

Einen Arm um ihr Bein geschlungen, öffnete ich sie mit

zwei Fingern, während ich mich mit der Zungenspitze ganz ihrer Klit widmete. Sie stöhnte, ihr Körper zuckte ruckartig, während ich an ihr saugte und sie leckte. Behutsam zog ich die Vorhaut ihrer vor Erregung angeschwollenen Klit zurück. Dann umschloss ich die Eichel mit meinen Lippen und saugte daran.

«O ja, genau da!», sagte sie stöhnend und ritt meine Zunge.

Ich fühlte mich wie im Himmel, als ich ihr Keuchen und Stöhnen hörte und spürte, wie sie auf mir erzitterte.

Ich war am Ende, durchnässt von ihrem Saft, trunken von ihrer Erregung, verloren im Rausch der Lust. Ihre Muskeln spannten sich an, und ihre Beine bebten. Ich war noch nicht so weit weg, dass ich nicht mehr auf ihre Reaktionen geachtet hätte. Sie war kurz davor, und ich wünschte mir nichts mehr, als dass sie auf meiner Zunge kam.

Meine Glieder zitterten, und ich verlor zunehmend die Kontrolle über meine Muskeln. All mein Wollen und meine ganze Konzentration richteten sich darauf, sie zum Orgasmus zu bringen.

Sie erschauderte. «Gott, Salem, wenn du so weitermachst, komme ich ...»

Ihre kehligen, verzweifelten Worte sorgten dafür, dass sich mein Unterleib zusammenzog. Ihre Erregung schmeckte salzig und süß, sie füllte meinen Mund feucht und köstlich aus, klebte an meiner Nase und meinem Kinn. Wie sie klang, brachte mich um den Verstand, und als sie stöhnte, ohne den Mund und die Zunge von meiner Pussy zu lösen, verlor ich die Beherrschung.

Ich kam heftig, und meine Muskeln zogen sich zusammen. Sie leckte mich weiter, saugte und rieb sich an mir. Mein Körper war besessen von ihr und zitterte unkontrollierbar.

Sie packte meine Beine, winkelte sie an und klemmte sie unter ihre Arme, während sie mich gnadenlos verschlang.

Das Zimmer drehte sich. Zeit verlor jegliche Bedeutung. Meine Knochen schienen zu schmelzen, ich fühlte mich kaum noch menschlich, bestand nur noch aus Erregung und befand mich irgendwo zwischen Wachen und Träumen.

Ich spürte das Gewicht von jemandem auf dem Fell neben mir und eine sanfte Berührung in meinem Gesicht. Rayne zog mich an sich und wischte meinen Mund mit ihrem Handrücken ab.

«Wir schaffen das, Salem», murmelte sie. «Eine Nacht nach der anderen, dann werden wir das verdammt noch mal schaffen.»

27

RAYNE

The Stone House

Am nächsten Morgen hatte es aufgehört zu regnen, aber kühleres Wetter zog eilig heran. Dichter Nebel waberte über das Gelände, als Salem und ich den schmalen, gewundenen Pfad entlanggingen, der südlich des Herrenhauses zum hinteren Teil des Balfour-Grundstücks führte. Loki trottete vor uns her und schnüffelte mal hier und mal dort, während er offensichtlich überlegte, wo er sein Geschäft verrichten sollte.

Die unverkennbare Winterkälte lag in der Luft, obwohl es windstill war. Alles, vom Nebel über den Himmel bis zu dem spröden Gras, durch das wir liefen, hatte eine blassgraue Farbe.

Salem blieb dicht bei mir. Sie drehte den Kopf zu allen Seiten um, und jedes Mal, wenn sie ein Geräusch hörte, das ihr nicht bekannt vorkam, zuckte sie zusammen.

Ich schlang einen Arm um ihre Schultern und drückte sie eng an meine Seite. Dann zeigte ich auf einen Zaun in der Ferne, auf dem oben zusätzlich dichter, scharfer Stacheldraht angebracht war.

«Nicht mal ein Monster wird sich da durchzwängen», sagte ich. «Ich habe heute Morgen die Kameras überprüft. Alles ist gut.»

Sie lächelte schüchtern, blieb aber dicht bei mir. Ich wollte nicht, dass sie sich fürchtete, aber ich freute mich, dass ich sie beruhigen konnte und sie sich bei mir sicherer fühlte.

Vielleicht lag es nur an ihrer Gesellschaft, aber trotz der bitteren Kälte war es ein schöner Morgen. Vögel zwitscherten in den Bäumen, das mit Raureif bedeckte Gras glitzerte, und in Spinnennetzen glänzte der Morgentau. Es war friedlich und ruhig.

Bis Loki ein so lautes Knurren ausstieß, dass mir beinahe das Herz stehen geblieben wäre, und über das Feld rannte.

«Loki!», rief ich ihm nach.

Doch er hörte nicht auf mich, war vollkommen auf irgendetwas konzentriert. Er rannte direkt auf den Fuß des Hügels zu, zu dem kleinen Steingebäude, das mein Vater dort errichtet hatte: eine Hütte mit nur einem Zimmer, einem schmalen Kamin und schmutzigen Fenstern. Gras und Moos bedeckten das Dach, und Brombeerranken hatten die Mauern erklommen. Loki rannte direkt zu der vernagelten Tür und lief lautstark bellend davor auf und ab.

Ich schnaubte verärgert. «Da muss ein Waschbär eingedrungen sein. Dummer Hund ... Salem? Hey, was ist los?»

Sie war stehen geblieben und starrte das Gebäude mit völlig verängstigtem Gesichtsausdruck an. Langsam schüttelte sie den Kopf.

«Ich habe mir eingeredet, dass es nicht real ist», flüsterte sie. «Ich dachte – ich dachte, ich habe es mir nur eingebildet ...»

Ich packte sie an den Schultern und zwang sie, mich anzusehen. «Was ist los? Wovon sprichst du?»

Sie war so verängstigt, dass Tränen in ihren geröteten Augen standen. «Da, im Steinhaus ... ist etwas ... etwas Großes.»

Eine Stunde später kehrten wir zum Fuß des Hügels zurück. Aber diesmal waren wir vorbereitet. Ich hatte mein Gewehr und eine Taschenlampe dabei, Salem mein Jagdmesser. Loki lief mit aufgestellten Ohren und schnüffelnder Nase vor uns, als wüsste er, dass wir auf einer Mission waren.

«Warum hat dein Dad sich hier draußen ein Büro gebaut?», fragte sie, und ihre Stimme zitterte vor Nervosität.

«Er hat es gebaut, nachdem ich geboren wurde. Ich habe als Baby nachts viel geweint, das hat er gehasst.»

In dem Steinhaus hatte mein Vater die meiste Zeit verbracht, wenn er nicht in der Kirche gewesen war. Er hatte sich eingeschlossen, in Gemeinschaft mit Gott, und manchmal tagelang hier draußen geschlafen, bevor er wieder einen Fuß in das Herrenhaus gesetzt hatte. Zum Ende seines Lebens hin hatte er sich Tag und Nacht dort eingeschlossen.

Mir war es streng verboten gewesen, das Steinhaus zu betreten. Mein Vater konnte den Gedanken, dass ein schmuddeliges Kind sein Eigentum anfasste, nicht ertragen, und die Angst, die er mir damals gemacht hatte, verspürte ich sogar jetzt noch. Nachdem er gestorben war und ich das gesamte Grundstück geerbt hatte, hatte ich keine Lust gehabt, das alte Gebäude abzureißen. Ich hatte seinen Schlüssel nicht gefunden, also blieb die Tür jahrelang verschlossen, bis ich sie schließlich mit Brettern vernagelt und das Haus dem Verfall überlassen hatte.

Als wir an der Tür angelangten, begann Loki, das Haus zu umrunden. Mit der Nase am Boden, den Schwanz über dem Rücken eingerollt, trottete er um das Gebäude herum, kehrte dann an meine Seite zurück und schnüffelte ungewöhnlich lange an der Tür.

«Was ist los?», fragte ich und kraulte sein dichtes Fell. «Was ist denn, Loki?»

Er wandte seinen Blick nicht von der Tür ab und ließ auch den Schwanz nicht sinken, starrte einfach nur mit schnüffelnder Nase zur Hütte.

«Macht er das sonst auch?», fragte Salem.

Ich kaute auf meiner Lippe herum, wischte mit meinem Ärmel das Fenster ab und spähte hinein. Es war dunkel, aber mir fiel nichts Ungewöhnliches auf. Es war einfach ein staubiges, altes Büro.

«Halte dein Messer bereit», sagte ich und drehte mich zu ihr um. «Halte es nah am Körper, genau so ...» Ich bewegte ihre Hand, bis sie die Waffe fest umklammert hielt. «Wenn ich dir sage, dass du wegrennen sollst, rennst du weg. Okay?»

Sie nickte und schluckte schwer.

Ich schnappte mir eine rostige alte Axt, die neben der Tür lehnte, und schwang sie hinunter auf die moosbewachsenen Bretter. Holz splitterte und flog durch die Luft, als ich mir den Weg freihackte. Das war vielleicht nicht die eleganteste Art und Weise hineinzukommen, aber es fühlte sich auf jeden Fall gut an. Die Tür zu zerstören, die mein Vater explizit errichtet hatte, um mich fernzuhalten, hatte etwas Befriedigendes.

Als nur noch zersplittertes Holz übrig und der Blick ins dunkle Innere frei war, stieß Salem langsam die Luft aus.

«Wow», sagte sie. «Das war ...»

«Tut mir leid. Ich habe es vielleicht ein bisschen übertrieben.»

«Es tut dir leid? Quatsch. Das war verdammt sexy. Ich sehe jederzeit gern wieder zu, wie du Türen mit der Axt zertrümmerst.»

Einen Moment lang konnte ich nichts anderes tun, als sie fassungslos anzustarren. In ihren Augen funkelte etwas, das ich nur als Bewunderung beschreiben konnte.

Viele der Frauen, mit denen ich geschlafen hatte, hatten mich begehrt und mir Komplimente gemacht, aber irgendwie fühlte es sich so anders an, wenn Salem das tat. Als wäre in meinem Brustkorb ein Singvogel gefangen, der versuchte davonzufliegen.

«Ich gehe zuerst rein», sagte ich nach einem kurzen Räuspern, bevor sie bemerken konnte, dass ich rot angelaufen war.

Als ich das Haus betrat, knarzte das alte Holz bedrohlich unter meinen Füßen. Loki folgte mir dicht auf den Fersen. Staub rieselte von den Dachsparren, die dick mit den Spinnweben aus den letzten Jahren bedeckt waren. Das Innere des Hauses war dunkel, und es roch muffig. Die Fenster waren so schmutzig, dass kein Tageslicht hereindrang.

«Igitt, was riecht hier so?», zischte Salem, zog sich den Ärmel über die Hand und bedeckte damit Mund und Nase.

Sie hatte recht, unter dem Geruch nach Schimmel und Staub lag der faulige Gestank von etwas Verwestem.

«Hier drinnen muss irgendwas gestorben sein», sagte ich und schaltete meine Taschenlampe ein. Staub tanzte im Lichtstrahl, als ich den Raum ausleuchtete. «Sieht aus, als ob das Dach undicht geworden ist.»

Der Holzboden war schimmlig und verfärbt, und einige der Dielen bogen sich durch, als ich sie mit meinem Gewicht belastete. Hier drinnen zu sein, fühlte sich völlig falsch an. Der Singvogel in meiner Brust war gestorben, und an seiner Stelle befand sich jetzt eine bedrückende Last, die immer schwerer wurde, je länger ich mir die vielen Regale ansah, die die Wände säumten.

Mein Vater hatte eine umfangreiche Bibliothek besessen, aber diese Bücher hier sahen uralt aus. Die Buchrücken hatten Risse, die Einbände schälten sich ab, und bei manchen war der Titel nicht mehr lesbar. Geschmolzene Kerzen standen begraben unter ihrem eigenen Wachs auf jeder verfügbaren Fläche. Eine einzelne Glühbirne, die längst durchgebrannt war, baumelte von einer Kette in der Mitte des Raumes über einem schmutzigen quadratischen Tisch.

Mit spitzen Fingern nahm Salem ein verrostetes Metallwerkzeug von dem Tisch. Ich konnte nicht einmal eine Vermutung anstellen, für was das Ding einst benutzt worden war.

«In was genau hat sich dein Vater hier drinnen noch mal vertieft?», fragte sie.

Auch der Tisch war verfärbt, dunkle Flecken verunstalteten das Holz. Ähnlich dunkle Flecken fanden sich rings um den Tisch auf den Bodendielen, so als wäre etwas von der Platte heruntergetropft.

«Er hat hier seine Predigten geschrieben», murmelte ich.

Ein großer Schreibtisch stand unter einem schmutzigen Fenster, darauf waren lose Zettel, Stifte und Bücher verteilt. Eine abgenutzte in Leder gebundene Bibel, deren dünne Seiten Stockflecken hatten, lag ebenfalls dort. Der Römerbrief war aufgeschlagen, und eine Textstelle war markiert worden: *Wir danken Gott auch für die Leiden, denn Leid macht geduldig.*

«Wie überaus optimistisch», bemerkte Salem trocken, verzog den Mund und sah sich um. «Ich war mir so sicher, jemanden gesehen zu haben. Aber es sieht nicht so aus, als wäre in den letzten Jahren jemand hier gewesen.» Mit vor Ekel verzerrter Miene trat sie gegen etwas Nagetierkot neben ihrem Schuh. «Ich sehe auch kein Loch oder so, durch das jemand hier hätte reinkommen können.»

Auch damit hatte sie recht, dennoch hatte ich leise Zweifel, während ich den Lichtstrahl meiner Taschenlampe über den

Boden gleiten ließ. In dem dichten Staub waren unsere Fußspuren und Abdrücke von Lokis Pfoten zu sehen. Doch dort, vor dem Fenster auf der anderen Seite des Raums ...

Ich verengte den Blick.

«Salem, schau mal dort», sagte ich und hielt meine Lampe auf den Boden gerichtet.

Sie runzelte die Stirn, verengte konzentriert die Augen und beugte sich hinunter, um mehr erkennen zu können.

«Was siehst du?»

«Da sind ... ähm ...» Langsam schüttelte sie den Kopf, als wollte sie die Worte nicht aussprechen. «Da sind *Hufspuren.* Am Fenster.»

Plötzlich fuhr ein stechender Schmerz in mein Trommelfell. Ich zuckte heftig zusammen und fasste mir an den Kopf. Die Taschenlampe fiel polternd zu Boden, während Geschrei meinen Kopf füllte.

«Scheiße, nein, nein, nein, nicht jetzt!»

Mein Atem ging schnell und flach, und die entsetzlichen Schreie drohten mich zu überwältigen. Ich hatte meine Kopfhörer nicht bei mir, hatte keine Musik, hatte *gar nichts*, das sie übertönen konnte.

«Rayne? Was ist los? Was hast du?» Salems Stimme klang panisch.

Doch der Schmerz war zu stark, um die Augen zu öffnen. Meine Arme waren in der Position, in der ich mir den Kopf hielt, erstarrt, und ich konnte sie nicht bewegen. Mit zusammengebissenen Zähnen harrte ich aus und flehte innerlich, dass es aufhörte ...

Bitte ... aufhören.

Eine finstere Stimme in meinem Schädel fauchte: *Das Blut, das Blut, durch Blut rufe ich dich an.*

«Lasst mich in Ruhe!» Ich keuchte angesichts des heftigen

Schmerzes. Meine Oberlippe fühlte sich feucht an, und ich schmeckte Blut.

«Rayne? Was – was ist los?»

An die Knochen, an die Knochen, an deine zerborstenen und verwesten Knochen!, ertönte wieder die Stimme in meinem Kopf, als würde jemand direkt in mein Ohr sprechen.

Galle stieg mir die Kehle hoch. Die Stimme klang boshaft und wütend, aber aus den Schreien hörte ich unerträgliches Leid heraus – es waren die Laute eines Menschen, der qualvolle Schmerzen litt.

Und dann ...

Es ist hier.

Es ist hier.

EsisthierEsisthierEsisthierEsisthierEsisthierEsisthierEsisthierEsisthier...

Die Stimme und die Schreie verschmolzen zu einem alles übertönenden, grässlichen Lärm. Ich konnte nicht mehr atmen, Blut tropfte von meiner Nase, und als ich mich zwang, die Augen zu öffnen, verschwamm alles um mich herum, und die Welt verschwand hinter einem Schleier aus Schmerz.

«O mein Gott, Rayne ... ich helfe dir, lass mich dir ...» Salem kam mit ausgestreckter Hand einen Schritt auf mich zu.

Zu spät bemerkte ich das rote Leuchten unter den Bodendielen.

Ich konnte kaum sprechen. «Salem, nicht ...»

In dem Augenblick, als sie ihren Fuß belastete, krachte es laut, und das Holz splitterte. Dann stürzte der Boden unter uns ein.

28

SALEM

The Thing in the Cellar

Salem! O Gott ... Fuck ... *Salem!*»

Keuchend lag ich stocksteif da, bis ich genug Luft in meine Lunge gesaugt hatte, um mich wieder lebendig zu fühlen. Staub war um mich herum aufgewirbelt worden, Holzsplitter stachen mir in den Rücken.

Mein erster Gedanke: *Autsch*. Der zweite: *Wo zur Hölle bin ich?*

Ächzend drückte ich mich hoch, bis ich saß. Ein Schatten verdeckte das Licht über mir, und als ich aufblickte, erspähte ich Rayne, die am Rand des klaffenden Lochs im Boden der Hütte stand. Loki lief winselnd und bellend an der Öffnung entlang.

«Es geht mir gut!», rief ich. «Ich bin nicht verletzt, glaube ich, das gibt nur ein paar blaue Flecken. Uff. Ein paar ziemlich große blaue Flecken.»

Ich rappelte mich hoch und zuckte dabei vor Schmerz zusammen. Dann hob ich mein Messer auf, das mir beim Sturz aus der Hand gefallen war. Zum Glück war ich nicht darauf gelandet. Ich rieb mir den pochenden Hinterkopf und spähte hoch ins Licht. Dort konnte ich die Silhouette von Rayne ausmachen, die zu mir hinunterblickte.

«Siehst du irgendwas, das dir hilft, wieder hier hochzukommen? Kannst du klettern?»

Ich sah mich um und musste feststellen, dass es nicht sehr viele Optionen gab. Ich war gut vier Meter tief in einen dunklen Keller gefallen. Die Wände bestanden aus Lehm, und schiefe Holzbalken stützten den Boden des Hauses über mir ab. Kupferrohre und erschreckend alte Stromleitungen verliefen kreuz und quer durch den Keller, aber es gab nichts, an dem ich hätte hinaufklettern können.

«Nein, nichts!», schrie ich und wirbelte gleich darauf herum, weil ich ein schlurfendes Geräusch hinter mir wahrgenommen hatte.

«Was ist los? Salem?»

Der Raum erinnerte weniger an einen Keller als vielmehr an ein dunkles Loch. Baumwurzeln ragten wie krumme Finger aus den Wänden. Zersplittertes Holz, eingestürzte Balken und die mumifizierten Kadaver von undefinierbaren kleinen Tieren lagen über den Lehmboden verstreut.

Nichts regte sich. Nichts machte ein Geräusch.

Und dennoch sagte mir mein Verstand, dass etwas hier war.

«Ist schon gut», rief ich. «Aber ich möchte wirklich, *wirklich* hier raus.»

«Moment, ich besorge was, um dich rauszuholen. Hier!» Sie warf ihre Taschenlampe herunter, und ich fing sie auf. «Bin gleich wieder da!»

«Okay! Ich werde einfach ... hier warten ...»

Ich schluckte schwer und schwenkte den Schein der Taschenlampe durch den Raum, während ich mich einmal im Kreis drehte. Staubflocken schwebten im spärlichen Licht durch die Luft, die abgestanden und schimmlig roch. Jedes Mal, wenn ich einatmete, musste ich husten.

Plötzlich krabbelte etwas über meinen Fuß. Ich kreischte, schlug um mich und ließ dabei die Taschenlampe fallen.

Aber es war nur eine Ratte, die schnell davonhuschte und im Schatten verschwand. Ich seufzte lange, legte eine Hand auf mein heftig pochendes Herz und atmete ein paarmal tief ein und aus.

Als ich mich hinabbeugte, um meine Lampe aufzuheben, bemerkte ich etwas, das von ihrem Strahl angeleuchtet wurde: ein schmutziges Stückchen roter Stoff, das aus dem Boden ragte. Langsam näherte ich mich der Stelle und ging in die Hocke, um es mir genauer anzusehen. Der Stoff war so alt, dass er sich schon ganz steif anfühlte, als ich ihn packte und daran zog. Der Widerstand verriet mir, dass unter der Erde mehr davon vergraben war.

Mit bloßen Händen grub ich eilig die Erde beiseite und stieß auf etwas, das nur ein paar Zentimeter tief im Boden vergraben war: einen etwas weichen, rechteckigen Gegenstand, der in roten Stoff gewickelt war. Als ich den Stoff abwickelte, fand ich darin eine schimmlige Pappschachtel, die mit Zwirn zugebunden war. Mehrere Gegenstände bewegten sich klappernd darin herum, als ich sie schüttelte.

Meine Nackenhaare stellten sich auf. Das ausgeprägte Gefühl, nicht allein zu sein, ließ mich erschaudern.

Langsam drehte ich mich um und leuchtete hinter mich. Da war ein Loch. Wie ein klaffender Mund in der Lehmwand.

Ein gegrabener *Gang*.

Er war schmal, gerade groß genug, dass ich hätte hineinkriechen können – wenn ich lebensmüde genug gewesen wäre, das zu tun. Stattdessen starrte ich stumm vor Entsetzen hinein und beobachtete, wie sich darin etwas bewegte.

«Scheiße, nein», flüsterte ich. «Gott, Rayne, bitte komm zurück ...»

Erst streckte sich ein langer, dürrer Arm aus dem Loch.

Dann noch einer. Dann folgte der Rest wie bei einer Spinne, die ihre knochigen Glieder bewegt. Ein blasses, augenloses Gesicht kam zum Vorschein. Der Mund stand offen, und aus seiner Kehle drang ein insektenartiger schnatternder Laut.

Der Engel war hier.

Meine Augen brannten. Ich war so verängstigt, dass ich nicht atmen konnte.

Der Engel bewegte sich langsam und witterte etwas in der Luft, wobei sein Kopf auf und ab wippte. Er kam näher, und mir blieb nichts anderes übrig, als zurückzuweichen, mich unter die Balken zu ducken und unter Rohren hindurchzuzwängen. Ich konnte nicht sehen, wo ich hintrat, und ich wagte es nicht, auch nur für einen Moment den Blick von der Bestie zu lösen.

Als ich einen Schritt nach hinten machte und meinen Fuß belastete, ertönte ein knirschendes Geräusch. Gleich darauf fuhr ein stechender Schmerz durch meinen Fuß. Ich schlug mir die Hand vor den Mund, aber zu spät: Mir war bereits ein erschrockener Aufschrei entschlüpft.

Der Kopf des Engels zuckte in meine Richtung.

Die Schreie, die ich unterdrückte, schnürten mir die Luft ab. Ich bewegte meinen Fuß und bemerkte, dass ein blutiger Nagel aus der Diele ragte, auf die ich gerade getreten war.

«Ich bin wieder da, Salem! Wo ... hey, wo bist du hin?»

Die Bestie riss sofort den Kopf hoch und versuchte herauszufinden, woher die Stimme gekommen war. Vor Schmerz rannen mir Tränen über die Wangen, doch ich blieb stumm und humpelte langsam rückwärts. Wenn ich doch nur um dieses Ding herumkommen könnte, zurück zu dem Loch in den Bodendielen ...

«Salem ... wo ... wo ...»

Mir schlug das Herz bis zum Hals. Das war nicht Raynes

Stimme, aber es war nah dran. Eine beinahe perfekte Imitation.

Ein Berg aus zersplittertem Holz trennte mich von dem Loch im Boden. Auf dem Bauch kroch ich durch den Schlamm, zwängte mich unter den Holzbalken durch und schob dabei Unrat aus dem Weg. Ratten liefen verängstigt davon und krabbelten über meine Hände. Ich musste meine Wange auf den Boden drücken, um unter einem massiven Balken hindurchzukommen, und der Geruch nach Ammoniak und Rattenkot füllte ekelerregend meine Lunge.

Ich musste weiterkriechen.

Einfach nur weiterkriechen.

«Ich sehe dich, Salem! Warte kurz ...» Raynes schwere Schritte ertönten auf den Bodendielen, und ihr Schatten bewegte sich über mir.

Für den Bruchteil einer Sekunde schöpfte ich Hoffnung, und der Adrenalinrausch sorgte dafür, dass ich schneller kroch.

Da hörte ich direkt hinter mir eine Stimme. «Salem ... ich sehe ... dich ...»

Zitternd warf ich einen Blick über meine Schulter. Der Engel war da, er hatte die Gliedmaßen zwischen den Balken ausgestreckt und krabbelte mit aufgerissenem Maul auf mich zu.

Splitter bohrten sich in meine Handflächen, und der Schmerz in meinem Fuß wurde beinahe unerträglich, als ich auf allen vieren zu entkommen versuchte.

«Lauf, Salem!»

Eine Holzleiter krachte herunter – meine einzige Chance zu entkommen. Ein Knall ertönte, ein Gewehrschuss, und die Bestie kreischte auf, ein schrecklich hohes, wütendes Geräusch. Rayne feuerte ihr Gewehr noch einmal ab, und in dem geschlossenen Raum klang der Schuss beängstigend laut.

Lokis Bellen verstärkte sich noch, er knurrte boshaft und fletschte die Zähne.

Als ich mich endlich aus den Trümmern befreit hatte, rappelte ich mich hoch – aber mein Knöchel wurde zurückgerissen, und ich wurde zu Boden geschleudert. Ich packte mein Messer, wirbelte herum und stach zu, als ich die knochige, mit Klauen versehene Hand bemerkte, die mich festhielt.

Die Klinge hinterließ einen tiefen, blutigen Schnitt im Gesicht des Wesens, und es zuckte zurück.

Einen Augenblick lang erstarrte ich wie ein Hase im Angesicht eines Raubtiers. Mein Blick war fest auf die unnatürliche Gestalt des Wesens gerichtet, und meine Hand zitterte, weil ich das Messer eisern umklammert hielt. Die Zeit schien langsamer zu laufen, und mein eigener Herzschlag dröhnte in meinen Ohren. Ich bekam nicht genug Luft.

Dann war der Moment verflogen, und ich rannte.

Ich packte die alten hölzernen Sprossen der Leiter und begann zu klettern – aber die Bestie war mir dicht auf den Fersen. Ihre Klauen scharrten über das Holz und zerschmetterten die Sprosse unter mir. Glücklicherweise hielt ich mich gut genug fest, sonst wäre ich sofort zu Boden gefallen und in den Fängen des Engels gelandet.

«Achtung!»

Auf Raynes Warnung hin zog ich den Kopf ein, und sie schoss erneut. Die Holzstufe, auf der ich stand, knarzte beängstigend, und ich schrie, während ich verzweifelt versuchte, die nächste Sprosse zu erreichen. Ich verlor das Gleichgewicht, aber Rayne packte mich am Arm. Sie hatte sich gefährlich nah über den Rand gebeugt, um mich zu fassen zu bekommen.

«Halt dich fest!», schrie sie.

Sie hatte die Zähne zusammengebissen, weil es sie so viel Kraft kostete, mich festzuhalten. Wegen meiner schwitzenden Hände wäre ich beinahe abgerutscht, aber sie umklammerte mich so fest, dass ich davon wahrscheinlich blaue Flecken bekommen würde.

Loki stand neben ihr, mit aufgestelltem Nackenfell und vor Speichel schäumendem Maul forderte er den Engel im Stockwerk unter sich auf, näher zu kommen.

Rayne zog mich hoch, und ich fiel ihr in die Arme. Ich keuchte, schluchzte beinahe. Gemeinsam starrten wir in den Keller hinab, aber die Bestie war in ihrem Bau verschwunden.

Rayne hielt mich fest und streichelte mir mit einer Hand langsam übers Haar. «Alles ist gut», murmelte sie. «Verdammt, atme einfach nur, alles ist gut.»

Ich wünschte, sie würde mich niemals loslassen.

Fast hätte ich die seltsame, in roten Stoff eingewickelte Schachtel, die ich in meine Jacke gesteckt hatte, vergessen. Aber als wir uns voneinander trennten, war sie immer noch zwischen uns.

Stirnrunzelnd sah Rayne sie sich jetzt zum ersten Mal genauer an. «Was ist das?»

«Keine Ahnung», sagte ich immer noch atemlos. «Ich habe sie da unten gefunden.»

Sie nahm die Schachtel und befühlte aufmerksam den Stoff. Dann entgleisten ihre Gesichtszüge. Erst las ich Unglaube in ihren Augen, dann Panik.

«Unmöglich», flüsterte sie. «Das kann nicht sein ...»

Der Stoff war zerrissen und zerfiel bereits, aber als sie ihn auseinanderfaltete, wurde klar, dass es sich um einen Fetzen von einem Kleidungsstück handelte.

«Das war der Mantel meiner Mutter», sagte sie. Ihre Stimme zitterte, aber ich konnte nicht sagen, ob aus Wut oder vor Angst. «Ich habe ihn nicht gesehen, seit ...» Erneut runzelte sie die Stirn und schüttelte den Kopf, während sie mit der Hand über den staubigen Deckel der Schachtel fuhr. «Das macht keinen Sinn. Sie wurde in diesem Mantel begraben. Dad hat gesagt ...»

Sie öffnete die Schachtel. Darin befand sich ein alter Kamerarekorder und eine Sammlung von VHS-C-Videokassetten.

29

RAYNE

Messages Left Behind

Glücklicherweise erklärte sich Dr. Hale bereit, einen Hausbesuch abzustatten, obwohl das stürmische Wetter bei Anbruch der Nacht Schnee und Wind versprach. Die Frau war beharrlich und hielt nicht gern Small Talk, was einer der Gründe war, weshalb wir uns so gut verstanden. Sie verabreichte Salem eine Tetanusimpfung, säuberte und verband ihren Fuß und verabschiedete sich innerhalb einer Stunde wieder.

«Was würden wir nur ohne dich tun, Tasha?», fragte ich, als ich sie bezahlte und zur Tür begleitete.

Sie lachte laut auf. «Ihr wärt längst unter der Erde, daran gibt's keine Zweifel. Haben wir nicht schon genug Sorgen, ohne dass deine Liebste auf Nägel tritt?» Aber trotz ihrer Worte umarmte sie mich und tätschelte meinen Hinterkopf auf eine Art und Weise, die mich rührte. Was ich allerdings nicht zeigte. «Pass auf dich auf, Liebes. Und hab ein Auge auf diese Frau, die wird dir noch Ärger machen.»

Sie zwinkerte mir zu, als sie ging, und ich wusste, dass sie recht hatte. Aber Salem war genau die Art von Ärger, den ich haben wollte.

Ich kehrte in mein Schlafzimmer zurück und fand Salem auf meinem Bett vor, wo sie in Decken gewickelt saß und ihren verbundenen Fuß mithilfe von einigen Kissen hochgelagert hatte. Sie rauchte einen Joint, und obwohl das Fenster einen Spaltbreit geöffnet war, zog der herbe Geruch durch das Zimmer und beruhigte mich beinahe augenblicklich. Ich mochte den Geruch von Marihuana schon seit Jahren, wahrscheinlich weil es die eine Sache war, die es immer wieder schaffte, mich zu entspannen.

«Wie geht's dir, meine Hübsche?», fragte ich und setzte mich neben sie aufs Bett.

Sie lächelte mich albern und verschlafen an. «In Anbetracht der Tatsache, dass ich innerhalb von zwei Tagen beinahe zweimal gestorben wäre, meinst du? Ziemlich gut. Es hätte deutlich schlimmer ausgehen können ...» Ihre Stimme verklang langsam, und auch ihr Lächeln schwand. «Glaubst du, er wird zurückkommen?»

Ich starrte aus dem Fester, wo gerade die ersten Schneeflocken fielen. Die Bestie hatte sich unter dem Zaun durchgegraben und so das Flutlicht und den Stacheldraht umgangen. Der Engel konnte überall auf dem Grundstück hingelangen, wenn er wollte, mir blieb keine Möglichkeit, das zu verhindern.

Diese Insel war sein Territorium, und wir alle waren darin gefangen.

«Ich habe ihn ein paarmal angeschossen», antwortete ich langsam. «Ich ... hoffe ... das wird den Engel ein paar Tage außer Gefecht setzen. Ich werde das Steinhaus zum Einsturz bringen. Das sollte den Bau darunter abdichten.»

So wie sie mich ansah, wusste ich, dass wir beide dasselbe dachten: Er würde weitergraben. Weiter jagen. Weiter seine Beute verfolgen.

Ich nahm ihre Hand und hielt sie fest. «Während du dich ausruhst, werde ich die Fenster im Erdgeschoss mit Brettern vernageln.»

«Was ist mit den Kassetten?», fragte sie. Wir warfen beide einen flüchtigen Blick zu dem schimmligen Schuhkarton, der auf meinem Schreibtisch stand. «Was glaubst du, ist darauf zu sehen?»

Ich versuchte, nicht darüber nachzudenken, aber allein die Schachtel hier drinnen zu haben, löste in mir ein seltsames Gefühl aus.

Als würde sie mich beobachten.

«Mom hatte einen Kamerarekorder», antwortete ich. «Ich denke, die Schachtel hat ihr gehört. Was auch immer auf den Kassetten ist ...»

Ich musste sie ansehen, ich musste es wissen. Das Gefühl, das mich überkam, wenn ich mir vorstellte, wieder das Gesicht meiner Mutter zu sehen, ließ sich unmöglich beschreiben, aber es war verdammt unangenehm.

«Es könnten bloß Amateuraufnahmen sein», sagte ich. «Aber ich weiß nicht, warum mein Dad sie dann in einem Keller verstecken sollte, von dem ich nicht mal wusste, dass er existiert. Und meine Mom wurde in diesem Mantel beerdigt.» In dem Mantel, der jetzt steif, fleckig und abgetragen an meinem Türknauf hing. «Das hat er mir zumindest erzählt. Es macht einfach keinen Sinn. Nichts davon.»

Salem bot mir den Joint an, und ich nahm ihn dankbar entgegen. Sie drückte meine Finger und führte sie dann an ihren Mund, um meinen Handrücken zu küssen. Diese einfache Geste bedeutete mir mehr, als sie sich je hätte vorstellen können. Sie wusste nicht, wie viele Wochen, ja *Monate*, vergingen, ohne dass ich einen anderen Menschen berührte oder gar umarmte. Selbst wenn ich den Körperkontakt bekam, nach dem ich mich sehnte, geschah das üblicherweise durch Sex mit Fremden, es ging heftig zur Sache und war viel zu schnell wieder vorbei.

Ich fühlte mich erbärmlich, weil mir ihre zarte Berührung so viel Trost spendete.

Es dauerte Stunden, die Fenster im Erdgeschoss zu verbarrikadieren. Loki war in höchster Alarmbereitschaft, er folgte mir und schnüffelte ständig überall. Ich wusste, dass er mich warnen würde, wenn das Wesen sich mir wieder näherte. Der Schnee fiel weiterhin, und ich arbeitete im Schein der Flutlichter, die die nahende Nacht abwehrten.

Als ich fertig war, tat mir mein ganzer Körper weh. Meine Hände waren zerkratzt, wund und taub von der Kälte. Ich seufzte erleichtert, als ich endlich die massive Eingangstür des Hauses hinter mir zuziehen und abschließen konnte.

Dann bereitete ich das Abendessen für Salem und mich zu, Dosensuppe und Brot mit Butter. Eigentlich wollte ich es ihr hoch ans Bett bringen, doch sie vereitelte meine Pläne, da sie an meinem Schreibtisch saß, vor sich die geöffnete alte Schachtel, und die Kassetten darin betrachtete.

«Ich bin so neugierig», sagte sie. «Welchen Grund hätte er haben können, die hier zu verstecken?»

Eine Mischung aus Furcht und Resignation sorgte dafür, dass mir flau im Magen wurde. Dieselbe Frage stellte ich mir auch.

«Es gibt nur einen Weg, das herauszufinden», sagte ich.

Ich musste eine Weile suchen, fand aber schließlich die VHS-C-Adapterkassette und einen alten Videorekorder auf dem Dachboden. Ich stellte ihn in meinem Schlafzimmer auf, und nachdem ich beinahe eine Stunde lang daran herumgespielt und dabei die alte Technik verflucht hatte, brachte ich ihn schließlich zum Laufen.

Sechs Kassetten lagen in der Schachtel, und jede war mit einem Etikett versehen. Aber die Schrift darauf war verschmiert und deshalb unleserlich. Ich schob eine zufällig ausgewählte Kassette in den Rekorder und versuchte, normal weiterzuatmen und ruhig zu bleiben.

Der Ton war verzerrt, als das Video begann. Der Strand in der Nähe des Hafens war zu sehen, an einem der seltenen sonnigen Tage. Die Aufnahme wackelte, und Linien huschten über den Bildschirm, dann wurde das Bild wieder schärfer.

Da war ich. Ich rannte durch die Wellen, planschte und kreischte vergnügt. Hob glatte Kieselsteine auf und warf sie ins Meer. Ich konnte darauf nicht älter sein als vier Jahre.

«Sei vorsichtig, mein kleiner Schatz!»

Selbst so verzerrt sorgte die Stimme meiner Mutter dafür, dass mir beinahe das Herz stehen blieb. Die Kamera wurde abgesetzt, leicht schief, und meine Mom kam ins Bild. Sie nahm meine Hände, wirbelte mit mir in den Wellen herum, und wir tanzten und lachten.

Nach nur ein paar Minuten war die Kassette zu Ende, und ich starrte mein eigenes Spiegelbild an, als der Bildschirm schwarz wurde.

«Rayne?» Salem berührte mich an der Schulter.

Ich erinnerte mich wieder daran zu atmen.

Es war so lang her. So schmerzhaft lang, dass ich gehört hatte, wie sie meinen Namen sagte.

Rayne.

Ich zuckte zusammen, spürte, dass auch Salem sich erschrak. Die Stimme, die durch meinen Kopf hallte, dunkel, verbittert und kalt, kam mir nur allzu bekannt vor.

Salem sah ebenfalls zu meiner Schlafzimmertür. Während wir schweigend dasaßen, hob Loki den Kopf und folgte knurrend meinem Blick.

Knarzende Schritte erklangen vor der Tür, und Salem sah mich mit weit aufgerissenen Augen an.

«Ist sie das?», flüsterte sie. «Die Schritte ... ist das ...?»

Ich wandte den Blick nicht von der Tür ab, bis beinahe eine Minute vergangen war, ohne dass ich etwas gehört hatte.

«Das ist, was auch immer von ihr übrig ist», sagte ich. «Ihr Geist, ihr ... Schatten vielleicht. Keine Ahnung. Ich weiß nicht, was aus ihr geworden ist.» Dieses Etwas hatte nichts mehr von der Liebe meiner Mutter, von ihrer Freundlichkeit, ihrer Wärme, ihrer Sanftheit. «Sie ist auf grausame Weise gestorben. Sie hat gelitten. Es ist unerträglich, darüber nachzudenken, dass sie nach alledem nicht mal Ruhe finden kann. Und die Dinge, die dieser Geist sagt ... Es sind grauenvolle Dinge. Ich versuche, nicht zuzuhören.»

Ich wählte eine andere Kassette aus, schob sie in den Videorekorder und drückte auf Play. Es war verstörend, als das Gesicht meiner Mutter wieder auf dem Bildschirm erschien. Sie war in ihrem Schlafzimmer, in dem Zimmer, das früher oben auf dem Dachboden gewesen war. Mit den Fenstern, von denen man einen Blick auf das Meer und den Leuchtturm hatte. Mom hatte immer gesagt, er sei ihr Nachtlicht und das Nebelhorn ihr Schlaflied.

Damals war das Zimmer hell und aufgeräumt gewesen. Eine grüne Decke hatte auf ihrem Bett gelegen. Erst als ich ein Teenager war, war mir klar geworden, wie seltsam es war, dass meine Eltern so getrennte Leben geführt hatten. Sie hatten im selben Haus gewohnt, aber abgesehen davon, hatte es an ein Wunder gegrenzt, dass ich überhaupt geboren worden war.

Ich hatte Gerüchte darüber gehört, dass die Schwangerschaft ein Unfall gewesen war, das Ergebnis eines «Fehltritts» meines Vaters während einer Kanadareise. Manche sagten, er habe meine Mutter nur geheiratet, um seinen sündigen Fehler wiedergutzumachen.

Manchmal fragte ich mich, ob sie überhaupt herkommen wollte. Ob sie überhaupt eine echte Wahl gehabt hatte.

Meine Mom lächelte und winkte in die Kamera. «Hi, Tante Sophia! Ich hoffe, dir und den Kindern geht's gut. Es ist schon viel zu lange her, dass wir euch besucht haben. Ich wollte schreiben, aber, ähm ...»

Abrupt hielt sie inne, drehte sich um und starrte ihre geschlossene Tür an. Mehrere Sekunden verstrichen.

«Picard? Bist du das, Schatz?», fragte sie in cinem hohen, unsicheren Tonfall.

Keine Antwort erklang.

Langsam drehte sie sich wieder zur Kamera um. «Egal. Jedenfalls hoffe ich wirklich, dass wir uns bald sehen können. Ich werde dir eine Telefonnummer schicken, unter der du mich erreichen kannst. Die Telefone auf der Insel funktionieren nie.» Sie lachte verlegen.

Ich stoppte die Aufnahme.

«Das stimmt nicht», sagte ich langsam. «Dad hatte immer ein funktionierendes Telefon im Haus und in der Kirche. Was das anging, war er geradezu paranoid.»

«Warum hätte sie lügen sollen?», fragte Salem.

Ich schwieg und drückte erneut auf Play.

«Es könnte sein, ähm ... dass ich ein bisschen Geld brauche. Für den Besuch.» Mom blickte nicht mehr in die Kamera, sondern seitlich zu Boden. Sie rang ihre Hände im Schoß. «Und auch für Rayne, damit sie mitkommen kann. Sie würde dich liebend gern sehen und ihre Cousins und Cousinen kennenlernen. Sie ist einsam, weißt du? Es gibt hier nicht viele andere Kinder, und jedes Mal, wenn ich davon spreche, vielleicht umzuziehen, na ja, will Picard einfach nichts davon hören. Die Kirche ist zu wichtig, und er ... ähm ...» Mom holte tief Luft. «Gott, ich hasse es, das zu sagen. Wir müssen hier raus. Picard darf nichts davon wissen.» Sie senkte ihre Stimme zu einem Flüstern. «Irgendwas stimmt hier nicht. Er hat sich verändert, er ...» Sie schüttelte den Kopf und schloss die Augen. «Er macht mir Angst. Mit dem, was er sagt, mit den Predigten, die er schreibt. Er ist immer *wütend*. Und ich kann es nicht ausstehen, wie er mit Rayne spricht. Sie ist noch so klein, aber er ist so streng mit ihr. Er sagt, Kinder werden als Sünder geboren und man muss ihnen die Sünde aberziehen, aber ich denke, das ist Schwachsinn. Egal, was ich zu ihm sage, es kümmert ihn nicht. Er hört mir nicht zu. Ich habe versucht, dir zu schreiben, aber ich glaube, er ... beobachtet mich. Ich denke, er öffnet die Briefe.»

Mein Magen drehte sich um. Ich hielt den Atem an und fürchtete mich vor den Empfindungen, die es in mir hervorrief, meine Mutter so aufgelöst zu sehen. Ihr Gesicht war vor Angst verzerrt. Ihre Stimme bebte.

«Wir müssen einfach für eine Weile hier rauskommen», sagte sie mit Tränen in den Augen. «So lange, bis er Hilfe bekommt. Bitte ruf mich an. Bitte. Sobald du kannst.»

Sie beugte sich nach vorn und streckte eine Hand nach der Kamera aus, dann endete die Aufnahme.

30

RAYNE

Polaroid

Beißender Rauch stieg in die Luft, und der Holzboden und das Dach des Steinhauses färbten sich in den Flammen schwarz. Der Himmel war dicht bewölkt, aber der spärliche Schneefall schaffte es nicht, das Feuer zu löschen, denn ich hatte das Innere des Hauses mit Benzin übergossen.

Die Habseligkeiten meines Vaters hatte ich zum Großteil herausgeräumt. Im Moment lagen sie in mehreren Haufen rings um Salem, die auf einem Stuhl saß, den ich für sie hier rausgeschleppt hatte. Sie war in eine dicke Decke eingewickelt und durch einen Regenschirm geschützt. Sie beharrte darauf, dass mit ihrem Fuß alles wieder in Ordnung war.

Ich beharrte auf dem Gegenteil.

Ein gewaltiger Sturm hatte in den letzten vierundzwanzig Stunden das Leben auf der Insel lahmgelegt. Die Temperaturen waren drastisch gesunken. Der erste Schneefall dieses Winters war stark ausgefallen, der Boden und die Bäume waren mit einer Schneedecke überzogen. Durch den Wind war die strenge Kälte noch unerträglicher. Es hatte so sehr gestürmt, dass ich vom Krach mehrerer entwurzelter Bäume und heruntergestürzter Äste aufgewacht war. Überall auf dem Grundstück lag Schutt verteilt.

Aber trotz der Eiseskälte hatte sich Salem geweigert, im warmen Haus zu bleiben, als ich hierher zurückgekehrt war, um den Bau der Bestie zu zerstören – und das Gebäude gleich mit. Also hatte ich sie mit den Besitztümern meines Vaters betraut, nachdem ich sichergestellt hatte, dass sie nicht erfrieren würde und gut vor dem Wetter geschützt war. Gerade durchstöberte sie mit konzentriert zusammengezogenen Augenbrauen eine schimmlige Pappschachtel – offenbar war das seine Lieblingsmethode gewesen, Dinge aufzubewahren.

Ich behielt seinen ganzen Kram nicht aus sentimentalen Gründen. Es wäre mir lieber gewesen, den ganzen Scheiß ebenfalls zu verbrennen. Aber ich musste wissen, was meine Eltern sonst noch vor mir verheimlicht hatten.

Die Worte meiner Mutter wollten mir nicht aus dem Kopf gehen. Die Kassette war nie abgeschickt worden, und in mir machte sich die Übelkeit erregende Vorahnung breit, dass das meinem Vater zu verdanken war.

Ich hatte meine Mutter nie so verängstigt erlebt wie auf der Aufnahme. Ich wusste, dass sie und mein Vater sich nicht gerade nahegestanden hatten, aber dass sie ihn gefürchtet hatte, vielleicht sogar noch mehr als ich, hatte ich nicht gewusst.

Wir müssen hier weg.

Er öffnet die Briefe.

Er beobachtet mich.

Ich behielt gerade das Feuer im Blick, da bemerkten Salem und Loki gleichzeitig etwas anderes. Salem zuckte zusammen, und Loki stand auf.

«Ähm, Rayne?»

Ihr alarmierter Tonfall sorgte dafür, dass ich mich eilig umdrehte. Ich erspähte eine Gestalt, die mit schnellen Schritten auf uns zukam, und erstarrte. Es dauerte ein paar Sekunden, bis ich erkannte, wer es war, und mich wieder entspannte.

Andy war in einen dicken Mantel gehüllt und trug Stiefel, sein Bart war mit Schnee benetzt. «Ihr macht ein Lagerfeuer, was?», rief er. «Das hättet ihr mir sagen sollen! Ich hätte die Mädchen und Marshmallows mitgebracht.» Er lachte in sich hinein und umarmte mich, dann begrüßte er Salem. «Schön zu sehen, dass Sie Ihre erste richtige Begegnung mit Blackridge überlebt haben, Miss Lockard. Wenn auch nicht ganz unverletzt ...»

«Ich halte bloß Rayne auf Trab», erwiderte Salem und klang viel zu gut gelaunt für jemanden in ihrer Lage.

Andy sah gerade noch rechtzeitig zu mir herüber, um mitzubekommen, dass ich die Augen verdrehte. Er betrachtete mich ein paar Sekunden lang, dann lächelte er. «Schön, dass du so gut drauf bist», sagte er. «Das muntert mich ein bisschen auf.» Er spähte den Hügel hinunter auf das schwelende Feuer. «Was ist damit passiert?»

«Unter der Hütte war ein Bau», sagte ich. «Der Engel hat beinahe Salem erwischt. Aber diesen Tunnel wird er nicht mehr benutzen. Hab das ganze Ding mit Benzin übergossen.»

Andy nickte mit grimmiger Miene. «Gut. Bin froh, dass es nicht schlimmer geendet ist.»

«Ich weiß, dass du nicht den ganzen Weg hier rausgekommen bist, um zu quatschen, Andy», sagte ich.

Meine innere Unruhe wuchs trotz seiner guten Laune.

Und tatsächlich schwand sein Lächeln, und sein Gesichtsausdruck wurde ernster. «Der Sturm letzte Nacht hat den Mobilfunkmast beschädigt», sagte er. «Die Telefone auf der gesamten Insel funktionieren nicht, genauso wenig das Internet. Bei all dem Schnee werde ich ein paar Tage brauchen, um ans nördliche Ende der Insel zu gelangen und den Schaden zu begutachten. Wollte dich fragen, ob du auf die Mädchen aufpasst, während ich weg bin.»

Ich zögerte keine Sekunde. «Ich gehe hin.»

«Rayne, du musst nicht ...»

«Deine Töchter brauchen dich», sagte ich mit fester Stimme. «Außerdem kann ich besser klettern. Du wirst vom Mast fallen und dir das Kreuz brechen, und was dann?»

Andy gluckste, widersprach aber: «Also wirklich, ich bin doch kein tatteriger alter Mann!»

«Bleib bei den Mädchen», sagte ich. «Ich werde mich gleich morgen früh auf den Weg machen, bevor der nächste Sturm aufzieht.»

Beunruhigt blickten wir alle zu den dunklen Wolken am Horizont. Es würde noch mehr Schnee fallen, aber die Insel war darauf angewiesen, dass die Möglichkeiten, mit der Außenwelt zu kommunizieren, funktionierten. Weder Andy noch ich waren Fachleute, doch wir waren in den letzten Jahren auf den Turm geklettert, um große Schnee- und Eisablagerungen zu entfernen. Wenn es niemanden gab, den man anrufen und um Hilfe bitten konnte, musste man eben lernen, wie man die Dinge selbst erledigte.

Andy beschwerte sich noch und grummelte ein bisschen, dann sagte er schließlich: «Na schön. Am Feuerwachturm gibt es Vorräte, und du kannst darin Unterschlupf suchen, wenn es wieder stürmt. Die Gurte und Seile befinden sich auch dort. Du hältst mich auf dem Laufenden, verstanden? Wenn ich nichts höre, komme ich dich suchen. Wir können nicht noch jemanden verlieren.»

Ich nickte und warf einen Blick über die Schulter zu Salem. «Können sie und der Hund bei dir bleiben, solange ich weg bin?», fragte ich mit gesenkter Stimme. «Sie sollte nicht allein sein.»

«Natürlich kann sie das.» Andy tätschelte mir beruhigend die Schulter. «Die Mädchen werden wahrscheinlich durchdrehen.» Um mich zu necken, fügte er hinzu: «Sie nennen Salem jetzt immer deine Prinzessin. Becca findet, es ist die Liebesgeschichte des Jahrhunderts.»

Darauf fiel mir keine Antwort ein. Ich fühlte mich unbeschwert, und als ich Salem wieder ansah, lächelte sie mich glücklich aus ihrem Deckenberg heraus an. Ich sagte es nicht laut, aber ich hatte das Gefühl, dass Rebecca recht haben könnte.

«Kann ich nicht einfach mit dir mitkommen? Bitte? Es sind doch nur ein paar Tage.»

Gott, wie war es jemals jemandem gelungen, dieser Frau etwas abzuschlagen? Wie sie mich mit ihren großen Augen anstarrte, mit dem niedlichen, flehenden Blick und diesem verdammt sexy Schmollmund ...

«Nein», sagte ich und starb innerlich ein wenig.

Wir saßen im Gemeinschaftsraum, und das Feuer loderte hell, sodass es im Zimmer warm war, obwohl die Temperaturen draußen um den Gefrierpunkt lagen.

«Du bist verletzt, Salem. Ich werde dich nicht bis raus in die Wälder wandern und dann unzählige Stufen hochklettern lassen, damit du dann in einem kalten Feuerwachturm sitzt. Bei Andy bist du sicherer. Außerdem könnte es sein, dass ich, wenn der Sturm losbricht, noch viel länger da draußen festsitze. Es ist nicht gemütlich. Es würde dir nicht gefallen.»

«Aber ich kann laufen!» Sofort schüttelte sie ihre Decke ab und stand auf.

Aber ich drückte sie entschlossen wieder herunter. «Ich schwöre, wenn du weiterhin diesen Fuß belastest, werde ich dich an den Stuhl fesseln.»

Eine Regung blitzte in ihren Augen auf, so als wäre das eine Herausforderung. «Gut. Fessle mich an den Stuhl, dann kannst du mich leichter transportieren.»

Ich schüttelte den Kopf. «Es reicht. Warum verrätst du mir nicht, was du in all den Schachteln gefunden hast?»

Sie seufzte und schürzte die Lippen, als müsse sie abwägen, ob sie weiter mit mir diskutieren sollte oder nicht.

«Tja ...» Sie war auf allen Seiten von offenen Pappschachteln voller Bücher, Unterlagen, seltsamer Gläser und umfangreicher handgeschriebener Notizen umgeben. «Die meisten Notizbücher enthalten Predigten und entsprechende Bibelstellen. Viele Bücher sind auf Französisch, was ich nicht lesen kann, aber ich bin mir ziemlich sicher, dass das auch alles religiöse Texte sind.» Sie beugte sich vor, nahm eine kleine Schachtel und zog sie näher heran. «Aber die hier ist cool. Sieh dir das mal an!»

Aufgeregt zog sie eine alte Polaroidkamera aus der Schachtel.

Ich nahm sie in die Hand und lächelte, weil Erinnerungen in mir aufstiegen. «Die hat meiner Mom gehört.»

Ich blickte durch den Sucher, drehte mich zu Salem um, und sie zog eine Grimasse. Zu meiner Überraschung gab die Kamera ein lautes Klickgeräusch von sich, als ich den Auslöser drückte, und ein noch nicht entwickeltes Foto schob sich aus dem Schlitz.

«Nicht zu fassen, da ist noch ein Film drin?», fragte Salem aufgeregt, während ich mit dem Polaroid durch die Luft wedelte.

Wenn die seltsamen Farben und die Wasserflecken ein Anhaltspunkt waren, war der Film definitiv alt und ein bisschen beschädigt. Aber Salems albernes Lächeln auf ein Foto gebannt zu sehen, machte mich glücklich.

«Das hier nehme ich mit, wenn ich aufbreche», sagte ich und legte das Foto vorsichtig beiseite.

Salem schob die Unterlippe vor. «Nimm mich mit», bat sie noch einmal. «Ich werde die ganze Zeit über schweigen.» Eine meiner Augenbrauen zuckte skeptisch nach oben, woraufhin sie hinterherschob: «Also, ich werde *versuchen*, nichts zu sagen!»

«Ich sollte dich einfach knebeln», antwortete ich, umfasste ihr Gesicht und schüttelte es spielerisch. «Ich sollte dich fesseln und deinen frechen Mund mit irgendwas stopfen, damit du still bist.»

Sie lächelte begeistert. «Heißt das, dass ich mit dir mitkommen darf?»

«Nein.»

«Aber was, wenn es dich findet?» Ihre Stimme brach. «Was, wenn du da oben feststeckst, mitten in der Nacht, und es ...»

«Du möchtest wissen, was ich dann tun würde?», fragte ich und überraschte sie, indem ich sie packte und nach hinten auf das Sofa drückte.

Gott, es brachte mich um den Verstand, wie sich ihre Augen weiteten, wenn sie mich ansah. Die Aufregung in ihren Zügen, das Begehren reichten aus, um meinen Hunger zu wecken.

«Denkst du, ich könnte mich nicht verteidigen, meine Hübsche?», hauchte ich.

Ich umfasste ihren Kiefer und neigte ihren Kopf nach hinten, sodass ihre Kehle entblößt war. Ein blassroter, dünner Kratzer war noch dort zu sehen, wo ich sie versehentlich geschnitten hatte. Ich griff nach unten, löste ebendieses Messer vom Holster an meinem Oberschenkel und hielt es in die Höhe.

Sie starrte die Klinge an, die im Licht aufblitzte, und ihre

Pupillen weiteten sich. Ihr Atem stockte, und diese leichte Bewegung ihres Kehlkopfes sorgte dafür, dass mein Magen förmlich Saltos schlug.

«Das ist scharf», flüsterte ich. Ich rückte näher an sie heran und presste meinen Oberschenkel zwischen ihre Beine. Ihre Hüften bewegten sich mit langsamen, hypnotisierenden Stößen an mir. «Ich kann mit diesem Messer umgehen, als wäre es eine Verlängerung meines Arms. Es wäre nicht das erste Mal, dass ich mich selbst verteidigen muss.» Ich kam ihr so nahe, dass ich mit den Lippen über ihre Ohrmuschel streifen konnte. Sie erschauderte, und ich musste grinsen. «Ich weiß, wie man tötet. Ich habe das schon sehr oft getan.»

Zärtlich küsste ich ihre Schläfe, ihre Wange, ihren Kiefer. Mein Atem sorgte dafür, dass sie Gänsehaut bekam. Sie drängte sich näher an meinen Körper und packte meine Hüften. Ihre Atmung beschleunigte sich. Eine stumme Bitte stand ihr ins Gesicht geschrieben.

«Gott, du vertraust mir wirklich, nicht wahr?»

«Natürlich vertraue ich dir», sagte sie.

Warum fühlten sich diese Worte so schmerzhaft an, als hätte mir jemand Pfeile in die Brust geschossen?

«Du hast mir gezeigt, dass ich das tun kann.»

Sie berührte mein Gesicht auf diese besondere sanfte Weise, bei der ich mich fühlte, als wäre ich nicht mehr auf dieser Welt. Ich war nicht auf dieser verfluchten Insel, in diesem heimgesuchten Haus, wo ich mich der dunklen, einsamen Nacht stellen musste. Ich lag in den Armen meiner Frau und sie in meinen.

Mit leicht zitternden Fingern fuhr sie die Konturen meines Mundes nach, als wollte sie sich meine Züge besonders gut einprägen. Dann packte sie mein Handgelenk und bewegte meine Finger, mit denen ich immer noch das Messer umschlossen hielt, näher zu sich. Sie öffnete den Mund, streckte ihre Zunge heraus und hielt Blickkontakt mit mir, während sie langsam über die scharfe Spitze der Klinge leckte.

«Ich vertraue dir, und ich vertraue darauf», flüsterte sie, «dass du zu mir zurückkommst.»

Eilig ersetzte ich die Klinge durch meinen Mund und küsste sie tief. Sie schmeckte nach der heißen Schokolade, die sie gerade getrunken hatte, nach der Erdbeermarmelade auf ihrem Frühstückstoast. Weich und so bittersüß.

Sie sorgte dafür, dass ich auf alle erdenklichen Arten schwach wurde, obwohl ich genau das immer hatte vermeiden wollen.

Ich ertrug die Winter, weil ich keine andere Wahl hatte. Ich starb zwar nicht, aber ich lebte auch nie wirklich. Ich funktionierte, dabei hatte ich keinen echten Grund zu kämpfen. Stattdessen stand ich am Abgrund, unter mir die Dunkelheit, weigerte mich, aufzugeben, und wartete darauf, von ihr verschluckt zu werden.

Aber Salem veränderte alles. Sie hatte meinen Weg erhellt, ohne das überhaupt beabsichtigt zu haben. Sie sorgte dafür, dass die Dunkelheit nicht mehr so undurchdringlich schien. Sie hatte in mir die stürmische Hoffnung geweckt, dass es vielleicht wirklich einen Weg hier raus für mich geben könnte, ein Szenario, in dem mein Herz noch schlug und ich ein Leben führte, das diese Bezeichnung auch verdient hatte.

Seufzend legte sie sich auf das Sofa und sah mich an. Verlangen loderte in ihrem Blick. Mit den Fingern fuhr sie zärtlich an den Innenseiten meiner Oberschenkel hinauf, über meine Hüften, und versank in der Wölbung meiner Taille. Sie zog mir den Pullover über den Kopf und warf ihn beiseite. Ihr Lächeln wurde breiter und nahm einen verschmitzten Zug an, als sie sah, dass ich darunter keinen BH trug.

Mein Körper war ein Werkzeug, aber sie behandelte ihn wie ein Kunstwerk. Wie etwas Schönes und Seltenes.

Dabei war sie diejenige, die diese Dinge verkörperte. Sie kicherte, als ich ihr die Kleider auszog und versuchte, dabei sanft zu sein, ihr aber gleichzeitig die Härte zu geben, nach der sie sich so sehr sehnte. Als sie vollkommen nackt war, legte sie sich mit gespreizten Beinen auf das Sofa und streckte zufrieden ihren schönen Körper auf dem Samt aus. Ich setzte mich rittlings auf sie, nahm noch einmal die Kamera und fokussierte sie.

Mit meiner freien Hand liebkoste ich ihre Brüste und ihren Bauch. Ich wollte mir einprägen, wie sie sich anfühlte, und wollte den Ausdruck in ihren Augen in meinem Gedächtnis konservieren.

«Sieh, was du mit mir angestellt hast, meine Hübsche», sagte ich beinahe atemlos und schoss ein Foto von ihr. «Du machst es mir so verdammt schwer zu gehen.»

«Dann geh nicht», sagte sie. «Bleib.» Sie umfasste wieder mein Handgelenk und küsste meinen Handrücken.

Niemand hatte mich je gebeten zu bleiben. Niemand hatte je gewollt, dass ich blieb. Für den Bruchteil einer Sekunde zog ich in Erwägung, meine Hand wegzuziehen. Ihr Verlangen musste ein Trick sein, ihre aufmerksamen Worte eine Falle.

Aber so war es nicht.

Sie zog mein Handgelenk herunter, zwischen ihre Beine. Ihre Lippen teilten sich, als ich in sie eindrang, und ein kaum hörbares Geräusch entfuhr ihr. Ihr Innerstes krampfte sich um meinen Finger.

Ich würde alles tun, um sie zu beschützen.

Ich würde sie sogar verlassen.

«Ich werde jede Stunde, die ich fort bin, an dich denken», knurrte ich ihr fast schon verzweifelt ins Ohr.

Brust an Brust lagen wir da, während ich meinen Finger in ihr krümmte. Unsere Körper bewegten sich gemeinsam in einem langsamen Rhythmus aus Zustoßen und Zurückziehen, und ein leises Wimmern entwich ihr jedes Mal, wenn ich wieder in sie eindrang.

«Ich schwöre, dass ich zu dir zurückkommen werde.»

Diese Worte fühlten sich schwer an, wie Steine, die mir von den Schultern fielen und davonrollten.

Sie nickte eifrig und schlang die Arme um meine Schultern. «Das solltest du besser tun», sagte sie keuchend und wand sich, als ich einen zweiten Finger in sie einführte. Sie grub ihre Nägel in meinen Rücken, und der Schmerz ließ mich aufstöhnen. «Wag es ja nicht, mich zu verlassen.» Sie knurrte die Worte, aber ihre Stimme stockte, weil sie es so ernst meinte.

«Niemals.» Ich fügte noch einen Finger hinzu.

Sie schrie auf und kratzte mit ihren Nägeln über meinen Rücken, bewegte die Hüften, um meine Finger zu ermutigen, tiefer einzudringen.

Mein Haar fiel um uns beide hinunter und rahmte ihr Gesicht mit seinem Schatten ein.

Das Feuer knisterte. Neben unserer keuchenden Atmung war das das einzige Geräusch.

«Ich komme zu dir zurück, selbst wenn ich dich dafür heimsuchen muss.» Ich richtete mich auf, obwohl ich immer noch tief in ihr war, und nahm noch einmal die Kamera.

Ihre Wangen waren gerötet, die Lippen zu einem unwiderstehlichen Schmollmund verzogen.

«Kannst du für mich noch einen Finger aufnehmen?»

Sie krümmte sich und nickte. «Bitte», flüsterte sie.

Die Kamera blitzte auf, als ich einen vierten Finger in sie hineinpresste, und hielt die Ekstase und die Qual auf ihrem

Gesicht fest. Jetzt war der Ausdruck unsterblich, vergöttlicht, ich hatte ihn zu meiner persönlichen Anbetung konserviert. Er war frevlerisch, blasphemisch und heilig in Salems Schönheit.

«Gefällt dir, wie es sich anfühlt, wenn ich in dir bin, meine Hübsche?»

Sie stöhnte bejahend.

«Möchtest du, dass ich dich noch tiefer ausfülle? Soll ich diese Pussy ficken, bis du dich vollends unter mir auflöst, wenn du kommst?»

Sie keuchte. «Ja bitte, Herrin.»

Ich bewegte meine Finger in ihr, tief und langsam, damit sich ihre Muskeln entspannen konnten und sie sich für mich öffnete.

«In ein paar Minuten werde ich meinen Strap anziehen», flüsterte ich.

Ihre Pupillen weiteten sich.

«Und du wirst jeden Zentimeter in dich aufnehmen. Ich werde dich ganz ausfüllen und dich tief und langsam ficken. Und wenn du so oft gekommen bist, dass du nicht mehr weißt, wo oben und unten ist, werde ich jeden einzelnen köstlichen Tropfen von dir auflecken.»

«Ich will dich so sehr», sagte sie, und ihre Stimme war das reinste Ambrosia für meine Ohren. Sie packte meine Hüften und hinterließ dort leuchtend rote, leidenschaftliche Kratzer. «Ich will dich in mir.»

«Rühr dich verdammt noch mal nicht vom Fleck.» Ich stolperte beinahe über meine eigenen Füße, so eilig hatte ich es, von dem Sofa runterzukommen. «Bleib genau hier.»

Das Lächeln, das sie mir schenkte, sorgte dafür, dass ich nach oben *rannte*. Ich musste damit anfangen, meine Spielzeuge an praktischeren Orten aufzubewahren.

Als ich zurückkam und gerade den Gurt an meinen Hüften befestigte, hatte Salem eine neue Position eingenommen. Sie saß aufrecht auf dem Sofa, mit gespreizten Beinen. Eine Hand hatte sie dazwischen, in der anderen hielt sie die Kamera. Sie schoss ein Foto, und für einen Augenblick war ich sprachlos und wie erstarrt. Sie seufzte leise, legte die Kamera weg und stöhnte so hübsch, dass mein Hirn sich schlagartig wieder in Gang setzte.

«Bereitest du dich auf mich vor?», fragte ich und blieb vor ihr stehen.

Sie spreizte ihre Beine noch ein wenig weiter und musterte mich genüsslich von Kopf bis Fuß.

Mein Gott, war sie schön.

Ich kniete mich vor sie, und sie spreizte sich für mich mit den Fingern. Ich behielt den Blick auf sie gerichtet und öffnete den Mund. Speichel tropfte von meiner ausgestreckten Zunge. Sie atmete tief ein, als ich die Finger an ihr rieb, und mein Innerstes zog sich jedes Mal heiß zusammen, wenn sie zusammenzuckte und wimmerte.

«Das fühlt sich so gut an», sagte sie.

«Es wird sich gleich noch viel besser anfühlen.»

Ich umkreiste mit meiner Zunge ihre Klit, die vor Erregung bereits angeschwollen war. Sie drückte sich gegen meinen Mund. Ich presste ihre Hüften wieder hinunter und schlug mit der flachen Hand so fest auf die Innenseite ihres Oberschenkels, dass ein kirschroter Abdruck zurückblieb.

Sie erzitterte, biss sich auf die Lippe. «Mehr, bitte ...», forderte sie gereizt.

«Mehr Schmerzen?», neckte ich sie.

Sie nickte hastig.

Ich schlug ihren anderen Oberschenkel, und sie zuckte zischend zusammen, lächelte aber dabei.

«Mein Gott, Herrin, bitte!» Mit zitternden Händen krallte sie sich in die Sofakissen, als ich meinen Mund um ihre Klit schloss und daran saugte, während meine Zunge über ihre empfindliche Knospe schnellte. Nach ein paar Sekunden hob ich den Kopf und schlug sie noch einmal auf beide Oberschenkel. Die Abdrücke meiner Finger auf ihrer Haut sahen schön aus, und ich küsste jeden davon, bevor ich sie weiter leckte.

«Fuck, biiitteee ...»

Sie stöhnte. Ihr Körper zitterte, und ihre Nerven waren überreizt. Sie war kurz davor, aber ich trieb sie sorgfältig noch weiter, sodass sie sich stets am Rand völliger Ekstase befand. Ihre Pussy war so feucht, und ich bekam jedes Mal eine Kostprobe vom Brot der Götter, wenn ich sie leckte.

«Bist du bereit, Süße?» Ich krabbelte auf das Sofa und berührte neckend mit dem Strap ihren Eingang.

Begierig hob sie die Hüften und rieb sich an dem Silikon. «Bitte, bei Gott», flehte sie, «ich will deinen Strap. Fick meine Pussy, bitte, fick mich tief ...»

Ich packte sie mit einer Hand an der Kehle und mit der anderen im Haar. Dann zog ich sie hinunter, sodass sie vollkommen geöffnet auf dem Rücken lag: Ein Bein lehnte an meiner Schulter, das andere baumelte über meinem Oberschenkel vom Sofa herunter. Ich drang mit dem Spielzeug langsam in sie ein, mit jedem Stoß ein wenig tiefer.

«Spürst du die Dehnung, Süße?», fragte ich, beobachtete die Regungen ihres Gesichts und genoss ihr leises Stöhnen. «Ist dir klar, dass du ganz und gar mir gehörst?» Die Geräusche, die ich ihr entlockte, waren wunderschön, voll gierigem Verlangen. «Diese Pussy gehört mir. Dieser wunderschöne Körper gehört nur mir. Nur ich darf ihn befriedigen, nur ich darf ihn ficken. Es spielt keine Rolle, wer dich vorher hatte. Ich werde jede Spur von ihnen auslöschen. Ich werde dir Lust zeigen, wie keiner zuvor es je konnte. Verdammt, du gehörst mir. Ganz – allein – mir.»

Bei jedem Wort stieß ich zu, um meinen Standpunkt zu verdeutlichen, und sie verdrehte vor Lust die Augen.

Ich war völlig vereinnahmt davon, wie sie sich unter mir wand. Ihretwegen war ich dankbar für jeden Funken Leben in meinem Körper – für allen Schmerz und für jeden Moment der Lust. Sie war so feucht. Vor Ekstase stöhnend, nahm sie die ganze Länge des Schafts in sich auf. Jedes Mal, wenn ich ihn aus ihr herauszog, glänzte ihre Erregung am Strap, und ich war vor Verzückung ganz außer Atem, wenn ich ihn wieder in ihr versank.

Dabei zuzusehen, wie das Toy in ihr verschwand, gab mir beinahe den Rest, und die leisen Seufzer der Lust, die sie von sich gab, ließen mich aufstöhnen. Sie streichelte ihre geschwollene Klit und sah mit halb geöffneten Lidern zu mir auf. Ihre Wangen waren gerötet, und ihre Lippen öffneten sich leicht, als sie meinen Namen wimmerte.

Ich krümmte mich über ihr und küsste ihren Hals, der von ihrem Schweiß salzig schmeckte, wobei mir ihr lieblicher Geruch in die Nase stieg. Sie vergrub die Finger in meinem Haar, zog stöhnend daran und bettelte nach mehr. Ich justierte meine Hüften, bis ich einen Winkel fand, der dafür sorgte, dass sie die Augen verdrehte.

«Weiteratmen», erinnerte ich sie.

Dann streckte ich die Hand nach unten aus und schob ihre zitternden Finger beiseite, damit ich sie selbst berühren konnte. Ich rieb über ihre Klit, bis sie sich verzweifelt gegen meine Hand drückte und den Strap tiefer in sich trieb. Ihre Bewegungen waren schwerfällig, weil jetzt nicht mehr sie die Kontrolle über ihren Körper hatte, sondern ich.

«Genau so, meine Hübsche», murmelte ich und küsste ihre Kehle.

Ihr Körper spannte sich an, ihre Muskeln zitterten, als sich die Lust Welle für Welle steigerte.

«Ich passe auf dich auf. Auf jeden perfekten Zentimeter von dir. Komm für mich, genau so.»

Zuzusehen, wie sie sich unter mir auflöste, bis sie schlaff und zitternd dalag, war wie ein Geschenk des Himmels. Mit meinen harten Bewegungen begleitete ich ihren Höhepunkt, verlangsamte meine Geschwindigkeit, um ihre Lust zu verlängern, und blieb mit dem Strap tief in ihr.

«Gott, Rayne, das fühlt sich so gut an.» Sie hatte die Augen geöffnet, aber den Blick nicht fokussiert, und auf ihren Lippen lag nach dem Orgasmus ein seliges, befriedigtes Lächeln. «Ich will ... will dich fühlen ... bitte.»

Sie keuchte, als ich den Strap aus ihr herauszog. Ich fummelte daran herum, um ihn so schnell wie möglich loszuwerden und wieder auf sie zu klettern. Weil ich nicht widerstehen konnte, senkte ich den Kopf ein letztes Mal zwischen ihre Beine und kostete sie. Ich saugte an ihrer Klit und drückte meine Zunge in ihre pochende Öffnung. Sie wimmerte, drückte sich gegen meinen Mund und stieß vor Lust genuschelte Worte aus, die ich kaum verstand.

Ich hob den Kopf, schnappte mir ein Kissen und legte es unter ihren unteren Rücken, dann setzte ich mich rittlings auf sie. Sie legte ein Bein auf meine Schulter, und ich bewegte mich in alle Richtungen auf ihr.

Es gab nichts Schöneres, nichts, was auf vollkommenere Art und Weise *richtig* war, als die Empfindung unserer beiden Körper, die zu einem verschmolzen. Ich kreiste auf ihr, Haut an Haut, und ihre empfindliche, angeschwollene Klit berührte meine eigene. Jede Bewegung meiner Hüften schickte in kleinen Stromschlägen Lust durch mein Innerstes, setzte jedes Nervenende in Brand. Ich fand meinen Rhythmus, und die Erregung wuchs in mir an, als Salems Züge vor Wonne erschlafften. Zu spüren, wie sie unter mir pochte, war perfekt: Sie war feucht und herrlich warm.

«Wenn du so weitermachst, komme ich gleich, meine Hübsche», sagte ich mit gepresster Stimme.

Ich packte sie an den Hüften und hob sie ein klein wenig an – das war der perfekte Winkel, damit meine Klit über ihre gleiten konnte.

Ich ließ mich vor Lust selten ganz gehen, aber bei ihr tat ich es. Als der überwältigende Orgasmus mich überkam, schwebte ich förmlich und hatte keinen anderen Gedanken im Kopf als ihren Anblick, wie sie zu mir aufsah und wie ihr Körper mit meinem verschmolz.

Vollkommen schön und ganz allein mein.

31

SALEM

Photos of the Dead

Früh am nächsten Morgen, als die ersten Sonnenstrahlen zwischen den Bäumen hindurchblitzten, fuhr Rayne mich durch den Schnee zu Andys Hof. Der frisch gefallene Puderschnee knirschte unter unseren Stiefeln, als wir die Auffahrt zu seinem zweistöckigen Bauernhaus entlangliefen. Aus der Scheune in der Nähe hörten wir Hühner gackern und Ziegen blöken.

«Morgen, Rayne, Morgen, Miss Lockard.» Andy war schon auf den Beinen. Mit einer Hand, die in einem Handschuh steckte, winkte er uns von der Veranda aus zu. Eine dampfende Tasse stand neben ihm auf dem Geländer. «Kaffee ist in der Kanne, wenn ihr welchen braucht. Ich nehme die Tasche ...»

«Ich mach das schon.» Rayne lächelte, warf sich meine Tasche über die Schulter und führte mich ins Haus.

Loki folgte uns und machte an dem Holzofen neben dem Sofa Platz. Drinnen war es angenehm warm, Kinderbücher und Spielzeug lagen über den Boden verteilt, auf dem Küchentisch entdeckte ich ein halb fertiges Puzzle. So ruhig wie es im Haus war, schliefen Rebecca und Rachel wahrscheinlich noch.

«Hast du alles, was du brauchst?», fragte Andy, als Rayne und ich wieder herauskamen. Rayne klopfte mit der flachen

Hand auf den großen Rucksack, den sie trug, und nickte. «Nimm eine Waffe mit, ja? Hast du Munition?»

«Ich habe genug, um über die Runden zu kommen.»

Aber mit dieser Antwort gab er sich nicht zufrieden. Er schlenderte ins Haus und kehrte ein paar Minuten später mit einer Schachtel Kugeln mit 45er-Kaliber zurück.

«Das sollte reichen», sagte er und klopfte ihr auf die Schulter. «Pass auf dich auf da draußen.»

«Ich versuche, morgen Abend wieder zurück zu sein», sagte sie.

Ich hatte mir Mühe gegeben, meine Gefühle unter Kontrolle zu halten, aber in dem Augenblick, als sie sich zu mir umdrehte, musste ich mich so sehr darauf konzentrieren, nicht in Tränen auszubrechen, dass ich aufschluchzte.

Sie umarmte mich und legte ihren Kopf auf meinen. Ich versuchte, nicht zu weinen, was zwar nicht funktionierte, aber immerhin schaffte ich es, dabei stumm zu bleiben.

«Ich komme heil zurück», sagte sie. «Versprochen. Mach dir keine Sorgen um mich.»

«Ich werde dich vermissen», sagte ich.

Sie rückte ein Stück von mir weg, gerade so weit, dass sie ihre Stirn an meine legen konnte. «Ich werde dich auch vermissen. Es sind nur ein paar Tage, mehr nicht. Dann bin ich wieder da.» Sie küsste mich auf die Wange und flüsterte nah an meinem Ohr: «Ich habe die Fotos von dir in meiner Tasche. Ich werde sie neben mein Bett legen und an dich denken.»

Eilig wischte ich mir übers Gesicht, weil die Tränen bereits auf meinen Wangen gefroren. Sie küsste mich auf den Mund und hielt mit den behandschuhten Händen mein Gesicht umfasst.

Viel zu schnell war sie fort, lief erst zurück zum Quad und verschwand dann im Wald.

Andy wollte mich wie einen Gast behandeln, aber ich bestand darauf, mich nützlich zu machen. Ich musste meine Hände beschäftigen, um mich abzulenken, ansonsten würde meine Besorgnis wegen Raynes Abwesenheit mich von innen heraus zerfressen.

Wir fütterten die Hühner und legten im Ziegengehege frisches Stroh aus. Als die Mädchen endlich wach waren, drehte ich mit Loki eine Runde auf dem Grundstück, während Andy Frühstück machte. Rebecca und Rachel waren außer sich vor Freude darüber, Gesellschaft zu haben, aber ich hatte Mühe, bei guter Laune zu bleiben. Ich konnte an nichts anderes denken als an Rayne, die alleine unterwegs zur Nordspitze der Insel war. Wenigstens gab es dort, wie sie mir gesagt hatte, ein Funkgerät, sodass ich sie kontaktieren konnte.

Draußen war es eiskalt, also konnte ich nicht ewig dortbleiben. Schließlich musste ich eine fröhliche Miene aufsetzen und reingehen. Ich zwang mich, Bacon und Pancakes zu essen, die Andy zubereitet hatte, obwohl mein flauer Magen protestierte. Rebecca und Rachel waren sehr gesprächig – Rachel brachte ständig anderes Spielzeug, um es mir zu zeigen, und Rebecca wollte alles über das Festland wissen.

Die beiden waren süß, und ich wünschte, ich hätte mehr Kraft, um mit ihnen zu spielen. Meine Angst lenkte mich ständig ab und lauerte immerzu in meinem Hinterkopf, besonders als Wind aufkam und Schnee zu fallen begann.

Der Tag verstrich langsam. Ich griff Andy unter die Arme, so viel ich konnte, obwohl er darauf bestand, dass ich das nicht müsste. Ich half Rebecca bei ihrem Vokabel-Arbeitsblatt und las Rachel eine Geschichte vor, als es Zeit für ihren Mittagsschlaf wurde. Die ganze Zeit über schneite es draußen, und man hörte den Wind heulen. Am Abend saß Loki erwartungsvoll an der Haustür, obwohl wir ihn bereits herausgelassen hatten, damit er sein Geschäft erledigen konnte.

«Sie kommt heute Abend nicht zurück, Loki», sagte ich.

Er sah mich lange an, warf einen letzten einsamen Blick in Richtung Tür und legte sich dann wieder auf seinen Platz am Feuer.

Andy bugsierte die Mädchen nach oben, wo sie «in Ruhe lesen» sollten, und so blieb ich allein zurück. Das weiche, gemütliche Sofa war mit bequemen Kissen zum Bett umfunktioniert worden, und das Feuer sorgte dafür, dass es warm war. Das Bauernhaus ächzte im Wind, aber es hatte nicht die gleiche unheilvolle Atmosphäre wie Balfour Manor. Ich fühlte mich hier nicht beobachtet.

Der Wind trieb draußen vor den vereisten Fenstern Schnee vorbei. Die Sonne war fast untergegangen, und die zunehmende Dunkelheit sorgte dafür, dass mein Herz schmerzhaft in meiner Brust pochte. Rayne hatte mir versichert, dass Andy gut bewaffnet war. Alle Fenster waren verbarrikadiert, und die Haustür war mit einem dicken Querriegelschloss versehen. Aber es war nicht meine eigene Sicherheit, um die ich mich sorgte.

Andy hatte mich herumgeführt, daher wusste ich, dass sich sein Funkgerät in seinem Büro am Ende des schmalen Flurs befand. Ich schlurfte hinein und lehnte die Tür an, um die Mädchen oben nicht zu stören. Dann kauerte ich mich in den Sessel hinter dem Schreibtisch, wobei die alten Federn unter mir knarrten. Loki legte sich zu meinen Füßen hin. Seit wir angekommen waren, war er nicht von meiner Seite gewichen.

Ich stellte die Frequenz des Funkgeräts auf die Station des

nördlichen Feuerwachturms ein und nahm das Mikrofon zur Hand.

«Rayne?», fragte ich leise. «Bist du da?»

Mein Herz klopfte unerträglich, während ich auf eine Antwort wartete.

«Hey, meine Hübsche.»

Mein eben noch rasendes Herz blieb beinahe stehen, als ich ihre Stimme hörte. «Ich vermisse dich. Ich wollte sichergehen, dass es dir gut geht.»

Ich hörte ihrer Stimme an, dass sie lächelte. «Mir geht's gut. Ich habe Feuer im Kamin gemacht, und es ist kuschlig warm hier drinnen. Ich bin in meine Lieblingshäkeldecke eingewickelt. Ich habe hier sogar heißen Kakao aus Instantpulver.»

Ich kicherte. «Mit Minimarshmallows?»

«Natürlich. Ich bin sicher, Andy hat auch welche zu Hause.»

«Der Boden ist zu kalt, um in die Küche zu laufen», sagte ich und seufzte theatralisch auf.

«Wie wäre das: Ich komme ganz schnell zurück und mache dir einen Kakao mit Marshmallows.»

Meine Augen brannten. Ich musste wirklich erschöpft sein, wenn mich die Vorstellung ihrer Rückkehr zu Tränen rührte.

Was, wenn sie niemals zurückkommen würde? Was, wenn sie vom Funkmast fiel oder die Bestie sie fand oder ...

«Salem, bist du noch da?»

«Ja! Ja, ich bin ...» Ich räusperte mich. «Tut mir leid, ich bin ein bisschen müde. Ist die Reise nach da draußen gut gelaufen?»

«Es war gar nicht so übel. Ruhig und kalt», sagte sie. «Fast friedlich. Hier liegt höllisch viel Schnee, aber ich konnte schon herausfinden, was mit dem Mast nicht stimmt. Es ist Schutt daran hängen geblieben. Den sollte ich problemlos entfernen können.»

«Oh, gut, ja, das ist gut ...»

Kinderlachen drang aus dem oberen Stockwerk, gefolgt von Andys lautem Gelächter. Die Geräusche einer glücklichen Familie umgaben mich, während ich mich unglaublich einsam fühlte.

«Alles in Ordnung, Salem?» Raynes Stimme klang zärtlich und umfing mich wie eine Umarmung.

«Ich habe Angst», sagte ich. «Ich habe ein ungutes Gefühl. Ich ... fürchte mich einfach.»

Sie schwebte in viel größerer Gefahr als ich. Ich fühlte mich albern, weil ich mich beklagte, aber diese Gefühle vereinnahmten mich ganz und gar. Wie ein Monster lauerte die Angst in jeder dunklen Ecke meines Kopfes, in allem Unbekannten und in jeder schmerzhaften Erinnerung. Sowohl sehr reale als auch eingebildete Gefahren ließen sie emporsteigen. Diese Angst machte aus jeder kleinen Sorge eine neonfarbene Leuchtschrift, die vor meinem inneren Auge aufblinkte.

«Das verstehe ich, Süße. Ich mache dir keine Vorwürfe. Es ist eine scheißbeängstigende Welt. Aber ich passe auf dich auf. Ich bin vielleicht jetzt gerade nicht bei dir, aber ich verspreche dir, dass ich alles stehen und liegen lasse und zu dir zurückkomme, wenn du mich brauchst.»

Ihre Worte kamen so überraschend, dass ich einige Augenblicke lang schwieg. Schuldgefühle und Freude sorgten gleichermaßen dafür, dass die Tränen, die mir in den Augen standen, jetzt über meine Wangen liefen. Ich wischte sie eilig weg.

«Hey. Hast du mich gehört?»

«Ja», flüsterte ich, damit sie das Zittern meiner Stimme nicht bemerkte. «Danke schön.»

«Dank mir nicht. Ich mache das gerne, Salem. Ich möchte ...» Sie verstummte für eine kleine Weile, und ich wartete mit angehaltenem Atem. «Ich möchte für dich da sein. Diese ganze Situation ist so abgefuckt, aber dass du hier bist ...» Wieder verstummte sie. «Ich sollte dir das persönlich sagen. Schätze, dafür bin ich zu feige.»

«Du bist nicht feige», widersprach ich. Ich hielt das Mikrofon nah an mein Ohr und schloss die Augen, sodass ich mir fast vorstellen konnte, dass sie hier bei mir war.

«Du hast mir wieder Hoffnung geschenkt, Salem. Wer weiß, ob sich irgendwas ändern wird. Aber ich bin seit langer Zeit allein, und nach einer Weile verliert man aus dem Blick, wofür man eigentlich kämpft.»

«Hast du das wiedergefunden?», fragte ich. «Die Sache, für die du kämpfst?»

«Nein, nicht wiedergefunden. Ich habe sie zum ersten Mal gefunden, ja. Ich habe jetzt was, für das es sich zu kämpfen lohnt.»

Zusammengekauert in dem Sessel, mit dem Mikrofon des Funkgeräts in der Hand, schlief ich ein. Irgendwann kam Andy herein und deckte mich zu, damit ich in der langen Nacht nicht zu sehr fror.

Als ich morgens aufwachte, ließ ich Loki raus, damit er sein Geschäft erledigen konnte, und beobachtete ihn von der Veranda aus. Am Himmel erstreckten sich endlose dunkle Wolken, obwohl es für den Moment aufgehört hatte zu schneien. Schneeverwehungen türmten sich an der Scheune, und ich half Andy, sie zu räumen, damit wir die Tiere füttern konnten.

Ich warf eine von den Tabletten ein, um ruhig zu bleiben, obwohl sie mich benommen machten. Nachdem ich Loki gefüttert und ein spätes Frühstück aus weich gekochten Eiern und Toast gegessen hatte, machte ich mich wieder an meine Aufgabe, eine Liste der Sachen zu erstellen, die wir aus dem Steinhaus geholt hatten, bevor wir es niedergebrannt hatten. Ich hatte nur eine kleine Schachtel in meinen Rucksack gestopft, um sie mitzunehmen, aber das reichte, um mich zu beschäftigen.

Ich verteilte ihren Inhalt auf dem Schreibtisch in Andys Büro. Darunter waren Dutzende Kinderfotos von Rayne, viele davon waren verwittert, fleckig und verblichen, weil sie jahrelang unter schlechten Bedingungen gelagert worden waren. Es gab auch einige von ihr und ihrer Mutter und ein paar von Melanie Balfour allein, die sie offensichtlich selbst geschossen hatte.

Kein einziges Foto von Picard war dabei. Nicht einmal der kleinste Beweis dafür, dass er sich auch nur im Entferntesten mit seiner eigenen Frau und seinem Kind befasst hatte.

Ganz am Boden der Schachtel klebte ein großer, schmutziger Umschlag an der Pappe. Es schüttelte mich vor Ekel, und ich nahm ein Taschentuch, um ihn abzuziehen. Er war mit schwarzen Schimmelflecken übersät, und darin fand ich noch mehr Fotos.

Aber diese hier waren anders als die vorigen.

Die ersten paar waren so dunkel, dass ich kaum sagen konnte, was ich vor mir sah. Aber je länger ich die seltsamen Fotos betrachtete – rotes Blut, weißes Fett, bleiche, zersplitterte Knochen –, desto mehr drehte sich mir der Magen um.

Ich wusste nicht, was darauf zu sehen war, aber ich wusste, dass etwas ganz und gar nicht in Ordnung war.

Das erste scharfe Foto, das ich entdeckte, ließ ich fallen, weil ich vor Entsetzen die Hände vor den Mund schlug. Tote Tiere, so verstümmelt, dass ich ihre Spezies nicht ausmachen konnte, lagen ausgebreitet auf einem Holztisch, den ich schon einmal gesehen hatte.

Im Steinhaus.

«O mein Gott ...»

Ich nahm noch eines heraus und betrachtete die Fotos mit wachsendem Entsetzen. Fleisch und Knochen, Blut und Organe. Manche Fotos waren so grotesk, dass mir speiübel wurde und ich plötzlich würgen musste. Ich krümmte mich nach vorn, um den Drang, mich zu übergeben, zu unterdrücken.

Die letzten paar Fotos waren die schlimmsten. Darauf war kein Tier zu sehen.

Sondern ein Mensch. Auf einem Foto war ein weit aufgerissenes, glasiges Auge zu sehen – umgeben von Blut. Ein anderes zeigte den nackten Körper einer Frau, der wie für eine Obduktion dalag. Dabei war ihr Gesicht nicht zu sehen. Ihre Kehle war aufgeschlitzt mit einem tiefen, brutalen Schnitt. Ihr Rumpf war durch klaffende Wunden entstellt.

Auf dem letzten Foto war ein Haufen blutiger Knochen zu sehen, an manchen hing noch etwas Fleisch. Blutgetränkte Hände hielten einen Oberschenkelknochen von dem Haufen in die Höhe, sodass man eine Reihe winziger, in den Knochen geritzter Symbole darauf erkennen konnte.

Mit zitternden Händen legte ich alles wieder zurück, dann stand ich auf und begann, im Kreis durch das Zimmer zu laufen. Ich hatte eine schreckliche Vorahnung, wessen Leichnam das war.

Melanie sollte begraben sein.

Rayne hatte gesagt, ihre Mutter sei beigesetzt worden.

Aber ich glaubte nicht mehr, dass das stimmte.

Rayne hatte versprochen, dass sie mich anfunken würde, bevor sie sich auf den Rückweg machte, aber die Stunden vergingen zu langsam. Diese grauenvollen Fotos ließen mich nicht mehr los, sodass ich sie noch einmal betrachtete, nur um mich zu vergewissern, dass ich sie wirklich gesehen hatte.

Ich wollte daran glauben, dass sie nicht echt, sondern gestellt waren, aber mein Bauchgefühl sagte mir, dass sie sehr wohl echt waren.

Wie konnte ich Rayne davon erzählen? Was sollte ich ihr erzählen? Allein beim Gedanken daran, dass sie diese Fotos ansehen müsste, wurde mir schlecht.

«Geht's Ihnen gut, Miss Salem?», fragte Andy und blickte mich über den Küchentisch hinweg besorgt an. Ich hatte das Essen, das er zubereitet hatte, kaum angerührt. «Machen Sie sich keine Sorgen wegen Rayne. Sie hat die Reise zu dem alten Mast im Norden schon oft gemacht. Sie ist eine kluge Frau. Sie wird da oben bleiben, falls das Wetter zu schlecht ist, um zurückzufahren.»

Ich war dankbar für seine beruhigenden Worte.

Beinahe wäre ich mit meinem Fund herausgeplatzt, weil ich unbedingt eine zweite Meinung wollte, aber die Mädchen saßen mit am Tisch. Stattdessen stocherte ich noch eine Weile in meinem Essen herum und kauerte mich dann mit einer Tasse Tee neben das Funkgerät, wo ich sehnlichst darauf wartete, dass Rayne sich meldete.

Aber es wurde Abend, die Dunkelheit brach herein, und noch immer hatte ich nichts von ihr gehört.

Ein Klopfen an der Tür ließ mich hochschrecken, dann steckte Andy den Kopf herein. «Ich gehe in die Falle. Sie sollten auch versuchen, ein bisschen zu schlafen. Das Wetter war harsch. Das hält Rayne wahrscheinlich auf Trab.»

Vielleicht lag es nur an meiner Angst, aber seine Worte, mit denen er mir versicherte, dass alles in Ordnung war, klangen plötzlich gar nicht mehr so *sicher*.

Ein paar Stunden später riss mich Lokis lautes Bellen aus einem unruhigen Schlaf.

Ich war wieder am Schreibtisch eingeschlafen. Ich streckte meinen schmerzenden Nacken und zog fröstelnd meine Hände in die Ärmel. Obwohl ich mir fast sicher war, dass mich das Funkgerät geweckt hätte, nahm ich das Mikrofon und fragte leise: «Rayne, bist du da?»

Keine Antwort.

Und auch Loki lag nicht mehr zu meinen Füßen. Wahrscheinlich stand er an der Haustür und wartete darauf, zum Pinkeln nach draußen gelassen zu werden. Gott, es war eiskalt. Ich legte die Hände an den Mund und hauchte sie an, um sie zu wärmen, dann eilte ich zur Haustür und schnappte mir einen der warmen Mäntel, die neben der Tür hingen.

Loki lief winselnd davor auf und ab, also öffnete ich ihm eilig die Tür, schlüpfte dann in den Mantel und zog meine Stiefel an.

Ich trat auf die Veranda und spähte in die dunkle Nacht hinaus. Es schneite wieder, die heftigen Windböen trieben Schneegestöber vor sich her. Flutlichter umringten das Haus mit ihrem hellen Schein, trotzdem wollte ich nicht länger hier draußen bleiben als nötig.

Aber als ich den Blick über den Hof gleiten ließ, war Loki nirgends zu sehen.

«Loki?»

Ich rechnete damit, dass er gleich um die Hausecke getrottet kommen würde, aber nein. Ich suchte den Boden nach seinen Spuren im Schnee ab. Sie führten über den Hof ... und dann auf und davon.

In den Wald.

Aus der Ferne, getragen vom eisigen Wind, erklang das Bellen eines Hundes. Es war ein wildes, knurrendes und gleichzeitig nach Panik klingendes Geräusch. Mein Herz pochte heftig, und vor Angst schnürte sich meine Kehle zu.

«Loki!» Mein Ruf wurde vom heulenden Wind geschluckt.

Sein Bellen klang jetzt, als käme es von noch weiter entfernt.

Panisch eilte ich ins Haus zu meinem Rucksack und durchwühlte ihn, bis ich das Jagdmesser fand, das Rayne mir überlassen hatte. Ich zog es aus der Scheide und rannte in die stürmische Nacht hinaus.

Durch den frischen Schnee fühlten sich meine Füße bei jedem Schritt bleischwer an. Der Wind peitschte um mich herum, und Schneegestöber nahm mir die Sicht.

«Loki!» Ich rief weiter nach ihm und folgte seinen Spuren durch den Schnee, so gut ich konnte.

Meine Lippen und Finger wurden wegen der Kälte taub, aber ich konnte den armen Hund nicht dem Tod hier draußen überlassen.

Warum war er weggelaufen, was war in ihn gefahren?

Ich hörte ihn nicht mehr. Auch das Bauernhaus konnte ich nicht mehr sehen. Rings um mich herum war nichts als ein Labyrinth aus hohen Bäumen und vereistem Dornengestrüpp.

Das Herz sackte mir in die Hose, und Angst durchzuckte mich. Ich musste zurückgehen und Andy wecken, damit er mir suchen half. Aber während ich mich um mich selbst drehte, wurde mir schnell klar, dass ich vielleicht nicht einmal den Weg zurück zum Haus finden würde. Meine Fußabdrücke im Schnee verschwanden schnell unter einer weiteren Schicht, genau wie Lokis.

Mein Atem ging jetzt gehetzter, und meine Lunge brannte wegen der kalten Luft.

Verdammt, wohin war der Hund gelaufen?

Das sah ihm nicht ähnlich. Ich legte die Hände um den Mund und schrie gegen den heulenden Wind an, obwohl es zwecklos war.

Schwaches Bellen in der Ferne ertönte. Verzweifelt rannte ich los und folgte dem Geräusch. Aber mein Fuß blieb an etwas hängen, das ich nicht erkennen konnte, weil es unter dem Schnee verborgen war, und ich stürzte zu Boden.

Als ich mich wieder hochkämpfte, bemerkte ich ein schwaches rotes Leuchten vor mir.

Langes dunkles, blutgetränktes Haar wirbelte im Wind. Leere Augen beobachteten mich, Blut tropfte von zu langen Fingernägeln und hob sich kontrastreich vom weißen Schnee ab. Ich rang um Luft, und es war, als hätte ich eine Wolke aus Traurigkeit eingeatmet, die sich anfühlte wie ein Schlag in die Magengrube.

Alles schmerzte. Ich konnte kaum atmen.

Es geschah in weniger als einer Sekunde und dauerte nur einen Wimpernschlag lang an, dann war sie verschwunden.

Der Wind war voller seltsamer flüsternder Stimmen, die sich miteinander vermischten. Mein Brustkorb fühlte sich unerträglich schwer an, und mir war schwindlig. Ich musste wieder ins Haus, aber wo ... wie ...

Ich drehte mich um, und da war sie: das Gesicht verzerrt, die blutigen Arme ausgestreckt, den klaffenden Mund aufgerissen zu einem grauenvollen Schrei.

Der Sturm übertönte meinen eigenen Schrei, als ich zu Boden geworfen wurde. Ich landete in tiefem Schnee, rollte und rutschte einen steilen Abhang hinunter in eine Senke.

Die Luft, die ich so dringend brauchte, wurde aus meiner Lunge gepresst, und es fühlte sich an, als würde mein Brustkorb zerquetscht werden.

Wieder und wieder überrollte mich das schreckliche Gefühl, erdrückt zu werden. Ich konnte nicht schreien, ich konnte nicht aufstehen. Es war, als wäre meine Kehle voller Flüssigkeit, und ich drohte an ihrem widerwärtigen metallischen Geschmack zu ersticken. Ein Schatten waberte vor mir, vor und zurück, vor und zurück. Mit jeder Bewegung drückte er mich nieder. Zertrümmerte meinen Brustkorb, sodass Blasen in dem Blut aufstiegen, das meinen Mund füllte.

In der Ferne schrie jemand. Es war ein elendes, klägliches Jammern. Die flüsternden Stimmen hielten an, umgaben mich und nahmen mich in Besitz.

An die Knochen, die Knochen, an die Knochen binde ich dich. Mit Fleisch, mit Fleisch, mit diesem Fleisch nähre ich dich. Durch Blut, durch Blut, durch Blut rufe ich dich an.

32

RAYNE

Lights Out

Ich zog die Handschuhe aus, meine Hände darunter waren steif und kalt, und warf sie zusammen mit dem Klettergurt in den Lagerbehälter. Ich hatte länger als angenommen gebraucht, um den Mobilfunkmast hochzuklettern, denn wegen der kühlen Temperaturen war das Metall mit einer glitschigen Eisschicht bedeckt. Ein gewaltiger Ast hatte sich in der Sendeantenne verfangen, aber als ich ihn entfernt hatte, war das gespenstische grüne Leuchten der Livekameras auf dem Trail wieder in den quadratischen Raum des Feuerwachturms zurückgekehrt.

Die alten Monitore standen wackelig auf dem Schreibtisch, ihre Glasgehäuse waren gesplittert und das alte Plastik spröde. Blackridge konnte nicht gerade auf viele Steuergelder zurückgreifen. Die Geräte, die wir hatten, waren daher mit öffentlichen Geldern finanziert worden. Aber sie waren alt und gingen allmählich kaputt. Jeden Winter flehte ich sie an, nur noch ein weiteres Jahr zu funktionieren, und bisher hatten sie durchgehalten.

Jeder meiner Knochen schmerzte, so erschöpft war ich, und ich fiel mit dem Gesicht voran ins Bett. Die Sonne ging gerade unter, aber wegen der Gewitterwolken war es so dunkel, dass es auch schon Nacht hätte sein können. Auf keinen Fall würde ich heute Abend wieder nach Hause fahren können. Mehr als ich mich nach Essen und Ruhe sehnte, wollte ich mit Salem sprechen. Ihre Stimme hören und wissen, dass es ihr gut ging.

Keine Erschöpfung der Welt konnte meine Vorfreude darauf, einfach nur ihre Stimme zu hören, trüben.

Stimmte etwas nicht mit mir? War ich einfach nur besessen von ihr, oder war die Wärme, die ich verspürte, wenn ich an sie dachte, etwas ganz anderes?

Wenn ich mir ihr Lächeln in Erinnerung rief, wurde mir vor Glück ganz flau im Magen. Ich griff unter mein Kissen und zog die Polaroidfotos von ihr hervor. Hitze stieg mir ins Gesicht, und schlagartig breitete sich ein dümmliches Grinsen auf meinem Gesicht aus.

Klick.

Das Zimmer war plötzlich in Dunkelheit gehüllt. Verunsichert und verwirrt sprang ich aus dem Bett und legte eilig den Lichtschalter um, wieder und wieder. Nichts geschah. Die Monitore waren ausgegangen. Genau wie das Funkgerät. Ich zog den Reißverschluss meines Mantels zu, ging nach draußen auf die Aussichtsplattform und spähte in den stockfinsteren Wald hinaus.

Die Flutlichter, die den Turm umgaben, um den Engel davon abzuhalten, sich zu nähern, waren erloschen.

«Verdammt, der Strom ist ausgefallen», murmelte ich, schnappte mir meine Taschenlampe vom Tisch und öffnete den Sicherungskasten neben der Tür. «Komm schon!»

Die Sicherung aus- und wieder einzuschalten, bewirkte nichts. Meine einzige Hoffnung war das Notstromaggregat am Fuße des Turms.

Der Schneefall hatte sich inzwischen verstärkt. Mit geladener Waffe ging ich langsam die Treppe hinunter. Die Stufen knarzten, und der Turm ächzte im Sturm. Kalter Wind peitschte mir ins Gesicht. Ich behielt den Kopf eingezogen und leuchtete mit meiner Taschenlampe über den Weg. Wenn etwas am Fuß des Turms auf mich lauerte, würde ich es wegen des heulenden Winds nicht hören können.

Und im Dunkeln könnte ich es auch nicht sehen.

Der Generator stotterte, als ich versuchte, ihn einzuschalten. Fluchend ließ ich den Lichtstrahl der Taschenlampe umhergleiten auf der Suche nach dem Vorratsschuppen, wo ich hoffentlich Treibstoff finden würde.

Knacks.

Das Krachen eines Zweiges zog sofort meine Aufmerksamkeit auf sich. Der Schein der Taschenlampe wurde vom glitzernden Schnee zurückgeworfen, schaffte es kaum, die Dunkelheit zu erhellen. Die Bäume schwankten im Wind, und zwischen ihnen war die tiefschwarze Nacht so undurchdringlich wie eine dunkle Mauer.

«Liebling?»

Mein Rücken versteifte sich vor Anspannung, aber ich wagte nicht, auch nur einen Muskel zu bewegen.

Hatte ich tatsächlich jemanden gehört? Oder war es nur der Wind gewesen, das Ächzen der Bäume?

«Wo bist du, Liebling? Ich kann dich nicht sehen.»

Die Stimme drang tief in mein Unbewusstes und riss eine Wunde auf, von der ich nicht gewusst hatte, dass sie noch dort war. Ich hielt den Atem an, sprach nicht und bewegte auch meine Taschenlampe keinen Zentimeter.

«Komm zurück zu Mommy, Liebling.»

Ich biss die Zähne so fest zusammen, dass ich sicher war, sie würden zersplittern.

Das war die Stimme meiner Mutter. Aber es sollte nicht ihre Stimme sein.

Es *konnte* nicht ihre Stimme sein. Sie war gestorben, bevor die Bestie gekommen war, also konnte es ihre Stimme unmöglich kennen.

Und doch ...

«Rayne? Mach Mommy nicht traurig.»

Aus dem Schatten, nur wenige Meter links neben dem Schein meiner Taschenlampe, streckte sich eine lange, krankhaft blasse Gliedmaße. Dann noch eine. Und noch zwei weitere. Gelenke sprangen aus ihren Pfannen und wieder hinein, wobei es grotesk knackte. Als sein bizarrer Körper sich verrenkte, um sich aufzurichten, bewegten sich seine Rippen auf unnatürliche Weise wellenförmig, so als führten sie ein Eigenleben. Mit seinem augenlosen Gesicht blickte es nach oben, scheinbar in den stürmischen Himmel. Sein fratzenhafter Mund war aufgerissen, und die zangenartigen Zähne schnappten nach der Luft.

Langsam brachte ich meine Waffe in Position.

«O Gott ...» Ihre Stimme war vor Panik verzerrt. Das war nicht die übliche Imitation der Bestie. Es klang viel zu real. «Wo bist du?»

Ich ließ die Taschenlampe fallen und riss die Hand hoch, um zu zielen und meine Waffe abzufeuern. Das konnte höchstens eine Sekunde gedauert haben, aber meine Kugel sauste durch die Luft und verfehlte ihr Ziel.

«Scheiße!»

Ich rannte zur Treppe, blieb dann aber abrupt stehen. Es gab nur einen Weg hinunter, und die Tür dort oben würde einem Angriff nicht ewig standhalten. Ich würde, lediglich mit einer Taschenlampe und einem begrenzten Munitionsvorrat ausgerüstet, in einem geschlossenen Raum festsitzen, also wäre ich so gut wie tot, wenn ich den Mast wieder hinaufkletterte.

Knacks.

Der Engel sprang erschreckend mühelos durch den Schnee und stürzte sich auf mich. Er rammte das Geländer der Treppe, und das Holz zersplitterte. Dann rissen seine Klauen die Rückseite meines Mantels auf. Ich stürzte, hielt verzweifelt meine Waffe umklammert und rappelte mich gerade rechtzeitig wieder hoch, um noch eine Kugel abzufeuern, als er sich wieder auf mich stürzte. Der Schuss traf seine Brust, und er kreischte, taumelte rückwärts und schlug nach der Wunde.

Ich hatte keine Zeit zu zielen.

Ich hatte keine Wahl.

Ich rannte auf das Quad zu. Direkt hinter mir schrie der Engel meinen Namen. Ich drehte den Schlüssel im Zündschloss und hoffte inständig, dass der alte Motor mich nicht im Stich lassen würde. Röhrend erwachte er zum Leben, und ich trat das Gaspedal durch. Schnee spritzte unter meinen Rädern auf, als ich in die Dunkelheit davonraste.

33

SALEM

Screams in the Dark

Als ich zu mir kam, zitterte ich heftig. Mein Körper schmerzte von der beißenden Kälte, und jeder Atemzug kostete unendlich viel Mühe. Ich konnte mich nicht bewegen, und mehrere lange Sekunden verstrichen, in denen ich mich voller Angst fragte, ob ich sterben würde.

Ich war orientierungslos, bemerkte aber, dass sich etwas Warmes, Schweres gegen meinen Rücken drückte. Ich stöhnte, und das Ding bewegte sich, dann stupste mich etwas Nasses, Kaltes gegen den Hals und schließlich gegen die Wange. Ich hörte ein schnüffelndes Geräusch, und eine warme, feuchte Zunge leckte mir hektisch übers Ohr.

«Loki ...»

Meine Sicht verschwamm, als ich versuchte, mich nach ihm umzublicken. Ich hatte keine Ahnung, wie lange ich hier im Schnee gelegen hatte, aber es war allein seiner Körperwärme zu verdanken, dass ich noch lebte. Ich schlang meine Arme um seinen flauschigen Nacken und hielt mich an seinem Halsband fest, um mich hochzuziehen. Er blieb geduldig stehen, als ich mich an ihn lehnte, weil ich kaum aufrecht stehen konnte.

Mein Körper war zu schwer und meine Gliedmaßen taub. Ich sackte an dem Rücken des großen Hundes zusammen. Loki begann zu laufen und zog mich mit sich, während ich mich weiterhin an ihm festhielt. Er bewegte sich entschlossen, mit aufgestellten Ohren, und manövrierte uns aufmerksam durch den Schnee. Dann hielt er inne, ein Ohr aufgerichtet, eines angelegt.

Ich konnte nichts anderes hören als den Lärm des Sturms.

Loki starrte in die Dunkelheit, den Schwanz hocherhoben, während ein tiefes Knurren aus seiner Kehle drang.

«Salem! Hilf mir!»

Ein Schaudern lief mir über den ganzen Körper. Vor Panik drehte sich mir der Magen um. Das war Raynes Stimme – sie war leise, aber es bestand kein Zweifel. Sofort flutete Adrenalin meinen Körper. In wenigen Sekunden wich alle Trägheit aus mir, und plötzlich war ich in höchster Alarmbereitschaft. Doch mein Körper wollte nicht kooperieren. Ich versuchte zu stehen, ging kaum ein oder zwei Meter weit und sank dann wieder in den Schnee.

Loki begann, zu hecheln und zu bellen, und wehrte sich dagegen, dass ich ihn festhielt. Doch ich ließ sein Halsband nicht los. Die Stimme klang zwar nach Rayne, aber die Erinnerungen an den Engel und seine Imitation sorgten dafür, dass ich reglos an Ort und Stelle blieb.

«Salem! Bitte! Hilf mir!»

Ihre fernen Rufe klangen gequält. Panik überrollte mich wie ein Schwall kaltes Wasser, und ich schrie: «Rayne! Rayne, kannst du mich hören?»

Der Wind trug meine Worte fort, und sie verloren sich im Sturm.

Loki machte mit einem wütenden Knurren einen Satz nach vorn und überwältigte mich. Sein nasses Halsband rutschte aus meiner Hand, und er rannte durch die Bäume, bis er außer Sichtweite war. Sein Bellen wurde immer leiser, während er sich entfernte.

«Loki! Nein!»

Ich hatte keine Lampe dabei und war nur mit einem Messer bewaffnet. Ich stolperte vorwärts, und allein das Adrenalin sorgte dafür, dass ich mich auf den Beinen hielt.

«Salem!»

«O Gott, Rayne ...»

Was sollte ich nur tun?

Jede Sekunde der Ungewissheit war unerträglich lang. Ich musste Rayne finden. Es war töricht, ohne Verstärkung weiterzumachen, aber ich wusste nicht einmal, ob ich den Weg zurück finden würde.

Ich hätte nicht hier rausgehen dürfen, hätte niemals das Haus verlassen dürfen ...

Es war gefährlich. Wahrscheinlich erwartete mich hier draußen nur der Tod. Aber wenn ich ihre Rufe ignorierte und es auch nur den Hauch einer Chance gab, dass Rayne wirklich da draußen war, würde ich mir nie verzeihen, sie im Stich gelassen zu haben.

Mein ganzer Körper schmerzte vor Kälte, als würde ich über glühende Kohlen laufen. Lokis grimmiges Bellen kam aus der Ferne, es klang, als verfolgte er etwas. Alle paar Sekunden rief Rayne nach mir, aber ich traute mich nicht, zu antworten. Ich bewegte mich so lautlos, wie ich konnte, und sah mich nach allen Richtungen um.

Ich war nicht der Jäger, ich war die Beute, und jeder Schritt konnte mein letzter sein.

Der Schein meiner Taschenlampe beleuchtete gespenstisch die wirbelnden Flocken, und Schatten umgaben mich ringsum. Meine Paranoia ließ mich Dinge sehen, die nicht da waren – es kam mir vor, als würden dunkle Gestalten zwischen den Bäumen hindurchhuschen. Ich hätte schwören können, dass der Wind flüsternde Stimmen an mein Ohr trug, und das Geräusch von leisem Weinen sorgte dafür, dass sich meine Nackenhaare aufstellten.

Es war unmöglich zu sagen, was echt war, was eingebildet und was davon mich töten wollte.

Meine Lampe flackerte. Irgendwo in der Nähe bewegte sich etwas, aber ich konnte nichts sehen, egal, in welche Richtung ich mich wandte.

Lokis Bellen war jetzt ganz nah.

Meine Kehle war vor Panik wie zugeschnürt, dennoch rief ich leise: «Loki? Rayne? Bist du ... bist du da?»

Ein fürchterliches Prickeln in meinem Nacken gab mir das Gefühl, beobachtet zu werden.

«Salem ... bitte ... hilf mir», erklang ein Flüstern aus der Dunkelheit.

Der undeutliche Umriss einer Gestalt zeichnete sich vor mir ab, und meine Taschenlampe flackerte, als ich mich zu ihr umdrehte. In der Luft lag ein stechender fleischartiger, metallischer Geruch wie von einer offenen, eitrigen Wunde.

Ich brachte kein Wort hervor. Ich wagte es nicht. Ich hielt mein Messer bereit, obwohl ich wusste, dass es nicht ausreichen würde, um mich zu verteidigen.

Die Gestalt stand langsam auf – der Engel wandte mir sein augenloses Gesicht zu.

«O ... mein Gott ... nein ...»

Ich wich zurück. Meine Arme zitterten, und meine Knie drohten unter mir nachzugeben. Der Kopf des Engels zuckte ungeduldig, während er auf mich zu krabbelte, und sein widerlicher Atem bildete Wölkchen in der kalten Luft. Seine Nasenlöcher blähten sich auf. Er kreischte.

Das Geräusch war so schrecklich, dass sich mein Brustkorb vor Panik zusammenzog.

«Hilf mir, bitte ... hilf mir ...», ahmte er Raynes Stimme perfekt nach.

Lauf ... lauf ... lauf, rief mein Gehirn meinen Beinen immer wieder zu, aber sie gehorchten einfach nicht. Die Schreie blieben mir in der Kehle stecken, und mein Körper erstarrte vor lauter Angst.

Ich konnte mich nicht bewegen. Konnte nicht atmen, konnte nicht denken.

Das Maul des Wesens war weit aufgerissen und entblößte einen schier endlosen Schlund voller Zähne. Es stürzte sich auf mich und rammte mich, sodass ich zu Boden stürzte.

Ich schlug wild mit dem Messer um mich, in der verzweifelten Hoffnung zu spüren, wie die Klinge in sein Fleisch eindrang.

Faulig riechender Speichel tropfte auf mich, die Klauen gruben sich in den Schnee rings um mich herum, und als mein Messer schließlich auf einen Widerstand traf, spritzte mir etwas Nasses, Heißes ins Gesicht.

Aber es war nicht der Engel, der kurz darauf bestialisch schrie. Sondern Loki.

Wie ein Schatten stürmte er zwischen den Bäumen hervor und flog durch die Luft. Er rammte meinen Angreifer und biss sich in einem der langen Gliedmaßen fest. Sie stürzten in einem Durcheinander aus aufgewirbeltem Schnee zu Boden, schreckliche Geräusche erklangen, und es war unmöglich, dabei noch den Hund von der Bestie zu unterscheiden.

Ein Gewehrschuss ertönte. Loki war nicht allein gekommen.

Rayne trat mit durchnässter Kleidung und zerzaustem Haar in den Schein meiner flackernden Lampe. Sie hatte Blutspritzer im Gesicht, und auch ihr Mantel war blutgetränkt, aber sie zielte eilig und feuerte noch einen Schuss ab.

Die Bestie schrie und erhob sich auf die mit Hufen versehenen Hinterbeine. Blutige Wunden durchlöcherten ihre Brust, aber sie brüllte trotzig und schlug mit ihren Klauen nach dem Hund, der knurrend und schnappend um ihre Füße herumtänzelte.

Der Engel war mir jetzt gefährlich nahe und wirbelte wieder zu mir herum. Ich stürzte mit einem Schrei nach vorn und vergrub das Messer in seinem Oberschenkel.

Er schlug um sich, und seine erbärmlichen Schreie drohten mein Trommelfell zum Platzen zu bringen. Mit einer seiner langen Gliedmaßen traf er mich, als er sich umdrehte, um zu fliehen, und ich wurde zu Boden geworfen.

Benommen sah ich zu, wie er in die Dunkelheit entfloh und dabei eine dunkelrote Blutspur hinterließ.

Kräftige Arme schlangen sich um mich und zogen mich wieder auf die Beine. «Salem! Komm schon, steh auf, wir müssen weg, wir müssen *jetzt sofort* hier weg!»

Rayne hielt mich fest mit einem Arm umschlungen, während sie mit dem anderen ihre Waffe hielt. Sie pfiff; ein kurzes, scharfes Geräusch genügte, und Loki kam zu uns gesprungen.

Wir stolperten im Schnee und bahnten uns einen Weg durch die Dunkelheit. Loki folgte dicht hinter uns, blieb ab und zu stehen und starrte hinter sich in die Schatten. Die unheimlichen Schreie der verletzten Bestie waren beängstigend nah.

Wir hatten sie nicht besiegt, wir hatten sie nur wütend gemacht.

«Rayne ... wo sind wir?», fragte ich.

«Ich weiß es nicht genau», presste sie zwischen zusammengebissenen Zähnen hervor. «Wir müssen einfach weiterlaufen. Ich habe das Quad zu Schrott gefahren. Konnte verdammt noch mal nicht sehen, wohin ich gefahren bin.» Sie versuchte, wieder zu pfeifen, aber ihre Lippen waren vom Wind und von der Kälte aufgesprungen. «Loki! Nach Hause! Geh nach Hause!»

Der Hund legte den Kopf schief und lauschte auf ihr Kommando. Er streckte die Schnauze in den Wind, richtete sie dann zu Boden und lief entschlossen zwischen den Bäumen davon.

«Folge ihm», sagte Rayne. «Er wird den Weg finden.»

Wir liefen weiter, stapften von Loki geführt durch den Neuschnee. Der Arm, den Rayne um mich gelegt hatte, war blutgetränkt; ich konnte es riechen, spürte die klebrige Konsistenz, und als ich hinuntersah, bemerkte ich, dass ihre Hand blutig war.

Das Blut war frisch, hell und kirschrot.

«Rayne, du blutest ... du bist verletzt ...»

«Halb so schlimm.» In ihren Augen lag der Ausdruck eines gejagten Tieres; die Pupillen geweitet, der Blick wachsam und wild. «Was ist mit dir?»

«Ich bin nicht verletzt.» Ich war mir nicht ganz sicher, ob das auch wirklich stimmte, aber meine eigenen Verletzungen waren mir in diesem Moment egal. «Mein Gott, Rayne, da ist so viel Blut.»

Plötzlich blieb sie stehen und schaffte es gerade noch, Halt an einem Baum zu finden. Ich stützte sie unter der Achsel. Sie verzog das Gesicht und fluchte vor Schmerz auf.

«Wir können keine Pause machen», sagte sie. «Wie bist du so weit hier rausgekommen? Du hättest ... hättest Andys Haus nicht verlassen sollen.»

Ihre Kraft schwand schnell. Sie verdrehte die Augen, und

ihre Knie gaben nach, sodass wir beinahe beide zu Boden stürzten. Loki winselte, lief zurück an Raynes Seite und stupste ihre schlaffe Hand mit seiner Nase an.

«Geh nach Hause, Loki», sagte ich und zog Rayne wieder hoch.

Der Hund bellte, trottete voraus und blickte dabei über seine Schulter zu uns zurück. Ohne ihn hätte ich keinen Schimmer gehabt, in welche Richtung wir gehen sollten. Wir liefen weiter, einen schmerzhaften Schritt nach dem anderen, bis wir am Tor von Balfour Manor angelangten.

«Gut gemacht, Loki», lobte ich ihn keuchend.

Am liebsten wäre ich genau hier, hinter dem Tor, zusammengebrochen. Die Treppe kam mir wie eine unüberwindbare Hürde vor. Bloße Willenskraft trieb mich hinauf, und unzählige Male wäre ich fast auf dem glatten, vereisten Stein weggerutscht. Rayne konnte sich kaum auf den Beinen halten. Sie hatte kein Wort gesagt, und ich war mir nicht sicher, ob sie vollkommen bei Bewusstsein war.

Meine Finger waren so kalt, dass ich kaum den Schlüssel, ohne zu zittern, halten und die Haustür aufschließen konnte. Wir stolperten hinein, und als wäre bei Rayne mit dem Überqueren der Schwelle ein Schalter umgelegt worden, brach sie zusammen. Dabei hielt sie sich mit einer Hand den verletzten Arm.

Ich schlug eilig die Tür zu und verschloss sie, dann kniete ich mich neben sie. «Du brauchst einen Arzt.»

Sie schüttelte den Kopf, die Lider zusammengepresst. «Komme nicht in die Stadt. Nicht ohne das Quad. Nordseite der Insel ... hat keinen Strom ... ist ausgefallen ... so konnte es mich angreifen.»

Die Angst ging mit mir durch, aber mein Hirn hatte einen Weg gefunden, sich über sie hinwegzusetzen: Ich konnte meine eigene Panik ignorieren, um Rayne zu helfen. Neben mir stehend, aber auf bizarre Weise ruhig, schloss ich meine Augen für einen Moment und zwang mich, meine nächsten Handlungen in eine logische Reihenfolge zu bringen.

«Wir müssen die Wunde säubern», sagte ich schließlich. «Hast du ein Erste-Hilfe-Set? Nadel und Faden?» Sie nickte. «In Ordnung. Wir müssen dich auch aufwärmen, also ... okay, legen wir los, komm schon.»

Meine Hände zitterten, und mein Magen war völlig verkrampft, doch ich half ihr auf die Beine und dann die Treppe hoch.

Sie zitterte heftig und keuchte bei jedem Schritt vor Schmerz auf.

Was, wenn ihre Wunde sich entzündete, bevor die Ärztin zum Herrenhaus rauskommen konnte? Was, wenn ich sie nicht gründlich genug reinigen konnte oder wenn meine Hände zu sehr zitterten, wenn ich versuchte, mit der Nadel ihre Haut zu durchstechen?

Rayne schwankte auf der letzten Stufe und klammerte sich fester an mich, um das Gleichgewicht zu halten. «Es hat die Stimme meiner Mutter benutzt. Es ... hat sie verdammt noch mal nachgeahmt. Ich ... verstehe nicht ... woher kannte es ...»

Ich musste sie auf dem Rücken über den Flur tragen. Ihr Kopf fiel schlaff herunter, als ich sie ins Badezimmer schleifte und gegen die Wand lehnte. Während sich die Wanne mit Wasser füllte, durchsuchte ich den Schrank nach Material.

«Brauch 'nen Drink», murmelte sie und stöhnte.

«Konzentrieren wir uns erst mal darauf, die Blutung zu stoppen, bevor wir mit der Alkoholinfusion beginnen», sagte ich. Ich hatte es nicht scherzhaft gemeint, aber sie lachte leise, und bei diesem Geräusch hätte ich beinahe geweint. Es war so von Schmerz durchdrungen. «Du musst deine Sachen ausziehen. Darf ich ...»

«Ich dachte schon, du würdest nie fragen, Süße.» Ihre gelallten Worte wurden immer undeutlicher, und ihr Kopf hing müde hinunter.

Ich schälte sie aus ihrem Pullover und knöpfte die Bluse darunter auf. Ein tiefer, geschwollener Schnitt verlief von ihrer Schulter zu ihrem Bizeps.

«Das muss genäht werden», sagte ich.

Ich zog ihre Stiefel aus. Schlamm spritzte über den Boden, als ich sie zur Seite warf, dann zerrte ich ihre Hose herunter und half ihr in dic Badewanne. Ihre Haut war eiskalt. Sie lehnte sich zurück und schloss die Augen. Schmutz und Blut färbten das dampfende Wasser.

«Ich mache es selbst», flüsterte sie. «Brauche keine Hilfe. Es ... geht mir gut ...»

«Ja klar», erwiderte ich schnaubend.

Mit einem weichen Tuch wusch ich ihren Körper und widmete mich besonders sorgfältig der Wunde, die ich von Erde und Blut befreite. Ich ließ das Wasser ab und frisches ein, dann kramte ich unter dem Waschbecken nach dem Erste-Hilfe-Set.

Rayne behielt die Augen geschlossen und atmete langsam und tief ein und aus. Ein paar Minuten lang dachte ich, sie wäre eingeschlafen.

«Du hast nach mir gesucht», sagte sie dann. «Du hast gedacht ... hast gedacht, du musst mich retten.»

«Aber stattdessen hast du *mich* gerettet», sagte ich. «Loki wusste, dass was nicht stimmt. Er ist weggelaufen, um dich zu finden.»

Ihre Wunde blutete noch immer leicht, ein hellrotes Rinnsal war in der weißen Porzellanwanne zu sehen. Wenn ich mich jetzt nicht darum kümmerte, würde sie nicht mehr lange bei Bewusstsein bleiben. Pure Willenskraft konnte die Gesetze der Anatomie nur für eine bestimmte Zeit überlisten.

«Rayne.» Ich krabbelte nah an die Wanne heran.

Sie sah mich an, aber ihr Blick ging ins Leere.

«Ich muss ... ähm ...» Ich schluckte die Übelkeit hinunter und zwang mich, ruhig fortzufahren: «Ich werde deine Wunde nähen, um die Blutung zu stoppen. Du musst aus dem Wasser raus, damit ich das tun kann.»

Sie zwang sich, die Augen weiter zu öffnen, und atmete ein. «Okay.»

Am Rand der Badewanne hielt sie sich unsicher fest. Sie weigerte sich, meine Hände anzusehen, die nah an ihrem Körper in der Luft schwebten. Sie richtete sich gerade auf, Blut und Wasser tropften von ihrem Körper wie bei einer Göttin, die aus dem Krieg zurückkehrt. Ich schluckte schwer, starrte sie einen Moment lang an und bewunderte die eiskalte Entschlossenheit in ihrem Blick.

Sie streckte den Arm aus. «Ich kann nicht allein rüberklettern.»

Bei diesen Worten sah sie stur geradeaus, so als würde sie sich damit selbst ein Messer in den Körper stoßen. Ich stützte sie, aber ihr Bein gab unter ihr nach, als sie auf die Fliesen trat. Ich fing sie unter den Achseln auf, legte sie langsam auf dem Boden ab und zog eilig Handtücher zu mir, um sie darin einzuwickeln und warm zu halten.

Ihre Augenlider erschlafften, und ihre Miene wirkte apathisch. «Ich hätte dich nicht zurücklassen sollen. Was würde ich tun ... was würde ich verdammt noch mal *tun*, wenn du ...»

«Spar dir bitte deine Kräfte», sagte ich. «Nicht sprechen.»

Ich tupfte um ihre Wunde herum Desinfektionsmittel auf ihre Haut und versuchte, nicht daran zu denken, was als Nächstes kommen würde. In dem Set befanden sich eine gebogene Nadel und steriler Faden, aber meine Hände zitterten schon jetzt.

Rayne öffnete die Augen. Sie waren vor Erschöpfung gerötet und glasig. Sie hob den Arm und legte ihre Hand an mein Gesicht. Ihre Finger fuhren langsam und zärtlich über meine Wange.

«Du hättest nicht nach mir suchen sollen», sagte sie.

Aber die Worte schienen all ihre Kraft zu kosten, wie bei einem kaputten Ballon ging ihr die Luft aus. Sie sackte in meine Richtung. Ich stützte sie, half ihr wieder auf und lehnte sie gegen die Badewanne.

«Hör auf, die Märtyrerin zu spielen», sagte ich. «Konzentrier dich darauf, bei Bewusstsein zu bleiben, damit du mir sagen kannst, wie man das macht.»

Mein Magen drehte sich um, als ich den Faden einfädelte. Meine Finger zuckten und zitterten, doch ich biss die Zähne zusammen.

«Okay, okay, ich ... ich schaffe das. Ich habe schon ein paarmal was genäht, ähm, Kleinigkeiten. Für Kostüme.»

«Nerd», flüsterte sie, die Augen jetzt fast wieder geschlossen.

Ich schürzte die Lippen; das Zittern meiner Hände hatte schon ein bisschen nachgelassen.

«Du schaffst das. Ich werde dir sagen, was du machen musst.»

34

RAYNE

Caretaker

Salem nähte mich nicht so, wie ich es gemacht hätte. Sie ging langsam und bedächtig vor und entschuldigte sich, wenn ich vor Schmerz fluchte. Sie war sanfter zu mir, als ich es zu mir selbst je gewesen wäre, und ich wusste nicht, wie ich ihr dafür danken sollte.

Hatte keinen blassen Schimmer, wie ich ihr überhaupt für all das danken sollte.

Sie saß im Schneidersitz neben mir, die Zähne zusammengebissen, und konzentrierte sich allein auf ihre Arbeit. Stich, Zug, Stich, Zug. Trotz der kühlen Fliesen unter mir schwitzte ich vor Schmerz. Es war quasi Glück im Unglück, dass ich so viel Blut verloren hatte, denn so fühlte ich mich high, was den Schock etwas erträglicher machte.

«Ich hole dir gleich was zu essen», sagte Salem und warf mir einen besorgten Blick zu.

Ich hätte wetten können, dass ich genauso schrecklich aussah, wie ich mich fühlte.

«Sobald ich hier fertig bin.»

«Ich brauch 'nen Whisky, ein paar Ibus und Zolpidem», sagte ich. «Ich – o fuck ...»

«Entschuldigung», murmelte sie.

Ich verzog das Gesicht, als sie den Faden durchzog.

«Ich kann das nicht besonders gut.»

«Du machst das toll», sagte ich und biss die Zähne zusammen. Loki zwängte sich durch die angelehnte Tür und beobachtete mich aufmerksam mit gespitzten Ohren. Schwach streckte ich meine Hand aus, rieb ihm über die Schnauze und kraulte ihn am Hals. «Du hättest mich nicht suchen sollen, dummer Junge. Und du auch nicht.» Ich sah zu Salem, aber sie schüttelte nur den Kopf.

«Obwohl ich wusste, dass dieses Ding da draußen ist, konnte ich, als ich deine Stimme gehört habe ...» Sie hielt inne und fuhr zärtlich mit dem Finger über die Naht, bevor sie das Ende des Fadens verknotete. «Ich konnte es nicht ignorieren. Ich *konnte* einfach nicht. Hättest du das gekonnt? Wenn ich es gewesen wäre?»

«Wenn du es gewesen wärst», erwiderte ich mit einem dicken Kloß im Hals und brennenden Augen, «wäre ich bis ans Ende der Welt gegangen, um dich zurückzuholen. Aber ich bin dein Leben nicht wert, Salem.»

«Das ist verdammt noch mal nicht wahr», entgegnete sie bestimmt. «Du verdienst es genauso sehr, gerettet zu werden, wie ich.» Sie packte mich am Arm, und ich zuckte zusammen, aber sie war zu verärgert, um es zu bemerken. «Du hast es nicht verdient, im Stich gelassen zu werden, Rayne! Ich würde niemals ... Es ...»

Sie holte tief Luft, und ich wappnete mich, so als hätte sie vor, mich zu schlagen.

Sie schlug auch zu – aber nicht mit ihrer Hand, sondern mit Worten. «Es tut mir leid, dass man dir dieses Gefühl gegeben hat. Als du klein warst und Angst hattest, hättest du nicht allein sein sollen. Aber das bist du jetzt nicht mehr, schon vergessen? Ich verspreche dir, dass ich nicht gehen werde, nirgendwohin.»

Ich fühlte mich, als wäre mein Körper dünn wie Papier

und kurz davor zu zerreißen. Ich war dankbar dafür, dass Salem weitersprach und plapperte, um ihre Nerven zu beruhigen, während sie mir einen Verband anlegte. Sie erzählte von ihrer Mutter – «Ich denke, sie hat sich ein bisschen für Hexenkram interessiert. Das sieht man schon an meinem Namen ...» – und sagte auch, dass sie besser hätte zuhören sollen, was die Rezepte ihrer Mutter für Wickel und Tinkturen betraf. Ich verlor immer wieder das Bewusstsein und kam wieder zu mir, wenn ich ihre Stimme hörte, die mich wie ein Lied zurück in die Realität holte, wenn ich zu weit abzudriften drohte.

Ich war ein Drachen, der vom Wind über das Meer getrieben wurde, hinabsank und wieder emporstieg. Beinahe war ich frei.

Sie half mir ins Bett. Als mein Kopf auf das Kissen traf, kam das von allem, was ich bisher erlebt hatte, einer religiösen Erfahrung am nächsten. Mir war wieder warm. Meine Hände zitterten nicht, und mein Verstand war angenehm träge. Meine Lider waren zu schwer, um die Augen zu öffnen, aber ihre Stimme war immer noch da, sanft und ruhig.

«Schlaf einfach so lange, wie du möchtest. Ich werde da sein. Ich bin gleich hier.»

Die Nacht war kalt und dunkel, und ich konnte nicht sehen, wohin mich meine Schritte führten.

Regen prasselte mir ins Gesicht wie die brutalen Bisse von unsichtbaren Geistern. Meine dünne Kleidung war durchnässt, meine leeren Hände feucht und glitschig.

Wo waren meine Waffen? Wo meine Taschenlampe?

Ich stolperte durch die Dunkelheit, und ein Schauer lief

mir über den Rücken. Irgendetwas kroch durch die Bäume in der Nähe – ich konnte es nicht sehen, aber ich konnte die schweren Schritte hören, unter denen das Gras knirschte und die Zweige knacksten. Genau wie seine schroffen Atemzüge.

«Salem ...», hauchte ich ihren Namen.

Wo war sie? Warum war sie nicht bei mir? Hatte sie sich verirrt?

Ihr Name stieg in meiner Kehle auf, und ich wollte ihn in die Dunkelheit hinausschreien, aber ich wagte es nicht.

«Salem!», flüsterte ich stattdessen.

Aber ich war zu laut – die Bewegungen in der Nähe hielten plötzlich inne.

Es wusste, dass ich hier war.

«Salem ... nein, nein, wo bist du? Salem!»

Ich rannte los. Meine Angst wuchs immer weiter an. Die Bäume hörten gar nicht mehr auf, und die Dunkelheit war undurchdringlich.

Die Schritte, die ich gehört hatte, kamen näher, und die schroffe Atmung beschleunigte sich.

«Salem!» Ich schrie ihren Namen und rannte los, wich den Bäumen aus und sprang über Findlinge. «Salem, wo ...»

«Ich bin hier. Ich bin hier, Rayne.»

Ich schreckte aus dem Schlaf hoch und rang nach Luft. Meine eine Hand war zu einer Faust geballt und hielt eisern etwas fest.

Als ich verstand, dass es Salems Hand war, die ich in meiner Faust zerdrückte, ließ ich schnell los.

«Sorry.» Ich fuhr mir über das Gesicht.

Im Zimmer war es dunkel, denn der Raum wurde nur von den glühenden Kohlen im Kamin erleuchtet. Meine Glieder waren zittrig und schwach, und mir wurde schwindlig, als ich versuchte, mich aufzusetzen. Also ließ ich mich zurück auf das Kissen sinken. Das Laken und die Decke waren nass von meinem Schweiß.

Ich war vollkommen nackt.

«Wie spät ist es?», fragte ich. «Ich muss ... nachsehen, ob ...»

Doch Salem legte mir eine Hand auf die Stirn und schob mich behutsam wieder zurück. «Du musst gar nichts tun», murmelte sie leise. «Es ist alles gut. Ich habe die Ärztin angerufen. Sobald der Sturm nachlässt, kommt sie vorbei. Ist schon gut, du bist in Sicherheit.»

Von wegen Sicherheit. Weder Wände noch Türen konnten mich schützen.

Also wie konnte ich darauf hoffen, *sie* beschützen zu können?

Wieder zerquetschte ich beinahe ihre Hand, aber diesmal konnte ich nicht loslassen.

«Geh nicht.» Ich weiß nicht, wie mir diese Worte entschlüpfen konnten. Ich hatte nicht geplant, sie auszusprechen; sie waren mir vom Herz direkt auf die Zunge gesprungen, bevor ich sie aufhalten konnte.

«Ich gehe nirgendwohin.» Sie legte sich neben mich, ihr Kopf ruhte auf dem Kissen, und streichelte mir sanft über die Wange. Sie trug mein Sweatshirt, das an den Ärmeln umgeschlagen und ihr um den Brustkorb zu groß war. «Ich passe auf dich auf. Ich bin da. Du hast nur schlecht geträumt.»

So sahen all meine Träume aus.

Ich starrte die Decke an, zählte die Schläge meines Herzens und wartete darauf, dass sie sich verlangsamten. Währenddessen redete Salem die ganze Zeit lang mit mir. Ihre Stimme war sanft, genauso zärtlich wie ihre Berührungen. Sie streichelte meine Wange und ließ ihre Finger meinen Hals hinunterwandern. Sie zeichnete Muster auf meinen nackten Brustkorb. Ihre Berührungen hatten nichts Sexuelles an sich, sie forderten nichts und gaben mir dennoch alles.

«Ich bin bei dir, Rayne» war das Letzte, was ich sie sagen hörte, bevor ich wieder in den Schlaf glitt. «Ich bin bei dir.»

35

SALEM

Good Girl

Rayne schlief beinahe vierundzwanzig Stunden lang. Aber alle paar Stunden zuckte sie zusammen und schreckte hoch. Schweiß rann ihr über das Gesicht, und sie stieß einen Schrei aus. Dann sah sie mich mit panischem Blick an, die Augen kaum geöffnet, und ich redete beruhigend auf sie ein, hielt ihre Hände und küsste ihre Wangen. Es brach mir das Herz mitanzusehen, wie sie sich im Schlaf hin und her warf, weil ihre Gedanken nicht zur Ruhe kamen, und ihre Finger sich in die Decke krallten, als wäre sie von Feinden umzingelt.

Ich wich nicht von ihrer Seite, außer um Loki zu versorgen und auf den Funkspruch zu reagieren, als sich Andy panisch bei uns meldete.

«Gott sei Dank geht's Ihnen gut», sagte er, als ich ihm erklärte, was passiert war. «Ich hatte beinahe einen Herzinfarkt, als ich aufgewacht bin und Sie fort waren. Brauchen Sie was? Wie geht's Rayne?»

«Sie schläft noch», sagte ich. «Dr. Hale wird versuchen, heute hier rauszukommen, wenn der Schnee nachlässt.»

«Rufen Sie mich an, wenn Sie irgendwas brauchen», sagte er. «In der Zwischenzeit gehe ich raus und suche nach dem Quad, mal sehen, ob ich es zurück zum Haus schieben kann. Ich möchte nicht, dass ihr ohne Transportmittel dasteht.»

Zu wissen, dass Andy sich um uns sorgte, ließ die Last auf

meinen Schultern ein wenig leichter werden. Ich hatte kaum geschlafen, seit ich auf Rayne gestoßen war, und hatte es nicht geschafft, auch nur einen Bissen Essen herunterzubekommen. Es wäre eine große Erleichterung, wenn Dr. Hale sie endlich untersucht hätte.

Die nächsten paar Stunden verbrachte ich an Raynes Seite. Ihre furchtbaren Albträume hatten endlich aufgehört, und sie lag reglos da. Die Sorge schwand aus ihren Zügen, ihr Mund erschlaffte. Ich lag neben ihr und ließ meinen schmerzenden Körper ruhen, betrachtete sie, prägte mir die feinen Linien um ihre Augen ein und zählte die Sommersprossen auf ihren Wangen.

Mir wurde eng um die Brust, wenn ich daran dachte, wie verletzlich sie war.

Wie verletzlich wir beide waren.

Die letzte Nacht hätte leicht ein ganz anderes Ende nehmen können. Wenn ich nur eine Sekunde länger gezögert hätte, wenn Rayne nicht da gewesen wäre oder Loki, hätte jede von uns jetzt tot sein können. Die Vorstellung sorgte dafür, dass meine Gedanken kreisten, immerzu um die Frage *Was wäre, wenn* ... Und bei jeder dieser Überlegungen rannte ich gegen dieselbe Mauer: Entweder wir kämpften ums Überleben, bis es Frühling wurde, oder ... wir löschten die Bestie aus.

Aber ich war keine Jägerin. Ich war keine Kämpferin. Ich konnte ja kaum eine Spinne töten. Als ich mich auf den Engel gestürzt und das Messer in ihn gerammt hatte, hatten mich bloße Panik und Adrenalin dazu getrieben.

Wie konnte ich darauf hoffen, etwas zu schaffen, das Rayne all die Jahre nicht gelungen war?

Zusammen. Wir mussten es zusammen tun, wir mussten eine Möglichkeit finden. Und vielleicht war diese Möglichkeit in den bizarren Fotos versteckt, die ich gefunden und die Rayne noch nicht gesehen hatte. Die Vorstellung, sie ihr zu zeigen, lag mir so schwer wie ein Stein im leeren Magen.

Schließlich trieb mich der Hunger aus dem Bett. Rayne lagerte Unmengen an Vorräten in der Vorratskammer und noch mehr in dem riesigen begehbaren Gefrierschrank in der Küche, aber ich wagte nicht, die Tür zu öffnen, aus Angst, mich irgendwie versehentlich darin einzusperren. Ich begnügte mich mit einem kalten Bagel mit Frischkäse und einer Tasse Kamillentee. Meine Angst war zu ausgeprägt, als dass ich riskiert hätte, sie noch mit Koffein anzustacheln.

Dennoch schoss mein Adrenalinpegel durch die Decke, als ich in der Ferne ein Klopfen hörte und dann die Türklingel, die alarmierend durch die Lautsprecher in der Küche drang. Loki stand sofort auf und trottete knurrend aus dem Raum.

Ich nahm ein großes Messer und machte mich auf den Weg zur Eingangstür. Loki war schon da, hatte die Nase am Türspalt und wedelte langsam mit dem Schwanz. Aber ich verspürte erst Erleichterung, als ich durch den Spion sah und ein vertrautes Gesicht erblickte.

Ich öffnete die Tür einen Spaltbreit und lächelte müde, als ich Andy dort stehen sah, eingepackt in einen Mantel und mit Schnee im Bart. Er trug meinen Rucksack.

«Dachte, Sie wollen den vielleicht zurück», sagte er und reichte ihn mir.

Loki zwängte sich nach draußen, um im Garten sein Geschäft zu verrichten, und die ganze Zeit über schlug mir das Herz bis zum Hals. Obwohl es Tag war und Andy mit einem Gewehr bewaffnet dastand, reichte die Tatsache, dass die Haustür offen stand, dass mir flau im Magen wurde.

«Ich habe das Quad gefunden», sagte er und verschränkte die Arme, um sich vor dem kühlen Wind zu schützen. «Einer der Reifen ist geplatzt, und es ist ein bisschen ramponiert, aber es wird noch fahren. Ich habe den Reifen ausgewechselt und es vollgetankt.»

«Danke, Andy.» Ich seufzte auf, erleichtert darüber, das Fahrzeug wiederzuhaben. «Das weiß ich wirklich zu schätzen. Sie hätten all das nicht tun müssen ...»

«Nachbarn müssen doch aufeinander achten», sagte er und tätschelte Loki, als der Hund wieder hereinkam. «Rayne hat für mich und die Mädchen nie eine Mühe gescheut.» Er starrte mich einen Moment lang schweigend an mit einem Gesichtsausdruck, den ich nicht ganz deuten konnte. «Niemand hat sich je um sie gekümmert, weißt du», sagte er plötzlich.

Augenblicklich wurde mir ein wenig wärmer angesichts des so viel persönlicheren Du, und ich konnte nicht anders, als ihm ein dankbares Lächeln zu schenken.

«Nicht, nachdem ihre Mutter umgebracht wurde.» Er fuhr sich mit der Hand über das Gesicht, wie um eine unangenehme Erinnerung wegzuwischen. «Ich kenne sie, seit sie klein war. Sie war ein ernstes Kind, hat sich nicht fürs Spielen interessiert. Sie wollte draußen im Wald sein oder im Garten. Wollte bei den Erwachsenen sitzen und ihren Gesprächen zuhören. Sie war einsam. Konnte nie wirklich Kind sein.» Zu meiner Überraschung umarmte er mich. Ich erwiderte es, bis er mich losließ und mir dann auf die Schulter klopfte. «Du bist eine gute Frau. Sie hat seit Jahren kaum gelebt, ist herumgelaufen wie ein Zombie, Salem. Aber nicht, seit du hergekommen bist.»

Gegen Mittag hörte es auf zu schneien. Obwohl es immer noch kalt war, erreichte Dr. Hale das Haus schnell, denn sie kam zu Pferd.

«Den Nutzen eines guten Pferdes sollte man nie unterschätzen», sagte sie, schüttelte den Schnee von ihren Stiefeln und betrat das Haus. Die rotbraune Stute, auf der sie hergekommen war, stand geschützt am Fuße des Hügels unter dem Vordach des Schuppens. «Sie hat mir bei widrigem Wetter bessere Dienste geleistet als jedes Fahrzeug.»

Rayne rührte sich kaum, als die Ärztin sie musterte und stirnrunzelnd die Wunde untersuchte.

«Das hast du gut gemacht», sagte sie schließlich. «Das erste Mal?» Ich nickte. «Hast du dich bei dem Versuch, es hinter dich zu bringen, übergeben?», erkundigte sie sich mit ernstem Tonfall. Als ich den Kopf schüttelte, lachte sie leise. «Dann hast du dich besser angestellt als ich, als ich zum ersten Mal jemanden nähen musste. Ich hatte mal einen empfindlichen Magen. Jetzt nicht mehr.»

Sie ließ mir Salbe, neue Verbände und ein Antibiotikum da.

«Versuch, dafür zu sorgen, dass sie sich auch wirklich ausruht», sagte sie, als sie den Reißverschluss ihres Mantels zuzog und sich für den Rückweg fertig machte. «Ich weiß, sie ist stur wie ein Esel, aber wenn sie sich direkt wieder an die Arbeit macht, werden die Nähte wieder aufreißen.» Mit zusammengekniffenen Augen blickte sie an dem Haus hoch. «Wie ich sehe, hat sie die Fenster vernagelt. Das ist gut. Lasst auch das Licht an. Das verdammte Biest mag kein Licht.»

Als sie weg war, kam es mir im Haus zu still vor. Ich lief im Flur auf und ab, weil ich nicht wusste, was ich mit mir anfangen sollte.

Loki winselte, weil er etwas zu fressen wollte. Gerade als ich ihm sein Futter in den Napf schüttete, nahm ich aus einem der oberen Stockwerke das subtile Knarzen von Schritten auf den Dielen wahr. Sie liefen langsam auf und ab, hin und her.

War Rayne schon wieder in der Lage herumzulaufen?

Ich zitterte so sehr, dass ich die Treppe in den zweiten Stock nur langsam erklimmen konnte. Ständig rechnete ich damit, gleich ein rotes Leuchten zu entdecken.

Aber ich erreichte das Schlafzimmer ohne Zwischenfall.

Rayne war aus dem Bett aufgestanden und halb angezogen, sie trug ein offenes weißes Hemd und graue Baumwollunterwäsche. Mit zitternden Beinen lehnte sie am Spirituosenschrank in ihrem Zimmer, hatte sich eine Whiskyflasche unter den Arm geklemmt und mühte sich mit dem Korken ab. Als sie es schließlich schaffte, ihn aus der Flasche zu ziehen, warf sie ihn zu Boden und sog beim Versuch, die Flasche gerade zu halten, um sich einzugießen, scharf die Luft ein.

Die Flasche glitt aus ihrem Griff. Die bernsteinfarbene Flüssigkeit schwappte über, und beinahe wäre die Flasche heruntergefallen, aber ich schaffte es gerade rechtzeitig, sie aufzufangen.

«Geht's dir gut?», fragte ich, während Rayne sich auf den Sessel am Bettende sinken ließ und sich die Schläfen rieb. «Du hättest mich rufen sollen. Hast du Schmerzen? Brauchst du Wasser? Deine Naht ...»

«Immer mit der Ruhe», sagte sie sanft. «Es geht mir gut. Alles okay. Kannst du, äh ... würdest du ...» Sie räusperte sich. «Whisky. Würdest du mir bitte einen Whisky bringen? Nicht den Mist in deiner Hand, das war bloß die einzige Flasche, an die ich rangekommen bin.»

Ich stellte die Flasche beiseite und nahm noch ein Glas. «Was sind deine Vorlieben?»

«Ich habe eine Schwäche für feurige Frauen und kurzhaarige Brünette ...»

Erleichtert bemerkte ich, dass sie grinste, als ich die Augen verdrehte. «Ich meinte bei Whisky, du Arsch.»

«Blanton's. Such nach der runden Flasche.»

Es gab kein Eis, also goss ich nur ein paar Finger breit ein. Als ich mich umdrehte, fiel mir auf, dass sie mich beobachtete. Das Kinn ruhte auf ihrer Hand, der Ellbogen war auf die Armlehne des Sessels gestützt und die Beine weit gespreizt. Selbst verletzt strahlte sie so viel Selbstbewusstsein und Autorität aus, dass mein Bauch aufgeregt kribbelte.

Sie nahm das Glas aus meiner Hand, ohne den Blickkontakt abbrechen zu lassen. Als sie es an ihre Lippen führte und langsam einen Schluck nahm, sah sie mich immer noch an.

«Warum starrst du mich an?», fragte sie. Es klang nicht vorwurfsvoll, sondern neugierig.

«Du bist einfach, ähm ... du siehst ...»

So verdammt sexy aus, sogar mit Schrammen und Prellungen und in Verbände gewickelt.

Sie lehnte sich auf dem Sessel zurück und zuckte vor Schmerz leicht zusammen, bevor sie den Alkohol in ihrem Glas schwenkte. «Ich sehe beschissen aus. Aber ich fühle mich ein bisschen besser. Dank dir.» Sie trank noch etwas, diesmal einen größeren Schluck.

Die letzten vierundzwanzig Stunden hatte sie vollkommen hilflos im Bett verbracht, dennoch fühlte ich mich, wenn sie mit mir sprach, wie eine kleine zappelnde Maus – aber auf eine gute Art und Weise.

«Ich bin so froh, dass du wach bist. Ich habe dich vermisst.»

«Du hast mich vermisst?», wiederholte sie im Flüsterton. In der Stille lag eine unausgesprochene Ernsthaftigkeit.

Ich nickte.

«Fuck, ich habe dich auch vermisst», erwiderte sie mit tiefer Stimme.

Der kehlige Tonfall ließ einen Schauer durch meinen Körper rieseln.

Sie zog mich auf ihren Schoß, aber ich war schon dabei, ihr entgegenzukommen. Auf dem Sessel setzte ich mich rittlings auf sie und musste mich bewusst zurückhalten, nicht zu rau mit ihr umzugehen, weil ich mich so nach ihr verzehrte. Ich wollte sie packen und festhalten, sodass sie nie wieder fortgehen würde.

«Ich dachte, ich würde dich vielleicht verlieren», sagte ich, und meine Stimme stockte.

Rayne hielt inne, umfasste mein Gesicht mit einer Hand und sah mich an. Sie schluckte schwer, und zu meiner Überraschung trübten sich ihre Augen vor Rührung.

«Als ich dieses Ding auf dir gesehen habe ...» Sie sog zitternd die Luft ein und schloss für einen Moment die Augen. So als könnte sie es selbst jetzt noch immer vor sich sehen. «Fuck, Salem, ich dachte, es bringt dich um. Das war schlimmer als jeder Albtraum. Ich konnte nicht ...» Sie hielt inne und atmete mehrmals tief ein und aus. «Ich konnte nicht dabei zusehen. Ich kann nicht mal beschreiben, wie sich das angefühlt hat. Dich auf dem Boden liegen zu sehen und zu wissen, dass, wenn ich mit meinem Schuss nicht treffe ...»

Sie seufzte leise und ließ den Kopf sinken. Ich nahm ihr Gesicht in meine Hände. Ihre Augen glänzten feucht, als sich unsere Blicke trafen.

«Ich kann dich nicht verlieren», sagte sie. «Ich habe jede Menge Mist durchgestanden, aber das ist was, das ich nicht überleben könnte. Du hättest nicht nach mir suchen sollen. Du hättest ...»

Ich küsste sie und brachte sie damit zum Schweigen. Sie schlang die Arme um meine Taille und berührte mich, als wäre es das erste und letzte Mal.

«Ich werde dich *immer* suchen kommen», sagte ich. Ich drückte meine Wange gegen ihre, genoss ihre Wärme und

Nähe. «Und ich weiß, dass du auch nach mir suchen kommen würdest.»

Ich hatte damit gerechnet, dass sie sich schwach fühlen würde, aber das Gegenteil war der Fall. Die Art und Weise, wie ihre schwieligen Hände meinen Körper erkundeten, war entschlossen. *Hungrig.*

«Du solltest was essen», flüsterte ich, als sie meinen Hals küsste und an der Haut saugte, sodass mir ein Schauer über den Rücken lief.

«Keine Sorge», sagte sie. «Genau das habe ich vor.»

Sie küsste und quälte mich weiter, biss mich, stieß dann aber plötzlich einen leisen Schmerzenslaut aus. Sie wollte nicht aufhören – aber ich zwang sie zurück in den Stuhl.

«Lass mich», sagte ich.

Sie schien nicht ganz zu verstehen, was ich meinte, bis ich zu ihren Füßen auf die Knie sank.

Mit den Fingern fuhr sie durch mein Haar, packte die kurzen Strähnen und zog meinen Kopf nach hinten.

«Schau sich einer diese Augen an», sagte sie. «So schön. Mach den Mund für mich auf. Mach ihn weit auf und streck die Zunge raus.»

Ihre Stimme klang verlockend, so unwiderstehlich autoritär. Ihr zu gehorchen, ließ eine heiße Welle der Lust meinen Rücken hinunterlaufen, aber ich holte tief Luft und behielt meine Position bei: den Mund geöffnet, die Zunge rausgestreckt und den Blick auf die Frau gerichtet, die sich über mich beugte.

«Genau so. Sieh mich an.»

Ich hing an ihren Lippen, lauschte auf jedes Wort und hatte Schmetterlinge im Bauch, wenn sie lächelte.

«Verdammt, ich werde dich nie wieder allein lassen, Salem. Mein braves Mädchen.»

Sie nippte an ihrem Whisky und legte ihre Lippen langsam und behutsam auf meine. Der Alkohol floss zwischen uns hin und her, lief warm über meine Zunge und dann meine Kehle hinab. Als sie sich aufrichtete, entflammte ein Feuer in meiner Brust, und Funken tanzten in meinem Herzen.

«Ich werde dein braves Mädchen sein», sagte ich und griff nach dem Bund ihrer Unterhose.

Sie ließ zu, dass ich sie herunterzog, blieb stehen und stützte sich auf meine Schultern, während sie aus der Wäsche stieg. Sie trug nur ihr weißes, nicht zugeknöpftes Hemd, sodass ihre Brust entblößt war. Ihre Nippel wurden steinhart, als ich mit den Händen über ihren Bauch fuhr und sie langsam und zärtlich küsste.

Ihre Beine zitterten allmählich, also lehnte sie sich mit gespreizten Beinen zurück gegen die großen Kissen auf dem Bett. Von dort aus beobachtete sie mich, während ich am Fuß der Matratze meinen Pullover auszog. Danach folgte Kleidungsstück um Kleidungsstück. Ich strippte für sie und warf ihr mit einer letzten aufreizenden Geste meinen Slip ins Gesicht.

Sie packte ihn und nahm ihn zwischen die Zähne. Eine Hand lag zwischen ihren Beinen, ihre Finger bewegten sich rhythmisch über ihre Klit.

Einen Moment lang konnte ich sie nur anstarren. Ich war verloren in ihrer Sinnlichkeit, in jeder Rundung, jeder Narbe, jeder Einkerbung ihrer Haut. In jedem vollkommenen menschlichen Makel – ich wollte sie alle berühren, küssen und mir einprägen.

Ich krabbelte auf das Bett und küsste ihre Füße. Ihr Atem stockte, als meine Lippen sie berührten und ehrfurchtsvoll vom Fußgewölbe bis zu ihrem Knöchel hinaufwanderten.

«Sag mir nicht, du stehst auf Füße», neckte sie mich, und

ich musste lachen. Ich verweilte an ihrem Fuß, küsste jeden Zeh und massierte mit den Fingern ihre Fußsohle.

«Ich stehe auf *deine* Füße», sagte ich. «Ich stehe auf alles an dir.»

Sie grinste verspielt und presste ihren Fuß seitlich gegen mein Gesicht. So drückte sie mich aufs Bett runter und hielt mich dort fest, die Ferse in meine Wange gedrückt, während sie zu mir hinuntersah.

«So ein hübsches Gesicht», sagte sie und grub ihre Ferse noch ein wenig tiefer.

Das Gefühl, von ihr zerquetscht zu werden, war köstlich. Es kribbelte in meinem Bauch, und je fester sie mich hinunterdrückte, desto glühender loderte die Hitze in mir auf.

«Zwischen meinen Schenkeln würdest du noch besser aussehen.»

Ich wimmerte und streckte eine Hand aus, um das weiche dunkle Haar auf ihren Beinen zu streicheln. Dann drehte ich den Kopf ein wenig, sodass ich den himmlischen Geruch ihrer Haut einatmen und ihre Fußsohle küssen konnte. Als ich wieder zu ihr hochsah, starrte sie mich aus halb geöffneten Lidern an und befriedigte sich dabei selbst.

«Zapple für mich, Süße», sagte sie.

Ich kam ihrer Forderung nach, wand mich unter ihrer Ferse und stöhnte, als sie ihren anderen Fuß in mein Gesicht drückte.

Ihr Atem ging schwerfälliger. «Kannst jetzt nicht weg, was? Sieh dich nur an, meine gierige kleine Schlampe.»

«Brauch dich», murmelte ich, doch die Worte klangen gedämpft, weil sie mich zerdrückte. «Brauch dich in meinem Mund ... bitte ... will dich so sehr ...»

«Mach auf», sagte sie und schob den Fußballen an meine Lippen.

Ich gehorchte, leckte an ihren Zehen und saugte daran. Lustvoll keuchte sie auf, und ich genoss das Geräusch. Immer noch drückte sie meinen Kopf auf die Matratze. Die leisen ekstatischen Geräusche, die sie von sich gab, trieben mich schier in den Wahnsinn, bis ich unerträglich erregt war. Sie schob zwei Finger in ihre Vagina und stöhnte, sodass ich noch mehr zappelte und an ihren Zehen zusammenhanglose flehentliche Worte von mir gab.

«Ach, was ist denn, hm?», fragte sie. «Reicht dir das nicht, meine Hübsche? Willst du mehr?»

«Hm-mmh!»

Dabei zuzusehen, wie sie es sich selbst besorgte, war, wie Öl in das Feuer zu gießen, das in mir brannte. Es fühlte sich an, als würde mein Innerstes sich vor Verlangen zusammenziehen und als wäre ich vor wachsender Erregung so angespannt, dass ich kurz davor war zu explodieren.

Schließlich ließ sie zu, dass ich den Kopf hob. «Komm hier hoch. Lass diesen Mund seine Arbeit machen.»

«Gott, ich habe es vermisst, neben dir aufzuwachen», sagte ich und krabbelte zwischen ihre Beine. «Ich habe von dir geträumt.» Ich küsste ihren Bauch und fuhr mit meiner Nasenspitze die Kuhle an ihrem Hüftknochen entlang. «Ich habe den ganzen Tag an dich gedacht.» Ich drückte meine Nase gegen ihren Oberschenkel und bewunderte die Dehnungsstreifen auf ihrer schönen goldbraunen Haut, küsste sie zärtlich und langsam. «Ich werde dich nicht noch mal allein fortgehen lassen. Das lasse ich nicht zu.»

Ich drückte mein Gesicht in das gelockte Haar auf ihrem Venushügel. Beim Duft ihrer Erregung verdrehte ich genüsslich die Augen. Ich streckte meine Zunge heraus und ließ sie über ihre Klit schnellen, während sie sich weiter fingerte.

«Gott, du bist so perfekt», sagte sie mit gepresster Stimme.

«Es bringt mich um, dich so sehr zu wollen, Salem. Es reicht nicht, es ist nicht genug.»

«Was wäre denn genug?»

«Du. Für immer.» Sie sprach die Worte aus, als machten sie ihr Angst. Ihre Augen weiteten sich, und ihre Stimme zitterte dabei.

Sie zog ihre Finger heraus und hielt sie hoch, sodass ich sehen konnte, wie feucht sie glänzten.

«Siehst du, was du mit mir machst, Süße?», fragte sie und ließ mich ihre Finger ablecken. Dann drückte sie meinen Kopf auf ihre Vulva. Meine Zunge versank in ihr, und sie presste die Oberschenkel zusammen. «So brav bist du für mich. Ich werde ganz feucht, wenn ich dich nur ansehe.» Sie führte meinen Kopf und hielt mein Haar mit festem Griff gepackt, während sie mir Anweisungen gab. «Genau so, mach weiter.»

Sie sah aus wie eine Königin, wie sie lustvoll ausgestreckt mit gespreizten Beinen dalag. Ich fuhr mit meiner Zunge an ihrer Klit auf und ab, ließ zwei Finger in sie gleiten und schmolz bei dem Geräusch, das dabei entstand, förmlich dahin. Ich streichelte sie von innen und erzitterte, als sie sich um meine Finger zusammenzog. Sie schmeckte so gut – ein bisschen salzig, ein bisschen süß und ganz nach ihr.

«Genau so, Süße. Scheiße.» Sie drückte den Rücken durch, schrie dann aber vor Schmerz auf und ließ sich wieder zurückfallen. «Scheiße, scheiße. Hör verdammt noch mal nicht auf, Salem.» Sie hielt inne, und ihr fester Griff in meinem Haar lockerte sich für einen Moment. «Wenn du aufhören musst, tipp mein Bein an, okay?»

«Okay», sagte ich.

Sofort drückte sie meinen Kopf wieder nach unten, um meinen Mund zu ihrer Befriedigung zu benutzen. Sie rieb sich an mir, bis ihre Oberschenkel sich anspannten und jeder Muskel kontrahierte, als sie kam.

Gott, sie schmeckte so gut. Ich war berauscht von ihrer Essenz und wollte immer mehr.

Ihre Beine lagen schlaff und zitternd von den Nachwehen des Höhepunkts da, aber das hielt sie nicht davon ab, mich herumzudrehen, meine Hüften zu packen und mich auf ihr Gesicht zu ziehen.

«Ich könnte dir wehtun!», protestierte ich.

Doch als ihre Zunge meine Klit fand, konnte ich nicht anders, als zu stöhnen. Sie legte ihre Hand auf meinen Rücken und zog mich zu sich runter. Ich konnte dem Drang nicht widerstehen und vergrub wieder mein Gesicht zwischen ihren Beinen, versuchte angestrengt, nicht versehentlich ihre Verletzungen zu berühren, was ihr aber nichts auszumachen schien.

Ihre Zunge schrieb Gedichte auf meine Haut, und lustvolles Stöhnen drang tief aus ihrer Brust. Langsam führte ich wieder zwei Finger in ihre Vagina.

Mein Bauch kribbelte aufgeregt, als sie keuchte. «Braves Mädchen, fuck, genau so ...»

Ihre Schenkel drückten gegen meinen Kopf, und ich stöhnte. Mit den Nägeln fuhr sie über meinen Rücken und hinterließ dabei glühende Striemen, ihre Leidenschaft brannte sich geradezu in meinen Körper.

Wir waren ineinander verschlungen, und ich war völlig gebannt von ihr. Alles, was ich sehen, spüren, hören konnte, war sie.

Ihr Innerstes pochte und krampfte sich um meine Finger, genau wie ihr Arm, der sich um meine Taille schloss und mich an Ort und Stelle hielt. Ihre Zunge umspielte meine Klit, und ich erzitterte. Mein Atem ging keuchend und hektisch.

«Ah! Rayne!» Halb schrie ich die Worte, halb stöhnte ich sie.

Ich verlor fast vollständig die Kontrolle über meinen Körper, als ich kam. Lediglich meine Zunge und meine zitternden Beine bewegten sich noch.

Ich rollte von ihr herunter und legte mich neben sie, dicht an ihren Körper geschmiegt. Ihre Haut war mit Schweiß benetzt. Langsam leckte sie meinen Geschmack von ihren glänzenden Lippen.

«Versprich mir», flüsterte ich, «dass wir das von jetzt an zusammen durchstehen.»

Sie nickte und schlang ihren Arm fester um mich. «Ich verspreche es, Salem.»

36

RAYNE

A Father's Wickedness

Ich konnte mich nicht daran erinnern, wann ich mich das letzte Mal so gut ausgeruht hatte. Es geschah nicht ganz freiwillig. Ich wollte gern aufstehen, aber Salem beobachtete mich mit felsenfester Entschlossenheit und erlaubte mir nicht einmal, das Bett zu verlassen, um nach unten in die Küche zu gehen. Stattdessen brachte sie mir zu essen, heute einen Teller, auf dem sich Rührei, Würstchen und Waffeln stapelten.

Ich war es gewohnt, meinen Kram selbst zu erledigen. Was mir auf der Welt am wichtigsten war, war die Fähigkeit, ohne fremde Hilfe klarzukommen. Aber Salem wich mir nicht von der Seite und sah meine Bedürfnisse voraus, manchmal sogar, bevor sie mir selbst bewusst wurden.

Ihr Magen knurrte laut, als ich aß, und ich sah beunruhigt zu ihr auf. «Hast du schon was gefrühstückt?»

«Mhm, nein, aber das ist okay ...»

Ich klopfte neben mir auf die Matratze und schlug die Decke für sie zurück. «Beweg deinen Hintern hier rüber. Ich werde nicht zulassen, dass du dasitzt und verhungerst.»

Sie kuschelte sich neben mich. «Ich hatte Angst und deswegen einen empfindlichen Magen», erklärte sie schüchtern.

«Dann nur kleine Bissen», sagte ich und schnitt ein Stück von der buttrigen Waffel ab.

Sie kaute langsam, aber nachdem sie geschluckt hatte, wurde sie ein wenig munterer. «Kann ich eine Wurst haben?»

Wir aßen den Teller zusammen leer. Den restlichen Tag verbrachten wir im Bett, schliefen und spielten Karten. Sie stand nur auf, um uns mehr Essen zu holen und Loki rauszulassen. Obwohl es Tag war, gefiel mir nicht, dass sie ohne mein Beisein die Tür öffnete. Weil Wolken die Sonne verdeckten, wollte ich mich nicht einfach darauf verlassen, dass wir in Sicherheit waren.

«Weißt du wenigstens, wie man eine Waffe abfeuert?», fragte ich und reichte ihr mein Gewehr.

Unbeholfen starrte sie die Waffe an. «Ich, äh ... habe mal eine Luftpistole abgefeuert», antwortete sie.

Ich seufzte. «Ich komme mit dir runter. Nicht ...» Ich hob eine Hand, um sie davon abzuhalten, mir zu widersprechen. «Ich muss mir sowieso die Beine vertreten. Ich werde einfach dastehen und zusehen, mehr nicht.»

Das erlaubte sie mir zumindest, aber jedes Mal, wenn ich schwerer atmete, sah sie mich besorgt an.

Das war ... niedlich. Es war *süß*. Es sorgte dafür, dass mein Herz schneller schlug – auf eine Art und Weise, wie ich es vorher noch nicht erlebt hatte. Ich wusste nicht, wie ich damit umgehen sollte, dass sich jemand um mich kümmerte.

Mom hätte sie geliebt.

Aber unsere Tage des behaglichen Nichtstuns konnten nicht für immer andauern. Salem hatte etwas entdeckt, das ich mir ansehen sollte, und ihr Gesichtsausdruck verriet mir, dass mir das nicht gefallen würde.

Am nächsten Morgen brachte sie mir einen schimmligen Umschlag aus Manilapapier.

«Da sind Fotos drin», sagte sie leise. «Ich weiß nicht wirklich, wie ich dir das erklären soll.»

Das erste Polaroid, das ich herauszog, sorgte dafür, dass sich mir der Magen umdrehte, bevor ich überhaupt begriff, was darauf zu sehen war. Sobald ich es berührte, lief mir wegen der Textur ein unangenehmer Schauer über den Rücken. Es war mit Flecken aus schwarzem, verkrustetem Schimmel übersät, aber dennoch bemerkenswert gut erhalten, denn die Aufnahme war scharf.

Befleckte Hände hielten einen blutigen menschlichen Knochen, auf den seltsame Symbole eingeritzt waren. Das Blut war frisch, leuchtend rot. Als wäre das Opfer gerade erst gestorben. Als wäre sein Leichnam vielleicht noch warm gewesen, als er gehäutet und in Stücke gehackt worden war.

«Rayne?» Salem legte besorgt eine Hand an meinen Unterarm, und ich atmete langsam ein. «Ist alles in Ordnung? Du siehst ...»

«Es geht mir gut.»

Ich legte das Foto weg und nahm ein anderes. Es gab so viele. Mindestens ein Dutzend waren in dem Umschlag, den Salem gefunden hatte, versteckt worden. Verstümmelte Tiere, Innereien, die in Schüsseln lagen, umgeben von Kerzen.

«Was zur Hölle ist das?», murmelte ich, während mein Blick von einem Grauen zum nächsten flog. «Warum hatte er solche Fotos? Warum hat er sie aufbewahrt?»

Salem biss sich auf die Unterlippe.

Ich war es gewohnt, in Monologen meine Probleme zu erörtern, und normalerweise war Loki mein einziger Zuhörer. Aber er lag schlafend neben dem Feuer, als wäre er erleichtert, dass endlich jemand anderes auf mich aufpasste.

Ich lief im Zimmer auf und ab und blieb nur stehen, um mein Whiskyglas zu nehmen und einen großen Schluck zu trinken. Erst dann schaffte ich es, das Foto einer nackten toten Frau, die auf einem Tisch lag, in die Hand zu nehmen.

Es war der Tisch aus dem Steinhaus, ich erkannte ihn sofort. Der Leichnam sah unwirklich aus, grau und wächsern. Die schlanke Kehle war durchgeschnitten, der Schnitt so tief, dass er sie fast enthauptet hatte. Ihr Gesicht war nicht auf dem Foto zu sehen, aber dennoch gefror mir das Blut in den Adern.

«Wie hätte dein Vater an diesen Leichnam herankommen sollen?», fragte Salem, aber ihre Stimme klang weit entfernt. Als würde sie am anderen Ende eines großen, dunklen Felds stehen und nach mir rufen. «Und diese Zeichen. Was könnten sie bedeuten? Ich habe so was noch nie gesehen ...»

Diese schlanken Hände, die wegen der Leichenstarre steif waren. Fingernägel, die in einem trotzigen Rotton lackiert waren. Mein Magen verkrampfte sich, und ich bekam nicht genug Luft. Ich leerte meinen Whisky, aber das half nicht.

Ich warf die Polaroids zurück auf den Couchtisch. «Es tut mir leid, ich muss nachdenken», murmelte ich. «Ich kann nicht ... diese Fotos ... ich kann das nicht.»

Sie sagte kein Wort, als ich das Zimmer verließ. Mein Körper war so angespannt, als wäre er kurz davor zu explodieren. Ich hatte meine Hände zur Faust geballt und die Zähne so fest zusammengebissen, dass es schmerzte.

Ich wollte wegrennen.

Wollte schreien.

Ich wollte nicht, dass sie mich so sah.

Im zweiten Stock befand sich am Ende des Flurs die verschlossene Tür, die auf den Dachboden führte. In das ehemalige Schlafzimmer meiner Mutter. Wenn ich dieses Schloss mit meinem Schlüssel öffnete, klopfte mein Herz immer wie wild. Als ich jünger gewesen war, hatte ich nach ihrem Tod oft am Fuß der Treppe zum Dachboden gesessen, Kopfhörer in den Ohren, und hatte mir vorgestellt, sie wäre bloß oben und würde leise singen, während sie Rouge und Parfüm auflegte. Ich hatte mich dem Gedankenspiel hingegeben, dass sie jeden Moment runterkommen, ihre Arme um mich schlingen und mich ein Dutzend Mal auf die Wange küssen würde.

Was sollen wir heute machen, mein Schatz? Möchtest du mit mir in den Garten gehen?

Auf der Treppe hielt ich mich am Geländer fest und schluckte ein Schluchzen hinunter, das sich meine Kehle hinaufzwängen wollte. Der Staub konnte den Duft ihres Parfüms nicht überdecken, der Geruch lag noch immer in der Luft.

Oder vielleicht wünschte ich mir nur, ich könnte es noch riechen. Vielleicht war es meine eigene Trauer, die den Geruch von Feuchtigkeit und Verfall in den süßen, blumigen Duft von Lilie, Mandarine und Grapefruit verwandelte. Sie hatte die Flasche immer vor meinem Vater versteckt, und als sie gestorben war, hatte ich sie wiederum versteckt, damit er sie mir nicht wegnehmen konnte.

Der Dachboden sah noch genauso aus, wie sie ihn verlassen hatte. Eine grünschwarze Decke, gehäkelt von einer Großmutter, die ich nie kennengelernt hatte, lag ordentlich gefaltet am Fußende des Bettes. Spitzenvorhänge umrahmten das runde Fenster, von dem aus man einen Blick auf den Leuchtturm hatte. Gedichtbände standen reihenweise in den Regalen. Sie hatte mir früher immer vorgelesen, aber jetzt waren die meisten Bücher für mich zu schwierig. Es brach mir das Herz, mir vorzustellen, dass sie enttäuscht wäre, wenn sie wüsste, dass ich kein Buch in die Hand genommen hatte, seit mein letzter Hauslehrer gegangen war.

Damals war ich fünfzehn gewesen.

Die Spuren ihrer Eitelkeit waren von meinem Vater beseitigt worden. Er hatte das ganze Make-up und den Nagellack weggeworfen. In dem staubigen Spiegel erhaschte ich einen Blick auf mein eigenes Gesicht: müde und voller Prellungen. Meine Augen sahen uralt aus, älter, als ihre jemals gewirkt hatten.

Dort, in der Einsamkeit, brach ich zusammen.

Ich schlang die Arme um mich selbst und schluchzte, bis ich auf die Knie sank und mich unter der Last der Trauer vornüberbeugte und meine Stirn auf den Boden legte. Ich hasste es, mich selbst weinen zu hören, und wollte mich dafür, dass ich schwach war, verfluchen.

Komisch, die Stimme, die mich verfluchte, weil ich zusammengebrochen war, klang sehr nach meinem Vater.

Er war mir gegenüber immer kühl gewesen, aber ich hatte gesehen, wie er anderen mit Zuneigung begegnet war – den Kirchgängern, seiner Herde. Diese Menschen durften mit ihm beten, wurden von ihm angeleitet und geführt. Sie hatten die Wärme seiner Liebe gespürt, und ich hatte sie alle gehasst.

Wie konnten sie es wagen, ihn mir wegzunehmen? Wie konnten sie es wagen, etwas von ihm zu haben, das ich nicht haben konnte?

Er hatte mich kaum je angesehen, kaum je mit mir gesprochen, aber zu ihnen hatte er stundenlang gepredigt.

Was stimmte mit mir nicht?

Warum war ich nicht genug?

«Ich habe dich hier gebraucht.» Ich erkannte nicht einmal meine eigene Stimme wieder. «Ich habe dich gebraucht, Mom. Ich brauche dich immer noch. Ich weiß nicht, was ich tun soll. Ich weiß nicht ...»

Eine Sekunde lang hätte ich schwören können, einen kalten Lufthauch zu spüren, der über meinen Rücken zog, und ein unheimliches Flüstern zu hören, das zu schwach war, um es zu verstehen – aber dann fühlte ich nicht die eiskalte Anwesenheit des Geistes, sondern die Wärme von Salems Armen, die sich um mich schlangen.

Ich hatte nicht einmal gehört, dass sie hochgekommen war.

Sie sagte nichts. Sie hielt mich einfach nur, während ich auf dem Boden kniete. Ich spürte das Gewicht ihres Körpers an meinem Rücken, als sie mich fest umarmte. Zuerst wollte ich mich unbedingt zusammenreißen und ihr zeigen, dass ich stark war. Aber ich konnte nicht. Ich war kaputt, und ich konnte die Risse nicht länger verbergen.

Als ich es endlich schaffte, den Kopf zu heben und sie anzusehen, liefen ihr Tränen übers Gesicht.

«Warum weinst du?», fragte ich und wischte sie weg.

Hatte ich sie etwa irgendwie verletzt?

Aber sie nahm meine Hände und küsste sie. «Wenn du leidest, leide ich auch. Und ich weiß, dass es so unfassbar wehtut.»

In ihren Armen war ich ungeschützt, verletzlicher, als ich es mir je zu sein erlaubt hatte. Schuld und Angst stritten in meinem Kopf um die Oberhand, aber die Trauer war noch stärker. Normalerweise schaffte ich es, sie zu ignorieren, sie in die dunklen Ecken meines Bewusstseins zu verbannen und so zu tun, als wäre sie nicht da. Aber selbst nachdem eine Wunde verheilt war, blieb eine Narbe zurück. Und meine war ja nicht einmal verheilt.

Eine Weile lang saßen wir einfach nur einander gegenüber auf dem Boden, und sie hielt meine Hände. Ich berührte ihren Nagellack, der in den Wochen, die sie hier verbracht hatte, abgesplittert war. Trotzdem war es immer noch ein schöner Grünton.

«Meine Mutter hätte diese Farbe gemocht», sagte ich leise.

Sie lächelte. «Das glaube ich auch. Deine Augen haben dieselbe Farbe.»

Ich küsste sie erst auf die Stirn und dann auf ihren schönen Mund. «Ich glaube, sie hätte auch dich gemocht. Sie wäre froh, dass du hier bist.»

Ich atmete tief ein, ließ mich von der Traurigkeit fluten wie von einer großen Welle und sah dann zu, wie sie fortgespült wurde. Ich ließ diese Gefühle ruhen, und sie kauerten sich in meinem Herzen zusammen wie ein erschöpftes Tier.

Ich umfasste Salems Gesicht.

Sie schmiegte den Kopf in meine Hände. «Es gibt noch was, das ich dir erzählen muss», sagte sie. «Etwas, das passiert ist, als du weg warst.»

Sie berichtete mir von ihrer Suche nach Loki im Sturm. Als sie das Gespenst beschrieb – sein langes Haar, das verzerrte Gesicht –, begann das Flüstern von Neuem. Ich widerstand dem Drang, meine Ohren zu bedecken, aber als Salem plötzlich verstummte und sich umsah, verstand ich.

«Du hörst es auch?», fragte ich.

Sie nickte heftig. «Flüstern, Schreie, Weinen», sagte sie. «Und Rayne ... ich habe sie gespürt. Sie hat mich berührt.»

Der Geist hatte mich nie angegriffen, und ich hatte bisher angenommen, er könnte mir nur schaden, indem er mich in den Wahnsinn trieb. Aber ich konnte es kaum ertragen zu hören, wie Salem das grauenvolle Gefühl zu ersticken beschrieb, den Geschmack von Blut und die Gewissheit, dass sie sterben würde.

Wie sollte ich sie vor etwas beschützen, das ich nicht bekämpfen konnte?

Es hatte ihr dieselben Worte zugeflüstert, die es mir seit Langem zuflüsterte. *Blut und Knochen, Blut und Knochen ...*

«Was könnte das bedeuten?», fragte sie.

Aber ich war schon dabei, in Gedanken das Puzzle zusammenzusetzen, weil ich unbedingt verstehen wollte, warum all das gerade *jetzt* passierte.

«Du hast gesagt, du hättest Blut geschmeckt», sagte ich langsam. «Dass es sich angefühlt hat, als würdest du ersticken ...» Sie nickte. «Meiner Mutter wurde die Kehle aufgeschlitzt. Sie ist vermutlich an ihrem eigenen Blut erstickt.»

Salems Augen weiteten sich, und sie hielt sich fassungslos die Hände vor den Mund. «Rayne ... du denkst doch nicht ... du denkst doch nicht wirklich, dass *das* deine Mutter ist? Also ihr Geist?»

«Ich weiß es nicht. Aber ich weiß, dass mein Vater ein Geheimnis hatte, das er mit ins Grab genommen hat.»

Wenn ich zurückdachte, erinnerte ich mich an den Vers, den er so oft von der Kanzel gerufen hatte: *«Da er böse Engel unter sie sandte in seinem grimmigen Zorn und ließ sie toben und wüten und Leid tun.»* Mein Vater hatte immer gesagt, Gott habe die Bestie geschickt, um über die verdorbenen Einwohner von Blackridge zu richten, und dass die Ermordung meiner Mutter das alles angestoßen hatte.

Selbst die Toten konnten noch sprechen, und sie hatten die Antworten, nach denen ich mich sehnte.

«Salem.» Ich drehte mich zu ihr um, die Zähne zusammengebissen, wie um die abscheulichen Worte, die ich ihr sagen musste, zurückzuhalten. «Wir müssen das Grab meiner Mutter öffnen.»

37

SALEM

Grave Digging

Eine gespenstische Ruhe legte sich über die Landschaft, als die rote Abendsonne am Horizont versank. Ich klammerte mich auf dem Quad an Rayne, während wir über die schlammige Straße rasten und Schlaglöchern und vereisten Schneeklumpen auswichen. Die Dämmerung brach herein, als wir unterwegs waren, und die Straßenlaternen gingen an, sodass unser Weg erhellt wurde.

Die Straßen von Marihope waren verlassen, die Fensterläden der Geschäfte verschlossen, die Türen ebenfalls. An beinahe jeder Tür hing ein Kreuz, und Fluchtlichtstrahler brannten auf den Terrassen vor den Häusern, die wie Leuchtfeuer gegen die herannahende Nacht ankämpften.

Irgendwie sorgte das lediglich dafür, dass die Nacht zwischen den Bäumen noch dunkler wirkte.

Rayne trug ihre Waffe, ich die Schaufeln. Wir hatten Loki zu Hause gelassen, obwohl er protestiert hatte. Aber wir mussten uns so lautlos wie möglich fortbewegen, und sein Gebell hätte uns an die Einheimischen verraten können.

Als wir unter dem verrosteten eisernen Torbogen am Eingang zum Friedhof hindurchkamen, fiel die Temperatur ab. Überwucherte, moosbewachsene Grabsteine lagen unter den Bäumen verstreut, versteckt unter jahrealten verrottenden Blättern und aufgetürmtem schmutzigen Schnee. Manche waren so alt, dass die Bäume darübergewachsen waren und mit ihren Wurzeln alle Spuren der Toten, die darunterlagen, getilgt hatten.

Familien ganzer Generationen lagen hier zusammen begraben. Eltern und ihre Kinder. Ältere Paare. Geliebte Töchter, Söhne, Tanten und Onkel. Sie waren ein Nachhall aus einer anderen Zeit, in der Blackridge eine ruhige Gemeinschaft gewesen war, die in der Abgeschiedenheit Frieden fand und kein Grauen.

Unzählige schmale Pfade wanden sich zwischen den knorrigen Bäumen hindurch, und ich hätte mich niemals zurechtgefunden, hätte Rayne mir nicht den Weg gezeigt. Sie lief dicht neben mir, und ihr Arm streifte ab und an meinen.

Wir sprachen nicht, wir lauschten nur und blickten uns ständig wachsam von links nach rechts um.

Plötzlich hielt Rayne inne. «Hier liegt sie.»

Das Grab vor uns war jünger als die anderen. Die kriechenden Rankpflanzen hatten es noch nicht verschlungen, und leuchtend grünes Moos bedeckte stellenweise den blassgrauen Grabstein. Eine Statue eines weinenden Engels lag über den Stein gebeugt, den Kopf in den Armen verborgen und von einem langen Schleier verhüllt.

Einige Augenblicke lang sagte keiner von uns ein Wort. Wir standen einfach nur vor dem Grab, die Schaufeln in der Hand, erstarrt unter der Last dessen, was wir gleich tun mussten.

Bald wäre die Sonne vollständig untergegangen, dann wären wir im Kampf gegen alles, was in der Dunkelheit der Nacht lauerte, auf uns allein gestellt. Uns lief die Zeit davon.

«Sollen wir ...?» Ich deutete mit einer Geste auf das Grab.

Rayne nickte knapp. «Es sind nur Knochen. Es ist nur ein Sarg.»

Schmerz durchzuckte mich, als meine Schaufel die Erde durchdrang. Das Gefühl, dass das hier falsch war, sorgte dafür, dass mir übel wurde. Aber ich grub weiter, und die Minuten wurden zu Stunden. Bis auf die Geräusche, die unsere Schaufeln verursachten, wenn wir damit die Erde durchdrangen und sie beiseitewarfen, herrschte unheimliche Stille. Rayne musste regelmäßig innehalten, und es war nicht zu übersehen, dass sie Schmerzen hatte, es aber nicht zeigen wollte.

«Mach eine Pause», sagte ich, als sie wieder einmal innehielt und sich gegen ihre Schaufel lehnte.

Sie sog die Luft ein wie durch einen Strohhalm und funkelte mich bei diesem Vorschlag wütend an.

«Es wird langsam dunkel», beharrte ich. «Du solltest Wache halten.»

Zum Glück überzeugte sie meine Argumentation, und sie wandte sich mit ihrer Waffe in Richtung Wald um, während ich weitergrub. Mein Rücken und meine Schultern schmerzten, und es schien, als könnte das Loch grenzenlos tief werden.

Lag darin überhaupt ein Sarg? War es überhaupt wirklich ein Grab?

Klonk.

Meine Schaufel traf auf Holz.

Galle stieg unerwartet in meiner Kehle hoch, und ein alarmierendes, ungutes Gefühl breitete sich in mir aus.

«Rayne», rief ich sie leise, und sofort kam sie am Rand des Grabs zum Stehen. «Hier ist es.»

Zusammen hoben wir die restliche Schicht Erde vom Sarg, und schließlich sprang Rayne ins Grab. Rittlings setzte sie sich mit der Schaufel in der Hand auf den Sarg, hielt dann aber inne.

«Die Beerdigung fand bei geschlossenem Sarg statt», sagte sie schließlich. «Ich hatte als Kind solche Angst vor diesem Sarg. Als ich daneben in die Kirche gelaufen bin, habe ich mir alle möglichen grauenvollen Dinge vorgestellt. Habe mir ausgemalt, dass Moms Gesicht völlig zerstört ist – durch Schläge zertrümmert und blutüberströmt. Ich wusste es nicht. Ich konnte ja nicht wissen ...»

Für einen Moment ließ sie die Schultern sinken, und ich wollte die Arme nach ihr ausstrecken, um sie irgendwie wissen zu lassen, dass sie nicht allein war.

Dann wappnete sie sich und verkeilte die Schaufel unter dem Deckel.

Erde rieselte hinunter, als der Deckel aufgeschoben wurde. Raynes Gestalt versperrte mir die Sicht, weshalb ich nicht sehen konnte, worauf sie ihren Blick gerichtet hatte, bis ich um den Rand des Lochs herumgelaufen war.

Leer. Der Sarg war leer.

Bis auf ...

Nur eine Sache lag darin, und es war kein Leichnam.

Sondern ein zerfleddertes altes Buch.

38

RAYNE

Sanctuary

Das Buch war in brüchiges Leder gewickelt und roch seltsam nach Rauch wie von einem Feuer. Ich fasste es nur äußerst ungern an. Es war schwer, feucht und modrig. Ich klemmte es mir unter den Arm, um das Tor aus Eisenstäben vor der Kirchentür aufzuschließen, während Salem mir erstaunt dabei zusah.

«Dads alte Schlüssel», sagte ich. «Ich habe sie für den Fall der Fälle behalten. Die Kirche ist einer der sichersten Orte in Marihope. Wir können heute Nacht hierbleiben. Es ist schon zu dunkel, um zurückzufahren, und ich will nichts riskieren.»

Die alten Scharniere des Tores knarzten, als ich es aufzog. Danach schloss ich die massive Holztür dahinter auf. Im Kirchenschiff war es kalt und dunkel, lediglich durch die hohen Fenster, die die Wände säumten, fiel etwas Licht. Ich schloss das Tor und die Tür hinter uns ab, sodass wir drinnen sicher waren.

Während Salem in den Lagerraum im hinteren Bereich der Kirche ging, um Holz für den Ofen zu holen, legte ich das Buch auf die Kanzel und kramte in meiner Tasche, bis ich mein altes Fläschchen mit Schmerztabletten fand. Ich schluckte eine mit etwas Wasser hinunter und nahm mir einen Moment, um mich zu sammeln.

Der Schmerz war intensiv und raubte mir den Atem. Ich

versuchte, auf den Beinen zu bleiben und mich auf meine Atmung zu konzentrieren. Gleichzeitig wartete ich darauf, dass der Schock oder das Adrenalin mich überrollten und der Schmerz nachließ.

«Du schaffst das», flüsterte ich. «Atme einfach weiter. Das wird vergehen. Es ist nur Schmerz.»

Ich presste meine Lider zusammen. Erst nach ein paar Minuten konnte ich mich dazu durchringen, meine Augen wieder zu öffnen und mich aufzurichten.

Es schauderte mich, als ich das Buch aufschlug und der Buchrücken knackste. Die Seiten waren steif und dick und im Lauf der Jahre vergilbt. Der Text war schwer zu lesen, eine Kalligrafie-Schrift, die ich erst für Latein hielt – aber dann fiel mir ein, dass es wohl Altfranzösisch sein musste. An den Seitenrändern entdeckte ich die vertraute Handschrift meines Vaters zusammen mit viel älteren Annotationen anderer Schreiber. Mein Vater hatte die über Jahrhunderte hinweg gesammelten Notizen mit seiner eigenen Übersetzung ergänzt.

Man muss bei der Anrufung die richtigen Opfergaben darbringen. NUR Opfer garantieren Erfolg – was braucht man dafür?

Die Bindung muss sofort erfolgen.

Nutze JEDEN Knochen – ohne Ausnahme.

Mühsam löste ich meine Finger von der Kante der Kanzel, schüttelte sie aus und wischte meine schwitzigen Handflächen an meiner Hose ab. Mein Vater hatte sich nie anmerken lassen, dass er sich für Okkultismus interessierte. Er war ein

Mann Gottes gewesen, der seinen Glauben über alles gestellt hatte.

Aber diese Notizen zeugten nicht nur von einem Interesse, diese Texte zu studieren, sondern auch von dem Willen, das Wissen daraus praktisch anzuwenden.

In einer seiner Notizen war von einer «Kreatur des Himmels, Vorbote des göttlichen Gerichts» die Rede. Das Blut gefror mir in den Adern, und ich konnte nicht länger still stehen. Hinter der Kanzel ging ich auf und ab.

Ich musste weiterlesen, doch allein der Gedanke widerte mich an.

Mein Vater war ein gläubiger Mann gewesen. Ein kalter, gefühlloser Mann, ja – aber gläubig. Er hatte sein Leben der Kirche gewidmet und den Herrn mehr geliebt, als er mich oder meine Mutter je hätte lieben können. Erst als sie gestorben war, hatte ich bemerkt, dass er ihr gegenüber Zuneigung empfunden hatte. Ihre Ermordung hatte ihn gebrochen, und seine Kälte hatte sich durch die tiefe Trauer in glühenden Hass verwandelt. Ein Teil von mir hatte sogar geglaubt, dass er durch seine verzweifelten Gebete, in denen er sich Rache herbeigesehnt hatte, irgendwie die Bestie nach Blackridge gerufen hatte.

Aber mein Vater hatte sich schon vor dem Tod meiner Mutter für dieses Wesen interessiert. Allein die Übersetzungen in diesem Buch mussten sicherlich das Ergebnis jahrelanger Arbeit und Beschäftigung mit dem Text sein.

Wo war ihr Leichnam? Was zur Hölle hatte er damit angestellt, wenn er sie nicht auf dem Friedhof begraben hatte?

Ich befürchtete, dass mir diese Notizen im Detail und in aller Anschaulichkeit die Antwort darauf gaben.

Die Knochen. Die Zeichen. Der Verweis auf eine «Opfergabe».

«Hat er dich umgebracht, Mom?» Selbst geflüstert fühlten sich die Worte so schwer an wie Felsbrocken.

Ich ließ den Kopf in die Hände sinken und rieb mir über die Augen. Ich war zu müde, um nachzudenken. Mir tat jeder Knochen weh, und mein Kopf fühlte sich benebelt an. Ich stolperte in eine Bankreihe, gerade als Salem mit Feuerholz im Arm zurückkehrte.

Jeder Atemzug erinnerte mich an die Wunde an meiner Seite und daran, wie verdammt zerbrechlich ich war.

«Rayne? Ist alles in Ordnung?»

Ich hob den Kopf und bemerkte, dass sie mich mit ihren großen braunen Augen anstarrte. Mit diesen Augen, die mich an warme Sommertage denken ließen, an denen wir beide in Sicherheit waren und keine Monster durch die Wälder pirschten.

Vielleicht könnte ich im Frühling Händchen haltend mit ihr unter den Bäumen entlanglaufen. Vielleicht würde ich auf die Zweckmäßigkeit scheißen und meine Schuhe ausziehen, und sie könnte ein niedliches Sommerkleid tragen. Ich könnte mit ihr lachen und mit geschlossenen Augen im Gras liegen. Und ich würde wissen, dass sie in Sicherheit war.

«Es geht mir gut», sagte ich leise. «Ich denke nur nach.»

Sie runzelte die Stirn, kniete sich vor den Ofen und öffnete die alte Metalltür. Dann stapelte sie das Holz hinein, ohne den Blick von mir abzuwenden.

«Hast du es gelesen?», fragte sie und warf einen skeptischen Blick zu dem Buch, das geöffnet auf der Kanzel lag.

«So viel, wie ich ertragen konnte. Es ist eine Anleitung ...» Sie musste davon wissen, selbst wenn ich noch nicht ganz verstand, was es zu bedeuten hatte. «Eine Anleitung, wie man etwas heraufbeschwört.»

«Etwas?» Das alte Gebäude ächzte, und Salem zuckte erschrocken zusammen. «Was für ein Etwas?», fragte sie mit gesenkter Stimme. «So was wie diese Bestie? Da draußen?»

«Ich weiß es nicht. Das ist ziemlich viel Text, und nicht alles davon wurde übersetzt.» Ich rieb mir die Hände, um sie zu wärmen, aber die Kälte war gnadenlos. «Aber ich denke schon. Es ist dieselbe Kreatur; die, von der im Buch die Rede ist, und die auf der Insel.»

Schweigend entzündete Salem mit letzten Handgriffen den Ofen. Die Holzscheite fingen Feuer, und das alte Metall knarzte und ächzte, als die Hitze sich verteilte. «Denkst du, dass dein Vater sie heraufbeschworen hat?»

Ich hatte mich davor gefürchtet, dass sie diese Frage stellen würde. Noch mehr fürchtete ich mich allerdings vor meiner Antwort.

«Ja. Ich denke schon.»

Das war viel. Zu viel. Die Folgerungen wären so weitreichend, dass ich fürchtete, niemals meinen Weg durch dieses Labyrinth zu finden. Mit den Fingern fuhr ich mir durch das Haar und versuchte dann abrupt, aufzustehen, indem ich mich selbst von der Kirchenbank hochdrückte ...

«Scheiße, autsch.» Ich sank wieder auf die Bank und hielt mir die Schulter, durch die ein pochender Schmerz fuhr.

Salem war beinahe sofort bei mir.

«Lass mich dir helfen», sagte sie und zog mir den Mantel aus. Sie sog scharf den Atem ein, als sie den immer größer werdenden roten Fleck auf meinem Verband bemerkte.

«Es geht mir gut», sagte ich.

Was nicht stimmte. Ich hatte mir mindestens einen meiner Stiche aufgerissen, aber die Tablette, die ich genommen hatte, wirkte endlich und linderte den Schmerz. «Es ging mir schon schlechter.»

Wie sie mit den Augen klimperte, als sie mich ansah, war einfach wundervoll. «Tatsächlich?»

Ich zuckte mit den Schultern und ärgerte mich, dass sie auf meine Lüge anspielte. «Schmerz ist Schmerz, Salem. Es ist alles das Gleiche.»

Sie schnalzte mit der Zunge und griff nach der kleinen Tasche, die sie mit hergebracht hatte. Ich hatte zuvor nicht innegehalten und darüber nachgedacht, was sie mitgenommen haben könnte, daher war ich überrascht, als sie frische Verbände, Salbe und einen Flachmann herauszog.

«Das ist Blanton's», sagte sie und reichte mir den Flachmann. «Übertreib's bloß nicht.»

Gott, so wie sie mich ansah, wollte ich am liebsten für sie sterben. Aber, was noch beängstigender war – als sie sich näher heranbeugte, um meinen schmutzigen Verband abzunehmen, wollte ich auch für sie *leben.*

«Du hast wirklich an alles gedacht, stimmt's?», fragte ich, als sie das blutige Verbandsmaterial in den Ofen warf.

Sie lachte leise, und das Geräusch sorgte dafür, dass sich plötzlich ein unvertrautes Gefühl in meinem Inneren ausbreitete. Es fühlte sich an wie ein Adrenalinschub – wie der Anfang einer Panikattacke –, allerdings war das hier sanfter. Das Gefühl glich einer kleinen Explosion, bei der Funken sprühten und mein Brustkorb eng und warm wurde.

«Mein Dad hat immer gesagt, ich bin genauso schusselig wie meine Mom», sagte sie. «Weil ich immer große, wichtige Dinge vergesse, mich aber an unwichtige kleine Details erinnere. Ich habe nicht an alles gedacht ...» Sie drückte ein bisschen Salbe auf ihren Finger und tupfte sie behutsam um meine Verletzung herum auf die Haut, «sondern nur an dich.»

Im Kirchenschiff wurde es allmählich wärmer, während

sie mir einen frischen Verband anlegte und dabei konzentriert die Augenbrauen zusammenzog.

«Erzähl mir von deiner Mutter», sagte ich plötzlich. «Wie ist sie so?»

Sie war offensichtlich gerührt, denn sie lächelte voller Zuneigung. «Sie arbeitet in Colorado als Erzieherin im Kindergarten. Sie sagt, dass sie niemals in Rente gehen möchte, weil sie es liebt, mit Kindern zu arbeiten. Sie und mein Dad haben sich auf dem College kennengelernt, und *sie* hat *ihm* einen Antrag gemacht. Als ich klein war, habe ich mir immer genauso eine Liebe gewünscht. Sie sind immer noch zusammen. Er ist pensioniert und verbringt viel Zeit mit Angeln. Sie hat sich Taxidermie beigebracht, damit sie ein paar der Fische, die er gefangen hat, aufhängen kann. Sie näht manchmal kleine Outfits für die Fische.»

Ich brach in Gelächter aus, obwohl es wehtat. «Du verarschst mich, oder? Sie hat sich *Taxidermie* beigebracht? Die Frau klingt unglaublich.»

«Das ist sie! Ich ... ich vermisse sie wirklich.» Sie räusperte sich, und ihre Stimme bebte bei den nächsten Worten ein wenig. «Normalerweise würde ich mich zu dieser Zeit des Jahres darauf vorbereiten, sie zu besuchen. Mom ist keine besonders gute Köchin, denn sie lässt sich leicht ablenken, und dann verbrennt das Essen, also kocht Dad meistens unser Abendessen.» Sie befestigte das Ende meines Verbands und streichelte mit der Hand über meine Schulter. «Sie würden dich mögen.»

«Meinst du?» Mein Magen drehte sich vor Nervosität um, und ich trank einen kleinen Schluck aus dem Flachmann. «Ich freue mich, sie irgendwann kennenzulernen.»

Ich konnte den Ausdruck, der auf ihrem Gesicht lag, als sie mich ansah, nicht deuten und befürchtete, dass ich zu viel in ihre Worte hineininterpretiert hatte. Sie legte ihre Hand an mein Gesicht. Ihr Atem streifte warm und sacht meine Wangen, als sie sich nah heranbeugte und meine Lippen mit ihren berührte.

«Ich freue mich auch», sagte sie. «Ich weiß, dass Colorado dir gefallen würde. Und San Francisco auch. Es gibt so viele Orte, die ich dir zeigen möchte.» Tränen stiegen ihr in die Augen, und sie zitterte, als sie laut ausatmete. «Ich hoffe ... ich hoffe, wir ...»

«Das werden wir.» Ich küsste ihren weichen Mund.

Als sie sich seufzend an mich lehnte, begann mein Herz zu rasen. Sie war mein Ausweg aus alledem. Die Erlösung, von der ich nicht geglaubt hatte, sie jemals zu finden.

«Wir stehen das durch. Du und ich. Und dann kannst du mir alles zeigen.»

39

SALEM

God's Judgement Comes

Wir kuschelten uns neben dem Ofen aneinander. Wir hatten keine Decken, aber Rayne legte ihren Mantel über mich, schlang ihre warmen Arme um mich und drückte mich fest an sich. Sie summte mir etwas vor, und ich beobachtete durch das Fenster, wie der Schnee fiel. Weißes Flockengestöber türmte sich an der Scheibe auf. Ich erkannte die Melodie nicht, aber sie war sanft und langsam. Rayne bewegte ihre Hand im Takt dazu und rieb mir über den Rücken.

Dank der Wärme des Feuers und Raynes sanften Berührungen schlief ich bald ein.

Scharr, scharr. Scharr, scharr.

Noch halb im Schlaf, ächzte ich. Loki grub ein Loch, und das langsame, anhaltende Geräusch ließ mich zusammenzucken.

Scharr, scharr.

Knarz.

Vielleicht war Rayne aufgewacht und konnte ihn dazu bringen aufzuhören ...

Ich riss die Augen auf, als mir wieder einfiel, wo ich war. Der Hund war nicht hier bei uns, aber etwas anderes schon.

Rayne grub ihre Finger in meinen Arm, ihr Gesicht wurde vom orangefarbenen Schein des Feuers angestrahlt. Ihre

Augen waren geweitet, und sie hatte den Kopf zur Seite gewandt. Sie starrte aus dem Fenster neben uns.

«Etwas ist da draußen», flüsterte sie.

Ein Schauer lief mir über den Rücken, und ich blickte ebenfalls zu dem dunklen Fenster, dessen Glas vereist war.

«Rühr dich nicht. Mach keinen Mucks.»

Knarz. Scharr, scharr.

Ich bedeckte meinen Mund mit den Händen, um das verängstigte Wimmern, das sich über meine Lippen zwängen wollte, zurückzuhalten. Draußen vor dem Fenster war etwas, das Geräusch war uns ganz nah. Es ging außen um die Kirche herum, schnüffelte und kratzte an den Steinen.

Kreeeisch.

Rayne zuckte zusammen, und ich hielt den Atem an.

Lange, mit Klauen versehene Finger kratzten über das Glas und hinterließen eine Spur in dem Eis. Mein Herz drohte in meinem Brustkorb zu zerspringen, so sehr wollte ich fliehen.

Konnte das Wesen hören, wie das Organ gegen meine Rippen hämmerte? Konnte es das Blut, das durch meine Adern schoss, riechen?

Rayne tippte mich am Arm an und legte stumm einen Finger an ihre Lippen. Langsam – quälend langsam – richtete sie sich auf und nahm ihre Waffe. Sie sah mich an und formte tonlos mit dem Mund die Worte «Bleib unten».

Das Adrenalin sorgte dafür, dass mein Körper um Sauerstoff bettelte, aber selbst meine flachen Atemzüge kamen mir zu laut vor. Ein hoher schnatternder Laut ähnlich dem Zirpen einer Heuschrecke drang von draußen zu uns hindurch. Ich biss mir kräftig auf die Lippe und konzentrierte mich auf den Schmerz statt auf meine Angst. Dabei drückte ich Raynes Mantel fest gegen meine Brust.

Schritte knirschten im Schnee. Jemand bewegte sich und hielt dann inne. Lief weiter und hielt wieder inne.

Dann hörte ich das unheilvolle Knarzen des Tores, das aufschwang.

«Es kann Tore öffnen?», flüsterte ich voller Panik.

Rayne hatte ihren Blick an die Tür geheftet.

Da wackelte der Knauf.

Schnell hob sie ihre Waffe und zielte.

«Wenn es reinkommt, lauf auf die Hintertür zu», sagte sie. «Lauf und halte nicht an. Egal, was du hörst, du darfst nicht stehen bleiben.»

Das Herz klopfte mir bis zum Hals. Die Scharniere quietschten, und die Tür wurde geöffnet. Ein Schwall kalter Luft drang ins Kirchenschiff und ...

Ruth Miller kam herein.

Rayne stieß scharf die Luft aus und senkte ihre Waffe, während ich vor Erleichterung beinahe geweint hätte.

Doch Ruth kreischte auf, als sie uns sah, und bedeckte ihren Mund mit den Händen. «Rayne! Was machst du ... Was geht hier vor sich?»

«Halt die Klappe», blaffte Rayne. «Schließ die verdammte Tür, es ist da draußen!»

«Es?» Ruth machte die Tür zu, verschloss sie aber nicht. Rayne marschierte zu ihr und schob mit Wucht den Riegel vor, während Ruth sie misstrauisch beäugte. «Du meinst den Engel? Ich habe nichts gesehen.»

«Dann hast du nicht aufgepasst», schnauzte Rayne. «Was machst du hier?»

«Ich sollte dich dasselbe fragen.» Ruth schürzte die Lippen, zog ihren Mantel aus, faltete ihn und hängte ihn über ihren Arm. «Ich komme sonntags immer frühmorgens her, um den Ofen vor dem Gottesdienst anzuheizen. Aber wie es scheint, hast du das schon gemacht. Es ist warm hier drinnen.»

«Wir waren die ganze Nacht lang hier. Wir haben es nicht rechtzeitig nach Hause geschafft.» Rayne spähte durch das Fenster, das der Tür am nächsten war. «Die Ausgangssperre ist noch nicht zu Ende und die Sonne nicht aufgegangen. Du solltest überhaupt nicht draußen sein.»

«Ich fürchte kein Unheil», erwiderte Ruth lächelnd. «Ich habe meinen Glauben, Rayne. Gott beschützt seine ergebensten Schützlinge.»

«Ach. Erzähl das Hiob.»

Ruths Augen verengten sich, und ihre geschürzten Lippen wurden noch schmaler. Die Absätze ihrer Schuhe klackerten über den Boden, als sie näher kam. Dabei suchte sie mit Blicken alles ab, als vermutete sie, dass wir etwas beschädigt hätten. Rayne kam zurück und half mir auf die Beine. Sie brachte mich weiter von den Fenstern weg, die sie ängstlich im Blick behielt. Als sie beschützend den Arm um mich legte, schnaubte Ruth spöttisch.

«Während wir anderen um Vergebung beten und um Gnade, bringst du deine kleine Hure in das Haus Gottes», sagte sie mit todernster, bedrohlich ruhiger Stimme. «Und wir wundern uns, dass Menschen sterben. Für diejenigen, die Gott ins Gesicht spucken, kann es keine Gnade geben.»

«Komm schon, Rue», sagte Rayne leise. «Fang nicht damit an.»

«Nenn mich nicht so!» Ruth schrie die Worte förmlich, sodass ich vor Schreck zusammenzuckte. «Raus hier. Geht nach Hause. Ihr seid hier nicht willkommen.»

«Die Sonne ist noch nicht aufgegangen.» Rayne klang ruhig, aber ihr Tonfall war jetzt kühl. Sie drückte mich fester an sich. «Wir werden gehen, sobald es sicher ist.»

Zu meiner Bestürzung zog Ruth schlagartig ein Messer aus der Scheide an ihrem Gürtel. Die Waffe hatte eine kleine, aber scharfe Klinge, und sie hielt sie entschlossen fest.

Rayne erstarrte.

«Ich sagte, raus hier», fauchte Ruth und funkelte uns mit bösem Blick an. Aber weder sie noch ihr Messer wirkten besonders bedrohlich.

Nicht als ich das Wesen hinter ihr bemerkte.

Der Engel war hier.

Er ragte vor dem Fenster auf, presste die dürren Gliedmaßen gegen die Kirchenmauern, und sein Kopf mit dem augenlosen Gesicht wippte hinter dem Glas unheimlich auf und ab.

Rayne sah es zur gleichen Zeit wie ich. «Ruth, hör mir zu, du musst ...», flüsterte sie panisch.

Mit einem fürchterlichen Krachen zersprang die Fensterscheibe, und Glasscherben flogen in die Kirche.

Ruth schrie.

«Los, los, lauf!», rief Rayne. «Salem, wir müssen rennen!»

Ich hastete auf die Tür zu und versuchte, sie zu öffnen – wurde aber brutal von Ruth zu Boden gestoßen. Sie schob den Riegel zurück und riss die Tür auf, dann rannte sie kreischend in das graue Licht der gerade erst beginnenden Dämmerung und hinterließ eine beunruhigende Blutspur im Schnee.

Das Geräusch eines Schusses ließ mich zusammenzucken. Hastig schützte ich meinen Kopf. Rayne stand über mir und zielte erneut, als die Bestie sich durch das schmale zerbrochene Fenster zwängte. Dabei warf sie Bankreihen um, und ihre Hufe polterten über den Boden.

«Lauf, Salem!», schrie Rayne und schoss erneut.

Ich rappelte mich hoch und floh nach draußen. Rayne blieb dicht hinter mir.

Die Morgenluft war beißend kalt. Gefrorene Tautropfen hingen an den Blättern, und Eis knirschte unter unseren Füßen. Die Sonne war am Himmel noch nicht hoch genug geklettert, um Strahlen über die gewaltigen Bäume zu schicken, in deren Schatten wir liefen. Die Straßenlaternen spendeten uns dürftige Beleuchtung, und wir rannten panisch durch ihre Lichtkegel wie Motten, die vom Licht angezogen wurden.

«Er kommt!», schrie Rayne. «Schneller, los ...»

Ein Schrei ertönte, dann wurde sie von meiner Seite gerissen.

«Rayne, nein!»

Die Bestie hatte sich auf sie gestürzt und schlug mit ihren Klauen nach ihr.

Rayne rollte sich zur Seite, um auszuweichen, doch ihr Gewehr baumelte nutzlos von dem Gurt um ihren Hals.

Ich hob einen Stein auf und warf ihn nach dem Engel, dann noch einen und noch einen. «Hey! Hier drüben, du Scheißvieh!»

Die Bestie hielt inne, als die Steine sie trafen, doch sie prallten von ihrem makabren Körper ab, ohne Schaden anzurichten. Aber diese paar Sekunden waren alles, was Rayne brauchte. Sie stach zu und vergrub ihr Messer bis zum Anschlag in der Seite des Engels.

Dunkles Blut quoll aus der Wunde. Er schlug um sich und krümmte sich. Seine Gliedmaßen zappelten wie bei einer Spinne, die mit Gift übergossen wurde. Dann sprang er davon und floh in Richtung der Bäume.

Ich eilte zu Rayne.

«Es geht mir gut, schon okay», sagte sie und rang nach Luft, während ich ihr auf die Beine half. «Wir müssen hier weg, und zwar schnell.»

Sie hatte ihren Mantel zurückgelassen, aber ihre Haut fühlte sich fiebrig heiß an. Der Verband, der ihre Wunde bedeckte, war blutgetränkt.

Ich wagte nicht, es laut auszusprechen, aber ich machte mir Sorgen, ob sie es überhaupt bis zum Quad, das am Stadtrand geparkt war, schaffen würde.

Die Straßen waren erfüllt von unheimlichem Hundegebell und -geheule, so als hätte jeder Vierbeiner im Dorf die Anwesenheit der Kreatur bemerkt. Rayne blieb wachsam und hielt ihre Waffe bereit, aber ihre Schritte wurden träger.

«Nur noch ein kleines Stück», sagte ich, wobei die Worte genauso an mich wie an sie gerichtet waren. «Wir sind so nah dran, wir sind fast da, wir ...»

Eine plötzliche Bewegung vor uns sorgte dafür, dass Rayne mich am Pullover packte und hinter eine Mauer zog, wo wir uns beide duckten.

«Scheiße», sagte sie. «Ist das Ruth?»

Die Frau krabbelte auf allen vieren am Straßenrand entlang. Wir rannten, um sie einzuholen, aber als sie unsere Schritte hörte, rappelte sie sich hoch und versuchte wegzulaufen. Dabei schrie sie abgehackt.

«Was zur Hölle machst du da?», fauchte Rayne und packte sie am Arm. «Hör auf zu schreien! Der Engel verfolgt uns!»

Aber als Ruth sich zu uns umdrehte, lag ein vollkommen panischer Ausdruck in ihrem Auge.

In ihrem *einen* verbleibenden Auge.

Ihr Gesicht war aufgeschlitzt. In ihrer Stirn war eine Einkerbung, so als wäre ihr Schädel zertrümmert worden. Blut schäumte um ihre Lippen. Sie murmelte etwas Unverständliches. Ihre leere, durchbohrte Augenhöhle schien mich anzustarren, und es kam mir vor, als blickte ich direkt in den Schlund der Hölle.

Entsetzt schlug ich mir die Hände vor den Mund.

Rayne zitterte, sie starrte Ruth an und hatte einen Arm nach ihr ausgestreckt, berührte sie aber nicht mehr. «Wir müssen Hilfe für dich holen», sagte sie und machte vorsichtig einen Schritt auf die verletzte Frau zu. «Wir bringen dich zu Dr. Hale ...»

Aber Ruth fing wieder an zu schreien. Ihre Worte klangen unverständlich verzerrt, und ich hatte keine Ahnung, ob sie uns überhaupt erkannte.

«Bitte sei ruhig!», flehte ich. Ich sah mich auf den nebligen Straßen in alle Richtungen um, weil ich sicher war, außer ihrem Gebrabbel noch etwas anderes zu hören.

Einen eigentümlichen Widerhall ihrer Stimme ...

Rayne wich zurück, als Ruth wieder auf die Knie sank. «Sie ist nicht bei klarem Verstand, und sie wird die Bestie mit ihrem Geschrei genau zu uns führen ...»

Ich umklammerte sie fest. «Das hat sie schon», flüsterte ich.

Der Engel krabbelte über die Steinmauer neben der Straße und imitierte Ruths Stimme in unheimlichem Tonfall: «Gott beschützt ... Gott beschützt ...»

Seine schlitzförmigen Nasenlöcher blähten sich auf, und mit seinem augenlosen Gesicht sah es direkt in meine Seele. Sein Mund stand offen, und zähflüssiger Speichel tropfte von seinen Zähnen. Raynes Messer ragte immer noch aus seiner Seite, aber weder humpelte er, noch schonte er die betroffenen Beine. Es war, als wäre die Wunde gar nicht da.

Dann stand er genau vor uns.

Rayne schob sich vor mich, und wir wichen zurück, einen quälend langsamen Schritt nach dem anderen.

Ruth hingegen starrte die Bestie, die sich an sie heranpirschte, mit offen stehendem Mund apathisch an.

«Ruth, *weg da*!», fauchte Rayne verzweifelt. Sie beschleunigte ihre Schritte, sodass wir noch schneller zurückwichen, wandte aber dem grauenvollen Anblick, der sich uns bot, nicht den Rücken zu.

Die Kreatur starrte Ruth an, warf ihren Kopf von einer Seite zur anderen und murmelte: «Gott beschützt ... Gott beschützt.»

Die Menschen zogen ihre Vorhänge beiseite, öffneten ihre Türen einen Spaltbreit und wagten einen Blick nach draußen.

Ruths Kopf sackte schlaff auf ihre Brust.

Als die Bestie sich auf sie stürzte, rannten Rayne und ich los.

Mein Herz pochte so laut in meinen Ohren, dass es die grausamen Geräusche hinter uns beinahe übertönte. Aber als Rayne mich um eine scharfe Kurve zog, warf ich einen Blick zurück und begriff, was ich gerade gehört hatte.

Die Geräusche kamen daher, dass Ruth in Stücke gerissen wurde. Reißendes Fleisch, berstende Knochen und gequälte Schreie. Sie dauerten nur den Bruchteil einer Sekunde an, aber das Bild brannte sich in meine Augäpfel und in meinen Verstand.

Meine Glieder bewegten sich zu langsam und kamen mir zu schwer vor. Alles lief wie in Zeitlupe ab. Es war wie ein Albtraum, in dem meine Beine plötzlich aus Blei waren und die Luft sich in Treibsand verwandelte.

Ich wagte nicht, zurückzusehen. Mein Blickfeld verengte sich, und alles, was ich fühlte, war Raynes Hand. Sie war meine einzige Verbindung zur Realität.

Wo sollten wir hin? Wie weit konnten wir noch laufen?

«Hierher!»

Eine offene Tür. Eine Hand, die uns heranwinkte – und

das Gesicht eines Mannes mittleren Alters, der uns eilig zu sich rief.

«Rennt! Macht schon!»

Der Engel kreischte. Der Boden fühlte sich beängstigend wacklig an, als wir auf die Tür zurannten, hinter der wir sicher wären.

Drinnen brachen wir zusammen, und die Tür fiel ins Schloss – erbebte aber gleich darauf in den Angeln, als die Bestie sich von der anderen Seite dagegenwarf.

40

RAYNE

The Devil's Book

«Haltet die Tür! Haltet dagegen, verdammt noch mal!» Meine Schulter schmerzte, als die Tür erneut dagegendonnerte. Schmerz explodierte in meinem Brustkorb, aber das Adrenalin betäubte mich ausreichend, um ihn ertragen zu können. Klauen scharrten und kratzten auf der anderen Seite über das Holz, als würde ein riesiger Hund versuchen, sich hindurchzugraben.

Obwohl ich und meine Cousins uns alle dagegenstemmten, war die Bestie stärker.

«Passt auf!»

Mein Onkel wuchtete einen dicken Holzbalken vor die Tür und verbarrikadierte sie damit, während meine Cousins und ich zurückwichen. Gerards Haare waren zerzaust, und er trug einen Wollmantel, den er über seine Nachtkleidung geworfen hatte. «Jetzt die Lichter. Und zwar alle! James, hol das Gewehr!»

Während er und meine Cousins sich daranmachten, die Flutlichtstrahler vor dem Haus einzuschalten, suchte ich Salem. Sie stand auf dem Flur und umklammerte mit beiden Händen das Treppengeländer. Dabei starrte sie mit weit aufgerissenen Augen verängstigt zur Tür.

Als die Lichter angingen, hörten die Schläge gegen die Tür augenblicklich auf. Der Krach von Schüssen ertönte aus dem

Obergeschoss – James schoss von einem der Fenster auf die Kreatur.

Ein hohes Kreischen war zu hören, gefolgt von Hufgeklapper, als die Bestie floh.

Schließlich legte sich eine entsetzlich Furcht einflößende Stille über das Haus.

In dieser Stille traf Salems Blick meinen. Ihre Augen füllten sich mit Tränen. Ihre Knie zitterten, aber ich fing sie auf, bevor sie stürzen konnte.

«Es ist schon gut, ist schon gut, ich bin da.» Ich hielt sie fest.

Sie zitterte, ihr ganzer Körper zuckte, als hätte sie einen Anfall.

«Ruth wurde – mein Gott, hast du sie gesehen, sie – es hat sie in Stücke gerissen.» Sie atmete mehrmals schnell und scharf ein. Ich fuhr mit meiner Hand an ihrem Rücken auf und ab und wiegte sie langsam. «Hat sie ... O Gott, kann nicht irgendjemand was tun ...»

«Denk nicht darüber nach, Salem.» Ich rieb ihr weiter über den Rücken und tat so, als würden Ruths Schreie nicht auch in meinem Kopf widerhallen. Der Geruch von Blut verstopfte mir die Nase.

Egal, wie oft ich den Tod schon mitangesehen hatte, es wurde nie leichter. Es war nicht normal, diese Dinge zu sehen. Es war nicht vorgesehen, dass sich Menschen an so etwas gewöhnten.

Ich küsste sie auf den Haaransatz und murmelte das einzige Schlaflied, das ich kannte: das, das meine Mutter mir als Kind vorgesungen hatte und an dessen Worte ich mich nicht erinnerte, aber sehr wohl an die Melodie.

«Ich passe auf dich auf», flüsterte ich ganz nah an Salems Ohr. «So wie ich es dir versprochen habe. Ich werde nicht zulassen, dass dir wehgetan wird. Es ist alles gut. Die Sonne ist fast aufgegangen. Wir sind hier in Sicherheit.»

Der Knall von Schüssen dröhnte durch die Stadt. James hielt im ersten Stock Wache, und gelegentlich hörte ich das Knistern seines Funkgeräts – Neuigkeiten zum Aufenthaltsort der Bestie von anderen Wachposten.

Kurz darauf konnte ich Salem in eines der Zimmer bringen. Tante Veronica holte uns Wasser, dann Tee und einen Teller Kekse. Meine jüngeren Cousins, Mark und Jacob, die beide in ihren Zwanzigern waren, standen verlegen eine Weile auf dem Flur, bevor sie nach oben schlurften, um James zu helfen.

«Danke, Tante Veronica.» Ich nahm einen Keks und verschlang ihn mit zwei Bissen. Obwohl ich nicht hungrig war, brauchte ich etwas, um weitermachen zu können. Es war ein Kampf, auch nur die Augen offen zu halten.

Salem nippte langsam und mit glasigen Augen an ihrem Tee. Ich hatte einen Arm um sie gelegt, und sie ließ sich schwer gegen mich sacken. Wenn ich doch nur diese Bilder aus ihrem Gedächtnis löschen könnte. Sie würde jetzt mit diesem Grauen leben müssen, und ich könnte sie nicht davor beschützen.

«Armes Ding», murmelte meine Tante und trieb sich besorgt im Türrahmen herum.

Salem schien nicht einmal wirklich zu bemerken, dass sie da war. Sie trank nur schweigend ihren Tee und erzitterte ab und an, sprach aber kein Wort.

«Sheriff Keatin und seine Männer sind auf dem Weg aus dem Stadtzentrum hierher», verkündete mein Onkel und blieb neben seiner Frau im Türrahmen stehen. «Sie werden sich überlegen, was wir mit Ruth machen.»

Salem gab ein leises Geräusch von sich – ein Hicksen oder Schluchzen, da war ich mir nicht sicher. Ich wünschte mir nichts mehr, als zusammen mit ihr wieder im Herrenhaus zu sein, in unserem Bett, sicher verwahrt hinter den von Geistern heimgesuchten Steinmauern und vernagelten Fenstern. Ich wollte sie hier wegbringen und sie vor dem Grauen beschützen.

«Bist du schwer verletzt?», fragte Tante Veronica. Ihr Atem stockte, als sie den größer werdenden Blutfleck auf meiner Schulter bemerkte.

«Ich habe mir ein paar Stiche von einer Naht aufgerissen», sagte ich. «Das wird schon wieder ...»

«Sie braucht einen Arzt», sagte Salem plötzlich. Ihre Stimme war fest, aber ruhig. «Und ich auch. Ich weiß nicht, ob es eine Apotheke auf dieser verdammten Insel gibt, aber ich brauche Diazepam. Bitte.»

Tante Veronica nickte entschlossen. «Ich rufe sofort Dr. Hale an. Wartet hier auf mich, meine Lieben.»

Mein Onkel war zu verlegen, um stehen zu bleiben und sich ohne sie mit mir zu unterhalten, also murmelte er etwas davon, dass er die Riegel überprüfen wolle, dann folgte er ihr über den Flur.

Als wir endlich allein waren, umfasste ich Salems Gesicht mit meinen Händen. Ihre Haut war kalt und ihre Augen gerötet. Sie sah mich so erschöpft an, dass mir das Herz blutete.

«Ich kann es nicht vergessen», flüsterte sie. «Ich sehe immer nur diesen einen Moment.»

Ich küsste ihr Gesicht, während Tränen über ihre Wangen liefen. Dann zog ich sie auf meinen Schoß und wiegte sie einfach, während sie schluchzte. Zu meiner Überraschung brannten auch meine Augen. Ihr Schmerz floss durch mich hindurch, als wäre es mein eigener.

Nach einigen Minuten wischte sie ihre Tränen weg. Ich hielt sie im Arm, während sie langsam noch einen Keks aß und ihren inzwischen kalten Tee austrank.

«Das hier war früher mein Zimmer, wenn ich hier übernachtet habe», sagte ich und fuhr mit der Hand über die vertraute Steppdecke auf dem Bett.

Salem sah sich um, betrachtete die Plastiksterne an der Decke, die im Dunkeln leuchteten, und die Brettspiele, die sich auf dem alten Bücherregal stapelten.

«Meine Cousins und ich haben immer alle Küchenstühle hier reingeschleppt, Decken darübergelegt und gespielt, dass das unsere Burg wäre. Ich war dann immer die Kriegerkönigin und sie meine Soldaten. James hat mit mir gestritten, weil er König sein wollte, aber das habe ich nie zugelassen.»

Zu meiner Erleichterung breitete sich ein Lächeln auf ihrem Gesicht aus. «Ich vermisse es, Deckenburgen zu bauen.»

«Wenn wir zurück nach Hause kommen, bauen wir die epischste Deckenburg aller Zeiten. Wir werden das ganze Haus in Decken hüllen.»

«Nach Hause.» Sie wiederholte das Wort in einem liebevollen Tonfall, in dem aber auch Traurigkeit mitschwang. Dann war sie still, zupfte an einem losen Faden ihres Pullovers herum. «Wurde Ruth früher mal Rue genannt?», fragte sie dann leise.

Der Klang ihres Spitznamens sorgte dafür, dass ein unerwarteter Stich durch meinen Brustkorb fuhr. «Ja. So habe ich sie in der Mittelstufe genannt.»

«Ihr wart befreundet?»

«Ob du es glaubst oder nicht, wir haben uns ziemlich nahegestanden. In unserem letzten Sommer, in der achten

Klasse, haben wir alles zusammen gemacht. Als Kind war sie anders, da war sie ... na ja, sie war ...»

Mist, das tat weh. Normalerweise suhlte ich mich nicht auf diese Weise in meinem Schmerz. Nein, ich schob ihn beiseite oder ließ ihn hinter mir, weil ich keine Zeit hatte, mich damit zu befassen. Aber ich glaubte, dass Salem das brauchte. Und ich vielleicht auch.

«Sie war das erste Mädchen, das mich je geküsst hat», fuhr ich fort.

Salem keuchte auf. «Was? *Ruth?* Aber sie ... die Dinge, die sie gesagt hat ...»

«Ihr wurde viel Hass mit auf den Weg gegeben», sagte ich.

Mittlerweile konnte ich mich nur noch vage an besagten Sommer erinnern, er erschien mir wie ein bizarrer Traum. Ruth und ich waren den Winter über getrennt gewesen, und als ich sie im Frühling wiedergetroffen hatte, hatte sie sich verändert. Die langen, kalten Tage, die sie im Haus eingeschlossen mit ihrer Familie verbracht hatte, hatten ihren Blickwinkel verändert.

«Ruth hat sich selbst schon vor langer Zeit verloren», sagte ich. «Ich habe bereits gesehen, wie ein Teil von ihr gestorben ist, und heute habe ich auch den Rest gehen sehen.» Das klang respektlos, aber die Worte waren lediglich ein Schutzschild, um mich gegen den Schmerz zu wappnen, der meinen Brustkorb zu zertrümmern drohte. «Diese Insel frisst Menschen auf, Salem. Sie verschlingt dein Leben und spuckt die Hülle wieder aus, wenn sie dich ausgesaugt hat. Und wenn du dann endlich tot bist, lässt sie dein Fleisch verrotten und deine Knochen zerfallen. Aber du und ich, Salem ...» Ich lehnte meine Stirn gegen ihre. «Wir werden hier nicht sterben. Das verspreche ich dir. Blackridge wird dich niemals bekommen.»

Als Dr. Hale ankam, schlief Salem. Ich saß auf dem alten geblümten Sofa im Wohnzimmer, während die Ärztin die Wunde auf meinem Brustkorb säuberte und neu vernähte und dann Desinfektionsmittel auf die unzähligen anderen Schnitte und Kratzer auftrug, mit denen mein Körper übersät war. Zum Glück hatte mich die Bestie, abgesehen von den Nähten, die sich gelöst hatten, und den neuen Prellungen, diesmal nicht verletzt.

«Möchtest du sie wecken?», fragte Dr. Hale und deutete mit dem Kopf in Richtung des Zimmers, in dem Salem schlief.

Aber ich verneinte. «Lassen wir sie schlafen. Sie bekommt meist nicht genug Schlaf. Hast du Tabletten für sie dabei?»

Sie nickte, zog ein Fläschchen mit orangefarbenen Pillen aus ihrer Tasche und reichte sie mir.

Ich drehte die Flasche in meinen Händen. «Als meine Mutter gestorben ist, hast du da eine Obduktion vorgenommen?»

«Nein. Dein Vater war entschieden dagegen», sagte sie und zog sich die Untersuchungshandschuhe aus Latex von den faltigen Händen. «Er hat mir gegenüber von Anfang an klargemacht, dass er eine Totenwache zu Hause wünscht. Er wollte nicht mal, dass Eddie sie anfasst.»

Eddie war der verstorbene Ehemann von Dr. Hale, der vorherige Bestatter und Leiter von Blackridges einzigem Bestattungsunternehmen. Ich erinnerte mich kaum an ihn. Er war auf der Beerdigung meiner Mutter gewesen, aber dieser Tag war in meiner Erinnerung ein einziger verschwommener Albtraum.

«Eine Totenwache zu Hause?», fragte ich, und sie nickte. «Verstehe. Danke schön.»

«Pass auf dich auf», sagte sie und hievte sich ihren Rucksack auf die Schultern.

Die grauenvolle Nachricht von Ruths Tod verbreitete sich draußen. Erstickte Wehklagen und Schreie waren zu hören, aber ich versuchte, sie zu ignorieren.

«Versuch, es langsam angehen zu lassen.» Sie hob eine Hand, bevor ich etwas Scharfzüngiges erwidern konnte. «Ich weiß, ich weiß. Dir geht's gut. Aber *lass es langsam angehen,* okay? Nimm eine von den Tabletten deiner Freundin, und entspann dich für eine Weile.»

«Schon gut, schon gut. Ich habe für diese Woche sowieso genug davon, von Engeln verprügelt zu werden.»

Ich blieb noch lange, nachdem sie gegangen war, auf dem Sofa sitzen, allein mit meinen Gedanken und dem Nachhall meiner Trauer.

Ein leises Klopfen an der Tür kündigte meinen Onkel an. «Darf ich mich zu dir setzen?»

Ich nickte. «Es ist ja dein Haus.»

Er seufzte schwer und setzte sich in den großen grünen Sessel mir gegenüber. Er sah meinem Vater viel zu ähnlich, aber seine Gesichtszüge waren weicher und seine Augen sanfter. Er war immer freundlich zu mir gewesen – distanziert, aber freundlich.

Er trug sein Kirchengewand, das mit dem weißen Kragen förmlich und unbequem aussah. «Ich werde bald zur Kirche gehen. Die Menschen brauchen Trost, vor allem jetzt. Vielleicht könntest du ...»

«In der Kirche liegen überall Glasscherben», sagte ich. «So hat all das angefangen, in der Kirche. Salem und ich haben die letzte Nacht dort verbracht, und als Ruth heute Morgen hereingekommen ist, ist auch der Engel gekommen.»

Er nickte langsam. «Tja, dann werde ich mich wohl eher

der Schadensbehebung widmen, statt zu predigen. Es sieht dir nicht ähnlich, nachts draußen zu sein, Rayne. Warum wart ihr in der Kirche?»

Wortlos stand ich auf und ging zu meiner Tasche, die ich neben die Tür geworfen hatte, als wir ins Haus gerannt waren. Mir war nur Zeit geblieben, eine Sache mitzunehmen, bevor wir aus der Kirche geflohen waren. Ich zog den Gegenstand aus meiner Tasche und hielt ihn meinem Onkel hin, damit er ihn betrachten konnte.

Seine Gesichtszüge erstarrten, als er das Buch in meinen Händen sah. «Wo hast du das gefunden?», flüsterte er.

«In dem Sarg, den du ins Grab meiner Mutter hinabgelassen hast.»

«Grundgütiger.» Seine Stimme brach. «Du hast sie *ausgegraben*?»

«Wenn man es genau nimmt, nicht, sie lag nämlich gar nicht im Grab.»

Dem offensichtlichen Entsetzen nach zu urteilen, das sich auf seinem Gesicht abzeichnete, war diese Information neu für ihn.

Ich ging zu ihm zurück, das Buch in den ausgestreckten Händen. Als ich bemerkte, dass er erstarrte und zurückwich, hielt ich inne. «Was ist das? Ich habe die Handschrift meines Vaters darin entdeckt, ich habe sie erkannt. Ist das Magie? Hexerei?»

Er schloss einen Moment lang die Augen und atmete tief ein und aus. «Es ist, glaube ich, sehr alte Magie.»

Zu hören, wie er es zugab, verblüffte mich. Ein Teil von mir hatte auf eine logische Erklärung gehofft. Auf eine harmlose.

Mein Onkel erhob sich aus seinem Sessel und schritt zu der Wand, an der ein hölzernes Kruzifix hing. Er holte es herunter und hielt es in seiner Hand, dann nahm er das Buch von mir entgegen. Als es seine Handflächen berührte, sog er scharf die Luft ein.

«Oh, es ist schwerer, als ich erwartet hätte. Ich habe nie darin gelesen. Dein Urgroßvater hat es während des Ersten Weltkrieges bekommen.» Er fuhr mit einer Hand über den Einband, gab es mir dann aber zurück, ohne es geöffnet zu haben. «Als dein Vater und ich Kinder waren, hat er uns immer die Geschichte darüber erzählt, wie sein Bataillon in einer ländlichen Gegend in Frankreich ein niedergebranntes Haus entdeckt hat. Er hat das Buch unter den Bodendielen gefunden. Er war davon überzeugt, dass es ein Geschenk an die Gottesfürchtigen war und beschützt werden musste, damit es nicht in die falschen Hände fiel. Als er nach Hause gekommen ist und seinem Glauben folgte, um eine Kirchengemeinde zu führen, war das Buch der Mittelpunkt seiner Anbetung. Es war sein Wunder.»

«Warum?» Das Buch fühlte sich schmutzig und abstoßend in meinen Händen an. Ich konnte mir nicht vorstellen, dass jemand darin Inspiration fand.

«Wer weiß?» Mein Onkel schritt auf und ab und zupfte an seinem Kragen. «Die unbehandelte PTBS ist nicht spurlos an ihm vorübergegangen. Es ging ihm nicht gut, als er nach Hause zurückgekehrt ist. Das Buch haben wir in unserem Zuhause nie gesehen. Er hat es woanders aufbewahrt. Versteckt. Aber wie es aussieht, hat dein Vater es gefunden.»

«Und hat er, was drinsteht, angewandt?», fragte ich.

Mein Onkel sah mich noch skeptischer an.

«Versteck nicht vor mir, was du weißt», sagte ich wütend. Ich beugte mich vor und deutete mit dem Finger auf das vernagelte Fenster. «Ich muss wissen, wie zur Hölle diese Bestie hier gelandet ist. Ich muss wissen, was er *getan* hat.»

«Rayne, ich versichere dir, dass ich dir alles sage, was ich weiß», erwiderte er. «Aber ich weiß nicht viel. Es wird dir nicht genügen.»

«Das tut es sowieso nie. Spuck's einfach aus.»

Behutsam hängte mein Onkel das Kreuz zurück an die Wand. «Vier Monate nachdem du geboren wurdest, hat dein Vater mich besucht. Er wollte über eine ... Glaubenskrise sprechen, wie er es genannt hat. Er hat sich schwergetan mit dem Familienleben. Die Schwangerschaft war nicht geplant gewesen, genauso wenig wie die Hochzeit, aber dein Vater hat geglaubt, seine neue Familie würde ihn mehr erfüllen. Stattdessen war er erschöpft und verbittert.» Er schüttelte den Kopf, als wäre er immer noch erschüttert darüber. «Ich hatte damals noch keine eigenen Kinder. Ich konnte nur Anteil nehmen. Aber es kam mir seltsam vor. Picard bestand darauf, dass Gott mehr für ihn vorgesehen hatte, dass ihm was Größeres bestimmt war. Er hat gesagt, er würde zu Taten gerufen.»

«Was hat er damit gemeint?» Mein Knie zitterte, und mit den Fingern klopfte ich auf den Einband. Ich fühlte mich wie ein Kessel kurz vor dem Überkochen.

«Ich wünschte, ich wüsste es. Er hat nervös gewirkt, als ich mit ihm gesprochen habe, beinahe fieberhaft, wenn er von der Kirche oder von seiner Gemeinde erzählt hat. Aber er war ruhig, immer ruhig, wenn er von deiner Mutter gesprochen hat. Er meinte, er hätte Angst, dass deine Mutter dich verstoßen würde.»

«Mich verstoßen?» Ich lachte. «Das hätte sie nie getan. Niemals. Warum hat er so was gesagt?»

Er antwortete nicht sofort, sondern starrte auf ein ausgeblichenes Foto, das ihn selbst und meinen Vater zeigte, wie sie nebeneinander auf den Stufen der Kirche standen.

«Picard hat in Bezug auf deine Mutter wilde Anschuldigungen vorgebracht», sagte er zögerlich. «Ja, ich würde sagen, es waren tatsächlich wilde Anschuldigungen. Ich habe nicht mal die Hälfte davon geglaubt. Er hat behauptet, dass sie spätabends durch den Wald geirrt ist, dass sie Tobsuchtsanfälle hatte, Dinge kaputt geschlagen und gedroht hat, sich selbst oder dir wehzutun.»

Wut schnürte mir die Luft ab, sodass ich beinahe keine Antwort hervorgebracht hätte.

Beinahe.

«Scheiße, nein. Niemals. Mom war sanft. Sie war freundlich. Sie war der einzige Mensch, der sich je einen Scheiß für mich interessiert hat! Sie hat mich *geliebt*. Sie hätte mir niemals wehgetan. Niemals.»

«Das glaube ich dir», antwortete er. «Das tue ich wirklich. Ich habe vorgeschlagen, dass sie sich zusammen professionelle Hilfe suchen. Er hätte mir die Gemeinde überlassen und sich freinehmen können, damit er aufs Festland fahren und sich um seine Familie kümmern konnte.»

«Was für eine schreckliche Vorstellung das für ihn gewesen sein muss», erwiderte ich sarkastisch. «Zeit allein mit seiner Familie zu verbringen.»

«Das war das letzte Mal, dass er um meinen Rat gebeten hat. Als deine Mutter Jahre später gestorben ist, hat dein Vater so sehr getrauert, dass ich wirklich geglaubt habe, dass sie ihre Schwierigkeiten, wie auch immer sie genau aussahen, überwunden hatten.»

«Und jetzt?», fragte ich. «Was glaubst du jetzt?»

Mein Onkel starrte auf das widerwärtige Buch in meinen Händen. «Ich weiß nicht, was ich glauben soll, Rayne. Wenn der Leichnam deiner Mutter nicht in ihrem Grab war, dann ...»

«Er hatte Fotos von ihrer Leiche. In einem Umschlag in

seinem Büro. Alte Polaroids von ihr, auf denen sie nackt ist. Und tot.»

Mein Onkel sah aus, als wäre ihm speiübel.

«Warum sollte er so was haben?», fragte ich verzweifelt. «Warum sollte er Fotos von Knochen mit eingeritzten Zeichen haben? Warum hat er das Buch an ihrer Stelle begraben?»

«Ich wünschte, ich hätte Antworten darauf. Ich weiß ...» Er seufzte schwer. «Ich weiß, dass die Kirche dich enttäuscht hat ...»

«Ich habe nicht die *Kirche* gebraucht! Sondern meine *Familie*. Dass meine Mutter noch am Leben ist, dass ich meinem Vater nicht scheißegal bin ...»

Ich war dabei, mich in Rage zu reden, aber ein plötzliches, leises Geräusch weckte meine Aufmerksamkeit. Schnell lief ich zurück in das Gästezimmer, wo Salem schlief, und öffnete die Tür einen Spaltbreit. Sie lag mit geschlossenen Augen auf dem Bett und zuckte, wobei sie im Schlaf leise Geräusche von sich gab, die vermuten ließen, dass sie schlecht träumte.

Sofort war ich bei ihr, fuhr mit den Fingern durch ihr Haar und streichelte sie, bis sie wieder ruhig dalag.

Als ich aufsah, stand mein Onkel im Türrahmen.

«Du warst nie der Typ für enge Freundschaften», sagte er leise. «Sie muss was Besonderes sein.»

Ich blickte auf sie hinab. Sie hielt meine Finger selbst im Schlaf fest, und wieder spürte ich dieses eigenartige schwindelerregende Gefühl in meiner Magengegend. Als würde ich am Abgrund einer Klippe stehen und mich davor fürchten zu fallen, während ich gleichzeitig wusste, dass ich den Sprung wagen musste.

Dabei befand ich mich längst im freien Fall – wegen dieser Frau.

«Sie hat alles verändert», sagte ich. «Sie ist der Grund, weshalb ich Antworten brauche. Ich werde den Engel töten. Ich finde einen Weg. Seit zwei Jahrzehnten glaube ich nicht mehr an Gott. Aber das hier ...», ich hob Salems Hand hoch und küsste ihre Fingerknöchel, «an das hier glaube ich.»

41

SALEM

Our Fort

Nachdem ich aus meinem unruhigen Schlaf erwacht war, verließen Rayne und ich das Haus ihres Onkels. Mein Herz pochte heftig, nur weil wir nach draußen gingen. Ich hatte solche Angst, dass ich stehen blieb, um zu würgen. Rayne wich nicht von meiner Seite, sie machte mir Mut und brachte mich dazu weiterzulaufen, bis wir das Quad erreichten.

Die Sonne schien, aber die Luft war immer noch beißend kalt, und ich zitterte am ganzen Körper. Während der Fahrt klammerte ich mich eng an Raynes Rücken, verspürte aber erst ein wenig Erleichterung, als wir das Tor von Balfour Manor durchquerten.

Dennoch begann ich wieder zu weinen, nachdem Rayne die wuchtige Tür hinter uns geschlossen und verriegelt hatte.

Rayne hielt mich im Arm, genau dort, wo wir waren, auf dem Boden mitten im Foyer. Ich konnte mich nicht beruhigen. All meine Gefühle und die ganze Angst kochten über. Wieder hatten uns nur Sekunden vom Tod getrennt, wieder waren wir ihm nur um Haaresbreite entronnen.

Rayne trug mich nach oben ins Bett und wickelte mich in ihre warmen Decken. Sie gab mir eine Tablette und legte sich neben mich.

«Tut mir leid, dass ich so aufgelöst bin», flüsterte ich mit erstickter Stimme.

«Ist schon gut, Süße», erwiderte sie sanft, «ich bin hier. Ich gehe nirgendwohin. Das braucht dir nicht leidtun, es gibt nichts, wofür du dich entschuldigen müsstest.»

Sie hielt mich umschlungen, während ich zitterte und die Panik ganz und gar Besitz von mir ergriff. Mein Brustkorb schmerzte, und noch immer rauschte das Adrenalin schubweise durch meine Adern, als hätte mein Körper nicht verstanden, dass ich nicht mehr gejagt wurde.

Es kam mir vor wie eine Ewigkeit, bis die Tablette endlich Wirkung zeigte und meine Angst mit einer seltsamen und unangenehmen Taubheit überdeckte. Mir war immer noch flau im Magen, aber immerhin hatte das Zittern aufgehört. Erschöpfung legte sich über mich, und meine Augenlider fühlten sich zu schwer an, um sie länger offen zu halten.

Als ich am nächsten Morgen erwachte, lag ich allein im Bett.

Raynes verlassenes Kissen und die zurückgeschlagene Decke waren das Erste, was ich sah, und das Herz klopfte mir so schlagartig bis zum Hals, dass ich glaubte, mich übergeben zu müssen.

Ich war noch nicht richtig wach, aber ich versuchte, mein Gehirn aus dem panischen, benebelten Zustand zu befreien und mich wieder auf die Realität zu fokussieren.

Es kam mir vor, als wäre es ein Traum gewesen, aber ich erinnerte mich schwach daran, wie Rayne an diesem Morgen aus dem Bett aufgestanden war, mir einen sanften Kuss auf die Stirn gegeben hatte und dann aus dem Zimmer gegangen war. Sie war lediglich vor mir aufgewacht. Es gab nichts, was mir Angst machen müsste. Doch ihre Abwesenheit fühlte sich an wie Nadelstiche in mein Herz.

Wo war sie? Was machte sie? War sie in Sicherheit?

Ich presste meine Augenlider zusammen, igelte mich ein und vergrub meinen Kopf in den Armen. Der tiefe, seltsame Druck beruhigte mich irgendwie. Je mehr ich mich auf meine Atmung konzentrierte, desto mehr hatte ich das Gefühl, ohnmächtig zu werden. Aber ich redete mir selbst gut zu, wieder und wieder.

Ich lag im Bett und war in Sicherheit.

Rayne war unten und in Sicherheit.

Wir beide waren in Sicherheit ...

Die Erinnerung daran, wie der Engel sich durch das Kirchenfenster gestürzt hatte, machte meinen Versuch, mich zu sammeln, zunichte.

Niemand war hier in Sicherheit. Vielleicht würde sich nichts je wieder sicher anfühlen ...

Ich hörte ein Klimpern und spürte dann plötzlich zusätzliches Gewicht auf dem Bett. Noch bevor ich meine Augen öffnete, erkannte ich Lokis vertraute Art, mich zu beschnüffeln. Der große Kopf des Hundes befand sich genau vor meinem Gesicht, und er starrte mich an.

«Wo ist dein Frauchen?», fragte ich leise und kraulte seine Brust.

Er leckte mir über die Hand, und zu meiner Überraschung legte er sich mit einem tiefen Seufzen neben mich. Ich hatte sonst meist nur gesehen, dass er sich hingelegt hatte, wenn Rayne in der Nähe war. Die Tatsache, dass er sich sicher genug fühlte, um sich neben mich zu legen, nahm mir eine große Last von den Schultern, sodass ich wieder besser Luft bekam.

Ich atmete zitternd aus.

«Ich weiß nicht, wie ich hiermit umgehen soll», flüsterte ich und vergrub mein Gesicht in seinem Fell. «Ich habe solche Angst. Ich habe Angst zu sterben. Ich ... fuck ...» Ich unterdrückte ein Schluchzen an seinem Fell und war dankbar, dass ich mich an seinen großen, warmen Körper schmiegen konnte. «Ich habe solche Angst, sie zu verlieren.»

Eine Weile lang ließ ich alles raus. Es musste sein. Ich erlaubte mir, die Verzweiflung, die Angst und alle anderen Gefühle zu spüren.

Dann atmete ich tief durch, setzte mich auf und wischte mir über das Gesicht. Loki legte seinen Kopf auf meinen Schoß ab und sah mich aus seinen tiefen braunen Augen an.

«Wir werden uns einfach einen Tag nach dem anderen vornehmen, nicht wahr?», fragte ich und zwang mich, mit fester Stimme zu sprechen, während ich mich aus dem Bett wuchtete. Alles an mir zitterte. Ich fühlte mich wie durchgekaut und wieder ausgespuckt. «Einen Atemzug nach dem anderen.»

Dann duschte ich. Cremte mir das Gesicht ein. Fuhr mir mit den Fingern durch das Haar und stellte mit Bedauern fest, wie strohig es geworden war. Loki blieb die ganze Zeit über bei mir und beschützte mich, so wie er sonst Rayne beschützte. Als ich schließlich das Zimmer verließ, gingen wir gemeinsam nach unten in den Speisesaal.

Sonnenstrahlen zwängten sich durch die vernagelten Fenster. Aus dem Garten war Vogelgezwitscher zu hören. In der Küche hatte sich heute schon jemand an die Arbeit gemacht. Der Raum war erfüllt von den warmen Düften nach Butter, Vanille, Zimt und Kaffee.

Irgendwo in der Nähe spielte leise Musik. Ich verließ den Speisesaal und folgte dem Geräusch in den Gemeinschaftsraum.

Aber das Zimmer hatte sich verändert.

Aus Decken, Kissen und Stühlen war eine weiche, beleuchtete Burg erbaut worden. Songs von Stevie Nicks ertönten aus einem Bluetooth-Lautsprecher in der Nähe des Eingangs zur Burg, aus dem Rayne jetzt hervorkam.

Sie lächelte schüchtern, als sie mich sah, und sofort schlug mein Herz höher.

«Guten Morgen», sagte sie. Ihr locker sitzendes weißes T-Shirt, unter dem sich deutlich die Konturen ihrer Brüste abzeichneten, reizte mich, und als sie die Arme um mich schlang und mich küsste, wäre ich beinahe dahingeschmolzen. «Wie geht's dir? Fühlst du dich einigermaßen?»

«Geht so.»

Ich zerfloss in ihrer Umarmung. Wenn sie einfach nur in meiner Nähe war, fiel mir das Atmen leichter.

Sie küsste meine Stirn, dann beide Wangen, dann meine Nase – bis sie an meinem Mund angekommen war, kicherte ich längst.

«Wie lange hast du hierfür gebraucht?», fragte ich und bewunderte die Deckenburg. «Das ist unglaublich!»

«Nur ein paar Decken, Kissen und Lichterketten von Weihnachten», sagte sie, und obwohl sie den Blick abwandte, konnte ich den Stolz aus ihrer Stimme heraushören. «Die Kartons mit der Weihnachtsdeko vom Dachboden zu holen, ohne dich zu wecken, war nicht leicht. Aber warte mal.» Aufgeregt hielt sie die Hände hoch und konnte kaum ihr Lächeln zurückhalten. «Schließ die Augen.»

Ich lachte, tat aber, was sie verlangt hatte.

Dann nahm sie meine Hände, führte mich ein paar Schritte und drehte mich herum. «Okay, jetzt darfst du gucken.»

Vor der Deckenburg hatte sie ein Frühstück vorbereitet, das wie ein Picknick auf einer großen gestrickten Decke aufgetischt war. Es gab haufenweise Pancakes, die mit Butter und Sirup übergossen waren und appetitlich glänzten, dazu

Schüsseln mit Obst und Sahne. Loki starrte sehnsüchtig auf einen Teller mit knusprigem Bacon und herzhaft duftenden Würstchen.

Mir klappte beinahe der Unterkiefer herunter, als sie mir ein Glas spritzigen Sekt mit Orangensaft in die Hand drückte.

«Rayne, du ... Das ist ...»

«Gefällt's dir?» Langsam und zärtlich küsste sie meinen Nacken. In ihrem T-Shirt und den Baggy-Jeans sah sie sanft und entspannt aus, und etwas an ihrer Ruhe sorgte dafür, dass mir warm ums Herz wurde.

«Und wie. Ich weiß nicht mal, was ich sagen soll, ich ...»

«Du musst gar nichts sagen, sondern essen», antwortete sie und ließ sich auf einen Kissenberg sinken. «Einer der Vorteile, Inhaberin eines Bed and Breakfast zu sein, ist, dass ich natürlich alles dahabe, was man für eine epische Deckenburg braucht.»

Sie meinte das ernst, und ich wollte unbedingt hineinkrabbeln und mich umsehen. Aber mein Magen verlangte Nahrung, also griff ich zufrieden zu. Ich häufte Beeren und Schlagsahne auf meine Pancakes und rollte sie zusammen, sodass ich sie mit den Händen essen konnte. Auf meinem Teller herrschte deshalb zwar ein ziemliches Durcheinander, aber es brachte Rayne auch zum Lachen, und für diese Belohnung nahm ich es gern in Kauf, klebrige Hände zu haben.

«Wie früh bist du denn aufgestanden?», fragte ich und stupste sie mit dem Ellbogen an. «Sei ehrlich, das muss dich doch Stunden gekostet haben!»

Rayne zuckte nur mit den Schultern. «Ich war schon immer eine Frühaufsteherin. Außerdem hat es gar nicht so lange gedauert.»

Aber ich wusste es dennoch. Hierfür hatte sie stundenlang

gearbeitet. Sich stundenlang um mein Wohl gekümmert. Obwohl sie verletzt war und sich ausruhen sollte, hatte sie ...

«Salem.»

Ich blinzelte und sah von meinem Teller auf. Rayne hatte sich nah an mich herangebeugt.

«Du verdienst all das und noch mehr», sagte sie. Dann berührte sie mein Gesicht, strich mit den Fingerspitzen meinen Kiefer entlang und fuhr dann durch mein Haar. «Ich wünschte, es wäre mehr. Ich wünschte, ich könnte dir alles geben. Ich weiß, dass das alles schwer war, aber ich bin ... ein Teil von mir ...» Sie seufzte und umfasste mein Gesicht. «Ich bin froh, dass du hier bist. Es ist so verdammt selbstsüchtig von mir, dass ich mich darüber freue, aber ich kann nicht anders. Jetzt freue ich mich darauf aufzuwachen, nur weil ich weiß, dass ich dann dein Gesicht sehen kann.»

Und zum zweiten Mal an diesem Morgen hatte sie mich sprachlos gemacht.

«Ich wünschte, ich könnte dir all deine Angst nehmen», sagte sie. Ihre Lippen waren meinen so nah, dass sie sie streiften, während sie sprach, aber irgendwie war das immer noch nicht nah genug. «Ich wünschte, ich könnte dir Sicherheit versprechen. Ich werde dir alles geben, was ich dir geben kann ...»

Ich schüttelte den Kopf und kicherte leise. «Alles, was ich will, bist du.» Ihre Augen weiteten sich und wurden noch größer, als ich sie küsste. «Nur du.»

Sie ließ die Teller mit dem Essen stehen und zog mich in die Sicherheit unserer Deckenburg. Wir fielen zusammen in aufgetürmte Kissenberge, die vom warmen Licht elektrischer Windlichter beschienen wurden. Sie küsste mich überall und zog mir die Kleider aus, damit sie meine nackte Haut liebkosen konnte. Ihr Haar war noch feucht, weil sie geduscht hatte, und ich erzitterte keuchend, als die kalten Strähnen über meinen Körper wanderten.

«Du schmeckst nach Sirup», sagte sie zwischen den Küssen, leckte sich über die Lippen und grinste selbstzufrieden. «So süß.»

Sie lag über mir und erkundete mit ihrer Zunge meine Lippen und meinen Mund. Ich lag auf dem Rücken und schlang meine Beine um ihre Hüften. Mein Atem stockte, als sie begann, sich an mir zu reiben, und ihr ganzer Körper bewegte sich in einem langsamen Rhythmus.

Sie küsste meinen Hals, ihre Lippen verweilten auf meiner Haut, und ihr warmer Atem kitzelte mich. Als sie an meinem Ohrläppchen knabberte, lief mir ein angenehmer Schauer den Rücken hinunter. Mit den sanften Berührungen ihrer Finger sorgte sie dafür, dass sich Gänsehaut auf meinen Armen ausbreitete. Sie zog mein Shirt aus, richtete sich auf und sah mich breit grinsend an.

Ich erwiderte ihren Blick.

Ihr zerzaustes offenes Haar umrahmte ihr Gesicht. Ihre weiche Haut roch nach frischer Seife. Sie sah wunderschön aus, mein sicherer Hafen in diesem Albtraum.

Zu meiner Überraschung wandte sie plötzlich den Blick ab und rieb sich über den Nacken. Ich legte eine Hand an ihre Wange und drehte ihren Kopf wieder zu mir zurück. Ihr Blick erinnerte mich an das Sonnenlicht, das am Morgen durch die Bäume blitzt.

«Du bist so schön», murmelte ich. Ihre Wangen erröteten und nahmen dabei einen bezaubernden rosafarbenen Ton an. «Seit ich dich das erste Mal gesehen habe, kann ich nicht aufhören, an dich zu denken. An deine Augen. Dein Lächeln. Deine Stimme.»

«Du meinst das alles nicht so», flüsterte sie.

Ich zog sie zu mir herunter und legte meine Hände an ihr Gesicht. Langsam küsste ich sie und ließ mir dabei Zeit, jeden ihrer Atemzüge dankbar wahrzunehmen und die Weichheit ihrer schönen Lippen auszukosten.

«Deine Augen erinnern mich an den Wald», sagte ich zwischen unseren Küssen. «Wenn das Sonnenlicht zum ersten Mal die Bäume berührt, die Schatten noch undurchdringlich sind und der Morgen sich ruhig und ungezähmt anfühlt. Deine Stimme ist ein Lied, von dem ich wünschte, es würde nie enden. Dein Mund ...» Ich kicherte, weil sie mich hart küsste, meine Hose hinunterschob und eine Hand auf meinen Oberschenkel legte. «Dein Mund ist auf die beste nur vorstellbare Art sündhaft. Dein Haar ...»

«Scheiße, ich werde doch schon ganz rot, hör auf!» Sie lachte, warf meine Hose beiseite und ließ ihre Finger über meine Beine wandern. «Niemand hat mich je so angesehen, wie du es tust, Salem. Niemand hat mich je ... so gesehen ... wie du.»

Ich wusste nicht, dass Küsse mich so betören konnten wie Küsse von ihr. Ihr Mund schwebte so quälend nah über meinem, dass die leiseste Berührung ihrer Lippen ein elektrisierendes Gefühl in mir auslöste. Sie streichelte meine Brüste, drückte sie zärtlich, liebkoste sie und fuhr mit den Fingern über meine Nippel, bis sie hart wurden. Ich packte den Saum ihres T-Shirts und zog es ihr über den Kopf. Dabei unterbrach ich unseren Kuss nur für eine Sekunde, und gleich darauf traf ihr Mund noch hungriger als zuvor auf meinen.

Sie schob ihre Zunge in meinen Mund und streichelte mich mit ihren Fingern zwischen den Beinen.

«Hm, du bist schon feucht für mich?», fragte sie. Sie bewegte die Fingerspitzen neckend um meinen Eingang herum und verteilte meine Erregung, bis ihre Finger ganz nass waren. «Willst du mich in dir spüren, Süße?»

«Ja bitte ...»

Ich stöhnte, und sie drang in mich ein.

Mit ihren Küssen passte sie sich den Bewegungen ihrer Finger an, sodass mich beides im Gleichtakt verwöhnte. Wenn ihre Zunge an meiner entlangglitt, glitten auch ihre Finger tiefer. Wenn sie sie tief in mich stieß und sie hart in mir bewegte, küsste sie mich gleichzeitig, als wäre sie am Verhungern.

Während ich noch benommen und außer Atem war, tauschte sie plötzlich den Platz mit mir, lag jetzt auf den Kissen und zog mich auf sich. «Zieh mich aus, meine Hübsche», forderte sie mich mit einem verruchten Grinsen im Gesicht auf.

Das tat ich gern. Begierig zog ich ihre Hose herunter und warf sie beiseite. «Ach du Scheiße», sagte ich leise. «Trägst du etwa einen Stringtanga?»

«Nur für dich», sagte sie und drehte sich auf den Bauch, sodass ich ihren nackten Hintern sehen konnte.

Irgendwo in meinem Hirn gab es einen Kurzschluss. Ich verwandelte mich schlagartig in ein sabberndes Flittchen, das nichts mehr wollte, als dass dieser perfekte Hintern auf meinem Gesicht saß. Ich packte ihre Pobacken, mit jeder Hand eine, und bewunderte ihre kräftigen Oberschenkelmuskeln. Dann beugte ich mich hinunter, verteilte zärtliche Küsse darauf und biss hier und da in ihre empfindlichsten Stellen. Mit den Nägeln fuhr ich über jede der strammen Backen. Ich kicherte und kratzte etwas in die Haut.

Sie warf mir über die Schulter grinsend einen Blick zu. «Was machst du da?»

Ich griff nach meinem Handy, schoss ein Foto und zeigte es ihr: *S+R* in einem schiefen Herz.

«Verdammt, du versuchst wirklich, mich dazu zu bringen, dass ich mich verliebe, stimmt's?», fragte sie mit leuchtenden Augen.

Mein Herz machte einen Hüpfer. Ich legte mein Handy weg und fuhr mit meinem Finger unter dem Stringtanga zwischen ihren Pobacken entlang, zog ihn hoch und beiseite.

«Hmm, vielleicht hast du recht», antwortete ich. «Und ich glaube, du hast dasselbe vor.»

Ich spreizte ihren Hintern und ließ meine Zunge um ihren pochenden Eingang kreisen. Sie stöhnte leise, was mich anspornte. Ich fuhr mit der Zunge auf und ab und vergrub mein Gesicht in ihrer weichen Haut. Sie griff nach hinten, legte die Hand an meinen Hinterkopf und drückte die Hüften nach oben.

«Fuck, ja, genau so», sagte sie.

Die lustvollen Laute, die sie von sich gab, wirkten direkt auf meine empfindlichsten Stellen, und vor Erregung waren meine Oberschenkel ganz klebrig. Ich stieß mit meiner Zunge gegen ihren engen Eingang, lauschte auf ihre Laute und ließ mich von ihrer Hand führen.

Sie wölbte ihren Rücken und drückte sich ein wenig weiter nach oben, sodass ich über ihre Klit lecken konnte.

«Gott, Süße, ich komme gleich», sagte sie.

Ich stöhnte an ihrer Haut, um sie anzufeuern. Ihr Innerstes pulsierte, und die Muskeln spannten sich an, als ich mit der Zunge in sie stieß. Ihre süße Erregung klebte auf meinen Lippen, und ich erlaubte ihr, sich an mir zu reiben und mich als Spielzeug ihrer Lust zu benutzen, bis sie aufschrie und erzitterte.

«Wie kannst du gleichzeitig ein so unschuldiges Gesicht und einen so versauten Mund haben?», fragte sie und drehte sich auf den Rücken, damit sie mich ansehen konnte.

Ich leckte mir die Lippen ab und grinste triumphierend.

Aber sie hatte noch eine Überraschung für mich.

Sie griff nach oben, unter einen Kissenberg neben ihrem Kopf, und hielt meinen Vibrator in die Höhe.

«Erinnerst du dich daran?», neckte sie mich. «Erinnerst du dich daran, als du ein böses Mädchen warst und meine Armatur kaputt gemacht hast, während du in meiner Badewanne gekommen bist?»

«O Gott, erinnere mich nicht daran», erwiderte ich mit einem Stöhnen, aber sie winkte mich mit den Fingern näher zu sich heran, und natürlich gehorchte ich.

Sie winkelte die Beine an und legte die Fußsohlen aneinander, dann positionierte sie mich so, dass ich rittlings auf ihren Schenkeln saß. Sie drückte einen Knopf, der Vibrator ging an und surrte wie eine Hornisse. Sie führte ihn langsam an der Innenseite ihrer Oberschenkel entlang und erschauderte bei den Vibrationen. Dann tat sie das Gleiche bei mir und bewegte ihn über meinen Bauch, um mich zu quälen.

Ich rieb mich an ihrem Oberschenkel, die Haut war samtweich und warm. Sie führte den Vibrator an meine Brüste und umkreiste damit meine Nippel. Erregung pochte in meinem Innersten.

«Schau dir nur mein versautes Mädchen an, es will unbedingt mehr davon, nicht wahr?», fragte sie.

Sie streckte eine Hand aus, umfasste mein Genick und zog mich zu sich nach unten, um mich zu küssen. Dann positionierte sie den Vibrator zwischen uns. In dem Moment, als er ihre Klit berührte, spannten sich ihre Schenkel an.

«Reib dich an mir, Süße. Genau so, ich will dich kommen sehen.»

Das ließ ich mir nicht zweimal sagen.

Indem ich mich an dem Vibrator rieb, wurde er auch fester

gegen ihre Vulva gedrückt, und als ich mich bewegte, stockte ihr Atem. Sie lobte mich, und ihre Worte waren das süßeste Aphrodisiakum, das ich mir vorstellen konnte. Ich küsste sie tief, ließ die Hüften kreisen und ritt den Vibrator wild und hemmungslos. Sie stieß gemurmelte Flüche aus und klang dabei immer atemloser. Dann packte sie mein kurzes Haar und hielt es fest.

«Sieh mich an», sagte sie, und ich verlor mich in ihren Augen, als meine Lust den Höhepunkt erreichte. «Sag mir, wem du gehörst.»

«Dir, Herrin», keuchte ich.

Als ihre Lider sich vor Ekstase zitternd schlossen, gab mir das den Rest. Der Orgasmus überrollte mich in Wellen und flutete meinen Körper mit Euphorie.

Ein paar Augenblicke lang bestand meine ganze Welt nur aus ihr. Aus unseren Körpern als vollkommene Einheit, die in animalisch-hemmungsloser Hingabe ineinander verknotet waren.

«Das ist alles, was ich will», flüsterte ich und streichelte ihr errötetes Gesicht. «Nur du und ich. Zusammen und in Sicherheit.»

Sie legte ihre Hand auf meine, schmiegte das Gesicht in meine Handfläche und schloss die Augen. «Ich auch, meine Hübsche. Ich auch.»

42

SALEM

Following the Light

Wir verbrachten den ganzen Tag in unserer Burg. Wir aßen langsam und zügellos, übergossen nach Lust und Laune alles mit Sirup oder bestrichen es mit Butter und Marmelade. Wir leckten Sahne von unseren Fingern und lagen nackt auf den Kissen, streichelten und küssten uns.

Immer wieder schliefen wir ein und machten ein Nickerchen, wann immer wir wollten. Zum Mittag- und Abendessen schlurften wir in Decken gewickelt in die Küche. Meine Angst schlich sich wieder an mich heran, als es vor den Fenstern dunkel wurde, aber ich nahm noch eine von den Tabletten, die Dr. Hale mir gegeben hatte, und das half gegen das Schlimmste.

Wir lagen in der Deckenburg, die Finger ineinander verschlungen, und erzählten uns mit gesenkten Stimmen Geschichten aus unserem Leben. Wir hörten Musik von Chelsea Wolfe und TV Girl, und während Rayne sang, legte ich meinen Kopf auf ihren Brustkorb und verlor mich im Klang ihrer Stimme.

Der Schlaf, der mich gelegentlich überkam, war leicht und traumlos. Stundenlang lag ich da und war kurz davor aufzuwachen.

Aber ich musste doch tiefer geschlafen haben als angenommen.

Denn irgendwann weckte mich eine plötzliche Kälte. Einige Augenblicke lang blieb ich mit geschlossenen Augen liegen und versuchte, zurück in den friedlichen Schlaf zu sinken. Aber obwohl Rayne dicht neben mir lag, Loki sich zu meinen Füßen niedergelassen hatte und ich zugedeckt war, war mir so kalt, dass ich anfing zu zittern.

Als ich meine Augen öffnete, war die Farbe aus der Welt gewichen. Alles war schwarz-weiß, von den Decken bis zu den Wänden. Selbst Rayne, die neben mir tief und fest schlief, war seltsam blass im Gesicht.

Mein Herz setzte einen Schlag aus.

«Rayne. Rayne, hey, wach auf.» Ich schüttelte sie energisch an der Schulter, aber sie rührte sich nicht. Auch ihre Atmung, die langsam und gleichmäßig ging, veränderte sich nicht. «Rayne!»

Nichts. Sie zuckte nicht einmal.

Ich kletterte aus der Burg und versuchte es als Nächstes bei Loki. Aber auch der Hund bewegte sich nicht, egal, wie fest ich ihn schüttelte.

«Ich träume», sagte ich plötzlich, und die Bedeutung dieser Worte sorgte dafür, dass etwas Farbe in die Welt zurückkehrte.

Die weihnachtlichen Lichterketten. Jemand hatte sie von unserer Deckenburg genommen und sie aus dem Zimmer gezogen, sie verschwanden um die Ecke. Sie blinkten, und ihr buntes Leuchten war die einzige Lichtquelle im Flur.

Die Lichterkette bewegte sich, so als würde am anderen Ende jemand sachte daran ziehen. Trotz des eisigen Schauers, der mir über den Rücken lief, ließ mir das Gefühl, dass ich den Lichtern folgen sollte, keine Ruhe, bis sich meine Füße schließlich in Bewegung setzten. Auf dem Flur war es stockfinster: Alles, was ich sehen konnte, waren die bunten

Lichter, die in die Dunkelheit führten und sich dann gewunden darin verloren.

Der Boden fühlte sich unter meinen nackten Füßen seltsam feucht an. Ich zog mein Handy aus der Tasche, schaltete die Taschenlampe ein und taumelte vor Entsetzen ein paar Schritte zurück. Der Flur war mit einer dickflüssigen, schlammigen Masse bedeckt, die nach Fäulnis stank. Die hübsche Tapete mit dem filigranen Muster schälte sich ab und rieselte von den Wänden wie Asche im Wind. Und darunter war kein Holz zu sehen, sondern knochenblasses Metall, das mit Rost bedeckt war.

Das Donnern der Wellen klang unfassbar nah, so als würde das Meer direkt gegen das Haus branden. Die Glocke einer Boje klirrte wie im Sturm, und das Geschrei von Möwen drang in meine Ohren. Wasser schwappte über meine Füße, kalt und klebrig vom Salz.

Als ich das zerstörte Foyer erreichte, erblickte ich schließlich, was das andere Ende der Lichterkette festhielt. Ich schaffte es gerade noch, einen Schrei zu unterdrücken.

Treibholz und Seetang hatten sich in dem totenblassen Körper einer Frau verfangen, die die Lichterkette in einer zerbrechlichen, blutigen Faust umklammert hielt. Sie war nackt, getränkt mit dem Blut, das aus ihrer aufgeschlitzten Kehle quoll. Ihr Körper war auf unnatürliche Weise verdreht und die Knochen zerschmettert, so als wäre sie aus einer großen Höhe gestürzt und auf dem Boden aufgekommen.

Sie blickte mich direkt an, ihre Augen sahen Raynes gespenstisch ähnlich.

«Melanie», flüsterte ich. «Bist du ... Melanie Balfour?»

Ein rasselndes Stöhnen drang aus ihrer Kehle, und das Licht begann zu flackern. «Hilf ... mir ...», krächzte sie. «Die Knochen ... meine ... Knochen ...»

Es war nicht bloß Treibholz, was um sie herum aufgetürmt war. Es waren *Knochen*. Deformiert, zerbrochen und mit seltsamen, eingeritzten Zeichen bedeckt. Sie umgaben sie wie ein Käfig und bohrten sich in ihr Fleisch.

«Bitte ... ich kann nicht ... aufhören ... hilf mir ...»

Entsetzen flutete meine Adern und ließ mich erzittern. Als ich ein paar Schritte zurücktrat, wurden die Schreie der Frau panischer, und ihre Augäpfel traten hervor.

«Hilf mir! *Bitte!*»

Das Geräusch war so grauenvoll, dass ich meine Ohren bedeckte. Mein Magen drehte sich um, und meine Augen brannten. Sie krümmte und wand sich in den Knochen, die sie umgaben, und kreischte, als würde sie bei lebendigem Leib verbrannt werden.

«ER LÄSST MICH NICHT GEHEN – ER LÄSST MICH NICHT – LÄSST MICH NICHT ...» Mit jedem Wort klang ihre Stimme verzerrter. Erst erstickt und tief, dann harsch und schrill. «Finde mich – er lässt mich nicht ...»

Das grausame Geräusch von reißendem Fleisch und berstenden Knochen ertönte, und die Frau verwandelte sich vor meinen Augen. Ihre Haut platzte auf, feuchte Sehnen schlangen sich um die mit den Zeichen versehenen Knochen. Zusätzliche Gliedmaßen formten sich, und schwarze Klauen sprossen aus langen, knorrigen Fingern.

Der Engel bäumte sich auf, das Maul aufgerissen, sodass sein Schlund voller grausiger Zähne mir entgegenklaffte. Er schrie, und fauliger Speichel spritzte mir ins Gesicht.

Adrenalin flutete mich, aber es war, als wären meine Beine in Beton gegossen. Ich konnte mich nicht bewegen, konnte nicht einmal atmen. Mir wurde schwindlig, und die Welt stürzte über mir zusammen. Die Bestie ragte über mir empor. Mit ihren zwei hautbedeckten leeren Höhlen starrte sie direkt in meine erschaudernde Seele. Ihr Rückgrat knackte, als sie sich hinunterbeugte, um mir ins Gesicht zu sehen.

Aus ihrer dunklen Kehle drang die erstickte Stimme einer Frau: «Zerstöre mich – bevor – ich – sie töte.»

Ich schloss die Augen, kaum fähig zu atmen, sicher, dass ich sterben würde. Ich wappnete mich gegen den Schmerz, stellte mir vor, was Ruth wohl in ihren letzten Augenblicken empfunden haben musste, und war überzeugt, dass ich mich gleich vor Angst übergeben würde.

Aber nichts als Stille folgte.

«Salem? Was machst du da?»

Ich blinzelte mehrmals und blickte über die Schulter. Ich stand im Gemeinschaftsraum, und Rayne sah mich vom Eingang der Deckenburg aus verschlafen an. Auf dem Boden war kein Wasser, und die Wände waren nicht verrostet. Als ich mich atemlos wieder umdrehte, waren dort weder der Engel noch die Frau zu sehen.

Eine Kiste mit Weihnachtsdeko lag zu meinen Füßen, der Inhalt verstreut. Zersprungene Glaskugeln glitzerten auf dem Boden, und Lichterketten lagen in Knäueln herum. Rayne blieb neben mir stehen und rieb mir langsam über den Rücken. «Bist du geschlafwandelt? Ich habe Lärm gehört. Sei vorsichtig, überall sind Scherben.»

«Ich hatte einen schrecklichen Traum», sagte ich atemlos. «Ich glaube, ich habe deine Mom gesehen. Sie hat gesagt ...»

Raynes fassungsloser Gesichtsausdruck und ihre weit aufgerissenen Augen ließen mich verstummen. Sie starrte zu Boden, genau wie ich, als uns beiden gleichzeitig klar wurde, was auf dem Boden der Kiste, versteckt unter all dem alten Christbaumschmuck, verborgen gewesen war.

Eine VHS-Kassette, auf deren Etikett nur zwei Wörter standen: *Für Rayne.*

43

RAYNE

The Final Tape

Auf der Aufnahme schneite es. Der Himmel sah grau aus, und zwischen den Bäumen rieselten sanft Schneeflocken zu Boden. Meine Mutter lief durch den Wald, sie trug ihren leuchtend roten Mantel, und ihr schönes langes Haar steckte unter einem dicken Schal. In der Hand hielt sie mit zittrigem Griff die Kamera. Ihre Augen waren gerötet und von dunklen Schatten umgeben, so als hätte sie seit Tagen nicht geschlafen. Sie sah erschöpft aus. Resigniert. Aber sie versuchte, in die Kamera zu lächeln.

«Hi, Schatz, hier ist Mom.»

Mein Herz brach lautlos. Salem drückte meine Hand.

«Wenn du das hier siehst, bin ich wahrscheinlich nicht mehr bei dir.» Ihre Stimme zitterte, und sie wandte den Blick für einen Moment von der Kamera ab. «Vielleicht sind inzwischen ein paar Jahre vergangen. Vielleicht bist du erwachsen geworden. Egal, wie viel Zeit verstrichen ist, ich möchte, dass du weißt, wie sehr ich dich lieb habe. Von dem Augenblick an, als ich zum ersten Mal deine winzige Hand gehalten habe, habe ich dich über alles geliebt, Rayne. Und ich habe mir für dich immer nur gewünscht, dass du glücklich und in Sicherheit bist. Ich würde alles tun, um dich zu beschützen.» Sie lächelte, aber es wirkte traurig. «Alles nur Erdenkliche auf der Welt.»

Krähen krächzten über ihr, und sie zuckte zusammen. Das Bild der Kamera verschwamm. Einen Moment lang war nichts als ihre tiefen, panischen Atemzüge zu hören. Als sie schließlich die Kamera wieder hob, stand sie mit dem Rücken an einen Baum gelehnt. Sie senkte ihre Stimme, als würde sie befürchten, belauscht zu werden.

«Das ist wichtig, Schatz. Du musst mir zuhören. Du musst mir glauben. Falls ich jetzt tot bin, dann weil dein Vater mich umgebracht hat.»

Ihre Worte zerrissen mich wie ein Messer, das in meine Eingeweide gerammt worden war. Salem stieß einen entsetzten Laut aus, rückte aber näher an mich heran und schlang die Arme um mich. Sie wollte mich beschützen.

«Ich verspreche dir, dass ich getan habe, was ich konnte. Ich tue noch immer alles ...» Sie verstummte, riss den Kopf von einer Seite zur anderen, und ihr Blick glitt in die Ferne, in den Wald. Ihre Augen waren weit aufgerissen – wie bei einem gejagten Tier. «Dein Vater hat sich auf Dinge eingelassen, die er nicht vollständig begreift. Ich habe ihm gesagt, dass er dich da nicht mit reinziehen soll. Du bist doch noch ein Kind ... sein eigenes Kind ...» Sie schloss die Augen und stieß lange die Luft aus. «Er denkt, Gott spricht zu ihm, aber ich höre nur den Teufel.»

Die Härchen auf meinen Armen stellten sich auf. Sie lief langsam weiter, jeder Schritt knirschte in dem frisch gefallenen Schnee.

«Er fängt meine Briefe ab, schon seit Monaten», sagte sie. «Er beobachtet mich, wann immer ich das Haus verlasse.»

Immer wieder sah sie sich über die Schulter um. Ich hatte sie noch nie so verängstigt erlebt. Selbst als Kind hatte ich zwar die Kluft zwischen meinen Eltern bemerkt, aber ich hätte nie gedacht, dass sie so tief gewesen war.

Mom hatte fürchterliche Angst vor ihm.

Wie konnte es sein, dass mir das nie aufgefallen war? Wie konnte es sein, dass niemand sonst – nicht meine Tante, nicht mein Onkel – bemerkt hatte, was vor sich gegangen war?

Aber dann erinnerte ich mich daran, was mein Onkel gesagt hatte, an die «wilden» Geschichten, die mein Vater ihm über meine Mutter erzählt hatte. Er hatte es so aussehen lassen, als wäre sie schuld, er hatte sie sabotiert und die Saat gesät, aus der später die giftigen Ranken wachsen würden, die sie an die Insel fesseln sollten.

In meinem Herzen regte sich eine Wut, die tiefgreifender und kälter war als alles, was ich je empfunden hatte.

«Ich werde diese Kassette an einem Ort verstecken, an dem er sie nie finden wird», sagte sie. «Ich hab dich lieb, mein Schatz. Egal, was er dir über mich erzählt, bitte glaube mir das. Ich wünschte, ich könnte dich vor all den furchtbaren Dingen auf der Welt beschützen.»

Ich grub meine Nägel unbarmherzig in meine Handfläche und biss mir so fest auf die Lippe, dass ich Blut schmeckte.

Mom rückte näher an die Kamera heran. Ein beengtes Gefühl überkam mich und schien meinen Brustkorb zusammenzupressen. «Egal, was er dir über mich erzählt hat, glaube es nicht. Niemand glaubt mir, aber du ... du *musst* mir glauben. Er ist kein Mann Gottes, Rayne. Ich weiß nicht, was er vorhat, aber ich verspreche dir, dass ich versucht habe – dass ich versuche –, uns hier rauszuholen. Er erzählt den Leuten, dass ich verrückt bin.» Ihre Augen füllten sich mit Tränen.

Die Videokassetten. Das Buch. Die Fotos und das Flüstern. Die lange Spur aus Brotkrumen wies direkt zur Schuld meines Vaters.

«Ich werde nicht ohne dich weggehen», sagte sie entschlossen. «Falls ich weg bin, sollst du bitte eines wissen: Ich wollte dich nie zurücklassen.»

Statisches Rauschen füllte den Bildschirm.

Er hat sie umgebracht. Der Mörder, der sie mir genommen und der auch meine Hoffnung, meine Träume, meine Fähigkeit zu lieben gestohlen hatte – war mein eigener Vater.

Regungslos starrte ich vor mich hin, hin- und hergerissen zwischen Wut und Trauer.

Die ganze Zeit lang ...

«Sie hat versucht, es mir zu sagen», begann ich. «Ich wollte nicht zuhören. Ich habe es ausgeblendet, ich konnte sie nicht ansehen. Ich konnte das Flüstern nicht ertragen. Ich habe es ignoriert, bis daraus Schreie geworden sind.» Ich schloss die Augen und erinnerte mich an die unzähligen Male, als ich die Musik lauter gedreht, meine Kopfhörer eingesetzt und die Augen geschlossen hatte. Der Widerhall ihrer toten Stimme war mehr gewesen, als ich ertragen konnte.

Mein Vater hatte so viele Menschen getäuscht, nur um letztendlich von seiner eigenen Hybris getötet zu werden. Noch immer verstand ich nicht ganz, wie er das angestellt hatte oder auf welches gefährliche Geschäft er sich eingelassen hatte, um den Engel hierherzuholen. Aber dieses Wesen stand sowohl mit meiner Mutter in Verbindung als auch mit dem Buch, das wir in ihrem Grab gefunden hatten.

«Du kannst nichts dafür, Rayne.» In Salems Stimme schwang all die Zuneigung mit, nach der ich mich mein Leben lang gesehnt hatte. «Du hast auch deine Kindheit verloren, als sie gestorben ist. Und dann hast du all die Jahre versucht, das verängstigte Kind in dir zu beschützen, weil das sonst niemand getan hat.»

Ich drückte ihre Hand fest, als die Schuld sich in mir immer weiter auftürmte wie eine Flutwelle. Zusammen mit meiner Wut bildete sich daraus ein Strudel, in dem ich zu ertrinken drohte, doch Salem hielt mich an der Oberfläche. «Ich hatte solche Angst, dass ich sie nicht hören konnte. Also ist sie stattdessen zu dir gekommen.»

Salem schlang die Arme um mich. Sofort erwiderte ich ihre Umarmung und drückte sie fest an mich.

«All die Jahre lang habe ich mich gefragt, wer sie umgebracht hat. Mein Vater hat gelogen. Er hat mich belogen und ... auch alle anderen.»

Ausnahmsweise war es mir egal, dass mir die Tränen kamen. Diese Traurigkeit brachte Erleichterung mit sich, dieser Schmerz Gewissheit.

Denn jetzt kannte ich die Wahrheit.

«Sie will dich schützen», sagte Salem. «Das hat sie mir gesagt. Sie hat gesagt, wir müssen sie aufhalten, bevor du verletzt wirst. Ich weiß nicht, wie genau, aber ich glaube, der Engel ist ein Teil von ihr. Oder sie ist ein Teil von ihm.»

Sie wischte mir die Tränen aus dem Gesicht. Es schmerzte, sie anzusehen, aber diese Art von Schmerz war zu schön, um es in Worte zu fassen.

«Du hast mich beschützt», sagte sie. «Ich werde dich auch beschützen.»

Ihr Versprechen entzündete ein Feuer in meiner dunklen, leidgeprüften Seele. Sie hatte sich für mich entschieden, wieder und wieder, und selbst nach all dem Grauen war sie fest entschlossen hierzubleiben. Sie hatte sich ihrer eigenen Angst gestellt und ihr Leben riskiert, und all das ... für mich.

«Ich liebe dich», sagte ich und beobachtete, wie ein Feuerwerk der Glücksgefühle in ihren Augen explodierte. Ihr Atem stockte, und sie schloss ihre Finger fest um meine. Ich beugte mich nah an sie heran, sodass wir dieselbe Luft atmeten. Ein sachter Schauer durchzuckte sie, als ich ihr Kinn anhob und an ihrem Mund flüsterte: «Ich bete dich an.» Ihre Lippen waren so weich. Und wie sie seufzte, nein, *stöhnte*, fuck. «Wenn ich dich ansehe, weiß ich endlich, wofür ich am Leben geblieben bin. Du hast meine harte Schale aufgerissen und was gefunden, von dem ich nicht mehr dachte, dass ich es noch besitze. Als ich gesagt habe, dass du mir gehörst, habe ich das auch so gemeint. Aber was ich dir hätte gestehen sollen ... was ich hätte sagen sollen, ist ... dass ich *dir* gehöre.»

«Gott, ich liebe dich auch», sagte sie. «Ich liebe dich so sehr.»

Wie seltsam, dass wir lächelten und lachten und weinten – alles auf einmal. Wie merkwürdig, inmitten des Grauens Hoffnung zu verspüren und Freude trotz meiner Trauer. Zum ersten Mal seit sehr langer Zeit war mein leeres Herz so voller Gefühl, dass es überlief.

Sie kuschelte sich an mich. «Was machen wir jetzt?»

Ohne den leisesten Zweifel antwortete ich: «Wir werden von dieser Insel verschwinden. Wir werden leben.»

44

RAYNE

It's Come for the Children

Am Abend zog ein weiterer Schneesturm auf. Aber nicht einmal die Kälte draußen konnte die Wärme, mit der mich Salem füllte, vertreiben.

Sie liebte mich. Diese wunderschöne, intelligente, mutige, wundervolle Frau liebte *mich*. Den restlichen Tag ertappte ich mich immer wieder dabei, sie anzustarren und mich zu fragen: warum? Was hatte ich getan, um sie zu verdienen, um von ihr erwählt zu werden?

All meine Fehler, meine Makel, kamen mir so überaus offensichtlich vor. Und dennoch stellte sie sich ihnen, als wären sie nichts, bloß kleine Schlaglöcher und Bodenwellen wie die, über die sie auf ihrem Mountainbike mühelos hinwegglitt. Das Grauen, das sie erlebt hatte, hätte dafür sorgen müssen, dass sie darum bettelte, irgendwie entkommen zu können, und so weit von mir wegwollte wie möglich.

Ich hatte mich immer gefühlt wie eine Last. Jeder meiner Atemzüge hatte sich gestohlen angefühlt, jeder Schlag meines Herzens hatte sich aus Trotz gespeist. Ich hatte danach gestrebt, nichts zu brauchen und von niemandem abhängig zu sein.

Aber mein Gott, ich brauchte sie, wie die Bäume die Sonne brauchten und die Gezeiten den Mond.

Ein Teil von mir glaubte, dass sie am Morgen verschwunden sein würde, so wie sich auch der dichte Nebel verzog, der sich in der Morgendämmerung über die Landschaft legte. Aber sie war so real, dass ich sie küssen konnte, nachdem ich aufgewacht war, so real, dass ich beim Frühstück mit ihr lachen konnte. Sie fütterte mich mit Apfelstückchen aus der Hand und kreischte, als ich ihre Finger zwischen meine Zähne nahm.

Sie hielt mein Gesicht umfasst und sagte mir, dass sie mich liebte. Nach so vielen Jahren in der Hölle fühlte es sich an, als hätte ich endlich das Tor zum Himmel gefunden.

Aber dieses Tor war verschlossen, bewacht von einem Todesengel.

Ich musste den Leichnam meiner Mutter finden. Sie war irgendwie mit diesem Wesen verbunden. Vielleicht fand sich in ihren Überresten der Schlüssel zum Rätsel um seine Vernichtung.

Mein Vater musste sie irgendwo versteckt haben, wo er glaubte, dass sie nie gefunden werden würde, genau wie er es auch bei den Kassetten und Fotos getan hatte.

Aber wo?

Blackridge war zwar nicht riesig, aber es war mit dichtem Wald bewachsen und bestand zum Großteil aus unwegsamem Gelände.

Wie viele Wochen, Monate, Jahre lang würde ich suchen müssen, um ihre letzte Ruhestätte zu finden?

Selbst wenn ich danach suchen und graben müsste, bis ich alt und grau war, würde ich das hier zu Ende bringen. Ich würde einen Weg finden.

Nicht nur die Toten schrien nach Gerechtigkeit, sondern auch ich.

In den nächsten Tagen wurde die überfüllte Bibliothek neben dem Gemeinschaftsraum zu meinem Refugium. Ich bewahrte das gefährliche alte Buch meines Vaters dort auf, aufgeschlagen auf dem Holztisch, und befasste mich stundenlang damit. Mit mehreren französischen Wörterbüchern, die mir zur Verfügung standen, und der Hilfe des Internets gab ich mein Bestes beim Versuch, es zu übersetzen, aber Lesen war nie meine Stärke gewesen. Ich hatte nicht genügend Geduld dafür, und wenige Dinge sorgten dafür, dass ich mich so unfähig fühlte, wie auf eine schwarz-weiße Seite zu starren, auf der alle Buchstaben miteinander zu verschmelzen schienen.

Doch mit Salem an meiner Seite bewahrte ich während der langen, frustrierenden Stunden die Ruhe. Sie füllte meine Kaffeetasse auf, bevor ich überhaupt bemerkte, dass sie leer war, und sie stellte sicher, dass ich etwas aß, wenn meine Hände zitterten, weil ich meinen Hunger zu lange ignoriert hatte. Als meine Augen so müde wurden, dass ich den Blick nicht mehr fokussieren konnte, übernahm sie die Arbeit mit dem Buch und runzelte konzentriert die Stirn, während wir langsam die Geheimnisse darin entschlüsselten.

Auf den Seiten fanden sich detaillierte Angaben zu etlichen komplizierten Ritualen. Wir konnten sie nur grob übersetzen, aber auch so wurde deutlich, dass das kein Gebetbuch war. Es enthielt keine Mythen oder Gleichnisse, sondern nur Anleitungen. Vieles davon ließ sich nicht entziffern, aber mein Vater hatte uns bereits einen Teil der Arbeit abgenommen und seine Notizen an den Rändern hinterlassen.

Die beschriebenen Rituale erforderten grausame Opfer. Dass Unschuldige gequält und Kinder getötet wurden.

Die Notizen meines Vaters fanden sich auch in einem Kapitel, das forderte, sein Erstgeborenes zu opfern. Der Tonfall seiner Anmerkungen war klinisch und kühl: Spielte die Zusammensetzung der Kerzen eine Rolle? War es relevant, womit das Feuer angezündet wurde? Musste das Opfer bei Bewusstsein sein?

Blut zieht es an, der Tod gibt ihm Kraft. Das Fleisch muss von den Knochen gelöst und zum Verzehr dargeboten werden.

Beim Lesen wurde mir übel, aber ich zwang mich weiterzumachen. Irgendwo zwischen diesen Seiten befand sich die Antwort, die ich suchte: Wenn das Buch verriet, wie man die Bestie anrufen konnte, enthielt es sicherlich auch Informationen dazu, wie man sie vernichtete.

Schließlich fand ich sie, die Worte waren an den Rand gekritzelt worden.

Die Knochen sind seine Ketten. Die Schrift muss unversehrt bleiben. Wenn die Knochen zerbrochen oder verbrannt werden, sodass die Runen darauf unleserlich werden, wird die Bestie zurückgeschickt. Verstecke sie tief in ihrem Nest. Sie wird sie bewachen.

Ich musste aufstehen und lief in der Bibliothek auf und ab. *Sie wird sie in ihrem Nest bewachen.*

Der Schlüssel zu meiner Freiheit befand sich in der Höhle des Löwen.

Ich schenkte mir zwei Finger breit Whisky ein. Meine Gedanken überschlugen sich schwindelerregend schnell. Ich würde Hilfe brauchen, daran bestand kein Zweifel. Der Sheriff könnte einen Suchtrupp zusammenstellen, dann würden wir bewaffnet und einsatzbereit losziehen. Wir würden die Wälder durchsuchen, bis ...

Das leise Rauschen des Funkgeräts weckte meine Aufmerksamkeit.

Kurz darauf steckte Salem den Kopf durch die Tür zur Bibliothek. «Ich glaube, jemand versucht, dich per Funk anzurufen.»

Als ich das Foyer erreicht hatte, drang ein kaum hörbares Flüstern aus dem Lautsprecher. Obwohl es so leise war, erkannte ich die Stimme und rannte die letzten Meter, bis ich das Mikrofon zur Hand nehmen konnte.

«Rebecca, bitte wiederholen», sagte ich leise und mit ruhiger Stimme.

Es kam keine Antwort.

Ich zog die Augenbrauen zusammen, drückte den Knopf und wiederholte: «Rebecca, bitte kommen. Kannst du mich hören?»

Undeutliche Geräusche drangen aus dem Lautsprecher. Knistern. Und langsame, ängstliche, flache Atemzüge.

«Rayne?» Es war eine Kinderstimme, leise und wimmernd. «Hilf mir.»

Das Blut gefror mir in den Adern. Sie hatte ihre Stimme gesenkt, weil sie offensichtlich Angst hatte, gehört zu werden. Ein paar Sekunden lang traute ich mich nicht einmal, erneut ins Mikrofon zu sprechen.

«Wo bist du?», flüsterte ich.

Meine Hand zitterte, und ich zuckte heftig zusammen, als Salem das Foyer betrat. Ihre Gesichtszüge entgleisten, als sie meine panische Miene bemerkte.

«Im Schuppen. Ich und Rachel haben Daddy geholfen, die Hühner reinzuholen, aber dann hat er was gehört und mir gesagt, dass ich ins Haus gehen soll, aber ich hatte Angst und ...» Sie schniefte, und ihre Stimme zitterte vor Kälte. «Ich hab mich im Schuppen versteckt. Ich hab sein Walkie-Talkie. Rachel ist mit Daddy in der Scheune, aber die Tiere sind alle aufgeregt. Missy hat geschrien.»

Missy. Ihr zutrauliches, rundgefüttertes Schwein. Ein schreckliches, mulmiges Gefühl in mir sagte mir, dass es nicht das Schwein war, das geschrien hatte.

Plötzlich drang noch eine andere Stimme durch den Lautsprecher. Sie klang noch gedämpfter als Rebeccas, als käme sie von der anderen Seite einer Wand.

Es war Andys Stimme. «Becca!», rief er. «Wo bist du? Becca! Komm rein.»

«Das ist nicht Daddy», flüsterte Rebecca verzweifelt. «Ich weiß, dass das nicht mein Daddy ist!»

«Bleib, wo du bist.» Ich war schon dabei, meine Sachen zu packen: Rucksack, Gewehr, Navigationssystem ... «Bleib drinnen, egal, *was* du hörst.»

«Rayne, was ist los?» Salems Stimme klang vor Panik ganz belegt.

Auch Loki schien zu bemerken, dass etwas nicht stimmte, und jaulte an der Tür, als ich meinen Rucksack aufsetzte.

Mit rasendem Herzen und einem flauen Gefühl im Magen drehte ich mich zu Salem um. «Der Engel hat sich Andy geholt. Die Mädchen brauchen unsere Hilfe.»

«Bitte beeil dich», wimmerte Rebecca. «Es ruft mich immer wieder. Es weiß, dass ich hier drinnen bin.»

«Bleib, wo du bist, Fischadler», sagte ich. «Ich komme zu dir. Halte durch. Halte durch, bitte. Bitte.»

Ich wiederholte die Worte selbst noch, als ich das Mikrofon weglegte. Sie musste mein Flehen nicht hören, solange irgendetwas in dieser verdammten Welt mich erhörte.

Falls es einen Gott gab, war er ein verdammter Arsch, wenn er diese armen Kinder nicht verschonte.

Ich drehte mich um, bereit, zur Tür zu rennen, aber Salem stand schon dort und zog gerade den Reißverschluss ihrer Jacke zu. Sie hatte sich Stiefel, Beanie und Handschuhe angezogen und sich mein Jagdmesser an ihren Gürtel geschnallt. Sie musste tatsächlich gerannt sein, denn sie hatte auch eine kleine Mistgabel aus dem Gartenschuppen dabei.

«Salem ...» Kopfschüttelnd ging ich zu ihr hinüber und umfasste dann ihr Gesicht mit den Händen. «Bitte, Süße, bitte bleib hier. Ich kann nicht ...»

«Du gehst nicht allein», sagte sie unerschrocken. «Sie brauchen unsere Hilfe. Uns bleibt keine Zeit.» Sie riss die Tür auf, und ein eisiger Wind wehte Schneeflocken ins Foyer. «Wir gehen zusammen.»

Salem hielt sich auf dem Quad an meinem Rücken fest, und so rasten wir in den Sturm.

Loki lief voraus und rannte über die Schneewehen, die das Fahrzeug nicht befahren konnte. Das blinkende Licht an seinem Halsband wies mir den Weg, als wir uns auf der Straße gen Norden bewegten.

Ich parkte das Quad an dem Holzzaun, der Andys Hof umgab. In der Ferne konnte ich das schwache Leuchten sehen, das von der Beleuchtung auf der Veranda vor dem Haus ausging. Der Wind trug das angsterfüllte Blöken der Ziegen zu mir herüber. Kühe lagen unter den Bäumen im Gras, ihre Augen leuchteten unheimlich im Scheinwerferlicht. Trotz des Sturms hatten sie alle die Weide der warmen Scheune vorgezogen.

«Loki, bei Fuß.» Sofort war der Hund an meiner Seite und beobachtete mich in Erwartung des nächsten Kommandos. «Salem, bleib dicht bei mir. Wenn wir den Hof erreichen, halte dich unten und sei leise. Folge mir.»

Salem nickte. Nur ihre Augen schauten unter ihrer Kapuze und dem umgewickelten Schal heraus. Sie vertraute mir. Sie würde mir, ohne zu zögern, in den Sturm und in die Gefahr folgen.

Jetzt war meine letzte Gelegenheit, also zog ich sie an mich. «Ich liebe dich.»

Sie riss ihren Schal herunter, schlang ihre Arme um meinen Hals und küsste mich. «Ich liebe dich auch», flüsterte sie. «Wir schaffen das, Rayne.»

Der heulende Wind war zwar eiskalt, aber er übertönte zumindest das Knirschen unserer Schritte, als wir unter dem Zaun hindurchkletterten. Das Scheunentor stand halb offen, aber drinnen war alles dunkel. Das Haus war erleuchtet, durch die Vorhänge vor den Fenstern fiel ein warmer Lichtschimmer. Ungefähr fünfzig Meter von der Veranda entfernt stand der Schuppen.

Nur die nervösen Rufe des Viehs und das Ächzen der Bäume im Wind durchbrachen die unheimliche Stille. Ich hielt meine Waffe schussbereit, konnte sie aber vor Anspannung kaum ruhig halten. Wo war das verdammte Biest?

Mein Magen drehte sich um, wenn ich daran dachte, was in der Zeit, die wir gebraucht hatten, um herzukommen, alles passiert sein konnte.

«Du musst zum Schuppen gehen», flüsterte ich Salem zu und deutete auf das kleine Gebäude. «Deine einzige Aufgabe ist es, Rebecca zu holen und mit ihr ins Haus zu gehen, okay? Wenn ihr drinnen seid, bring sie direkt in den Keller und wartet dort auf mich, verstanden?»

Sie nickte langsam. «Wo gehst du hin?»

«In die Scheune.» Wir beide warfen einen Blick zu dem dunklen, unheilvoll wirkenden Tor. «Wenn Rachel am Leben ist, muss ich sie finden.»

Tränen standen in ihren Augen – ich wusste nicht, ob das an der Kälte lag oder an ihrem Kummer –, doch sie blinzelte und unterdrückte sie eilig.

Dann reckte sie ihre Mistgabel wie einen Speer in die Höhe. «Los, bringen wir das verdammt noch mal hinter uns.»

Als wir den Schuppen erreichten, schlug mir das Herz bis zum Hals. Ich blieb immer in Bewegung, drehte mich ständig in alle Richtungen und sah mich um, genau wie Loki. Salem versuchte, die Schuppentür langsam aufzuziehen, aber sie war von der anderen Seite verbarrikadiert worden.

Also drückte sie den Mund dicht an den Türspalt. «Rebecca!», flüsterte sie. «Ich bin's! Salem! Salem und Rayne sind hier!»

Von drinnen kam keine Antwort, weshalb Salem sich daranmachte, die Tür aufzubrechen. Sie stemmte sich mit der Schulter dagegen, aber ihre Füße rutschten im Schnee ab, als sie sie einen Spaltbreit öffnen wollte, um einen Blick ins Innere werfen zu können.

Schließlich gelang es ihr, mit der Taschenlampe ihres Handys in den Schuppen zu leuchten, und sie keuchte vor Erleichterung leise auf.

Rebecca kauerte unter einer Werkbank. Ihre vor Angst weit aufgerissenen Augen wurden erst sichtbar, als der Lichtstrahl von Salems Handy auf sie fiel. Sie krabbelte heraus, als sie uns sah. Ihre Nase und Wangen waren von der Kälte stark gerötet und ihre Augen vom Weinen verquollen.

Salem nahm sie an die Hand und half ihr, über den Berg von Gegenständen zu klettern, die sie vor der Tür aufgehäuft hatte. Sie zitterte heftig und sah sich mit einer Mischung aus Entsetzen und Verwirrung auf dem Hof um.

«Wo ist Daddy?», flüsterte sie, aber ich gab ihr eilig zu verstehen, dass sie leise sein sollte.

«Los, Salem, lauf», zischte ich und schob sie in Richtung Haus.

Geduckt rannte Salem auf das Haus zu, Rebeccas Hand fest umklammert. Ich gab ihnen Deckung, spähte durch das Visier meiner Waffe und suchte die Umgebung ab. Aber Loki hatte seine ganze Aufmerksamkeit allein auf etwas hinter mir gerichtet ... auf die Scheune.

Der Druck auf meine Lunge ließ nach, als Salem und Rebecca im Haus verschwanden.

In Sicherheit. Sie waren in Sicherheit.

Ich schlich auf die Scheune zu. Loki passte sich meiner Geschwindigkeit an und hielt den Kopf unten. Im Schnee waren Spuren zu sehen, manche stammten von großen und kleinen Stiefeln, manche von Hufen.

«Ganz ruhig», flüsterte ich, aber ich wusste nicht, ob ich damit ihn oder mich selbst beruhigen wollte.

Eine einzelne strombetriebene Stalllaterne hing hinter dem Scheunentor von einem Haken und warf ihr Licht auf die geweiteten, ängstlichen Augen des Pferdes in der Box daneben. Die Stute warf ihren Kopf hin und her und kreischte vor Angst. Hühner gackerten und flatterten hoch. Ihre Flügel schlugen gegen die Stallwände, sodass Staubwolken und Federn durch die Luft wirbelten. Auch die Ziegen waren ruhelos und wanderten mit aufgerissenen Augen blökend in ihrem Stall umher.

Vor mir lag, mit dem Gesicht nach unten, Andy. Eine Blutlache umgab seinen reglosen Körper, und dunkle Flecken von geronnenem Blut quollen durch seine Kleidung. Mein

Magen verkrampfte sich, und mein Brustkorb wurde eng, während ich ihn anstarrte und darauf hoffte, dass er ein Lebenszeichen von sich gab.

Sein Oberkörper bewegte sich nicht. Und da war zu viel Blut.

Instinktiv wollte ich mich neben ihn fallen lassen, versuchen, ihn aufzuwecken und von hier wegzubringen, in Sicherheit. Aber ich zwang mich, reglos dort zu bleiben, wo ich war – ich hatte mich direkt hinter das Scheunentor gehockt. Ich konnte ihm jetzt nicht helfen. Und eine falsche Bewegung könnte mich mein Leben kosten.

Er lag auf den zerbrochenen Überresten der Leiter, die einst zum Heuboden geführt hatte. Er war von den Sprossen gerissen worden, als er versucht hatte, unters Dach zu fliehen.

Nein ... nein, das stimmte nicht ...

Neben seiner rechten Hand lag eine Axt. Wenn ich mir die Überreste der Leiter ansah, die noch von oben hinabhingen, hatte er diese Axt benutzt, um die Leiter zu zerschlagen.

Er war nicht beim Versuch zu fliehen gestorben. Er war gestorben, weil er versucht hatte, jemanden zu beschützen.

Ich nahm meine Taschenlampe, die mit einem Karabiner an meinem Rucksack befestigt war, schaltete sie ein und richtete den Strahl auf die Dachsparren.

Etwas bewegte sich trippelnd am hinteren Ende der Scheune. Ich erstarrte, während Loki zu knurren begann. Er rührte sich nicht, sah einfach nur mit angelegten Ohren und gefletschten Zähnen geradeaus. Die Dunkelheit war zu durchdringend, um etwas zu erkennen. Die Ketten, die von den Dachsparren hingen, schwangen langsam hin und her, aber hier drinnen war kein Lufthauch zu spüren, der sie hätte bewegen können.

Plötzlich ertönte ein leiser Schritt über mir, dann starrte mich Rachel mit ängstlichem Gesichtsausdruck durch einen Spalt zwischen den Brettern des Heubodens hindurch an. Ihr Haar war zerzaust, und Halme hatten sich darin verfangen, als wäre sie im Heu versteckt gewesen. Sie weinte lautlos, und als sie mich sah, fing sie an zu wimmern. Schnell legte ich einen Finger an meine Lippen.

Dann hörte ich etwas, das mir das Blut in den Adern gefrieren ließ.

«Komm her. *Komm. Her.*»

Lokis Knurren wurde tiefer.

Die unheimliche Stimme klang nach Andy – aber er war es nicht. Er würde niemals sein eigenes Kind in so lieblosem Tonfall rufen.

«Wo bist du, mein Schatz? Komm her.»

Rachel presste die Augenlider fest zusammen und hielt sich mit ihren kleinen Händen die Ohren zu. Ich vertraute darauf, dass Loki nicht von meiner Seite weichen würde; zusammen kauerten wir hinter Plastiktonnen voller Viehfutter, und die Rufe der Bestie drangen aus der Dunkelheit zu uns durch. Wenn ich es schaffte, auf die Tür der Pferdebox zu klettern, könnte ich ein Bein auf die Dachsparren stellen und mich auf den Heuboden hochziehen.

Vorsichtig spähte ich zwischen den Tonnen durch und beobachtete, wie der Engel aus der Dunkelheit kroch. Er krabbelte auf seinen sechs langen Gliedmaßen umher und blieb an Andys Leichnam stehen, um gierig daran zu schnüffeln. Sein Maul klaffte offen, Blut und rosafarbener Speichel tropften von seinen Zähnen. Er schnatterte aufgeregt, packte den schlaffen Arm des armen Mannes mit seinen Zähnen und ...

Plötzlich ertönte lautes Gegacker – die Hühner waren aus ihrem Stall freigelassen worden. Die in Panik geratenen Vögel flogen umher, Federn wirbelten durch die Luft. Loki bellte, und die Bestie erschrak. Vom Lärm verwirrt, warf sie ihren Kopf von einer Seite zur anderen. Sie schlug nach ihnen, war völlig abgelenkt von den Dutzend verängstigten Vögeln in der Scheune, die wie wild herumflatterten.

Das war meine Chance.

Als ich hastig zum Heuboden hinaufkletterte, entdeckte ich Salem, die in der Nähe des Hühnerstalls kauerte. Sie zeigte mir einen nach oben gereckten Daumen und grinste mich schelmisch an. Sofort pochte mein Herz heftiger, aber diesmal nicht vor Angst.

«Ich liebe dich, meine Hübsche.» Sie konnte mich nicht hören, aber ich sagte die Worte dennoch, in der Hoffnung, dass sie sie mir von den Lippen ablesen konnte, bevor ich auf dem Boden verschwand.

Loki gehorchte und blieb unten in seinem Versteck.

Der Engel stakste langsam im Kreis herum, als die Hühner flohen, und schnappte halbherzig nach ihnen. Die Vögel waren eindeutig nicht seine bevorzugte Beute. Salem war jetzt außerhalb meiner Sichtweite, aber ich hoffte, dass sie auf dem Weg nach draußen war.

Die kleine Rachel kauerte hinter einem Stapel Heuballen, ein zerzaustes Plüschtier im Arm, das sie an sich drückte. Ihre Augen waren vor Schreck geweitet, und als ich sie hochhob, fühlte sie sich erschreckend kalt an. Der Holzboden knarzte unter meinen Füßen, und wir zogen die Aufmerksamkeit des Engels auf uns. Er stieß einen schnatternden Laut aus, doch ich blieb reglos in der Hocke sitzen. Von dort aus sah ich, wie einer seiner langen Arme sich nach dem Heuboden ausstreckte, auf der Suche nach einer Möglichkeit hinaufzuklettern.

Ich schnappte mir einen rostigen Handspaten, der auf den

Brettern lag, und warf ihn in die hintere Ecke des Heubodens. Die Bestie kreischte und folgte unten dem Geräusch, wobei sie den Kopf in die Höhe reckte und konzentriert schnüffelte. Mit Rachel auf dem Arm bewegte ich mich quälend langsam, um möglichst lautlos zu bleiben, und bahnte mir so einen Weg zur anderen Seite des Bodens.

Die Tür des Heubodens machte kein Geräusch, als ich sie langsam öffnete. Zum Glück hatte Andy die Scharniere immer gut geölt. Der eisige Wind schlug mir ins Gesicht, und Schnee wurde hereingewirbelt. Es war ein tiefer Fall, aber ich hoffte, dass der Schnee ihn abbremsen würde.

Als ich hinuntersah, wartete Salem dort bereits. Sie hatte die Arme ausgestreckt, und ihr Blick huschte zwischen mir und dem Scheunentor hin und her, weil sie nach dem Engel Ausschau hielt. Sie gab mir ein Zeichen mit den Armen.

Ich drückte Rachel fest an mich. «Salem wird dich auffangen, mein Schatz, okay? Hab keine Angst, es wird alles gut werden. Aber du musst leise sein, ja? Hast du verstanden?»

Schüchtern nickte sie kaum merklich mit dem Kopf. Sie gab keinen Mucks von sich, als ich sie hinunterließ. Sie fiel die letzten paar Meter, dann fing Salem sie auf. Sie taumelte unter Rachels Gewicht, stürzte aber nicht. Ich folgte Rachel, ließ mich hinunter, bis ich mich nur noch mit den Fingern festhielt, dann ließ ich mich fallen und landete in der Hocke.

«Sieh nicht hin, es ist schon gut, schließ einfach deine Augen», sagte Salem und hielt Rachel die Augen zu, damit sie nicht sah, was mit ihrem Vater geschehen war.

Ich konnte die Bestie nicht mehr in der Scheune entdecken, sie war irgendwo anders hingekrabbelt, was bedeutete, dass sie uns von allen Richtungen aus angreifen könnte.

Ich flüsterte Lokis Namen, und sofort war der Hund an meiner Seite. Aber er starrte zu den Bäumen auf der Rückseite der Scheune, wo das Vieh sich zum Schutz vor dem Schnee zusammengedrängt hatte. Die aufgerissenen Augen der Tiere leuchteten in der Dunkelheit, als der Schein meiner Taschenlampe sie streifte, aber sie waren ruhig und bewegten sich nicht.

«Wohin ist sie gegangen?», flüsterte Salem.

Loki wurde unruhig. Er schnappte nach meinem Hosenbein, zog daran und winselte.

Wie ein Reh im Scheinwerferlicht eines nahenden Lastwagens wagte ich nicht, mich zu rühren. Wir waren die Beute und standen verletzlich mitten auf dem Hof. Wenn wir losrannten, würde es uns jagen. Wenn wir das nicht taten ...

Dann würden wir sterben.

Wir suchten noch immer die Dunkelheit hinter der Scheune ab. Ich ließ meinen Lichtstrahl über eine große zusammengekauerte Gestalt am Rand der Bäume gleiten. Da waren keine Augen, die das Licht widerspiegelten.

«Lauf, Salem», flüsterte ich. Meine Taschenlampe zitterte in meinen Händen, als der Engel sich aufrichtete. «Lauf zum Haus.»

Sie rannte los.

Und im selben Augenblick rief er mit Andys Stimme: «Geh nicht weg, Rachel. Daddy ist hier.»

«Lauf, lauf, los!», schrie ich, hob mein Gewehr und feuerte.

Die Kugel verfehlte knapp den Kopf des Engels, als er auf mich zustürmte. Die langen Gliedmaßen bewegten sich in beängstigend schnellem Galopp über den schneebedeckten Boden. Er war jetzt fast auf mir, ich duckte und wappnete mich – aber da flog etwas Dunkles verschwommen durch mein Sichtfeld.

Loki griff die Bestie frontal an. Er sprang um seine langen Glieder herum, schnappte danach und knurrte. Eines der

Hinterbeine erwischte er mit seinen Zähnen. Er warf seinen Kopf hin und her. Der Engel kreischte und schlug mit seinen Klauen nach ihm, sodass der Hund aufjaulte und durch den Schnee taumelte.

Meine Hände waren beinahe zu steif vor Kälte, um die Waffe abzufeuern. Ich traf den Engel im Rücken, als er auf Loki zustakste, der sich humpelnd aufgerappelt hatte und knurrend die Zähne fletschte. Die Bestie stolperte und zappelte. Ich rief Loki zu mir, während ich zum Nachladen am Gewehr herumfummelte.

Durch die Verletzung war sie langsamer als sonst, humpelte aber weiterhin auf mich zu. Der Engel schlug nach der Schusswunde in seinem Rücken, aus der Blut in den Schnee sickerte. Das verschaffte mir gerade genug Zeit, um erneut zu schießen.

Der Gewehrschuss ertönte, und meine Kugel fand ihr Ziel. Sie durchbohrte die Bestie zwischen den Schulterblättern. Sie brüllte und machte einen Satz nach vorn, doch dann drehte sie sich zu mir um.

Die Bestie hatte keine Angst, sie war *wütend*.

Loki stellte sich vor mich und bellte wie wild, als der Engel angriff. Uns blieb keine Zeit wegzulaufen. Ich konnte nicht schnell genug nachladen. Alles, was ich tun konnte, war, mich über meinen Hund zu kauern und ihn festzuhalten, als könnte ich ihn irgendwie retten.

Ein langer Gegenstand segelte über meinen Kopf hinweg und durchbohrte den Brustkorb des Engels.

Fauliges Blut spritzte über den Schnee, und die Kreatur stieß einen entsetzlichen Schrei aus. Sie stolperte nach hinten und riss die Mistgabel mit den Klauen aus ihrem Rumpf. Ich packte Loki am Halsband, und wir rannten los. Salem stand neben dem Schuppen und hatte sich bereits mit einem weiteren Gartengerät bewaffnet. Sie war meinetwegen zurückgekommen.

«Lauf, Loki! Ins Haus, lauf!», schrie ich.

Der Hund humpelte, so schnell er konnte, vor mir her. Ich schleppte mich in meinen Stiefeln durch den tiefen, pudrigen Schnee und wagte nicht, mich umzusehen, aber ich konnte die knurrenden Atemzüge des Engels hören.

«Hey!», schrie Salem. «Komm schon, Hackfresse! Komm und hol mich!»

Sie wedelte mit den Armen, sprang auf und ab und zog so viel Aufmerksamkeit, wie sie nur konnte, auf sich. Loki erreichte die Veranda des Hauses und kratzte an der Tür. Sie öffnete sich einen Spaltbreit, sodass er hineinschlüpfen konnte, und fiel dann wieder ins Schloss. Ich erreichte gleich nach ihm die Veranda, aber statt ins Haus zu eilen, drehte ich mich um, um sicherzugehen, dass Salem mir gefolgt war.

Doch das war sie nicht.

Der Engel stand jetzt zwischen ihr und dem Haus, er versperrte ihr den Weg und stakste mit beängstigender Entschlossenheit näher an sie heran.

Mit tauben Fingern versuchte ich nachzuladen, aber die Kugel rutschte mir aus den Händen.

Salem schrie immer noch und führte sich so laut und furchterregend auf, wie sie konnte. Sie stieß mit ihrer Schaufel in die Richtung des Engels.

Zuerst wirkte er zögerlich. Beinahe so, als könnte er nicht verstehen, warum dieses kleine Ding so viel schrie, statt wegzulaufen.

Einen Augenblick lang hatte ich Hoffnung.

Ich dachte, vielleicht, nur vielleicht, könnte ich schnell genug sein. Und sie erreichen.

Das konnte ich nicht.

Ehe ich mich's versah, stürzte der Engel sich auf sie. Ihr Bein war in seinem Maul gefangen, und sie schrie, während er sie davonzerrte. Mit den Händen suchte sie fieberhaft nach etwas, an dem sie sich festhalten konnte.

«Rayne! Hilf mir!»

Diese Worte würden mich verfolgen. Die Todesangst, die darin mitschwang. Der Schmerz.

Er schleppte sie zwischen die Bäume. Ihre Schreie hallten wider, als ich ihnen folgte. Mein Brustkorb war fest zusammengeschnürt, meine Lunge eiskalt. Ich spürte weder die Erschöpfung meines Körpers noch die Taubheit in meinen Gliedern. Alles, was ich spürte, war das furchterregende Pochen meines eigenen Herzens.

Ihre Schreie entfernten sich immer weiter. Ich konnte sie nicht mehr sehen. Ich folgte lediglich der entsetzlichen leuchtend roten Blutspur, die sich vom Schnee abhob.

«Salem! O mein Gott – Salem ... Salem!»

Mein Hals war wund, meine Hände und Füße taub. Keine Willenskraft der Welt hätte ausgereicht, um meine Glieder dazu zu bringen, noch einen Schritt weiter zu rennen, also sank ich auf die Knie ...

Und starrte direkt in die Öffnung eines dunklen, in die Erde gegrabenen Gangs. In der Nähe lag Salems zerrissener, blutverschmierter Stiefel herrenlos im Schnee ...

45

RAYNE

Into the Burrow

Auf Händen und Knien schrie ich in die Dunkelheit hinein, bis mein Hals sich völlig geschunden anfühlte. Als ich nicht mehr genügend zu Atem kam, um zu schreien, keuchte ich panisch.

«Bitte, mein Gott, nein ... bitte ...»

Wieder schrie ich und schlug dazu mit den Fäusten auf den Schnee ein, als würde das dazu führen, dass das alles aufhörte. Als könnte sie das zurückbringen.

Wenn ich laut genug war und genügend Aufmerksamkeit auf mich zog, dann würde er sicher zurückkommen.

Ich schrie nach ihm. Stemmte meine Hände gegen die Erde, die um den Gang aufgetürmt war, verfluchte die Bestie und flehte sie an. Ich stieß schreiend Gebete aus, die sich an ganz egal welchen Gott richteten, solange er mich nur erhörte.

«Nimm nicht sie! Ich bin genau hier! Ist es nicht das, was du willst? Verdammt, ich bin – genau – hier! Bring sie zurück! Komm zurück und stell dich mir! *Salem!* Salem, bitte, Gott, nein ... nimm nicht sie ... nimm sie mir nicht weg ...»

Um mich herum fiel Schnee. Im Wald war es erbarmungslos kalt und viel zu leise. Ich hatte keine Stimme mehr, und meine Schreie waren versiegt.

Ich wusste, was ich tun musste.

Ich würde sie zurückholen, koste es, was es wolle.

Der Gang sah aus wie ein Höllenpfuhl und stank auch so. Ich nahm ein Bandana aus meinem Rucksack und band es mir um das Gesicht, sodass Mund und Nase bedeckt waren. Mein Gepäck und auch mein Gewehr warf ich weg, als mir klar wurde, dass ich sonst nicht durch den schmalen Eingang passen würde.

Ich hatte nur noch mein Messer, meine Taschenlampe und ein Feuerzeug in meiner Hosentasche bei mir. So kroch ich in die Dunkelheit.

Der Tunnel war schmal und gerade groß genug, dass ich hindurchrobben konnte, wenn ich mich flach auf den Bauch legte. Die Erde war nass und klebrig – nicht feucht genug, um sich in Schlamm zu verwandeln, aber es genügte, damit die Luft stickig und von einem modrigen Geruch durchdrungen war. Überall ragten Wurzeln heraus und streiften wie Finger mein Gesicht. Ich robbte über Splitter von zerbrochenen Knochen und über verwesende Fleischklumpen hinweg.

«Ich komme, Salem. Halte durch. Bitte, halte durch.»

Ich konnte nicht einmal daran denken, dass sie nicht mehr am Leben war. Ich konnte mir nicht vorstellen, wie die Welt ohne sie darin aussähe. Aber war das nicht genau der fiese Plan des Schicksals? Mir in Aussicht zu stellen, dass ich alles haben könnte, und sie mir dann auf grausame Weise zu entreißen?

«Scheiße, nein», knurrte ich.

Mit mir konnte das Schicksal anstellen, was es wollte. Ich war immer der Überzeugung gewesen, dass ich auf dieser Insel sterben würde und meine Überreste auf ihrem Boden verrotten würden. Und mich konnte die Insel immer noch holen. Ich wäre liebend gern an Salems Stelle, um sie zu retten.

Wenn Gott unbedingt noch ein Todesopfer brauchte, dann würde ich das sein.

Wie zur Hölle sollte ich ohne sie weitermachen? Wie sollte ich Licht finden, wenn ihr Lebenslicht ausgelöscht werden würde?

Ich weigerte mich, ihr Untergang zu sein. Blackridge würde sie nicht vernichten.

Diese Scheißinsel musste zuerst mich umbringen.

46

SALEM

The Nest

Der Engel würde mich bei lebendigem Leib fressen.

Seine spitzen Zähne waren tief in meinem Bein vergraben, und heftiger Schmerz schoss durch meinen Körper, während ich durch die Dunkelheit gezerrt wurde. Erde füllte meinen schreienden Mund, und mein Kopf wurde gegen unsichtbare Hindernisse geschlagen, weil sich die Bestie überirdisch schnell durch den schmalen Gang zu ihrem Bau bewegte. Die Sekunden kamen mir wie Stunden vor, als mein Fleisch zerrissen und aufgespießt wurde und meine Knochen unter unbeschreiblichen Qualen zerbarsten.

Ich war nicht sicher, ob ich das Bewusstsein verlor oder schlicht in einen Schockzustand verfiel. Eine Weile lang nahm ich nichts anderes wahr als Dunkelheit und Schmerz.

Dann kroch langsam Kälte über meinen Körper, und mir wurde auf furchterregende Weise klar, dass ich fror. Die Kälte brannte sich in mein Fleisch und durchdrang schmerzhaft jeden Muskel, als läge ich auf einem Eisblock. Heftige Zitteranfälle holten mich schlagartig in die Realität zurück.

Ich war am Leben, mehr oder weniger, aber ich traute mich nicht, die Augen zu öffnen, hatte Angst, meinen eigenen Tod herannahen zu sehen, wenn ich es tat.

Ich holte tief Luft – und würgte. Es stank faulig. Hundert unterschiedliche Arten von Verwesungsgeruch prallten in meiner Nase aufeinander. Der Gestank blieb mir wie hochgekommene Galle im Hals stecken, denn er war zu widerlich, um ihn hinunterzuschlucken. Ein Husten zwängte sich über meine Lippen, und ich rollte mich zusammen. Hektisch hielt ich mir den Mund zu, doch das Husten hielt an.

Durch die plötzliche Bewegung schoss ein stechender Schmerz in mein Bein und meinen Fuß, es fühlte sich an, als bestünden meine Knochen aus Nadeln.

Der Schmerz ließ Blitze hinter meinen geschlossenen Augen aufflackern, und beinahe hätte ich geschrien. Mir wurde schwindlig, und eine Weile dämmerte ich teilnahmslos vor mich hin und verlor dabei immer wieder beinahe das Bewusstsein. Es kostete mich all meine Willenskraft, leise zu bleiben und den Schmerz auszublenden.

Schließlich öffnete ich die Augen gerade weit genug, um durch meine Wimpern die verschwommene Umgebung wahrzunehmen.

Rot, schwarz und grau. Die Oberfläche, auf der ich lag, hatte eine schwammartige Konsistenz, sie war feucht und verströmte einen entsetzlichen Gestank. Ich lauschte konzentriert, um auch das leiseste Geräusch ausmachen zu können, und hielt den Atem an.

Das Getöse der Meeresbrandung hallte um mich herum wider. Wasser tropfte irgendwo herunter, und der Wind heulte. Aber die Stimme des Engels hörte ich nicht.

Mein Herzschlag beruhigte sich ein wenig, und ich konnte klarere Gedanken fassen. Aber jetzt, wo ich wieder vollkommen bei Bewusstsein war, wurde auch der Schmerz intensiver.

Ich öffnete die Augen ganz und bewegte den Kopf ein Stück, sodass ich meine Umgebung mit Blicken absuchen konnte. Ich befand mich in einer Art Turm – schmutzig, feucht und dunkel. Eine verrostete Treppe war mit Schutt und Moos überzogen. Alte Kisten, Fässer und rostende Maschinenteile standen herum, allesamt bedeckt von einer dicken Staub- und Schmutzschicht.

Ich lag auf einer zusammengedrückten Schicht verwesenden Materials. Es bedeckte jede Oberfläche, sogar die Wände, als wären sie absichtlich damit ausgekleidet worden. Wie bei einer Schwalbe, die sich ein Schlammnest baut ...

Nur dass dieses Nest aus Fleisch und Blut bestand. Eine verweste Sammlung von Opfern, sowohl menschlicher als auch tierischer Natur. Ich hob meine zitternden Hände. Auch sie waren mit dem Zeug bedeckt. Mit Schlamm, Schleim und Blut.

Der Geruch war abscheulich, aber ich zwang mich, langsam einen Atemzug nach dem anderen zu machen, so tief und gleichmäßig, wie ich konnte. Ich musste mich mit Sauerstoff versorgen. Ich musste *aufstehen.* Solange ich meinen Knöchel nicht zu ruckartig bewegte, war der Schmerz erträglich. Das kam wahrscheinlich vom Schock. Mein Geist fühlte sich betäubt an, aber mein Körper war wie elektrisiert.

Ich schaffte es, mich langsam auf Hände und Knie aufzurichten und dann ganz aufzustehen. Ich konnte mein Bein kaum belasten, ohne dass ich am liebsten aufgeschrien hätte.

An meinem verletzten Bein fehlte der Stiefel, deshalb konnte ich im spärlichen Licht den Schaden sehen, den die Bestie angerichtet hatte. Da waren tiefe Fleischwunden rings um meinen Knöchel, der geschwollen und rotblau verfärbt war. Mein Fuß war versteift, und zwei meiner Zehen standen in einem seltsamen Winkel ab.

Mein Gott, es schmerzte so sehr, dass ich am liebsten geweint hätte. Aber ich schluckte den Schmerz hinunter und biss mir auf die Zunge, während ich mir schlurfend einen

Weg zur Treppe bahnte. Ich wollte mir nicht ausmalen, von welchen Bakterien es hier wimmelte.

Was, wenn ich lebendig hier rauskam, nur um dann an einer Blutvergiftung zu sterben?

Scheiße, ein Problem nach dem anderen, Salem.

Ich biss die Zähne zusammen, ließ mich zu Boden sinken und krabbelte hinter ein paar alte Fässer neben der Treppe, wo ich mich versteckte. Wohin hatte die Bestie mich gebracht? Dieses Gebäude war eindeutig von Menschenhand errichtet worden, aber der Engel hatte es, als es leer stand, zu seinem Nest gemacht. Haufen aus Seilen, Zweigen, Knochen und Blättern türmten sich in den Ecken und auf der Treppe.

Seltsame Gegenstände hingen an dem Treppengeländer und klebten an den blutverschmierten Wänden – Schmuck, wie Eheringe und Kreuzketten, außerdem zerrissene, blutgetränkte Jacken und willkürliche Fetzen von Kleidung. Ich entdeckte sogar ein verrostetes altes Gewehr und etwas, das aussah wie verfilzte Haarknäuel.

Wie Trophäen, mit denen es sein Nest geschmückt hatte.

Ich bemerkte eine alte Tür, aber Berge von Schlamm und mumifizierten Gedärmen versperrten den Weg dorthin. Das schwache Licht, das den Raum erhellte, kam von oben.

Plötzlich verstand ich, wo ich war.

Der alte Leuchtturm von Blackridge.

Es musste einen Weg hier raus geben. Vorsichtig krabbelte ich wieder hinter den Fässern hervor. Meine Hand traf schmatzend auf etwas Schwarzes, Schleimiges, noch mehr Fäulnisgestank stieg in die Luft, und ich unterdrückte ein Würgen. Ich musste nicht weit krabbeln, dann kam ich an den scharfkantigen Rand eines Lochs, das im Betonboden klaffte: Es war der Eingang zu einem Tunnel, der tief in die Erde darunter gegraben worden war. So hatte mich der Engel hierhergeschleppt. Wenn ich mutig genug war, könnte der Tunnel mich auch wieder hinausbringen.

Oder aber er würde mich direkt in die Fänge der Bestie führen.

Ich musste wachsam sein.

Ich musste *nachdenken.*

Aber fuck, mir schwirrte der Kopf. Panik stieg in mir hoch, und ich begann zu hyperventilieren. Ich kroch zurück hinter die Fässer, quetschte mich in eine Ecke und machte mich so klein wie möglich. Ich war zu verängstigt, um zu schreien oder mich zu bewegen oder irgendetwas zu tun.

Aber wenn ich nichts unternahm, würde der Engel zurückkehren, um mich zu erledigen. Ich würde ein Teil seines makabren Nests werden. Meine Familie würde nie erfahren, was aus mir geworden war, und sie hätten nicht einmal einen Leichnam, den sie bestatten konnten.

Ich dachte an Rayne, an Rebecca und an die arme kleine Rachel. Wenigstens waren sie in Sicherheit, wenigstens hatte die Bestie mich verschleppt und nicht eine von ihnen. Ich bereute nichts. Egal, wie verängstigt ich war und welche Schmerzen ich erduldete, ich würde es wieder tun. Ich würde wieder mein Leben für diese Kinder riskieren und für die Frau, die ich liebte.

An sie zu denken, brachte ein wenig von meinem Mut zurück. Ich war noch nicht tot, genauso wenig wie mein Kampfeswille. Ich konnte mir nicht erlauben, hier zu verrotten, bis der Tod mich holte.

Von meinem Versteck hinter den Fässern aus betrachtete ich die Masse unter der Treppe, die aussah wie eine Art Spinnweben aus Fleisch und Gedärmen. Sie klebte an der Wand und formte etwas, das an einen großen Kokon erinnerte. Ich spähte durch die dünnen Lücken in der klebrigen, feuchten Substanz und bemerkte, dass etwas darin lag. Fest davon überzeugt, dass es die Äste oder blassen Wurzeln eines Baumes waren, zog ich das Messer an meinem Gürtel aus der Scheide und begann, das Netz zu durchtrennen.

Vielleicht würde ich ja hier einen Weg nach draußen finden.

Aber was ich fand, war kein Ausgang.

Sondern ein Skelett, vollständig bis auf den letzten Fingerknochen und umgeben von den Überresten von sechs schwarzen geschmolzenen Kerzen.

«O mein Gott ...», flüsterte ich. «Melanie ...»

Alles Fleisch war von ihren Knochen entfernt worden. Und auf den Knochen entdeckte ich etliche Reihen aufwendig geschnitzter, mir unbekannter Zeichen. Ich konnte mir kaum vorstellen, wie lange es gedauert haben musste, das zu schnitzen – Stunden um Stunden, die jemand über diese Knochen gebeugt verbracht hatte, während sie noch nach der Säure rochen, mit der sie gereinigt worden waren.

Jahrelang hatte sie hier gelegen, leblos und ungeschützt, umgeben von dem makabren Nest des Engels, der mithilfe ihres Leichnams angerufen worden war. Sie war im Leuchtturm zurückgelassen worden, an dem Ort, den sie von ihrem Zimmerfenster aus oft betrachtet hatte. Begraben unter dem Leuchtfeuer, nach dem sie in der Dunkelheit Ausschau gehalten hatte.

Plötzlich hörte ich unter den Geräuschen von Wind und Wellen ein Scharren. Ein Schleifen wie von etwas, das über den Boden gezogen wurde. Ein unheilvoller, kehliger Klicklaut hallte durch den Turm.

Er kam aus dem Gang.

Ich geriet in Panik, und weil ich keine Ahnung hatte, wohin ich fliehen sollte, ließ ich mich auf den Bauch sinken und krabbelte noch weiter unter die Treppe. Überall war gummiartiges, klebriges Gewebe. Ich durchschnitt es mit meinem Messer und quetschte mich in die hinterste Ecke, meinen Rücken dicht an die Wand gepresst.

Der Engel betrat schnalzend und schnatternd den Raum. Willkürliche Wörter, alle mit unterschiedlichen Stimmen gesprochen, drangen aus seinem scheußlichen Maul. Er kam nah an der Treppe vorbei, seine Hufe bewegten sich schmatzend durch den Dreck.

Dann gelangte er an die Stelle, an der ich gelegen hatte, und hielt inne, die Nase am Boden.

Sein schriller Schrei ging mir durch Mark und Bein, und ich hielt mir die Ohren zu. Er stieg auf die Hinterbeine und schnüffelte mit aufgerissenem Maul in der Luft. Geradezu hektisch lief er herum und kletterte blitzschnell über die Berge aus Knochen und verwesten Überresten.

Er suchte nach mir. Und es war nur eine Frage der Zeit, bis er mich entdeckte.

«Komm raus, mein Schatz.» Er versuchte noch einmal Andys Stimme.

Mir wurde speiübel, als ich an den armen Mann dachte, der tot in seiner Scheune lag.

«Wo bist du?»

Seine Stimme war wie eine Schallplatte mit einem Sprung, er wiederholte wieder und wieder dieselben Worte.

Was sollte ich tun?

Der einzige Weg hier raus führte zurück in den Tunnel. Doch als ich mir vorstellte, wie ich über eine unbestimmte Distanz durch den engen Gang krabbelte, während der Engel mir dicht auf den Fersen war, wurde mir sofort klar, dass ich das niemals überleben würde.

Ich wäre tot, bevor ich auch nur die Chance bekam, Tageslicht zu sehen.

Denk nach, Salem, denk nach.

Ich musste hier raus, und meine einzige andere Möglichkeit war der Weg nach oben.

Der Engel setzte seine wütende Suche fort und verschwand schließlich durch einen schmalen Spalt im Boden nach unten in den Keller. Das war meine Chance. Vielleicht die einzige Chance, die ich bekommen würde.

Ich behielt den Spalt im Blick und kroch hastig auf die Treppe zu. Als ich mich auf einem geschwärzten Stück Holz abstützte, brach es unter meinem Gewicht entzwei.

Weil es gar kein Holz war. Sondern ein menschlicher Arm.

Galle stieg in meinem Hals auf, doch ich zwang mich weiterzukrabbeln. Als ich die Treppe erreicht hatte und vorsichtig die erste Stufe belastete, streifte etwas mein Bein, und beinahe wäre mir das Herz stehen geblieben.

Ich kraxelte weiter und versuchte, mich hochzuhieven, da wurde mein unversehrtes Bein plötzlich gepackt und zurückgezogen.

Auf energische, aber gleichzeitig auch sanfte Weise wurde ich festgehalten, und eine vertraute Stimme flüsterte eindringlich in mein Ohr: «Nicht schreien, ich bin's. Ich bin da.»

Ich drehte mich um. «O mein Gott! Rayne!»

Ihr Gesicht war tränenüberströmt, sie war voller Schlamm und genauso schmutzig und kalt wie ich. Wir zitterten beide und schlangen unsere Arme umeinander. Sie küsste meine Hände und berührte mich überall, als könnte sie nicht glauben, dass ich wirklich real war.

«Wie hast du ...», flüsterte ich kaum hörbar.

«Ich bin gekrabbelt.» Sie formte die Worte stumm mit den Lippen und deutete nach hinten auf den Tunnel.

Sie war durch die Dunkelheit gekrochen, ins Ungewisse und allein mit einem Ungeheuer, nur um mich zu finden.

«Du lebst», flüsterte sie wieder und wieder. Sie küsste mein Gesicht, obwohl es so schmutzig war. Dann umfasste sie meinen Kopf mit ihren Händen und drückte mich an ihre Brust. «Ich bin bei dir, Salem. Wir werden hier rauskommen.»

Hätte dieser Moment der Erleichterung doch nur ewig andauern können.

So plötzlich wie ein Blitzschlag kreischte der Engel auf, und wir zuckten beide zusammen. Er würde jeden Moment zurückkehren und nach seiner verloren gegangenen Beute suchen. Unsere angsterfüllten Blicke trafen sich, und in Raynes lag ein stummes Versprechen: Ob wir überlebten oder starben, wir würden es gemeinsam tun.

Ich drückte meinen Finger an die Lippen und bedeutete ihr, mir zu folgen. Wir krabbelten zurück unter die Treppe, zum Kokon, und ich zeigte hinein. Rayne zog die Brauen zusammen, dann schnitt sie mit ihrem Messer eine größere Öffnung in das Gewebe.

Fassungslos starrte sie ins Innere. Ihre Atmung ging schneller, und sie warf einen besorgten Blick zu dem Spalt, durch den die Bestie gekrochen war. Sie huschte unter uns umher, die Klauen kratzten über den Boden, und die Hufe klackerten.

Wortlos krabbelten wir in den Kokon hinein. Rayne kniete sich neben die Knochen, ihr Blick ging in die Ferne, und ihre Augen waren glasig. Langsam streckte sie eine Hand aus und legte sie voller Ehrfurcht auf den Schädel, der mit Schnitzereien entstellt, aber vollkommen unversehrt war. Sie berührte die zerbrechlichen Fingerknochen und neigte den Kopf über dem leeren Brustkorb.

«Mom», flüsterte sie. «Es tut mir so leid.»

Ich rückte näher an sie heran, schlang meine Arme um sie

und legte meinen Kopf zwischen ihren Schultern ab, sodass ich dem Schlag ihres Herzens lauschen konnte.

Ihre Finger drückten meine. «Lass uns alledem ein Ende bereiten», flüsterte sie.

47

RAYNE

Up in Flames

Nach so langer Zeit waren Mom und ich wieder vereint. Früher hatte ich geglaubt, dass der Anblick ihres Leichnams, ihrer Knochen, mir Angst einjagen würde. Aber das tat er nicht. Selbst an diesem schrecklichen Ort strahlten ihre Überreste etwas von ihrem sanftmütigen Geist, von ihrer Güte und ihrer Liebe aus.

All die Jahre lang hatte sie hier drinnen gewartet, versteckt von der Kreatur, die sie bewacht hatte wie ein Heiligtum inmitten der Gedärme. Aber das würde nicht mehr lange so bleiben. Ich würde sie zur Ruhe betten und die verunstalteten Knochen, die ihren Geist gefangen hielten, zerstören.

Dem Fluch meines Vaters stand sein Ende bevor. Ich würde keinen weiteren Winter in Angst verbringen. Ich würde die Frau, die ich liebte, nicht an das Monster verlieren, das sein Hass hervorgebracht hatte.

Laut dem Buch waren die Knochen seine Ketten. Die Runenschrift darauf musste zerstört werden. Aber die Knochen zu zermalmen, würde zu lange dauern. Was das Verbrennen anging – ich hatte ein Feuerzeug in meiner Tasche, aber keinen Brennstoff. Selbst wenn ich es schaffen würde, ein Feuer zu entzünden, würde das niemals ausreichen.

Bestimmt war in diesem Leuchtturm einmal Brennstoff verwendet worden, um das Leuchtfeuer zu speisen ...

Ich zog meinen Mantel aus und reichte ihn Salem. «Sammle die Knochen auf und pack sie hier rein», flüsterte ich ihr zu. «Ich mache mich auf die Suche nach dem Ofen.»

Sie nickte, breitete den Mantel aus und sammelte eilig die Knochen zusammen und legte sie darauf. Ich krabbelte aus unserem Versteck und wagte die ersten vorsichtigen Schritte die Treppe hinauf.

Bei jeder Stufe prüfte ich zuerst, ob sie mein Gewicht tragen würde, und flehte das rostige alte Metall stumm darum an zu halten. Das Gebäude knarrte und ächzte unheilvoll. Ich hielt mich geduckt und blieb so die meiste Zeit versteckt hinter dem Moos und Gedärm, das das Geländer überzog. Aber die Stimme des Engels hallte durch den Turm, und es war unmöglich, ihr zu entkommen.

Er suchte nach Salem und versuchte, sie herauszulocken. Erst probierte er Andys Stimme aus, dann die von Ruth. Er wechselte zwischen einem Dutzend Opfern, deren Stimmen er gestohlen und als Köder genutzt hatte, hin und her. Als er meine eigene Stimme imitierte, sorgte das unheimliche Geräusch dafür, dass mir ein Schauer über den Rücken lief.

Das war das Ende. Ich würde nicht zulassen, dass diese verdammte Bestie noch einen Tag länger überlebte.

Schließlich, nachdem ich gefühlt eine Ewigkeit lang gekrabbelt war, erreichte ich den obersten Raum unter dem Leuchtfeuer, den Laternenraum. Zwischen den staubigen alten Fässern und Truhen entdeckte ich einen großen Metalltank, von dem ein mir äußerst bekannter Geruch ausging.

Petroleum.

Ich würde es nicht schaffen, ein Feuer zu legen, das heiß genug war, um die Knochen zu Asche verbrennen zu lassen. Aber wir konnten sie brechen und schwärzen, sodass die Runen darauf unleserlich wurden. Wenn man dem alten Buch glauben konnte, würde das ausreichen, damit der Engel nicht mehr an die Schrift gebunden wäre.

Ich machte mich schnell an die Arbeit und fand ein leeres Metallfass. Dann sammelte ich trockenes Holz im Raum zusammen, die Überreste alter Lattenkisten und Feuerholz, und warf es in das Fass, bevor ich es mit Petroleum übergoss. Ich füllte einen Eimer mit dem Brennstoff, hob ihn hoch und eilte zur Treppe.

Bei jedem Schritt ächzte das Metall unheimlich. Rost blätterte unter meinen Füßen ab, und die ganze Treppe bebte unter mir. Das Öl schwappte über, tropfte durch das Metallgitter und lief die Wand hinunter.

Ein ohrenbetäubendes Kreischen ertönte, und beinahe hätte ich den Eimer fallen lassen. Ich spähte hinunter und erblickte die Kreatur, die an der Wand schnüffelte und die hinuntertropfende Flüssigkeit untersuchte. Versuchsweise kippte ich den Eimer, sodass noch ein bisschen von dem Petroleum herauslaufen und auf den Kopf der Bestie tröpfeln konnte. Sie schlug wild um sich und kratzte sich über die Haut, wie um die Substanz loszuwerden.

Ich konnte nur hoffen, dass der Gestank des Öls meinen eigenen Geruch überdecken würde.

Ich schnappte mir einen zerbrochenen Knochen und warf ihn über das Geländer. Er prallte von der gegenüberliegenden Wand ab und fiel dann polternd zu Boden. Die Bestie sprang darauf zu. Sie knurrte und atmete schwer, ihre Bewegungen wurden immer fahriger, so verzweifelt suchte sie nach ihrer Beute. Dieses Ablenkungsmanöver gab mir Zeit, zurück unter die Treppe zu gelangen, wo Salem auf mich wartete.

Die Knochen meiner Mutter waren in meinem Mantel zu einem behelfsmäßigen Bündel eingeschlagen, Salem hatte die Ärmel fest darumgebunden.

«Kannst du laufen?», fragte ich und betrachtete ihren verletzten Fuß. Es schmerzte, ihn nur anzusehen, und es war offensichtlich, dass sie es vermied, das Bein zu belasten.

Sie hatte eindeutig Schmerzen, denn sie biss die Zähne fest zusammen. «Ja. Ich muss.»

«Ich habe oben Petroleum gefunden.» Ich behielt meinen Mund dicht an ihrem Ohr, damit ich so leise wie möglich sprechen konnte. «Wenn wir die Knochen zerbrechen und in Brand setzen können, sollte das die eingeritzten Runen zerstören.»

Sie beäugte den Eimer, den ich mitgebracht hatte. «Wofür ist der?»

«Zur Ablenkung.» Ich zog mein Feuerzeug aus meiner Tasche. «Ich werde dieses Mistvieh anzünden, während du die Treppe hochgehst. Schaffst du das?»

Sie nickte entschlossen. Und mutig. «Ja. Aber ich bin wahrscheinlich ziemlich langsam.»

Wir atmeten beide tief durch.

Der Engel war ruhig, zu ruhig.

Die tosenden Wellen und der heulende Wind hallten durch den Turm und ließen ihn ächzen. Das Licht war beinahe zu schwach, um Salems Gesicht zu sehen, als sie dort stand, die Knochen meiner Mutter an sich gedrückt, und sich darauf gefasst machte, sich ihrem Schicksal zu stellen.

Ich machte einen Schritt auf sie zu und küsste ihr verletztes Gesicht. «Du bist die tapferste Frau, die ich je getroffen habe.» Sie schüttelte den Kopf, aber ich küsste sie noch einmal, bevor sie es abstreiten konnte. «Egal, was passiert, Salem, ich bin froh, dass ich dich lieben durfte.»

Mit ihren Augen sagte sie, was nicht über ihre Lippen kam. Ihre Unterlippe bebte für einen kurzen Moment, genau wie ihre Atmung. «Bringen wir das zu Ende. Zusammen.»

Sie riss einen Ärmel von ihrem Shirt und wickelte ihn eilig um ihren verletzten Fuß, sodass er etwas stabilisiert war, dann hob sie ihr Knochenpäckchen hoch, und wir krochen aus dem Kokon.

Einen Moment lange glaubte ich, wir hätten Glück. Im Raum war alles ruhig, die Bestie war nicht zu sehen. Salem humpelte eilig auf die Treppe zu, aber als sie die erste Stufe belastete, knarzte das alte Metall.

Hinter einem Haufen verwester Gedärme und zerbrochener Knochen tauchte der Engel auf. Er lief auf seinen Hinterbeinen, eine groteske Chimäre aus Mensch und Bestie. Er wandte sich mir zu und drehte dann den Kopf in Salems Richtung. Ich hätte schwören können, dass er seinen Mund zu so etwas wie einem Grinsen verzog.

«Salem, lauf! Los!»

Ich musste ihr Zeit verschaffen. Als die Bestie staksend näher kam, hob ich den Eimer mit dem Petroleum und schüttete ihr den streng riechenden Brennstoff entgegen. Er spritzte auf die Bestie und bedeckte ihre kränklich blasse Haut. Kurzzeitig schien sie verwirrt zu sein, hielt inne und schnüffelte an ihren Armen, von denen das Petroleum tropfte.

Salem war dabei, die Treppe hinaufzuklettern. Ihre panischen Schritte hallten von dem Metall wider. Ich zog mein Feuerzeug heraus und wollte es anmachen – aber meine Hände und mein Shirt waren ebenfalls mit Petroleum getränkt. Wenn ich es jetzt entzündete ...

Die Sekunde, in der ich zögerte, war ein fataler Fehler.

Die Bestie stürzte nach vorn und überbrückte den Abstand zwischen uns, bevor ich meinen Körper dazu bringen konnte, sich zu bewegen. Sie rammte mich, und mein Feuerzeug flog mir aus der Hand. Es versank in den Bergen von Unrat.

«Scheiße!» Ich bedeckte meinen Kopf und schrie auf, als

die Klauen des Engels tiefe Fleischwunden in meine Unterarme rissen.

Er erwischte meine Seite, und ich fiel auf meinen Rücken. Unerträglicher Schmerz schoss durch meinen Körper, als er seine Zähne in meiner Schulter vergrub und dabei Muskeln und Sehnen durchbohrte.

Ich riss mein Messer aus seiner Scheide und schwang es wie wild. Die Klinge traf eine Schwachstelle und versank bis zum Griff im Gesicht des Engels.

Er schrie, taumelte zurück und schlug um sich. Ich nutzte meine Chance und rannte los.

Mein Körper schmerzte mehr, als ich es je für möglich gehalten hätte, aber das Adrenalin hielt mich auf den Beinen. Jeder Schritt, mit dem ich die Treppe hinaufrannte, fühlte sich beunruhigend wackelig an. Schnell hatte ich Salem eingeholt. Ich nahm ihr das Bündel mit den Knochen ab, damit sie sich am Geländer abstützen konnte.

Aber die Bestie krabbelte uns kreischend und jaulend hinterher. Auf ihren sechs Gliedmaßen galoppierte sie die Treppe hoch, und bei jedem Schritt bebte das gesamte Gebäude.

Ein heftiger Knall ertönte, und das ferne Klirren von Metall drang an mein Ohr – zu meinem Entsetzen bewegte sich die Treppe von der Wand weg, denn die Bolzen, mit denen sie befestigt gewesen war, hatten sich aus dem alten Mörtel gelöst. Salem suchte verzweifelt nach einer Möglichkeit, sich festzuhalten, und krabbelte die Treppe hoch. Ich verlor jedoch mein Gleichgewicht und krachte gegen das Geländer, wobei ich beinahe die Knochen fallen gelassen hätte.

«Es wird zusammenstürzen!», schrie Salem.

Ich drehte mich um und sah gerade noch, wie sie mehrere Stufen hinaufsprang, als ein Teil der Außenmauer nachgab. Wind und Schnee schlugen uns entgegen, und das alte Metall brach – der Teil der Treppe, auf der der Engel und ich standen, schwankte und war kurz davor, zu Boden zu stürzen.

Ich strampelte und warf das Bündel zu Salem rüber. Sie fing es auf, bevor es runterfallen konnte.

Im nächsten Moment gab die Treppe unter meinen Füßen nach, und ich warf mich ihr mit aller Kraft entgegen.

Sie fing mich auf und packte mich am Arm, so wie auch ich ihren festhielt. Den anderen Arm schlang sie fest um die Überreste des Geländers neben sich. Sie atmete schwer und hatte die Augen vor Panik weit aufgerissen.

«Er kommt», sagte sie. «Er krabbelt wieder hoch!»

Schnee wurde durch das klaffende Loch in der Wand hineingeweht, und kalte Flocken umfingen mich.

Es krachte laut, als der untere Teil der Treppe auf dem Boden aufkam, wobei sich noch mehr Ziegelsteine aus der Wand lösten. Salem zerrte an meinem Arm, und ich schaffte es, mich am Geländer festzuhalten und hochzuziehen. Ich keuchte, meine Arme und Schultern schmerzten, aber ich hatte keine Zeit zu verschnaufen. Ein Blick nach unten verriet mir, dass der Engel die Wand des Leuchtturms schon zur Hälfte hochgeklettert war, wobei er die Klauen tief im Schleim vergrub, um Halt zu finden.

Schließlich erreichten wir den Laternenraum. Ich knallte die Tür zu und verbarrikadierte sie mit allem, was ich in die Hände bekam. Salem wickelte die Knochen aus, nahm einen alten Holzhammer aus einem Regal und schlug ihn nieder.

Die Knochen krachten und splitterten.

Genau wie die Tür.

Die Bestie warf sich dagegen, und ein hagerer Arm zwängte sich durch die Öffnung.

Sie würde reinkommen. Ich hatte keine Möglichkeit, sie aufzuhalten.

Ich schnappte mir die Knochen, die Salem zerbrochen hatte, und warf sie in das Fass, in das ich bereits das Holz gestapelt hatte.

«Ich habe mein Feuerzeug verloren», sagte ich verzweifelt.

Doch Salem zog eine feuchte Schachtel Streichhölzer hervor und reichte sie mir mit zitternder Hand, während der Engel mit Klauen und Zähnen große Holzstücke aus der Tür riss.

«Geh auf die Aussichtsplattform! Ich bin gleich hinter dir!» Ich deutete auf die schmale Treppe, die noch eine Ebene nach oben führte, zur Aussichtsplattform des Leuchtturms.

Salem humpelte hinauf, ich zog mein Oberteil aus und nutzte die trockenen Stoffstücke, um meine Hände abzuwischen.

Händeringend versuchte ich, ein Streichholz zu entzünden. «Komm schon ... bitte, geh einfach an!»

Endlich fing das Streichholz Feuer. Ich warf es in das Fass und sah erleichtert zu, wie das petroleumgetränkte Holz sich augenblicklich entzündete. Bevor ich zur Treppe flüchtete, öffnete ich den Hahn am Petroleumfass, sodass sich der Brennstoff über den Boden verteilen konnte. Ich füllte noch etwas davon in einen Eimer und nahm ihn mit auf die Aussichtsplattform.

«Rayne!» Salem erwartete mich bereits.

Schnee wirbelte um sie herum. Unter uns toste das stürmische Meer, gewaltige Wellen klatschten gegen die felsigen Küsten der Halbinsel.

Gerade als ich die Tür zum Laternenraum hinter mir zuschlug, rannte die Bestie darauf zu. Sie warf sich wieder und wieder von der anderen Seite dagegen. Die Schrauben, die die Tür in der Wand verankert hielten, wurden halb herausgerissen.

«O Gott, Rayne, du bist verletzt!»

«Das macht nichts.» Ich kippte das Petroleum auf der Aussichtsplattform aus, bis der Eimer leer war.

Ein plötzlicher Knall erschütterte den Leuchtturm – das Feuer hatte den Behälter gesprengt und sich ausgebreitet.

«Es gibt keinen Weg nach unten», sagte Salem verzweifelt. «Was sollen wir machen?»

Rauch quoll aus der Tür, als die Bestie sie schließlich zerstört hatte. Salem klammerte sich an mich, beide pressten wir uns gegen die Brüstung. Hier oben erwartete uns der Tod durch das Monster, da unten der kalte, erbarmungslose Ozean.

Die Schrauben fielen klirrend zu Boden, und lange, spinnenartige Gliedmaßen tauchten vor uns auf. Wir konnten nirgendwohin fliehen.

Ich umfasste Salems Gesicht mit meinen Händen und küsste sie. Damit sie die Kreatur nicht auf uns zukommen sah, verstellte ich ihr die Sicht. In ihren großen, verängstigten Augen standen Tränen.

«Salem, meine Hübsche.» Ich lächelte, damit sie nicht sah, wie es mir das Herz brach, als ich noch ein Streichholz anzündete und es brennend hochhielt. «Ich werde dich immer lieben, bis zum Ende aller Zeit.»

Dann schubste ich sie kräftig, sodass sie über die Brüstung fiel und auf das Meer darunter zustürzte. Sie schrie meinen Namen, und in diesem Moment schloss ich die Augen und ließ das Streichholz fallen.

Das Letzte, was ich sah, bevor die Hitze mich umfing, war, wie der Engel von den Flammen verschlungen wurde.

Ich lächelte, aber diesmal war es kein trauriges Lächeln.

Sondern purer Triumph.

48

SALEM

From the Ashen Waves

Als ich auf der Wasseroberfläche aufschlug, wurde ich ohnmächtig.

Immer wieder kam ich kurz zu Bewusstsein, diese grauenvollen Augenblicke in der Wirklichkeit waren schmerzhaft, dann wurde ich wieder fast ohnmächtig. Die Wellen warfen mich hin und her, und ich überschlug mich endlos. Meerwasser drang in meinen Mund und meine Nase. Ich würgte, ruderte mit den Armen und versuchte, mich über der Wasseroberfläche zu halten.

Das Meer und der Himmel waren beide dunkel und leer, mit dem einzigen Unterschied, dass am Himmel die Sterne leuchteten, während das Meer den flackernden orangefarbenen Schein der Flammen zurückwarf.

Die Kälte ließ meine Muskeln erstarren. Mir blieben nur noch ein paar Minuten, bevor die Unterkühlung dafür sorgen würde, dass ich in einem Seemannsgrab mein Ende fand. Die Küste bestand hier zum Großteil aus steilen Felswänden, aber ich konnte jenseits der Wellen einen schmalen, steinigen Strand erspähen und schwamm darauf zu.

Ich schleppte mich auf die weichen Kiesel und hustete, bis ich mich übergeben und so das Wasser aus meiner Lunge gepresst hatte.

Mein Atem ging rasselnd, als ich nach Luft rang, aber bei

jedem keuchenden Atemzug schrie ich: «Rayne! Rayne, wo bist du?»

Die Wellen brandeten unerbittlich an die Küste. Das aufgewühlte Meer antwortete mir nicht. Auf dem Felsen stand der brennende Leuchtturm, dessen Flammen um sich griffen. Die Ziegelsteine waren so heiß, dass sie von innen leuchteten.

Ein riesiger Scheiterhaufen.

«RAYNE!» Ich schrie ihren Namen, bis mein Hals wund war. «Rayne, bitte! Bitte ... wo bist du?»

Ich rappelte mich hoch und machte ein paar erste, unerträglich schmerzhafte Schritte. Mein Knöchel war mit Sicherheit gebrochen, aber das spielte keine Rolle. Ich konnte zu ihr gelangen.

Ich konnte zum Leuchtturm zurückkehren ...

Ich ... ich konnte sie finden ...

Ich ... irgendwie ... irgendwie würde ich ...

Mein Knöchel gab nach, und ich stürzte. Schluchzend und kopfschüttelnd kauerte ich mich im Sand zusammen.

«Nein, nein, nein, bitte – verdammt, mein Gott, bitte ...»

Sie hatte etwas Besseres verdient als das. Wir hätten zusammen von dieser Insel fliehen sollen. Sie hätte all die Orte erkunden sollen, die sie immer hatte sehen wollen. Sie hätte so viel mehr vom Leben haben sollen als die Einsamkeit, zu der sie gezwungen gewesen war.

Jahrelang hatte sie darum gekämpft, frei zu sein. Sie hatte so hart dafür gekämpft.

Ich sah zu, wie der Leuchtturm brannte. Ich konnte nicht wegsehen. Ich starrte hin, bis es sich anfühlte, als würden auch meine Augen brennen.

Sie hatte hier nicht sterben wollen. Aber sie hatte immer befürchtet, dass es so kommen würde.

Und jetzt ...

Zu weinen oder zu schreien reichte nicht. Diese Trauer war zu schwer, diese leere, kalte Dunkelheit war zu erdrückend. Jedes Mal, wenn ich ihren Namen flüsterte, brach mein Herz ein wenig mehr. Aber ihr Name war alles, was mir blieb.

Während ich die Flammen anstarrte, weckte noch ein anderes schwaches rotes Leuchten meine Aufmerksamkeit. Zuerst dachte ich, das Feuer würde sich lediglich in den Wellen spiegeln, aber nein. Es war eine Gestalt, umgeben von blutrotem Licht.

Melanie Balfour stand in den Wellen und beobachtete mich.

Sie sah nicht mehr aus wie das ausgezehrte, verwesende Gespenst, das mich im Herrenhaus verfolgt hatte. Sie sah aus wie die Frau auf Raynes Fotos, mit langem dunklem Haar, demselben goldbraunen Hautton wie ihre Tochter und sanften Gesichtszügen.

«Es tut mir leid», flüsterte ich. Tränen strömten mir über das Gesicht, und meine Stimme brach. «Es tut mir leid, dass ich sie nicht retten konnte.»

Melanie hob den Arm und zeigte mit dem Finger in Richtung Süden. Ich folgte ihr mit meinem Blick und suchte die dunkle Küste und die sich brechenden Wellen ab.

Da war nichts als Treibholz und Knäuel von Seetang ...

Nein ... da war ...

«O mein Gott.»

Ich rappelte mich auf und versuchte zu rennen, aber jeder Schritt fühlte sich an, als würde Glas in meinem Bein zerbersten, und ich stolperte. Mein Herz pochte so heftig, dass ich glaubte, ich würde zusammenbrechen, doch ich krabbelte die letzten paar Meter, bis ich den durchnässten, schlaffen Körper erreichte, der in der Brandung lag.

Rayne hatte das Gesicht dem Boden zugewandt, und als ich sie umdrehte, sah ich, dass sie leichenblass war und bläulich verfärbte Lippen hatte. Ich konnte nicht denken und nichts sagen. Sie musste nach mir ins Meer gesprungen und mir in die Wellen gefolgt sein, sobald sie sicher gewesen war, dass die Bestie brannte.

Ich begann, sie wiederzubeleben. «Bitte wach auf, bitte, bitte, fang an zu atmen ...», flehte ich sie an.

Plötzlich bekam sie einen explosionsartigen Hustenanfall, und ihre Augen öffneten sich.

Keuchend rang sie um Luft und verschluckte sich an dem Wasser, das sie eingeatmet hatte. Eine Hälfte ihres Gesichts, ihr Haar eingeschlossen, wies schwere Brandverletzungen auf. Ihre Haut war gerötet und hatte Blasen geworfen, ihr Haar war versengt.

Aber sie lebte.

Ihr Herz schlug, und sie atmete.

Sie sah mich an, und ich fühlte mich, als wäre ich aus einem Traum erwacht. Als würde der unheilvolle Schleier, der nach einem Albtraum über den Dingen liegt, gelüftet.

«Es tut mir so leid», flüsterte sie. «Gott, Salem, ich wollte es nicht tun, das wollte ich nicht, ich habe einfach ...»

Ich schlang die Arme um sie und brach neben ihr im Sand zusammen. Unsere Körper verflochten sich miteinander, und wir ließen den Tränen der Freude und Erleichterung freien Lauf, während die kalten Wellen unsere Füße umspülten.

«Ich musste dafür sorgen, dass du in Sicherheit bist», sagte sie. «Wenn ich den Engel umgebracht, aber dich verloren hätte ... dann wäre ich lieber bei lebendigem Leib verbrannt.»

Vor Erleichterung fühlte ich mich schwach, meine Muskeln schienen aus Gummi zu sein. Aber obwohl sie so verletzt war, hielt Rayne mich dennoch im Arm.

Ein Teil des Leuchtturms stürzte zusammen, und Funken stoben in den Nachthimmel. Wie Seelen, die diesem verfluchten Ort entflohen.

In den Wellen bemerkte ich ein schwaches rotes Leuchten. Aber es schwand und verschmolz mit der Spiegelung der Flammen im Wasser. Rayne setzte sich auf und drückte mich eng an sich. Zusammen sahen wir zu, bis das Leuchten vollends verschwunden war.

«Sie hat gewusst, dass du mich retten würdest», sagte Rayne leise. «Sie hat es die ganze Zeit über gewusst.»

Es gab da etwas, das auch ich die ganze Zeit gewusst hatte.

Ich küsste Raynes kalte, raue Finger und lehnte meinen Kopf an ihren Brustkorb. Ihr Herz pochte immer noch so heftig wie eine Kriegstrommel, aber die Schlacht war zu Ende.

Unsere Liebe hatte gewonnen.

EPILOG

SALEM

An Important Question

Drei Jahre später

Na los, Mädels! Es ist schon alles im Auto!», rief ich die Treppe hinauf und zog den Reißverschluss meiner Jacke, die ich über den Radlerhosen trug, zu. «Rayne und Loki fahren sonst noch ohne euch!»

Wie aufs Stichwort ertönte draußen vor dem Haus eine Stimme aus einem Megafon: «Achtung, Fischadler und kleines Hühnchen: Ich fahre in fünf Minuten los, egal, ob ihr dann in diesem Auto sitzt oder nicht. Eure Fahrradreifen sind schon aufgepumpt, also könnt ihr dann mit Salem den Berg auf dem Rad hochfahren!»

Von der fürchterlichen Drohung, Mountainbiken zu müssen, angetrieben, kamen Rachel und Rebecca aus ihren Zimmern gelaufen. Sie hielten Seesäcke in den Händen und hatten ihre Rucksäcke aufgesetzt.

«Zwing uns nicht zum Fahrradfahren!», kreischte Rachel theatralisch und rannte an mir vorbei zur Tür hinaus.

«Neeeein!» Rebecca protestierte auf genauso dramatische Art und Weise und folgte ihrer Schwester in den Garten vor dem Haus.

Ich trat auf die Veranda und lächelte, während ich zusah, wie Rayne die Taschen der Mädchen auf unserem Jeep befestigte, der bis unters Dach mit Campingausrüstung beladen war.

Wie immer hatte Rayne darauf bestanden, alles selbst zu packen. Die Frau erlaubte mir kaum je, einen Finger zu rühren, seit wir zusammengezogen waren. Jetzt, wo die Adoption der Mädchen offiziell bewilligt worden war, hatten wir mehr zu tun. Aber immer wenn etwas gebaut, repariert, abgerissen, ersetzt, gekocht oder geputzt werden musste, erledigte Rayne das für gewöhnlich, bevor mir überhaupt auffiel, dass es gemacht werden musste.

Ich machte mir Sorgen, dass ihr das zu viel werden könnte, aber als ich es ansprach, sagte sie, das Gegenteil sei der Fall.

«Das macht mich glücklich», sagte sie mir. «Mich um dich zu kümmern, mich um die Mädchen zu kümmern – es gibt nichts, was ich lieber tun würde.»

Ich wäre beinahe dahingeschmolzen – und das ist *keine* Übertreibung.

Als die Taschen sicher befestigt waren, schlenderte Rayne zu mir auf die Veranda. Sie warf einen Blick zurück, um sicherzugehen, dass die Mädchen nicht hinsahen, dann klatschte sie mir auf den Po.

«Du Arsch.» Ich lachte, und sie umarmte mich. «Ich muss die nächsten paar Stunden auf einem Fahrrad sitzen, schon vergessen? Mach langsam.»

«Oder du setzt dich einfach ins Auto und lässt dich von mir zum Campingplatz fahren wie ein normaler Mensch», sagte sie. «Dann könnte ich dir noch ein bisschen mehr den Hintern versohlen.»

«Du solltest die Geilheit lieber etwas zurückschrauben, sonst wird es ein sehr langes Wochenende in einem sehr kleinen Zelt», neckte ich sie.

Sie verdrehte die Augen und küsste mich dann.

Es dauerte nur ein paar Sekunden, bevor aus dem Jeep ein lang gezogener Ruf zu hören war: «Iiiiiih, hört auf, euch zu küssen!»

«Deine Passagiere werden ungeduldig», flüsterte ich.

Ich legte eine Hand an ihr Gesicht, berührte die Narben, die die Verbrennungen hinterlassen hatten. Es gab eine Stelle, an der ihr Haar nicht wieder nachgewachsen war, aber sie hatte nie versucht, die Spuren, die von dem, was wir durchgestanden hatten, zurückgeblieben waren, zu verstecken. Stattdessen hatte sie angefangen, sich die seitlichen Haare abzurasieren und ihr langes Haar hochgebunden zu tragen, sodass man die Narben gar nicht übersehen konnte.

«Tja, na ja, vielleicht habe ich ihnen versprochen, dass wir uns unterwegs noch ein Eis holen», sagte Rayne. «Ich dachte mir, wir werden sowieso den ganzen Tag dort auf dich warten, da können wir uns unterwegs auch Zeit lassen.»

«Ihr könntet mich immer noch auf den Fahrrädern begleiten», sagte ich und lachte, als die Mädchen vehement protestierten.

Sie fuhren gern mit mir auf den Radwanderwegen, aber stundenlang steile Hänge hinaufzustrampeln, wäre doch ein bisschen viel für sie.

Rayne sagte immer, auf einem Fahrrad fühle sie sich wie «die verdammte Mary Poppins», obwohl ich mich nicht daran erinnern konnte, dass diese überhaupt jemals Fahrrad fuhr.

«Weißt du was, wir verzichten diesmal.» Rayne küsste mich auf die Stirn und winkte, während sie zurück zum Jeep lief. «Ich hole dir auch einen Eisbecher. Pass auf dich auf, okay? Rufst du mich an?»

«Mache ich», versprach ich. «Wir sehen uns in ein paar Stunden!»

Ein halbes Jahr war vergangen, seit wir nach Colorado gezogen waren. Raynes neu gegründete Landschaftsgärtnerei wuchs stetig, und sie hatte eine Handvoll Stammkundinnen und -kunden.

Als sie Blackridge verlassen hatte, hatte sie zuerst überhaupt nicht gewusst, was sie machen sollte. Ungefähr einen Monat lang hatte sie in einem Café gearbeitet, bis ein Kunde unverschämt geworden war und sie ihn mit einem Bagel beworfen hatte. Ich war ein wenig besorgt darüber, dass sie durch ihren neuen Job permanent Zugang zu scharfen, spitzen Gartengeräten hatte, aber bisher hatte sie noch niemanden erstochen.

Sie hörte das Flüstern nicht mehr, genauso wenig wie ich. Als wir Blackridge verlassen hatten, hatte sie zunächst Angst gehabt, dass sie noch immer heimgesucht werden würde und niemals frei sein könnte. Aber die Tage und schließlich Wochen auf dem Festland hatten ihr das Gegenteil bewiesen.

Alles, was sie jetzt noch heimsuchte, war das Trauma ihrer Vergangenheit, ein ganz eigenes Ungeheuer. Therapeutische Behandlung half nur bedingt, weil sie über manches mit niemandem sprechen konnte.

Rayne hatte immer noch Kontakt mit ein paar Leuten von Blackridge. Dr. Hale bot monatliche Videocalls für die Überlebenden an, und diese Gesprächsmöglichkeit half Rayne, obwohl es nicht einfach war, sich zu öffnen.

In der Natur zu arbeiten, machte sie glücklich, und es ging ihr gut von der Hand. Der Garten unseres neuen Hauses war ein mit Unkraut überwuchertes, brachliegendes Stück Land gewesen, als wir eingezogen waren. Jetzt war unser Vorgarten voller einheimischer Büsche, Gräser und Blumen. Und das Grundstück hinter dem Haus hatte sie in einen Garten verwandelt – unser Gemüse trieb bereits aus.

Das alles sorgte dafür, dass die Ereignisse von vor drei Jahren mir vorkamen wie ein weit zurückliegender Albtraum.

Weit in der Vergangenheit, aber nicht vergessen.

Es hatte lange gedauert, bis ich mich wieder bereit dazu gefühlt hatte, in den Wald zu gehen. Nach den Geschehnissen hatte ich beinahe ein Jahr lang mein Fahrrad nicht angerührt, ganz zu schweigen davon, damit zu fahren.

Aber ich liebte die Berge, die gewundenen Pfade, die kühle, frische Luft. Ich liebte das Gezwitscher der Vögel und den Wind, der durch die Blätter rauschte. Ich liebte es, mich daran zurückzuerinnern, wie es war, als diese Dinge in mir keine Angst ausgelöst, sondern mir lediglich Frieden gebracht hatten.

Angst stieg langsam in mir auf, sobald ich die ruhige Gegend der Vorstadt hinter mir gelassen hatte und die Bäume die Sonne verdeckten. Ich konzentrierte mich auf das subtile Brennen meiner Waden und auf die kühle Luft in meiner Lunge. Aber ich war darauf gefasst, dass etwas passieren würde. Dass die Vögel aufhören würden zu zwitschern und die Bäume sich nicht mehr im Wind bewegten. Dass die beunruhigende Gewissheit, beobachtet zu werden, mich überkam.

Aber das Gefühl war nur Angst, mehr nicht. Ich fuhr an anderen Fahrradfahrern vorbei, passierte auf dem Weg freundliche Wanderer und Menschen, die frühmorgens joggten. Sie alle hatten keine Ahnung, welche Dinge in den Schatten jenseits ihrer Vorstellungskraft lauerten.

Ungefähr auf halbem Weg zum Campingplatz machte ich an einer kleinen Tankstelle halt, um mich zu strecken und meinen mitgebrachten Snack zu essen. Der Handyempfang war nicht besonders gut, aber es reichte, um Rayne anzurufen und ihr ein Update zu meinem Standort durchzugeben.

«Danke, dass du anrufst, meine Hübsche», sagte sie. Die Erleichterung in ihrer Stimme war von Anfang an nicht zu überhören. «Ich habe an dich gedacht. Du – hey, nein, Becca, zünde das Streichholz *nicht* an, warte ...»

Ich lachte, als ich hörte, wie Raynes Handy zu Boden fiel. Ihr waren dieses Jahr schon drei Displays kaputtgegangen, und sie hatte geschworen, wenn ihr das noch ein drittes Mal passierte, würde sie ihr Smartphone gegen ein Klapphandy tauschen.

«Sorry.» Rayne schnaufte, als sie wieder zurück ans Handy kam. «Die Mädchen sind außer Rand und Band, seit wir angekommen sind.»

«Geht spielen und habt Spaß», sagte ich. «Ich habe etwas über die Hälfte geschafft. Bis die Sonne untergeht, sollte ich da sein.»

«Bist du sicher, dass ich dich nicht abholen kommen soll? Das macht mir nichts aus.»

«Ich komme zurecht. Versprochen.» Sie schwieg einen Herzschlag zu lange. «Ich habe mein Bärenspray dabei. Und ich glaube, das tut mir gut. Das hier zu machen.»

«Ja, du hast recht.» Ich stellte mir vor, wie sie sich mit den Fingern durchs Haar fuhr, den Campingplatz rastlos umkreiste und mit Adleraugen die Mädchen beaufsichtigte. «Ich weiß ja, dass du recht hast.»

«Du kannst dich nicht ewig sorgen um mich, Babe.»

«Unterschätz mich nicht.»

Ich lächelte und hätte ihr beinahe gesagt, dass sie mich doch abholen kommen sollte. «Ich liebe dich. Küss die Mädchen von mir. Wir sehen uns nachher.»

Der Sonnenuntergang hatte den Himmel bunt gefärbt, bis ich den Campingplatz erreichte. Ich hatte vorgehabt, mich zu beeilen, aber das letzte Stück meiner Fahrt verlief über einen steilen Hang, was mich ausgebremst hatte. Auf dem Campingplatz war wenig los, nur ein paar andere Familien waren verteilt zwischen den Bäumen an ihren Zelten und Lagerfeuern zu sehen. Ich folgte dem gewundenen Weg, bis ich die Parzelle mit der Nummer erreichte, die Rayne mir gegeben hatte. Als ich mein Fahrrad um die Kurve schob und einen ersten Blick auf unseren Zeltplatz erhaschte, blieb ich erschrocken stehen.

Überall waren LED-Kerzen und -Windlichter: Sie baumelten von den Bäumen, standen auf der Motorhaube des Jeeps und formten einen verschlungenen Weg in die Parzelle hinein. Ich legte mein Fahrrad beiseite und folgte den Kerzen bis unter die Bäume. Die knorrigen Äste der riesigen Kiefern überragten den Zeltplatz und formten ein Dach aus Blättern und Zweigen. An diesen Zweigen hingen noch mehr Windlichter, die sacht hin und her schwangen.

Wäre da nicht der vertraute Jeep gewesen, wäre ich sicher gewesen, auf den falschen Zeltplatz gelaufen zu sein. Dann sah ich Loki, der in der Nähe lag. Der alte Hund hob den Kopf und wedelte mit dem Schwanz, als er mich sah.

«Was ist denn hier los, mein Junge?», fragte ich und hockte mich hin, um ihn zu streicheln.

Das Geräusch von Kinderstimmen, die sich etwas zuflüsterten, drang an mein Ohr und weckte meine Aufmerksamkeit. Plötzlich stürzten Rebecca und Rachel kichernd aus ihrem Versteck. Sie hielten Blumensträuße in den Händen und streckten sie mir aufgeregt entgegen.

«Willkommen zurück, Mama!» Rachel strahlte.

Ich hatte Mühe, mir nicht anmerken zu lassen, dass mir der Atem stockte. Sie nannte mich selten so – und ich hatte sie auch nie dazu aufgefordert –, aber manchmal rutschte es ihr heraus. Und dann breitete sich jedes Mal der schönste Schmerz in meiner Brust aus.

«Wir haben auf dich gewartet!» Rebecca hüpfte auf und ab und platzte beinahe vor Aufregung.

Sie war nie gut darin gewesen, ein Geheimnis zu bewahren, deshalb konnte ich mir nicht erklären, dass ich hiervon noch nichts gehört hatte.

Obwohl ich nicht wusste, was vor sich ging, machte sich ein warmes Gefühl in mir breit, als ich aufblickte und Rayne bemerkte. Sie stand vor dem knisternden Feuer, ihr langes Haar fiel offen und wild um ihr Gesicht.

Wunderschön. Wie zur Hölle hatte ich nur so viel Glück gehabt?

«Danke, Mädels», sagte sie leise und nickte ihnen zu.

Sie huschten kichernd davon und hielten sich dabei an den Händen, dann krabbelten sie zurück ins Zelt und zogen den Reißverschluss zu.

Jetzt waren nur noch ich und Rayne dort, mitten im Wald, umgeben von funkelnden Lichtern und gehüllt in die Wärme, die vom Feuer ausging.

«Du musst mich heute wirklich vermisst haben», sagte ich, war aber zu atemlos, um zu lachen.

Sie nahm mich in die Arme und küsste mich langsam. Aus dem Zelt erklang Lana Del Reys «Say Yes to Heaven».

Ihr Körper schaukelte hin und her, und wir tanzten einen kleinen Tanz mitten im Wald.

«Ja, ich habe dich vermisst», sagte sie. «Ich vermisse dich in jeder Sekunde, die du von mir getrennt bist. Wenn ich morgens aufwache und in dein Gesicht sehe, vergesse ich den schlimmsten Albtraum. Du verjagst all meine Schatten.»

Ich legte lächelnd eine Hand an ihre Wange und küsste sie wieder. «Wieso bist du denn heute Abend in so romantischer Stimmung?»

Sie lachte leise. «Ich wurde inspiriert von dieser umwerfenden Frau mit einem Lächeln, das sich wie Sonnenschein anfühlt, und einem Lachen, das ich gar nicht oft genug hören kann. Eine Frau, die an mich geglaubt hat und die an meiner Seite geblieben ist, egal, wie verdammt schwer es war.» Sie hörte auf zu schunkeln und fuhr mit den Fingern durch mein kurzes Haar. «Ich bin nicht perfekt, das weiß ich. Ich habe noch einen langen Weg vor mir und viele Wunden, die ich heilen lassen muss. Aber ich möchte, dass du mich auf diesem Weg begleitest, Salem.»

Sie kramte auf der Suche nach etwas in ihrer Tasche. Als sie vor mir auf die Knie ging, stammelte ich ungläubig etwas vor mich hin. Lachend öffnete sie eine kleine blaue Schachtel und nahm meine Hand.

«Salem, erweist du mir die Ehre und wirst meine Ehefrau?» Ich nickte, bevor sie überhaupt den ganzen Satz hervorgebracht hatte. «Willst du für immer mein sein?»

«Ja! Ja, Rayne, natürlich, ja!»

Sie schob den Ring auf meinen Finger. Die Diamanten funkelten im Schein der Windlichter. Dann küsste sie mich, und ich schlang die Arme um sie. Ich hob sie ein Stück vom Boden hoch und weinte und lachte dabei gleichzeitig.

Ein paar Sekunden später konnten die Mädchen ihre Begeisterung nicht mehr zurückhalten, und aufgeregtes Kreischen drang aus dem Zelt. Sie kamen heraus und liefen auf uns zu. Dabei hüpften sie auf und ab und erzählten beide die gleiche Geschichte darüber, dass sie das größte Geheimnis aller Zeiten hatten für sich behalten müssen.

Loki war genauso aufgeregt und sprang bellend um uns herum.

Rayne wischte sich eilig über die Augen, aber ich nahm ihre Hände und stellte mich auf die Zehenspitzen, um sie noch einmal zu küssen. Die Mädchen kicherten und rannten los, weil sie am Bach Wasser für meine Blumensträuße holen wollten. Als ich mich wieder auf die Fersen hinunterließ, hielt Rayne die Tränen nicht mehr zurück, aber sie lachte dabei.

Ich wischte sie beiseite. «Für immer, mein Liebling. Für immer und ewig.»

Sie umarmte mich, und ich legte den Kopf auf ihrer Schulter ab. Die Dunkelheit hinter dem Zeltplatz wurde immer schwärzer, und für einen kurzen Moment hätte ich schwören können ... dass ich ein rotes Leuchten sah.

DANKSAGUNG

House of Rayne zu schreiben, ist mir fast *zu* leicht gefallen. Das soll nicht heißen, dass es nicht mühsam war – es ist bis zu einem gewissen Grad immer ein Kampf, ein Buch gut hinzubekommen. Sicherzustellen, dass man den Figuren gerecht wird, genau wie dem Plot und dem Publikum. Aber diese Geschichte kam wie von allein zu mir, und aus dem Zusammenspiel der Figuren wurde eine Liebesgeschichte, die sich beinahe von selbst schrieb.

Rayne und Salem sind einfach eines Tages in meinen Kopf spaziert und haben es sich dort gemütlich gemacht. Jetzt kann ich sie endlich mit der Welt teilen. Ich war von Anfang an Hals über Kopf verliebt in dieses Paar, und ich bin denjenigen unfassbar dankbar, die von meiner Idee einer «Sapphic Gothic Novel» überzeugt waren, seit ich zum ersten Mal davon gesprochen habe. Eure Begeisterung und euer Einsatz haben mir die Kraft gegeben, auch dann weiterzuschreiben, als Selbstzweifel aufkamen. Ich weiß, dass ihr schon eine Ewigkeit auf das Erscheinen dieses Buchs wartet, so lange ist es gefühlt her, dass ich es angeteasert habe, und ich danke jedem einzelnen Menschen, der die Geschichte von Rayne und Salem mit Spannung erwartet hat.

Ich danke meinem Ehemann, der auf ewig meine Muse sein wird und mein wichtigster Unterstützer ist. Danke für deinen unermüdlichen Zuspruch, danke, dass du mein persönlicher Küchenchef bist und mich von den Küchenmessern fernhältst, und danke, dass du gleichzeitig auch die Personalabteilung, die Technikabteilung und meinen Therapeuten stellst. Ich liebe dich.

Mein Dank gilt außerdem Liz und dem gesamten Lektoratsteam. Danke, dass ihr dieses Buch so gut gemacht habt, wie es nur sein kann. Ihr habt mich davon abgehalten, in jedem zweiten Kapitel Raynes Augenfarbe zu ändern, und dank eurer Anregungen durfte ich vier Stunden lang gründlich zu dem Thema Brennstoffe in Leuchttürmen und der Frage, wie man menschliche Überreste verbrennt, recherchieren. Ich bin sicher, der für mich zuständige FBI-Agent ist so etwas inzwischen gewohnt.

Bethany, dir danke ich für deinen unermüdlichen Einsatz und deinen Rat. Ich wüsste nicht, wo ich jetzt ohne dich wäre.

Danke an jede einzelne Leserin und jeden einzelnen Leser, der oder die dieses Buch zur Hand genommen hat. Ich bin so dankbar dafür, dass ihr euch entschlossen habt, eure Zeit mit Rayne und Salem zu verbringen.

Beim nächsten Abenteuer sehen wir uns wieder ...

Harley